CONTROLLING UND MANAGEMENT

Herausgegeben von
Prof. Dr. Thomas Reichmann
und Prof. Dr. Martin K. Welge

Band 38

PETER LANG
rankfurt am Main · Berlin · Bern · Bruxelles · New York · Oxford · Wien

Wertorientierte Unternehmensführun

ROLF TAPPE

WERTORIENTIERTE UNTERNEHMENSFÜHRUNG IM MITTELSTAND

EINE ÜBERPRÜFUNG DER ANWENDBARKEIT

PETER LANG
Internationaler Verlag der Wissenschaften

Bibliografische Information der Deutschen Nationalbibliothek
Die Deutsche Nationalbibliothek verzeichnet diese Publikation in der Deutschen Nationalbibliografie; detaillierte bibliografische Daten sind im Internet über <http://www.d-nb.de> abrufbar.

Zugl.: Dortmund, Techn. Univ., Diss., 2009

D 290
ISSN 1610-160X
ISBN 978-3-631-58684-6

www.peterlang.de

Geleitwort

Während das Thema „wertorientierte Unternehmensführung" für börsennotierte Unternehmen seit den 80er Jahren intensiv diskutiert wurde, hat das wertorientierte Management für den Mittelstand bisher nur sehr eingeschränkte Beachtung in der Wissenschaft und praktischen Anwendung gefunden. Geänderte Rahmenbedingungen wie steigende Dynamik der Umfeldbedingungen, Beschaffung von zusätzlichem Eigenkapital, ungelöste Nachfolgeproblematik sowie die Eigenkapitalausstattungsbedingungen für Banken im Rahmen von Basel II erhöhen die Relevanz des Wertmanagements auch für mittelständische Unternehmen. Auf Grund zahlreicher Restriktionen ist das Konzept des Wertmanagements aber nicht ohne Weiteres übertragbar, sondern bedarf einer zielgruppenadäquaten Adaptierung. Hier setzt die vorliegende Arbeit an und verfolgt drei Ziele:

1. Identifikation von für den Mittelstand kritischen Erfolgsfaktoren einer wertorientierten Unternehmensführung und Ableitung von theoriegeleiteten Anforderungen an deren Ausgestaltung
2. Erfassung der praktischen Ausgestaltung relevanter Erfolgsfaktoren im Mittelstand
3. Ableitung thesenartiger Gestaltungshinweise zur stärkeren Integration wertorientierter Unternehmensführung in mittelständischen Unternehmen

Im theoretischen Teil der Arbeit wurden sieben Erfolgsfaktoren als für mittelständische Unternehmen relevant identifiziert. Die durch Spiegelung von Anforderungen und typischen KMU-Ressourcen abgeleiteten Anwendbarkeitsthesen wurden im Rahmen des empirischen Teils dieser Arbeit an Hand von leitfadengestützten Interviews mit 20 Unternehmern, Kapitalgebern und Unternehmensberatern geprüft. Auf diese Weise gelingt es dem Verfasser, einen fundierten Einblick in die heutige Ausgestaltung von für Wertmanagement relevanten Strukturen, Prozessen und Systemen im Mittelstand zu vermitteln. Die auf Basis der empirischen Ergebnisse formulierten Gestaltungsempfehlungen sind für die Unternehmenspraxis von hohem Nutzen. Mit dieser Arbeit wurde zudem erstmalig ein gesamthaftes Konzept mittelstandsrelevanter Erfolgsfaktoren der Implementierung von Wertmanagement vorgelegt. Die Arbeit ist daher von hohem wissenschaftlichen und praktischen Wert. Ich wünsche dem Werk daher eine möglichst weite Verbreitung.

Univ.- Prof. Dr. Martin K. Welge

Vorwort

Ich möchte mich an dieser Stelle bei all denjenigen herzlich bedanken, die wesentlich zum Gelingen dieser Arbeit beigetragen haben:

Der größte Dank gilt meiner Frau Anne Marie, der diese Arbeit gewidmet ist. Ohne ihr Verständnis und ihre Rücksicht in der manchmal sehr intensiven Promotionszeit sowie ihre Motivation und ihren Ansporn wäre diese Arbeit nicht möglich gewesen.

Meinen Eltern, Dr. Dieter und Dr. Monika Tappe, danke ich besonders für ihre fortwährende Unterstützung und ihr Vertrauen. Sie haben die Grundlage für diese Arbeit gelegt und mir eine solide und sorgenfreie Ausbildung ermöglicht.

Meinem Doktorvater, Herrn Univ.-Prof. Dr. Martin K. Welge, danke ich vielmals für die Übernahme der Promotionsbetreuung. Neben der ständigen Gesprächsbereitschaft war die Unterstützung insbesondere durch wertvolle Anregungen und konstruktive Kritik geprägt. Herzlicher Dank gilt auch Herrn Univ.-Prof. Dr. Ralf Gössinger für die Übernahme des Korreferates.

Meinen BCG-Promotionskollegen am Lehrstuhl für Unternehmensführung an der Universität Dortmund, Herrn Dr. Christian Funk und Herrn Dipl.-Kfm. Emmanuel Pitsoulis, sowie meinem Promotionsbürokollegen, Herrn Dr. Peter Delling, danke ich für ihre vielfachen Hinweise und Anregungen und ihre immer währende Motivation. Gleicher Dank gebührt den Mitarbeitern und externen Doktoranden des Lehrstuhles für Unternehmensführung an der Universität Dortmund.

Ohne die Offenheit und Bereitschaft der Interviewpartner, auch kritische Fragen zu beleuchten und zu beantworten, wäre die Vervollständigung der Dissertation nicht in ihrer jetzigen praxisnahen Qualität möglich gewesen, weshalb ich den Experten ebenfalls zu Dank verpflichtet bin.

Für die finanzielle Unterstützung während der Promotion sowie für die Bereitstellung von Infrastruktur danke ich meinem Arbeitgeber, der Boston Consulting Group GmbH (BCG).

Rolf Tappe

Inhaltsüberblick

INHALTSVERZEICHNIS

Abbildungsverzeichnis

FORMELVERZEICHNIS

Tabellenverzeichnis

ABKÜRZUNGSVERZEICHNIS

AA	Abschreibbare Anlagen
Abb.	Abbildung
AG	Aktiengesellschaft
AK	Arbeitskreis
Anm. d.	Anmerkung des
APM	Arbitrage Pricing Model
APV	Adjusted Present Value
APT	Arbitrage Pricing Theory
BCF	Brutto-Cashflow
BCG	The Boston Consulting Group
BIB	Bruttoinvestitionsbasis
BSC	Balanced Scorecard
bspw.	beispielsweise
bzgl.	bezüglich
bzw.	beziehungsweise
ca.	circa
CAPM	Capital Asset Pricing Model
CDAX	Composite Deutscher Aktienindex
CFROI	Cashflow Return on Investment
c. p.	ceteris paribus
CVA	Cash Value Added
DAX	Deutscher Aktienindex
DCF	Discounted Cashflow
d. h.	das heißt
DVFA	Deutsche Vereinigung für Finanzanalyse und Anlageberatung e. V.

EBIT	Earnings before Interest and Taxes
EBITDA	Earnings before Interest, Tax, Depreciation and Amortization
EK	Eigenkapital
engl.	englisch
EP	Economic Profit
ERP	Enterprise Resource Planning
et al.	et alii
etc.	et cetera
EU	Europäische Union
EVA	Economic Value Added
f.	folgende
FCF	Free Cashflow
F&E	Forschung und Entwicklung
ff.	fortfolgende
FK	Fremdkapital
FN	Fußnote
gem.	gemäß
GEX	German Entrepreneurial Index
GF	Geschäftsführer
ggf.	gegebenenfalls
ggü.	gegenüber
GK	Gesamtkapital
GmbH	Gesellschaft mit beschränkter Haftung
GuV	Gewinn- und Verlustrechnung
HGB	Handelsgesetzbuch
i. d. R.	in der Regel
IDW	Institut der Wirtschaftsprüfer

IFM	Institut für Mittelstandsforschung
IK	Investiertes Kapital
inkl.	inklusive
IPO	Initial Public Offering
IR	Investor Relations
IRR	Internal Rate of Return
IT	Informationstechnologie
Kap.	Kapitel
KGV	Kurs-Gewinn-Verhältnis
KMU	Kleine und Mittlere Unternehmen
K&L-	Kosten&Leistungs-
KZ	Kennzahl
M&A	Mergers and Acquisitions
MbDR	Management-by-Decision Rules
MbO	Management-by-Objectives
Mio.	Millionen
Mrd.	Milliarde(n)
MVA	Market Value Added
ND	Nutzungsdauer
NPV	Net Present Value
NOPAT	Net Operating Profit After Taxes
Nr.	Nummer
ÖA	Ökonomische Abschreibung
PA	Principal-Agent
RoA	Return on Assets
RoCE	Return on Capital Employed
RoI	Return on Investment

RoE	Return on Equity
s.	siehe
S.	Seite
SDAX	Small Cap Deutscher Aktienindex
SG	Schmalenbach Gesellschaft
sog.	so genannte(r)
SV	Shareholder Value
SVA	Shareholder Value Added
Tab.	Tabelle
TBR	Total Business Return
tlw.	teilweise
Tsd.	Tausend
u. a.	unter anderem
USA	United States of America
usw.	und so weiter
u. U.	unter Umständen
v. a.	vor allem
vgl.	vergleiche
WACC	Weighted Average Cost of Capital
z. B.	zum Beispiel

1 EINLEITUNG

Die folgenden Ausführungen leiten den Untersuchungsgegenstand dieser Arbeit ein. Dazu werden nach einer Beschreibung von Problemstellung und Relevanz des Themas (Kap. 1.1) die Forschungslücke und Zielsetzung dieser Arbeit spezifiziert (Kap. 1.2). Die Einleitung schließt mit einer Einordnung der wissenschaftlichen Vorgehensweise (Kap. 1.3) und stellt den Gang der Arbeit dar (Kap. 1.4).

1.1 Problemstellung und Relevanz des Themas

Wertmanagement[1] bzw. **wertorientierte Unternehmensführung** ist in der betriebswirtschaftlichen Diskussion **kein neues Thema**. Wurde bereits in den 1980er-Jahren in Amerika ausführlich über Shareholder Value diskutiert[2], hat dieses Konzept in den 1990er-Jahren auch in der deutschsprachigen Literatur Beachtung gefunden.[3] Wertorientierung stellt im eigentlichen Sinne die Steigerung bzw. Maximierung einer Investition oder des Unternehmenswertes im Allgemeinen dar und galt als Antwort auf die starke M&A-Welle in den 80er-Jahren in den USA, während der institutionelle Investoren so genannte Wertlücken bei Unternehmen[4] entdeckten.[5] Eine konsequente Wertorientierung im gesamten Unternehmen sollte diese Wertlücken schließen, um somit vor potenziellen Übernahmen geschützt zu sein und die Interessen der Eigentümer zu vertreten.[6] Die Globalisierung der Kapitalmärkte und die weiter wachsende Bedeutung professioneller, institutioneller Investoren haben diese Tendenzen noch verstärkt.[7] Auf Grund der externen Finanzierungsstruktur der Unternehmen und der einhergehenden Trennung von Eigentümern und Management bezog sich die **Diskussion jedoch bisher** überwiegend auf **große, börsennotierte Unternehmen**.

---

1 Die Begriffe Wertmanagement, wertorientiertes Management, wertorientierte Unternehmensführung, Shareholder Value Management, Value-based Management, kapitalmarktorientierte Unternehmensführung etc. werden im Rahmen dieser Arbeit synonym verwendet.

2 Vgl. Rappaport 1994, der bereits in den 80er-Jahren das Thema erörterte.

3 Zu den Vorreitern der Shareholder-Value-Diskussion in Deutschland zählt v. a. Bühner 1994.

4 Die Begriffe „Unternehmung" und „Unternehmen" werden synonym verwendet.

5 Der Begriff Wertlücke bezeichnet die Unterbewertung auf dem Kapitalmarkt im Vergleich zum fairen Fundamentalwert bzw. intrinsischen Wert eines Unternehmens. Vgl. auch die Ausführungen in Kapitel 3.

6 Vgl. Günther 1997.

7 Vgl. die geführte Debatte über „Heuschreckenkapitalismus" in Deutschland.

Für nicht börsennotierte Gesellschaften (überwiegend GmbHs und Personengesellschaften), welche in Deutschland im Sprachgebrauch oftmals dem so genannten „Mittelstand“ bzw. Kleinen und Mittleren Unternehmen (KMU) zugerechnet werden[8], wurde das Konzept eines wertorientierten Managements in der wissenschaftlichen Literatur vergleichsweise wenig diskutiert. Dies ist unter Berücksichtigung der starken Bedeutung des Mittelstandes in der deutschen Volkswirtschaft auf den ersten Blick erstaunlich. Mit über 99% aller umsatzsteuerpflichtigen Unternehmen, über 40% aller umsatzsteuerpflichtigen Umsätze und ca. 70% aller Beschäftigungsverhältnisse in Deutschland[9], sollte der Mittelstand in allen betriebswirtschaftlichen Forschungsbemühungen verstärkt im Mittelpunkt des Interesses vermutet werden. Da zudem das Konzept des wertorientierten Managements ursprünglich auf der Finanzierungs- und Investitionstheorie basiert, ist es per se in seiner Theorie nicht börsennotierten Aktiengesellschaften vorbehalten.

Betrachtet man jedoch die oftmals fehlende Trennung von Kapitalgeber (Prinzipal) und Unternehmer (Agent) und den dadurch geringeren Leistungsdruck des Managements, das personelle und regionale Beziehungsgeflecht von mittelständischen Unternehmen sowie die oftmals limitierte Ressourcenausstattung der mittelständischen Unternehmen, so wird deutlich, warum **wertorientiertes Management für den Mittelstand bislang nur eingeschränkte Beachtung** in wissenschaftlicher Literatur und praktischer Anwendung gefunden hat. Verstärkt werden diese in der Charakteristik mittelständischer Unternehmen liegenden Gründe durch eine geringe Akzeptanz und deutliche Vorbehalte gegenüber Shareholder-Value-Management auf Unternehmer- und Mitarbeiterseite.[10]

Das bisher eingeschränkte Interesse an wertorientierter Unternehmensführung im Mittelstand wird sich allerdings durch eine steigende Dynamik in den Umwelt- und Rahmenbedingungen ändern (müssen). Der Beschaffung von zusätzlichem Eigenkapital – sei es im Rahmen von IPO-Überlegungen[11] oder der Suche nach institutionellen Investoren und anderen Kapitalgebern – kommt künftig

8 Die beiden Begriffe werden im Rahmen dieser Arbeit synonym verwendet. Wie noch zu zeigen sein wird, adressiert die Arbeit die größeren mittelständischen Unternehmen.

9 Vgl. Günterberg/Kayser 2004; Günterberg/Kayser 2004; Homburg 1999.

10 Vgl. z. B. Keppler 2004, S. 98. Vgl. Unterkapitel 2.2 und Kapitel 5 zu den Besonderheiten von KMU und deren Auswirkung auf die Anwendung einer wertorientierten Unternehmensführung.

11 Vgl. Peemöller/Faul 2002, S. 306. IPO steht für Initial Public Offering und bezieht sich auf den erstmaligen Börsengang einer Unternehmung.

z. B. zur Finanzierung geplanter Expansionen eine höhere Bedeutung zu. Zur Beschaffung der benötigten Mittel müssen die Unternehmen den Kapitalgebern eine attraktive Verzinsung garantieren. Ebenso werden in Zukunft im Rahmen der vielfach noch ungelösten Nachfolgeproblematik externe Investoren verstärkt im Mittelstand aktiv, weshalb die **Überlegungen zum Shareholder Value für den Mittelstand von hoher Relevanz** sind.[12] Die Einführung der Eigenkapitalausstattungsbestimmungen für Banken im Rahmen von Basel II und der hohe Innovations- und Leistungsdruck bei unsicheren Umfeldbedingungen sind weitere verstärkende Faktoren.[13]

Eine bloße Übertragung des unveränderten Shareholder-Value-Konzeptes auf den Mittelstand wird dabei vermutlich nicht möglich sein, sondern es müssen auf Basis der für den Mittelstand geltenden Charakteristika Anpassungen vorgenommen werden. So ist z. B. das zur Ermittlung des Unternehmenswertes übliche DCF-Modell durch die fehlende kapitalmarktbezogene Erhebung eines Beta-Faktors schwer anwendbar. Neben solch konzeptionellen Problemen sind auch instrumentelle und ressourcenabhängige Aspekte zu berücksichtigen (z. B. mangelnde IT- und Controllingsysteme, Fehlen formalisierter Planungsprozesse etc.). So können z. B. auf Grund von Ressourcenrestriktionen die für eine akkurate und detaillierte Berechnung von Wertkennzahlen erforderlichen Informationen nicht verfügbar sein.[14] Des Weiteren müssen insbesondere die für Wertmanagement kritischen Aspekte der Implementierung und Integration einer eingehenden Untersuchung unterzogen werden, da auf Grund der betriebswirtschaftlichen Besonderheiten mittelständischer Unternehmen eine unterschiedliche Erfüllung der vielfältigen Anforderungen einer wertorientierten Unternehmensführung zu erwarten ist.

Diese Überlegungen zeigen auf, dass wertorientiertes Management für mittelständische Unternehmen zwar eine hohe aktuelle Relevanz besitzt, jedoch eine **Übertragung des Konzeptes von Großunternehmen auf mittelständische Unternehmen nicht ohne eine zielgruppenadäquate Adaptierung möglich**

---

12 Vgl. Achleitner/Bassen 2000, S. 148; Peemöller/Faul 2002, S. 306; Rieg 2002, S. 158.

13 Vgl. Wortmann 2001; AK „Wertorientierte Führung in mittelständischen Unternehmen“ der Schmalenbach-Gesellschaft für Betriebswirtschaft e.V. 2003; AK „Wertorientierte Führung in mittelständischen Unternehmen“ der Schmalenbach-Gesellschaft für Betriebswirtschaft e.V. 2004; Baseler Ausschuss für Bankenaufsicht 1999; Baseler Ausschuss für Bankenaufsicht 2001; WGZ-Bank 2000, S. 17ff.

14 Probleme können dabei nicht nur durch mangelnde IT-Ausstattung begründet sein, sondern auch durch fehlende Personalressourcen bzw. Know-how.

ist. In der wissenschaftlichen Diskussion sind in den letzten Jahren einige Beiträge erschienen, die sich zwar mit dem Wertmanagement-Konzept im Mittelstandskontext konzeptionell auseinander setzen, jedoch nicht in der erforderlichen ganzheitlichen und umfassenden Sichtweise.[15] Empirische Studien zeigen, dass auch in der Mittelstands-Praxis der Gedanke der Wertorientierung verstärkt eine wichtige Position einnimmt.[16] Dies belegt zusätzlich sowohl die starke praktische Relevanz des Themas als auch den weiteren Forschungs- und Optimierungsbedarf.

1.2 Forschungslücke und Zielsetzung der Arbeit

Die ersten Überlegungen zu Shareholder Value und wertorientierter Unternehmensführung wurden durch RAPPAPORT (1986) aufgestellt, der die Prinzipien der Kapitalmarkt- und Finanzierungstheorie auf die Unternehmensführung übertrug. Herrschte in der wissenschaftlichen Diskussion relativ schnell Einigkeit über die Vorzüge und Notwendigkeit einer Wertorientierung, so wurden in der Folgezeit verschiedene Ansätze diskutiert, wie Wertorientierung im Rahmen einer Unternehmensführung umzusetzen und v. a. mit welcher Berechnungsmethodik bzw. Wertkennzahl diese auszugestalten ist.[17] Hervorzuheben sind in diesem Zusammenhang die Arbeiten von STEWART III (1990) mit der Entwicklung des Economic Value Added (EVA), COPELAND et al. (1993) bzw. LEWIS (1995) mit der Berechnung des Cash Value Added (CVA) respektive des Cashflow Return on Investment (CFROI). Die Diskussion des Shareholder-Value-Gedankens im deutschsprachigen Raum wurde v. a. durch die Arbeiten von BÜHNER (1990, 1994) vorangetrieben und durch GÜNTHER (1997, 2000) auf für Deutschland geltende Besonderheiten, wie z. B. die Charakteristika des deutschen Kapitalmarktes und die abweichenden Steuer- und Rechnungswesenvorschriften, angepasst. Die Ausgestaltung von Shareholder Value als „gesamtheitliches durchgängiges Führungskonzept" mit „konkreten Anwendungs- und Nutzungsmöglichkeiten für die Praxis" wurde ebenfalls durch die Arbeiten von

---

15 Vgl. z. B. AK „Wertorientierte Führung in mittelständischen Unternehmen" der Schmalenbach-Gesellschaft für Betriebswirtschaft e.V. 2003; AK „Wertorientierte Führung in mittelständischen Unternehmen" der Schmalenbach-Gesellschaft für Betriebswirtschaft e.V. 2004; AK „Wertorientierte Führung in mittelständischen Unternehmen" der Schmalenbach-Gesellschaft für Betriebswirtschaft e.V. 2006; Günther/Gonschorek 2006; Wortmann 2001; Bea/Thissen 1997; Achleitner/Bassen 2000.

16 Vgl. Hobi et al. 1999, S. 59; Günther/Gonschorek 2006.

17 Diese heute noch nicht abgeschlossene Diskussion der Spitzenkennzahl ist auch bekannt unter dem Begriff des „Metric War".

GÜNTHER (1997), KNORREN (1998) und COENENBERG/SALFELD (2003) fortgesetzt. Ohne den Fokus auf ein gesamtheitliches Führungskonzept haben Arbeiten von z. B. RIEDL (2000) und PLASCHKE (2003) die Ausgestaltung einzelner Facetten einer wertorientierten Unternehmensführung untersucht, wie z. B. ein „Wertorientiertes Performance Measurement-System" oder „Wertorientierte Anreizsysteme".

Obwohl die Mehrzahl der bisher angesprochenen Arbeiten eine Anwendung des Wertmanagement-Konzeptes auch für nicht-börsennotierte, kleinere Unternehmen für möglich halten, werden jedoch implizit und tlw. explizit in ihren Ausführungen **ausschließlich große börsennotierte Unternehmen in den Mittelpunkt** ihrer Betrachtungen gestellt.[18] Dieser Fokus der wissenschaftlichen Diskussion auf große Unternehmen spiegelte sich bis vor wenigen Jahren auch in der Einschätzung der derzeitigen Bedeutung des wertorientierten Management in den empirischen Studien von PELLENS et al. (2000) und HORVÁTH/MINNING (2001) wider.[19] Halten HORVATH/MINNING fest, dass Shareholder Value bei kleineren Unternehmen „noch nicht sehr stark ausgeprägt ist", so quantifizieren PELLENS/TOMASZEWSKI/WEBER bereits eine Abstufung: während 83% der DAX Unternehmen eine Ausrichtung der Unternehmensführung auf wertorientiertes Management aufweisen, sind dies bei MDAX-Unternehmen lediglich 37%. Die Ergebnisse dieser Studien, verbunden mit der Annahme, dass die Bedeutung und Ausrichtung auf wertorientierte Unternehmensführung bei noch kleineren Unternehmen sogar geringer ausfällt, **werfen erheblichen Diskussions- und Forschungsbedarf auf**.

WORTMANN (2001) greift diesen Sachverhalt auf und prüft, ob Shareholder Value für mittelständische Unternehmen ein geeignetes Führungs- und Steuerungsinstrument darstellt. Er betrachtet jedoch lediglich mittelständische Wachstumsunternehmen[20] und zeigt, dass Shareholder Value für diese Unternehmen im Hinblick auf Aspekte der Unternehmensführung geeignet ist und sogar wesentliche Vorteile generiert[21]. Er konzentriert sich damit auf den normativen Teil einer

18 Vgl. z. B. Macharzina/Neubürger 2002; Knorren 1998; Bötzel/Schwilling 1998 und Coenenberg/Salfeld 2003. Plaschke 2003 hingegen entwickelt ein auch auf nicht-börsennotierte Unternehmen anwendbares Konzept, beschränkt sich jedoch in seinen Ausführungen auf Anreizsysteme.

19 Vgl. auch Palli 2004; Happel 2002.

20 Welche sich nach Wortmann überwiegend in einer Pre-IPO Phase befinden und somit nicht den Großteil des Mittelstandes charakterisieren.

21 Zu den konkreten Argumenten der Vorteilhaftigkeit für KMU siehe Abschnitt 2.3.3.

wertorientierten Unternehmensführung und verzichtet bewusst auf die Diskussion konkreter instrumenteller Ausgestaltungsmöglichkeiten wie z. B. die Auswahl einer geeigneten Spitzenkennzahl oder die operationalisierende Kaskadierung von Werttreibern. Der „ARBEITSKREIS WERTORIENTIERTE FÜHRUNG IN MITTELSTÄNDISCHEN UNTERNEHMEN DER SCHMALENBACH-GESELLSCHAFT FÜR BETRIEBSWIRTSCHAFT E.V.“[22] setzt an dieser Forschungslücke an, ohne jedoch eine gesamtheitliche Erarbeitung von Spezifika und Besonderheiten eines wertorientierten Managements bei mittelständischen Unternehmen vorzunehmen bzw. erfolgskritische Aspekte der Implementierung detailliert auszugestalten. Ähnlich verfahren weitere Arbeiten von ACHLEITNER/BASSEN (2002), PEEMÖLLER/FAUL (2002) und SCHOMAKER/KUCH (2003), welche sich auf die Diskussion der Anpassung einzelner konzeptioneller Grundlagen an die Besonderheiten mittelständischer Unternehmen beschränken. KHADJAVI (2005) entwickelt für mittelständische Unternehmen in Abhängigkeit ihrer Unternehmensziele und Ressourcenausstattung ein Konzept, mit dem KMU-Manager ihr Unternehmen wertorientiert führen können.[23] Jedoch werden auch hier kritische Fragen der Implementierung und erforderliche Voraussetzungen bzw. Erfolgsfaktoren für eine erfolgreiche Anwendung von Wertmanagement im Mittelstand nur unzureichend berücksichtigt. GÜNTHER/GONSCHOREK (2006) führen die erste empirische Befragung bzgl. des heutigen Anwendungs- und Verbreitungsgrads wertorientierter Unternehmensführung im Mittelstand durch, indem verschiedene Facetten einer Unternehmensführung bei KMU untersucht werden.[24] Eine Spiegelung dieser praktischen Ausgestaltung mit den theoretischen Notwendigkeiten einer wertorientierten Unternehmensführung erfolgt ebenso wenig wie die Einordnung der Ergebnisse in einen übergeordneten Untersuchungsrahmen.

Nach der Analyse existierender wissenschaftlicher Arbeiten, die sich mit der Thematik wertorientierter Unternehmensführung im Mittelstand auseinander setzen, lässt sich festhalten, dass die bisher im Bereich wertorientierter Unternehmensführung im Mittelstand publizierten **Arbeiten wesentliche Aussagen zu kritischen Erfolgsfaktoren**, zu der derzeitigen praktischen Ausgestaltung

22 Vgl. AK „Wertorientierte Führung in mittelständischen Unternehmen“ der Schmalenbach-Gesellschaft für Betriebswirtschaft e.V. 2003; AK „Wertorientierte Führung in mittelständischen Unternehmen“ der Schmalenbach-Gesellschaft für Betriebswirtschaft e.V. 2004; AK „Wertorientierte Führung in mittelständischen Unternehmen“ der Schmalenbach-Gesellschaft für Betriebswirtschaft e.V. 2006.

23 Vgl. Khadjavi 2005.

24 Vgl. auch Günther/Gonschorek 2008.

dieser Erfolgsfaktoren und zu praktischen, **mittelstandsspezifischen Gestaltungshinweisen** zur Verbesserung der Ausgestaltung der Erfolgsfaktoren **vermissen lassen**. Diese Arbeit will an dieser Stelle ansetzen und verfolgt daher folgende konkrete Ziele.

Das **Globalziel** dieser Arbeit besteht in der Bewertung der mittelstandsspezifischen Ausgestaltung kritischer Erfolgsfaktoren zur Anwendung wertorientierter Unternehmensführung und in der Ableitung von weiteren Gestaltungshinweisen. Zur Beantwortung der forschungsleitenden Fragestellung lässt sich das Globalziel dieser Arbeit in drei weitere Teilziele herunterbrechen:

- **Theoretisches Ziel**: Identifikation von für den Mittelstand kritischen Erfolgsfaktoren einer wertorientierten Unternehmensführung und Ableitung von theoriegeleiteten Anforderungen an deren Ausgestaltung. Diskussion dieser Anforderungen vor dem Hintergrund bestehender KMU-Spezifika sowie Ableitung von Thesen zur Anwendbarkeit des Konzeptes im Mittelstand.
- **Empirisches Ziel**: Erfassung der praktischen Ausgestaltung relevanter Erfolgsfaktoren im Mittelstand sowie Gewinnung von Hinweisen und Einschätzungen zur Akzeptanz und Realisierbarkeit wertorientierter Steuerungskonzeptionen für mittelständische Unternehmen aus Sicht der Praxis.
- **Praxeologisches Ziel**: Ableitung thesenartiger Gestaltungshinweise zur stärkeren Integration einer wertorientierten Unternehmensführung im Mittelstand.

Die wesentliche Forschungsleistung dieser Arbeit besteht darin, dass sie die erstmalige *gesamthafte* Diskussion mittelstandsrelevanter erfolgskritischer Faktoren einer wertorientierten Unternehmensführung ermöglicht, die diesbezüglichen Anforderungen zusammenträgt, die praktische Ausgestaltung im Rahmen einer empirischen Erhebung prüft und in der Konsequenz konkrete Handlungsansätze für die Praxis abgibt.

1.3 Wissenschaftstheoretische Einordnung

Betriebswirtschaftslehre als Forschungsgegenstand wird im Allgemeinen als **anwendungsorientierte Wissenschaft** verstanden.[25] Der hierbei konstitutive

---

25 Vgl. zum Begriff der „anwendungsorientierten Wissenschaft“ Ulrich/Hill 1979, S. 161ff.;

Praxisbezug liegt in der Betrachtung von sich aus dem Praxiszusammenhang ergebenden realen Problemstellungen von Unternehmen begründet. Diese bisher nur unzureichend gelösten Probleme bilden dabei den Ausgangspunkt der wissenschaftlichen Untersuchung, im Rahmen derer versucht wird, die Probleme zu beschreiben, zu erklären und zu lösen.[26] Zur weiteren Spezifizierung des zu untersuchenden Forschungsgegenstandes kann die wissenschaftliche Grundkonzeption in drei Gebiete unterteilt werden: den Entdeckungs-, den Begründungs- und den Verwendungszusammenhang.[27]

Der Entdeckungszusammenhang stellt zwecks Theoriebildung auf die Identifikation von bisher nicht erkannten Problemen und Möglichkeiten zu deren Lösung ab.[28] Der Begründungszusammenhang fokussiert auf die wissenschaftslogische Überprüfung existierender Hypothesen.[29] Der Verwendungszusammenhang schließlich prüft die im Rahmen des Entdeckungszusammenhangs entwickelten Theorien auf ihre Anwendbarkeit in der Praxis.[30] Die im Rahmen dieser Arbeit behandelte Fragestellung ist überwiegend dem **Entdeckungszusammenhang** zuzuordnen, da vor dem Hintergrund der KMU-Spezifika bei Einführung einer wertorientierten Unternehmensführung besondere Probleme zu erwarten und entsprechend thesenartige Lösungsvorschläge in Form angepasster Handlungsansätze zu erarbeiten sind. Die Überprüfung der adäquaten Anwendbarkeit dieser vorläufigen Thesen im Sinne des Begründungszusammenhangs bleibt dabei folgenden Arbeiten vorbehalten.

Werden empirische Erhebungen im Begründungszusammenhang zur Prüfung bestehender Theorien verwendet, dienen sie im Rahmen der **explorativen Forschungsstrategie des Entdeckungszusammenhangs** der Gewinnung und Verfeinerung von Erkenntnissen zur Konstruktion theoretischer Aussagen.[31] Um dabei die Strukturlosigkeit der empirischen Erhebung zu reduzieren und eine interessengeleitete, theoretisch unreflektierte Untersuchung zu vermeiden, erfor-

---

Ulrich 1981, S. 3ff.

26 Vgl. Ulrich 1981, S. 5.

27 Vgl. Behrens 1993, Sp. 4779.

28 Vgl. Chmielewicz 1993, S. 87.

29 Vgl. Behrens 1993, Sp. 4770. Hierunter ist auch der Kritische Rationalismus von Popper zu subsumieren, vgl. Popper 1978.

30 Vgl. Behrens 1993, Sp. 4770.

31 Vgl. Kubicek 1977, S. 12f.; Wollnik 1977, S. 42.

dert diese eine streng konzeptionell geleitete systematische Vorgehensweise.[32] Dies impliziert für die weitere Bearbeitung der Fragestellung dieser Arbeit, dass vor der empirischen Erhebung problemrelevanter Sachverhalte ein **konzeptioneller Bezugsrahmen** zu entwickeln ist, der die systematische Vorgehensweise gewährleistet.[33] Dieser sollte dabei über ein hohes heuristisches Potenzial verfügen, um eine möglichst breite Abdeckung realer Ausprägungsmöglichkeiten zu ermöglichen.[34]

1.4 Gang der Arbeit

Um die Anwendbarkeit einer wertorientierten Unternehmensführung und deren Ausgestaltungsmöglichkeiten im KMU-Kontext situationsspezifisch und problemadäquat betrachten zu können, muss im Anschluss an das **einleitende Kapitel 1** in einem ersten Schritt das Bewertungsobjekt dieser wissenschaftlichen Arbeit in seinen relevanten Einzelheiten und Charakteristika vorgestellt werden. Daher werden in **Kapitel 2** auf Basis qualitativer und quantitativer Merkmale, die im Rahmen dieser Arbeit relevanten mittelständischen Unternehmen definiert und in ihren betriebswirtschaftlichen Besonderheiten beschrieben. Abschließend wird kurz die Notwendigkeit einer wertorientierten Unternehmensführung in dieser Unternehmensgruppe diskutiert und begründet.

Kapitel 3 beschäftigt sich anschließend mit den theoretisch-konzeptionellen Grundlagen des Wertmanagements. Nach einer Einführung in das wesentliche Begriffsverständnis einer wertorientierten Unternehmensführung, widmet sich dieser Teil der Arbeit grundlegend der Methodik der Unternehmensbewertung als Basis einer wertorientierten Unternehmensführung und der Operationalisierung derselben. Das Kapitel schließt mit einem Forschungsüberblick zum Thema Wertmanagement im Mittelstand.

In **Kapitel 4** wird ein konzeptioneller Bezugsrahmen vorgestellt, der dem weiteren Verlauf dieser Arbeit seinen strukturierten Untersuchungsrahmen gibt. **Kapitel 5** schließt an die Systematik des theoretischen Bezugsrahmens an und leitet die theoretischen Anforderungen an die Ausgestaltung der relevanten Erfolgsfaktoren einer wertorientierten Unternehmensführung auf Basis der bestehenden Literatur ab. Parallel dazu werden die Anwendbarkeit des Konzep-

32 Vgl. Wollnik 1977, S. 44f.

33 Zur Bezugsrahmenforschung vgl. Kretschmann 1990, S. 112ff.; Grochla 1978, S. 53ff.

34 Vgl. Wollnik 1977, S. 45.

tes in Form der Erfüllung dieser Erfolgsfaktoren durch mittelständische Unternehmen diskutiert und Thesen abgeleitet, die im Rahmen der empirischen Untersuchung geprüft werden.

Kapitel 6 dient der Entwicklung des empirischen Forschungsdesigns dieser Arbeit, um die folgende empirische Erhebung zu methodisieren und zu strukturieren. **Kapitel 7** diskutiert anschließend die Ergebnisse der durchgeführten Experteninterviews entlang der erarbeiteten Thesen und integriert die empirischen Befunde bereits existierender Arbeiten. Nach einer zusammenfassenden Darstellung modifizierter Anwendbarkeitsthesen schließt das Kapitel mit der Ableitung erster, vorsichtiger Handlungshinweise zur stärkeren Verankerung von Wertmanagement im Mittelstand.

Die Arbeit schließt mit einer Zusammenfassung und einem Ausblick auf weitere Forschungsfelder in **Kapitel 8**. Die folgende Abbildung stellt den Verlauf der Arbeit zusammenfassend grafisch dar:

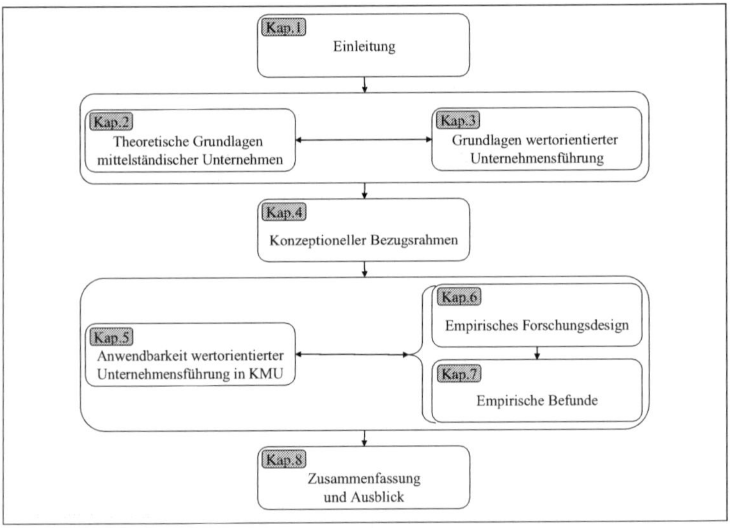

Abbildung 1-1: Gang der Arbeit
Quelle: Eigene Darstellung

2 Theoretische Grundlagen mittelständischer Unternehmen

Um das Untersuchungsobjekt dieser Arbeit zu beschreiben, werden mittelständische Unternehmen in Unterkapitel 2.1 an Hand gängiger qualitativer und quantitativer Kriterien definiert und eine für diese Arbeit geltende Eingrenzung des Untersuchungsobjektes vorgenommen. Unterkapitel 2.2 stellt unter Bezugnahme eines theoretischen Modells der Unternehmensführung die betriebswirtschaftlichen Besonderheiten mittelständischer Unternehmen vor, indem charakteristische[35] Ausprägungen und Restriktionen beschrieben und gegenüber Großunternehmen abgegrenzt werden. Anschließend wird in Unterkapitel 2.3 die Notwendigkeit einer wertorientierten Unternehmensführung für den Mittelstand diskutiert. Hierzu werden nach der Analyse der globalen Rahmenbedingungen u. a. existierende wissenschaftliche Arbeiten bzgl. der Vorteilhaftigkeit und Notwendigkeit einer wertorientierten Unternehmensführung im Mittelstand vorgestellt. Das Kapitel endet mit einem Zwischenfazit in 2.4.

2.1 Definition von mittelständischen Unternehmen als Untersuchungsobjekt

Das folgende Unterkapitel beinhaltet Ausführungen zu prinzipiellen Problemen der Definition mittelständischer Unternehmen (Kap. 2.1.1), stellt etablierte, quantitative (Kap. 2.1.2) und qualitative (Kap. 2.1.3) Definitionskriterien vor, grenzt auf Basis dieser Kriterien das Untersuchungsobjekt dieser Arbeit ein (Kap. 2.1.4) und stellt die volkswirtschaftliche Bedeutung des Mittelstandes in Deutschland heraus (Kap. 2.1.5).

2.1.1 Ausgangslage

Im täglichen Sprachgebrauch beschreiben häufig Begriffe wie „*Mittelstand*", „*KMU*" und „*Familienunternehmen*" die gleiche Gruppe von Unternehmen. Der Begriff „Kleine und Mittlere Unternehmen" stellt vorwiegend auf die Unternehmensgröße eines Unternehmens ab und lässt intuitiv erahnen, dass diese sich im Vergleich zu Großunternehmen tendenziell durch einen **geringeren Profes-**

---

35 Bei KMU von „typischen" und „charakteristischen" Ausprägungen zu sprechen, ist streng genommen irreführend, da insbesondere KMU durch eine starke Heterogenität gekennzeichnet sind und sich die Unternehmen teilweise in sämtlichen Ausprägungen, oftmals bedingt durch historische Gegebenheiten und familiären Charakter, unterscheiden. Im Folgenden werden daher weniger die Unterschiede von KMU untereinander, sondern insbesondere die Unterschiede zu typischen Großunternehmen betrachtet.

sionalisierungsgrad des Managements und größere **Ressourcenknappheit** auszeichnen. Offensichtlich ist, dass sich die ca. 3,2 Mio. in Deutschland gemeldeten Unternehmen[36] auf Grund Ihrer Heterogenität schwerlich mittels einer einfachen Definition eindeutig kategorisieren lassen, da eine detailgerechte Abgrenzung die Berücksichtigung vieler Dimensionen erfordert.[37] **Quantitative Kriterien** alleine, wie bloße Umsatz- oder Mitarbeiterzahlen, können die Vielfalt der existierenden Unternehmen nicht erfassen. Deshalb werden **qualitative Kriterien** bei der Auswahl einer geeigneten Definition hinzugezogen, um weitere Spezifika bzw. verschiedenartige Charakteristika mittelständischer Unternehmen zu berücksichtigen. Nicht immer wird es möglich sein, die Unternehmen relativ *einfach* einer bestimmten Unternehmensklasse *eindeutig* zuzuordnen, da es je nach Wahl von Kategorisierungsmerkmalen, Klassen, Klassengrenzen und Merkmalsausprägungen der Unternehmen zu Überlappungsproblemen kommen wird. Obwohl nach wie vor keine eindeutige und allgemein gültige Definition von KMU oder mittelständischen Unternehmen existiert[38], soll es im Folgenden Ziel sein, eine für die weitere Bearbeitung v. a. ***zweckmäßige Definition*** zu entwickeln, deren bedeutendste Differenzierungsfaktoren eher qualitativer als quantitativer Natur sind.[39]

2.1.2 Quantitative Definitionsmerkmale

Die Bezeichnung von Unternehmen als Klein-, Mittel- und Großunternehmen stellt konsequenterweise auf die Betriebsgröße ab. Die Zuordnung von Unternehmen in Betriebsgrößenklassen kann dabei nach einer Vielzahl von betrieblichen Leistungs- und **Kategorisierungsmerkmalen** erfolgen[40], von denen sich in Literatur und Praxis auf Grund ihrer branchenübergreifenden Allgemeingültigkeit und besseren Verfügbarkeit v. a. die Merkmale „*Umsatz*", „*Anzahl Mitarbeiter*" und „*Bilanzsumme*" durchgesetzt haben.[41]

---

36 Vgl. Statistisches Bundesamt 2006, Stand 31.12.2005.

37 Vgl. Pfohl 1997, S. 1ff.

38 Vgl. Walther 2004.

39 Vgl. auch Scharpe 1992, S. 17f. zur Definition von KMU mittels gemischter Kriterien.

40 Vgl. Pfohl 1997, S.8ff.; Haake 1987, S. 12ff.; Hamer 1987, S. 54; Günterberg/Kayser 2004 zur Zuordnung möglicher betriebsgrößenrelevanter Merkmale zu betrieblichen Problembereichen unter Berücksichtigung des sachlich begründbaren Zusammenhangs. Andere Merkmale umfassen z. B. Einsatzmengen und –werte an Produktionsfaktoren oder Werte des Kapitaleinsatzes.

41 Vgl. auch Hamer 1987, S. 57; Schwiering/Fischer 1999, S. 184f. Auf eine ausführliche Diskussion bzgl. der Eignung der drei etablierten Kriterien, wie z.B. der Einfluss und

Folgende Tabelle veranschaulicht die in Deutschland gebräuchlichen Definitionen des GÜNTERBERG/KAYSER (2004) in Bonn (IFM), der EU KOMMISSION (2003) (EU) und des § 267 HGB (2005) (HGB).[42] Das BUNDESWIRTSCHAFTSMINISTERIUM (2006) folgt im Rahmen seiner Mittelstandspolitik der Definition des IFM.[43] Dabei basieren alle Definitionen auf mehrdimensionalen Kriterien, um die Vielseitigkeit mittelständischer Unternehmen spezifischer berücksichtigen zu können.[44]

Größe	# Mitarbeiter			Umsatz (€ Mio.)			Σ Bilanz (€ Mio.)		
	IFM	EU	HGB	IFM	EU	HGB	IFM	EU	HGB
Kleinstunternehmen	-	< 10	-	-	< 2	-	-	< 2	-
Kleinunternehmen	< 10	< 50	< 50	< 10	< 10	< ~ 8	-	< 10	< ~ 4
Mittlere Unternehmen	< 500	< 250	< 250	< 50	< 50	<~32	-	< 43	<~16
Großunternehmen	≥ 500	≥ 250	≥ 250	≥ 50	≥ 50	≥~32	-	≥ 43	≥~16

Tabelle 2-1: Quantitative Definitionen von KMU nach IFM, EU und HGB
Quelle: IFM, EU-Kommission, HBG; Eigene Darstellung

Vergleicht man zunächst die Wahl der **Größenklassen** der drei Institute, so fällt auf, dass die EU-Definition mit den „Kleinstunternehmen" im Vergleich zu IFM und HGB eine weitere Klasse von Unternehmen definiert. Darüber hinaus weist die Definition der EU auch bei den Kategorisierungsmerkmalen eine komplexere Struktur auf als die des IFM. Im Einklang mit der Definition des HGB verwendet sie *zusätzlich* das Merkmal „Bilanzsumme", während das IFM lediglich die Merkmale „Anzahl Mitarbeiter" und „Umsatz" zur Einordnung der Unternehmen vorsieht.

Betrachtet man des Weiteren die Definition der **Klassengrenzen** der einzelnen Kategorisierungsmerkmale und stellt sie gegenüber, so sind die Definitionen von

die Verfälschung durch Arbeitszeitmodelle, Schichtbetriebe etc., wird an dieser Stelle verzichtet. Für interessierte Leser vgl. Hamer 1987, S. 56ff.

42 Vgl. HGB 2005. Nach HGB gehört ein Unternehmen dann einer Klasse an, wenn es in zwei der drei Merkmale die Grenze nicht überschreitet bzw. überschreitet. Gemäß der EU-Definition müssen mit einer Ausnahme prinzipiell ebenfalls 2 der drei Kriterien erfüllt sein. Vgl. auch Klett et al. 1996, S. 19f.

43 Vgl. Bundeswirtschaftsministerium 2006.

44 Vgl. Füglistaller 2004, S. 9; Haake 1987, S. 12ff.

EU und HGB bzgl. der „Anzahl Mitarbeiter" überwiegend einheitlich.[45] Gelten jedoch nach EU- und HGB-Definition Unternehmen mit über 250 Mitarbeitern bereits zu den Großunternehmen, ordnet sie das IFM den mittelgroßen Unternehmen zu. Im internationalen Vergleich sind die Obergrenzen für die Beschäftigtenzahlen zur Einordnung von Unternehmen tendenziell enger gefasst.[46] Bzgl. des Kategorisierungsmerkmals „Umsatz" sind diesmal die Grenzen zu den Größenklassen zwischen EU und IFM tendenziell vergleichbar (insbesondere die Abgrenzung zu Großunternehmen). Das HGB definiert hier, ebenso wie bei der Bilanzsumme, die Grenze enger als die EU.

Bereits an dieser Stelle ist ersichtlich, dass verschiedene Klassifikationen existieren, die sich in der Wahl der Klassenanzahl und der zur Einstufung von Unternehmen erforderlichen Kategorisierungsmerkmale bzw. Klassengrenzen unterscheiden bzw. sogar überlappen. Neben der **Komplexität in der Anwendung** mehrerer Definitionen und der nicht möglichen Zuordenbarkeit von Unternehmen zu einer Klasse, kann die Charakterisierung von Unternehmen an Hand lediglich quantitativer Kriterien auch innerhalb einer Definition zu Problemen führen. So können bei der Anwendung mehrerer Kategorisierungsmerkmale Überlappungsprobleme auftreten, wenn z. B. ein Unternehmen bei einem Merkmal die Voraussetzungen als Mittleres Unternehmen erfüllt, bei einem anderen Merkmal jedoch die Grenze zu den Großunternehmen überschreitet. Die konsequente Anwendung dieser Kriterien entspräche nicht den tatsächlichen ökonomischen Sachverhalten in Unternehmen, da sich ein Unternehmen mit 501 Mitarbeitern wohl schwerlich von einem Unternehmen mit 499 Mitarbeitern unterscheidet.[47] Des Weiteren können **branchenspezifische Besonderheiten**, wie spezifische Leistungserstellungs- und -verwertungsprozesse, die branchenübergreifende Kategorisierung in Größenklassen verzerren, da z. B. ein Unternehmen des Einzelhandels mit z. B. €10 Mio. Umsatz tendenziell als groß zu bezeichnen ist, während diese Umsatzgröße in der produzierenden Industrie ein eher kleineres Unternehmen charakterisiert.[48]

Zusammenfassend ist erkennbar, dass es zwischen den drei in Deutschland gebräuchlichen Definitionen zu einer Heterogenität von Größenklassen, Katego-

45 Mit Ausnahme der Abgrenzung der im HGB fehlenden Klasse der Kleinstunternehmen.

46 Vgl. ACTETSME 2005. Dagegen sind z. B. in den USA und in China die Grenzen weiter gezogen.

47 Vgl. Pfohl 1997, S. 17ff.

48 Vgl. Ebenda, S. 8; Ihring 1986, S. 6f.

risierungsmerkmalen und Klassengrenzen kommt. Diese Vielseitigkeit spiegelt bereits die Wesensverschiedenheit des Mittelstands wider. Da quantitative Kriterien die Abbildung der komplexen Wirklichkeit in Unternehmen und speziell im Mittelstand nicht leisten können, sind sie eher nur als erste Indikatoren einer Zuordnung zu verstehen.[49]

2.1.3 Qualitative Definitionsmerkmale

Neben quantitativ erfassbaren Größenunterschieden grenzen sich KMU zu Großunternehmen insbesondere durch **spezifische qualitative Eigenschaften** ab, die durch eine Beschreibung der wirtschaftlichen Tätigkeit das Wesen eines Unternehmens charakterisieren.[50] Bereits frühzeitig wurde die Bedeutung dieser qualitativen Kriterien zur Unternehmensabgrenzung erkannt und in ihnen die Ursache für den Erfolg der kleineren Unternehmensgröße der KMU gesehen. So beschreibt GANTZEL (1962)[51] die Betriebsgröße als ein derivatives Strukturmerkmal als Folge qualitativer Ursachen. Die Wesensverschiedenheit des Mittelstands impliziert, dass eine Vielzahl von Ausprägungsvariationen qualitativer Kriterien existiert und es, ähnlich der quantitativen Definition, *die eine* qualitative Definition nicht gibt.[52] In der Literatur sind folglich eine Reihe von qualitativen Abgrenzungskriterien diskutiert und entwickelt worden.[53] Die folgenden Abgrenzungsmerkmale von MARWEDE (1983) haben sich dabei für mittelständische Unternehmen als relevant erwiesen[54]: die Selbständigkeit, die Rechtsform, die personengeprägte Unternehmensstruktur, die Beschränkung in den Finanzierungsmöglichkeiten und die Überschaubarkeit der Organisationsstruktur.

Die Selbständigkeit: Die **Einheit von Eigentum und Unternehmensführung** ist kennzeichnend für den Mittelstand. Der Inhaber des Unternehmens ist auto-

---

49 Vgl. Füglistaller 2004, S. 9; Haake 1987, S. 15; Günterberg/Kayser 2004.

50 Vgl. Fueglistaller et al. 2004, S. 9; Günterberg/Kayser 2004; Haake 1987, S. 15; Sattler et al. 1995, S. 2.

51 Vgl. Gantzel 1962, S. 279, der KMU an Hand bestimmter Grundmerkmale, derivativer Folgemerkmale und ergänzender Häufigkeitsmerkmale charakterisiert.

52 Vgl. z. B. Kayser 1986, S. 4ff.

53 Vgl. Kayser 2003, S. 6; Vgl. Homburg 1999; Hamer 1987, S. 49f.; Haake 1987, S. 17ff.; Bussiek 1994, S. 18f.; Walther 2004, S. 35f.; Pichler et al. 1999; Mugler 1998, S. 20; Pfohl 1997, S.19ff.

54 Vgl. Marwede 1983, S. 58ff.; Kosmider 1994, S. 31f.

nomer Entscheider, Kontrolleur und Risikoträger in einer Person.[55] Dementsprechend besitzt im Mittelstand die für Großunternehmen typische *Principal-Agent-Problematik* eine geringere Relevanz. Die Übernahme der Geschäftsanteile durch die Nachfolgegeneration sichert dabei langfristig die rechtliche und wirtschaftliche Unabhängigkeit mittelständischer Unternehmen.[56] Die fehlende Diversifikation ihres Vermögens kann dabei auch Unternehmer in ihrem unternehmerischen Wagemut in gewissem Maße einschränken.[57]

Die Rechtsform: Die für den Mittelstand ursprünglich typische Rechtsform ist die eines **Einzelunternehmens** bzw. einer **Personenhandelsgesellschaft.** Eine fortschreitende Abnahme der Haftungsbereitschaft führt jedoch zu einem erhöhten Anteil von – eher für Großunternehmen typischen – Kapitalgesellschaften.[58]

Die personengeprägte Unternehmensstruktur: Eng verbunden mit der Einheit von Eigentum und Unternehmensführung ist die stark eigentümergeprägte Unternehmensstruktur und –kultur im Mittelstand.[59] Der Unternehmer besitzt eine herausragende Stellung in eigentümergeführten Unternehmen, da er auf Grund seiner hohen Identifikation mit dem Unternehmen ein beträchtliches Maß an Engagement und Gestaltungswillen aufweist.[60] Auch sind KMU – im Vergleich zu Großunternehmen – durch ein **persönlicheres Verhältnis** zu den eigenen Mitarbeitern geprägt. Durch ihren lokalen Bezug und die besondere **Markt- und Kundennähe** sind mittelständische Unternehmen in der Lage, intensivere Beziehungen zu ihren Kunden und Lieferanten auszubauen.[61] Die persönlichen Beziehungen zwischen Unternehmen und Umfeld können zu entscheidenden Wettbewerbsvorteilen führen, indem z. B. langfristige, vertrauensvolle Kooperationen mit Lieferanten aufgebaut und Kundenwünsche z. B. in Produktentwicklungsprozessen konkreter und „ehrlicher“ berücksichtigt werden können.[62] Ist dies bei Großunternehmen tendenziell auch möglich, so

---

55 Vgl. Pichler et al. 1999, S. 12; Walther 2004, S. 35f.; Mugler 1998, S. 20; Bussiek 1994, S. 18f.

56 Die „automatische“ Weitergabe der Unternehmensverantwortung auf die nächste Generation besitzt heutzutage jedoch eine immer geringere Bedeutung, da sich viele potenzielle Erben emanzipieren und ihre eigenen beruflichen Ziele verfolgen.

57 Vgl. Sattler et al. 1995, S. 2f.; Bussiek 1994, S. 18.

58 Vgl. Kosmider 1994, S. 31.

59 Vgl. Hamel 1997, S. 230; Gabele 1989, S. 220f.

60 Vgl. Finance 2004, S. 26.

61 Vgl. Mugler 1998, S. 20; Füglistaller 2004, S. 23.

62 Vgl. Pichler et al. 1999, S. 24f.; Fueglistaller et al. 2004, S. 30;

erscheint es bei mittelständischen Unternehmen auf Grund der stärkeren persönlichen Bindung der Partner und des „Wir-Gefühls" eher realisierbar. Jedoch kann eine zu stark personengeprägte Unternehmenskultur auch nachteilig sein, indem z. B. Konflikte zwischen persönlichen und unternehmerischen Zielen zu einer **Fehlallokation von Ressourcen** führen.[63] Eine saubere Trennung zwischen persönlichen, meta-ökonomischen Zielen auf der einen Seite und unternehmerischen, meist finanziellen Zielen auf der anderen Seite ist in der Praxis häufig nicht möglich.

Die Beschränkung in den Finanzierungsmöglichkeiten: Die eher geringe Unternehmensgröße, der starke lokale Bezug des Unternehmens und v. a. die Eigentümerstruktur mit teilweise nicht-monetären Zielgrößen machte eine Professionalisierung der Unternehmensführung in der Vergangenheit entbehrlich. So erklärt sich auch die überwiegend fehlende Börsennotierung mittelständischer Unternehmen, die letztlich in einer **limitierten Ressourcenausstattung**[64] – finanzieller, personeller und zeitlicher Natur – mangels Aufnahme von Investitionskapital mündet. Die Finanzierungsstruktur von KMU war in der Vergangenheit traditionell durch einen **geringen Eigenkapitalanteil** und damit beschränkten weiteren Finanzierungsmöglichkeiten geprägt.[65] Fremdfinanzierung wurde überwiegend durch klassische Bankkredite wahrgenommen.[66]

Die Überschaubarkeit der Organisationsstruktur: Mittelständische Unternehmen sind generell durch **flache, flexible Hierarchien, kurze Entscheidungswege und persönliche Beziehungen** zu Mitarbeitern, Kunden und Lieferanten etc. geprägt.[67] Dies führt zu einer verstärkten Auseinandersetzung des Inhabers mit operativen Tätigkeiten. Die mit diesen Eigenschaften verbundenen Vorteile können durch eine **Überlastung des Unternehmers** gemindert werden, mit der Gefahr, dass elementare, strategische Aufgaben vernachlässigt werden.[68]

---

63 Während nach rein ökonomischen Aspekten die Maximierung materieller Größen wie z. B. dem Gewinn geboten ist, können KMU-Unternehmer auch die Verfolgung nichtmaterieller Ziele wie z. B. Selbstverwirklichung verfolgen, vgl. Mugler 1995, S. 257f.

64 Vgl. Schulte 2002; Pichler et al. 1999, S. 26ff.

65 Vgl. Stark 2002, S. 38; Lubritz 2000, S. 20.

66 Vgl. Finance 2004, S. 10.

67 Vgl. Fueglistaller et al. 2004, S. 23; Mugler 1998, S. 18ff.; Sattler et al. 1995, S. 2f.; Bussiek 1994, S. 18; Haake 1987, S. 17ff.; Lubritz 2000, S. 21.

68 Vgl. Dethlefs 1997, S. 59.

Einige der beschriebenen Abgrenzungsmerkmale haben in letzter Zeit tendenziell an Bedeutung verloren. Sie sind eher als *„typische"* und nicht als *„notwendige"* oder *„hinreichende"* Kriterien einer Mittelstands-Zuordnung zu verstehen. D. h. das Auftreten bzw. Fehlen typischer mittelständischer Eigenschaften hat nicht zwangsläufig die Zuordnung bzw. den Ausschluss aus diesem Segment zur Folge. So sind z. B. Unternehmen, die mehrere der qualitativen Kriterien erfüllen, heute in Form einer **Kapitalgesellschaft** (überwiegend GmbHs) eingetragen bzw. sogar an der Börse notiert[69], um sich durch eine gestärkte Eigenkapitalausstattung im dynamischen Wettbewerb besser zu positionieren. Von ihrer Unternehmensstruktur und -kultur her weisen sie jedoch eher mittelständische Charakteristika auf. Auch das Merkmal „Einheit von Eigentum und Kontrolle" wird durch die teilweise **ungelöste Nachfolgeproblematik** mit dem **Trend zur Fremdgeschäftsführung** von KMU abgeschwächt.[70] Das Fehlen eines der obigen Kriterien führt also nicht unmittelbar dazu, einem Unternehmen seine Mittelstandsnatur abzusprechen sowie auch die Erfüllung eines Merkmals nicht zwangsläufig die Zurechnung eines Unternehmens zu dieser Gruppe zur Folge hat. Mittelständische Unternehmen werden verstärkt international aktiv und gleichen sich diesbezüglich den typischen Verhaltensmustern der Großunternehmen an.[71] Gemäß KAYSER ist nach qualitativen Gesichtspunkten dort eine Grenze zu ziehen, wo der mittelständische Unternehmer alleine nicht mehr in der Lage ist, das Unternehmen ohne Hinzuziehung weiterer Kräfte zu führen.[72]

Zusammenfassend kann festgehalten werden, dass es neben quantitativen Kriterien eine Vielzahl wichtiger qualitativer Kriterien gibt, die alle als mittelstandstypisch bezeichnet werden können, jedoch – für sich alleine gesehen – weder notwendige noch hinreichende Bedingungen darstellen. Während die qualitativen Kriterien auf Grund ihrer Wesensbeschreibung des Unternehmens für Definitionszwecke tendenziell besser geeignet scheinen als – zumindest an den Klassengrenzen – willkürlich definierte quantitative Kriterien, besitzen sie jedoch den Nachteil der Interpretationsbedürftigkeit und fehlenden Messbarkeit, weshalb häufig eine **Kombination aus quantitativen und qualitativen Krite-**

---

69 Vgl. den Börsenindex GEX, der sich aus 120 mittelständischen und inhabergeführten Unternehmen zusammensetzt. Vgl. Deutsche Börse AG 2006.

70 Vgl. FAS AG 2005. Siehe auch Dornier/Tiefenthaler-Dornier 1991, S. 519 zu den Erfolgsfaktoren der Nachfolgeregelung.

71 Vgl. FAS AG 2005.

72 Vgl. Kayser 2006, S. 35.

rien zur Anwendung kommt.[73] Ob ein Unternehmen dem Mittelstand zuzuordnen ist, lässt sich oft auf Grund der Vielzahl von Ausprägungsmöglichkeiten nicht unmittelbar feststellen und ist im Einzelfall, insbesondere in der Abgrenzung zu Großunternehmen, zu prüfen.[74] Inwiefern sich mittelständische Unternehmen im Hinblick auf ihre betriebswirtschaftlichen Ausprägungen von Großunternehmen unterscheiden, wird in den Ausführungen des Unterkapitels 2.2 behandelt.

2.1.4 Definition im Rahmen dieser Arbeit

In Deutschland existierten nach Angaben des STATISTISCHEN BUNDESAMTES im Jahr 2006 ca. 3,2 Mio. Unternehmen, von denen über 80% einen Umsatz von weniger als €500 Tsd. erwirtschafteten.[75] Bei ca. 70% dieser 3,2 Mio. Unternehmen handelt es sich dabei um Einzelunternehmen wie Handwerker, Einzelhändler etc.[76], die als Kleinstunternehmen naturgemäß nicht den professionellen Anforderungen einer modernen Unternehmensführung genügen. Im Rahmen dieser Arbeit muss dementsprechend der Begriff der „Kleinen und Mittleren Unternehmen“ weiter spezifiziert werden, um für eine konkrete Gruppe von Unternehmen die Anwendung wertorientierter Unternehmensführung zu untersuchen und Erfolgsfaktoren und Gestaltungshinweise ableiten zu können. Die dargestellten quantitativen und qualitativen Abgrenzungsmerkmale sollten derart gewählt werden, dass die verbleibenden Unternehmen als mittelstandscharakteristisch angesehen werden können.

Wie in Abschnitt 3.1.2 noch zu zeigen ist, wird wertorientierte Unternehmensführung in der stärksten Form als umfassendes Führungskonzept verstanden, welches sämtliche Unternehmensführungssysteme wie z. B. das Planungs- und Kontrollsystem oder die Informationsversorgung auf die definierte Unternehmensstrategie wertorientiert ausrichtet und koordiniert.[77] Die Anwendung wertorientierter Unternehmensführung als Führungskonzept eines Unternehmens impliziert somit hinsichtlich der potenziellen Zielgruppe zwei unmittelbare, notwendige Voraussetzungen. Zum einen setzt die Zielsetzung einer Unternehmenswertsteigerung die inhaltliche Beschäftigung der Unternehmensführung mit strategischen Fragestellungen und den sich ändernden Wett-

73 Vgl. Scharpe 1992, S. 17f.

74 Vgl. Hamer 1987, S. 65ff.; Beutel 1988, S. 19; Pichler et al. 1999; Walther 2004, S. 37.

75 Vgl. Statistisches Bundesamt 2006.

76 Vgl. Ebenda.

77 Vgl. die Ausführungen in Abschnitt 3.1.2.

bewerbsbedingungen voraus. Hierfür muss das Management über eine sog. „*strategic awareness*“[78] verfügen, also die Erkenntnis bzgl. der Notwendigkeit und Vorteilhaftigkeit der Auseinandersetzung mit strategischen Fragestellungen. Zum anderen ist eine gewisse Mindestausstattung an Ressourcen, Strukturen und formalisierten Prozessen im Unternehmen erforderlich, um die definierte Zielsetzung des Unternehmens bestmöglich zu unterstützen. Wie später ausführlich beschrieben wird, sind diese Mindestanforderungen u. a. im Planungs- und Kontrollsystem (z. B. Planung, Berechnung und Kontrolle der Wertsteigerung) und im Informationssystem (Bereitstellung der für die Berechnung erforderlichen Daten) des Unternehmens zu sehen.[79]

Um in der Praxis abschätzen zu können, ob die beiden oben genannten Kriterien erfüllt werden, kann näherungsweise die Unternehmensgröße verwendet werden, da üblicherweise kleine Unternehmen ein zur Umsetzung eines wertorientierten Managementsystems erforderliches Controllingsystem bzw. einen für die Controllingfunktion verantwortlichen Mitarbeiter nicht aufweisen.[80] Dementsprechend sollen für die weitere Bearbeitung dieser Arbeit, die nach IFM und EU definierten **Kleinst- und Kleinunternehmen** aus der Betrachtung **ausgeschlossen** werden, da man bei Beschäftigtenzahlen von weniger als 50 Mitarbeitern nicht von der notwendigen Erfüllung dieser Voraussetzungen ausgehen kann. Abweichend von dieser in den Definitionen gebräuchlichen **quantitativen Untergrenze**, liegt die Grenze in Abhängigkeit von Branche, etablierten Controllingstrukturen, Führungsstil und Unternehmenszielen etc. in realiter eher bei einer Beschäftigtenzahl von 100 bis 150 Mitarbeitern.[81]

Die Definition einer Obergrenze fällt ungleich schwerer, da wie beschrieben auch Unternehmen mit einer Beschäftigtenzahl von über 500 Mitarbeitern mittelständischen Charakter aufweisen können. Eine **Obergrenze** wird daher

---

78 Vgl. Gibb/Scott 1985. Dies setzt auf der Unternehmensseite die Erkenntnis über die Notwendigkeit der Auseinandersetzung mit „Strategie“ voraus, was die Autoren als „*strategic awareness*“ bezeichnen.

79 Vgl. Ebeling 2007, S. 89ff. und 109ff.

80 Vgl. Pfohl 1997, S.7, der postuliert, dass die ausgewählten Merkmale zweckmäßig an Hand des behandelten Problembereichs, hier also dem Controlling, definiert werden sollen. Vgl. auch Marx 1993. Vgl. die empirische Untersuchung von Günther/Gonschorek 2006.

81 Vgl. Horvath/Weber 1997, S. 340, der bei einer Beschäftigtenzahl von 100 bis 200 Personen von einer eigenständigen Wahrnehmung der Controllingaufgaben ausgeht. Vgl. auch die empirischen Ergebnisse von Ossadnik et al. 2004, S. 624ff. bzgl. der Ausstattung und des Verständnisses des Controlling in KMU in Abhängigkeit von der Unternehmensgröße.

qualitativer Natur sein, um die Besonderheiten und Eigenschaften des Mittelstands in den Vordergrund zu stellen. Festgehalten werden kann an dieser Stelle bereits, dass diese Arbeit eher die großen KMU adressiert und der weiten Definition des IFM gegenüber der engen Auslegung der EU-Kommission den Vorzug einräumt.[82] Wenn im folgenden Verlauf der Arbeit von KMU oder dem Mittelstand gesprochen wird, so ist, falls nicht explizit anderweitig hingewiesen, von den **mittelgroßen Unternehmen** die Rede.

Die qualitativen Kriterien und Filter sollen Hinweise darauf geben, ob ein Unternehmen zum einen bereits die Grenze zu den Großunternehmen überschritten hat und zum anderen darüber hinaus wünschenswerte Merkmalsausprägungen zur Auswahl von mittelständischen *„Idealtypen"* aufzeigt. Die Unternehmen der Untersuchungsgruppe sollten typische Charakteristika wie eine *flache Hierarchie* aufweisen und dabei sowohl *eigentümergeprägte Unternehmen* als auch *fremdgeführte* Unternehmen berücksichtigen, um die organisatorischen und kulturellen Besonderheiten verschiedener mittelständischer Unternehmen zu erfassen. Starr formalisierte Unternehmensprozesse und Reportingstrukturen sind tendenziell ein Indikator für größere, weniger flexible Unternehmen und spiegeln daher nicht die Merkmale des typischen Mittelstands wider. Ähnliches gilt bzgl. der *persönlichen Beziehungen* zwischen dem Unternehmen und seinen Mitarbeitern bzw. seinem Umfeld. Nicht zuletzt sollten die Unternehmen durch eine *limitierte Ressourcenausstattung* in Form von Know-how und Strukturen gekennzeichnet sein, wobei gewisse Mindestgrenzen nicht unterschritten werden sollten. Um jedoch die Komplexität des Konzeptes für mittelständische Unternehmen in einem ersten Schritt möglichst gering zu halten, werden im weiteren Verlauf dieser Arbeit lediglich Ein-Geschäftsfeldunternehmen betrachtet.[83] Wie noch zu zeigen sein wird, werden damit komplexitätsfördernde Verbundstrukturen und wertorientierte Gestaltungsnotwendigkeiten (z. B. interne Kapitalmärkte) aus der Betrachtung ausgeklammert, ohne jedoch das Ziel der Integra-

---

82 Vgl. dazu Dintner 1999, S. 98ff., der in einer, die Grössenklassifikation des IFM zu Grunde legenden, Untersuchung feststellt, dass mittlere Unternehmen im Gegensatz zu kleinen Unternehmen über grundlegende Strukturen z. B. in der Finanzbuchhaltung oder der Kosten- und Leistungsrechnung verfügen.

83 In einer detaillierteren Ausgestaltung von Wertmanagement können KMU ihre verschiedenen Geschäftsfelder einzeln wertorientiert steuern, indem sie z. B. individuelle Zielvorgaben vorgeben, individuelle Kapitalkosten berechnen und z. B. in Abhängigkeit der Investitionsalternativen der Geschäftseinheiten das gesamthafte Investitionsbudget wertoptimal allozieren. Auf diese detaillierte Ausgestaltung wird jedoch zu Gunsten geringerer Komplexität explizit verzichtet.

tion eines wertorientierten Steuerungskonzeptes für mittelständische Unternehmen zu verwässern.

Zusammenfassend kann festgehalten werden, dass sich die für diese Arbeit relevante Zielgruppe durch einen quantitativen Filter in Form einer Mindestbeschäftigtenzahl von mindestens 100 Beschäftigten und durch einen qualitativen Filter in Form wesentlicher mittelstandstypischer Charakteristika beschreiben lässt. Die Unternehmen sollten darüber hinaus rechtliche und wirtschaftliche Selbständigkeit aufweisen, um die Integration eines eigenständigen wertorientierten Managementsystems zu ermöglichen und ggf. Verzerrungen durch Konzern- bzw. Verbundvorgaben zu vermeiden.[84]

2.1.5 Bedeutung mittelständischer Unternehmen

Ist die erhebliche volkswirtschaftliche Bedeutung mittelständischer Unternehmen von der Politik in Deutschland lange Zeit verkannt worden, so spiegeln heutzutage vielfältige Einrichtungen und Förderprogramme die Wichtigkeit dieser Unternehmensgruppe wider.[85] Die verstärkte Aufmerksamkeit für KMU ist durch die politisch gewonnene Erkenntnis, dass ein wirtschaftlich starker Mittelstand die Grundpfeiler einer freien, sozialen Marktwirtschaft darstellt und automatisch für ein hohes Maß an **Markteffizienz** sorgt, zu erklären.[86] KAYSER (2006) begründet dies mit der den mittelständischen Unternehmern inhärenten Eigenschaft selbständig planen, koordinieren, entscheiden und kontrollieren zu müssen und jegliche Vorsorge zur Existenzsicherung selber zu übernehmen.[87]

Des Weiteren sorgt der Mittelstand für eine **hohe Wettbewerbsintensität**[88], welche ebenfalls als konstitutives Element einer freien Marktwirtschaft zu bezeichnen ist. Da mittelständische Unternehmen auf Grund von Größe und Ressourcenrestriktionen gegenüber Großunternehmen Skalennachteilen unterliegen, mit diesen daher in etablierten (Massen-)Märkten nicht konkurrieren können, sind sie gezwungen, ihre wirtschaftliche Existenz anderweitig zu si-

---

84 Vgl. Behringer 1999.

85 Vgl. Günterberg/Wolter 2002. Stellvertretend für die Vielzahl von Instituten und Förderprogrammen siehe Institut für Mittelstandsforschung der Universität Mannheim 2004; Institut für Mittelstandsforschung Bonn 2003; Bundeswirtschaftsministerium 2006.

86 Vgl. Hamer 1997, S. 32f.; Albach 1983, S. 1 bezeichnet den Mittelstand sogar als zentrales, konstitutives Element der freien, sozialen Marktwirtschaft. Vgl. Audretsch 1999; Pichler et al. 1999.

87 Vgl. Kayser 2006, S. 34.

88 Vgl. Hamer 1997, S. 32

chern. Dies kann z. B. durch die Besetzung eines Nischenmarktes geschehen, der auf Grund seiner geringen Größe für Großunternehmen nicht wirtschaftlich zu bedienen ist. Die im Vergleich zu Großunternehmen für den Mittelstand typische Flexibilität und Schnelligkeit bzw. günstigere Kostenstruktur ermöglicht, kostensensitive Dienstleistungen bzw. die Entwicklung spezieller, hochwertiger Produkte ökonomischer zu erbringen.[89] Diese Vorteile führen oft dazu, dass mittelständische Unternehmen sowohl Serviceleistungen für Kunden von Großunternehmen erbringen (z. B. im After-Sales-Service) oder aber selbst Servicedienstleister für Großunternehmen darstellen (z. B. Wartungs- und Reinigungsdienstleistungen). Ein besonderes Beispiel einer gelungenen Symbiose zwischen Mittelstand und Großunternehmen ist die deutsche Autobranche, in der es eine Vielzahl von KMU gibt, die als Zulieferer großer Automobilhersteller fungieren. Diese Koexistenz wird dadurch gefestigt, dass Großunternehmen zunehmend bemüht sind, sich auf ihre Kernkompetenzen zu konzentrieren und Randgeschäfte an kleine spezialisierte Unternehmen auszulagern bzw. sich von weniger bedeutsamen Geschäftseinheiten im Rahmen von Spinoffs zu trennen.[90] FÜGLISTALLER (2004) prägte in diesem Zusammenhangt den Begriff der „*Haifischthese*", bei der Großunternehmen („Haie") die Märkte beherrschen und viele Mittelständler („Putzfische") in uninteressanten Nischen zuarbeiten.[91] Bemerkenswert zu erwähnen ist dabei, dass deutsche mittelständische Unternehmen zwar als Zulieferer großer Unternehmen fungieren, jedoch nicht selten in ihren Nischenmärkten die Position eines Weltmarktführers innehaben.[92]

In diesem Kontext ist v. a. die **hohe Innovationsdynamik** des Mittelstandes hervorzuheben. Obwohl lediglich ein Drittel der in Deutschland getätigten F&E-Ausgaben auf KMU entfallen[93], belegen die Anzahl der angemeldeten Patente, dass vorrangig mittelständische Unternehmen neue Technologien und Produkte vorantreiben, während Großunternehmen eher die Weiterentwicklung bestehender skalenträchtiger Produkte verfolgen.[94] Der Mittelstand trägt somit zu einem ständigen Erneuerungsprozess der Ökonomie bei und gilt als **Verursacher von**

---

89 Vgl. Füglistaller 2004, S. 31; Sattler et al. 1995, S. 3.

90 Vgl. Behringer 1999, S. 24f.; Carlsson 1999, S. 100; Füglistaller 2004, S. 31.

91 Vgl. Füglistaller 2004, S. 48.

92 Vgl. Simon 1990, S. 875ff., der für diese Unternehmen den Begriff der „Hidden Champions" prägte.

93 Vgl. Kayser 2003, S. 10.

94 Vgl. Füglistaller 2004, S. 31f.; Carlsson 1999, S. 109.

Veränderungsprozessen.[95] Externe Einflüsse wie geringe Markteintritts- und Marktaustrittsschranken, gestiegene Anforderungen von Endkunden und Großunternehmen, geringe Ressourcenausstattung etc. zwingen mittelständische Unternehmen dazu, sehr nah am Markt zu agieren und den Bedürfnissen der Abnehmer gerecht zu werden. Eine recht hohe Fluktuationsrate von 28%[96] im Jahr 2004 verdeutlicht die hohe Innovations- und Wettbewerbsdynamik im Mittelstand und trägt zu einer fortlaufenden Verjüngung des Mittelstandes bei - so sind ca. 40% der Unternehmen jünger als 10 Jahre -, was gewachsene Strukturen verändert und den Wettbewerb forciert.[97] Da die Mehrzahl der Neugründungen im Dienstleistungssektor liegt, trägt die Dynamik des Mittelstandes zudem zu einer *Tertiarisierung der deutschen Volkswirtschaft* bei.[98]

HAMER (1997) schreibt dem Mittelstand weiterhin eine wesentliche **Bedeutung für die Beschäftigung** zu, da er mehr als 70% der Arbeitsplätze in der deutschen Wirtschaft offeriert. Dies ist darin begründet, dass bei KMU im Gegensatz zu Großunternehmen der Produktionsfaktor Arbeit gegenüber dem Faktor Kapital eine dominante Position einnimmt, da oftmals individuelle und flexible marktnahe Lösungen in kurzer Zeit erarbeitet werden müssen.[99] Die Bedeutung des Faktors Arbeit wirkt sich ebenfalls auf die Ausbildungsstruktur in Deutschland aus. Mehr als 80% aller Lehrlinge werden in mittelständischen Unternehmen ausgebildet. Empirische Untersuchungen belegen, dass KMU über 50% aller Unternehmenssteuern und Sozialabgaben tragen und somit eine erhebliche **Bedeutung für die Staatsfinanzen** besitzen.[100]

Neben der beschriebenen Funktion des Innovators, der Sicherstellung von Wettbewerb und effizienter Arbeitsteilung, sieht KAYSER (2006) weitere wesentliche Funktionen des Mittelstandes in der **regionalen Standortförderung** und im

---

95 Vgl. Kayser 2006, S. 33; Acs 1999, S. 11; Caballero/Hammour 1996.

96 Die Fluktuationsrate ist als Quotient zwischen der Summe von Neugründungen bzw. Unternehmensliquidationen und der Gesamtanzahl der bestehenden Unternehmen zu verstehen. Vgl. Wallau 2006, S. 26.

97 Vgl. Kayser 2006, S. 42; Kayser 2006, S. 12.

98 Vgl. Kayser 2006, S. 32, der den Mittelstand als den Verursacher und Vollzieher der Entwicklung hin zur Dienstleistungsgesellschaft bezeichnet.

99 Vgl. Hamer 1997, S. 34.

100 Bzgl. der Bedeutung für Staatsfinanzen und Beschäftigung vgl. auch die Ergebnisse des Mittelstandsmonitors 2007 der KFW Bankengruppe 2007. In einer aktuellen Untersuchung zeigt sich zudem, dass die effektive Steuerbelastung unter zwölf EU-Mitgliedsstaaten in Deutschland am zweithöchsten ist.

Export. Von den 327.610 in Deutschland im Jahre 2003 exportierenden Unternehmen haben über 98% weniger als 500 Beschäftigte.[101] Im Rahmen der regionalen Standortförderung gelten KMU als Förderer, Hauptarbeitgeber einzelner, sonst vernachlässigter Kommunen und zeichnen sich durch **hohes gesellschaftliches Engagement** aus. Selbst Kleinstunternehmen engagieren sich mit über 80% für wohltätige Zwecke; ein Wert, der ebenfalls dem Schnitt von Großunternehmen entspricht.[102]

Die folgenden statistischen Daten des INSTITUTS FÜR MITTELSTANDSFORSCHUNG BONN unterstreichen zusammenfassend die volkswirtschaftliche Bedeutung des Mittelstandes in Deutschland. KMU, welche offensichtlich zu Recht als das Rückgrat der deutschen Wirtschaft bezeichnet werden[103],

- repräsentierten im Jahr 2002 mit ca. 3,2 Mio. Unternehmen ca. 99,7% der deutschen Unternehmen
- beschäftigten mit über 20 Mio. Personen ca. 70,5% aller Arbeitnehmer
- bildeten ca. 82,4% aller Lehrlinge aus
- erwirtschafteten ca. 40,8% aller steuerpflichtigen Umsätze
- trugen mit 48,8% zur gesamten Bruttowertschöpfung bei
- stellten über 98% aller exportierenden Unternehmen dar
- führten ca. 46% aller in Deutschland getätigten Bruttoinvestitionen durch.[104]

Nachdem KMU definiert und ihre herausragende Bedeutung für die deutsche Volkswirtschaft dargestellt wurde, wird sich das nächste Unterkapitel mit den besonderen betriebswirtschaftlichen Charakteristika mittelständischer Unternehmen beschäftigen.

2.2 Besonderheiten mittelständischer Unternehmen

Um mittelständische Unternehmen und ihre speziellen ökonomischen Eigenschaften systematisch beschreiben und die für die Zielstellung dieser Arbeit notwendigen betriebswirtschaftlichen Grundlagen analysieren zu können, wird im Folgenden auf ein anerkanntes Modell der Unternehmensführung zurückge-

---

101 Vgl. Kayser 2006, S.2 und Wallau 2006, S. 21.

102 Vgl. Wallau 2006, S. 28f.; Günterberg/Kayser 2004.

103 Vgl. Günterberg/Wolter 2002, S. 21ff.

104 Vgl. Kayser 2006, S. 9; Wallau 2006, S.16ff. Eine ähnliche hohe Bedeutung kommt den KMU im europäischen Raum zu. Vgl. European Commission 2003, S. 5.

griffen, welches im Abschnitt 2.2.1 vorgestellt wird. Die Abschnitte 2.2.2 bis 2.2.4 stellen anschließend unter Zuhilfenahme dieses Bezugsrahmens die betriebswirtschaftlichen Besonderheiten mittelständischer Unternehmen in prägnanter Form dar.

2.2.1 Eingangsüberlegungen

Zur strukturierten Erfassung und Beschreibung von Unternehmen ist es sinnvoll, auf bereits etablierte Führungsmodelle von Unternehmen zurückzugreifen. Während sog. *Partialmodelle* einen bestimmten Ausschnitt des Führungsprozesses fokussieren, versuchen *Totalmodelle* alle denkbaren Modellvariablen einer Unternehmensführung zu umfassen.[105] Bekannte Totalmodelle sind dabei z. B. das *7S-Konzept* und der *Zürcher Ansatz zu einer Führungslehre*.[106] Beiden Modellen ist gemein, dass sie sowohl sog. *harte* Führungselemente (z. B. Strategie, Unternehmensstrukturen und –systeme) als auch *weiche* Führungselemente (z. B. Mitarbeiter, Führungsstil und Kultur) zur Beschreibung von Unternehmen heranziehen. Während das 7S-Konzept den weicheren Elementen einen höheren Stellenwert einräumt und die Unternehmenskultur („Shared Values") in den Mittelpunkt der Betrachtung stellt[107], ist der *Zürcher Ansatz* in seiner Darstellung entscheidender Führungsdimensionen wertfreier. Da der wertorientierten Strategiedefinition und Ausgestaltung von Systemen (also den *harten* Elementen) im Rahmen einer wertorientierten Unternehmensführung eine zumindest genauso hohe Bedeutung zukommt wie den weichen Elementen[108], soll zur folgenden Beschreibung der Besonderheiten mittelständischer Unternehmen auf den *Zürcher Ansatz zu einer Führungslehre*[109] zurückgegriffen werden. Die wertorientierte Konkretisierung dieses generischen Konzeptes erfolgt jedoch erst im weiteren Verlauf dieser Arbeit.[110]

Das als *Zürcher Ansatz zu einer Führungslehre* bekannt gewordene generische Konzept der Unternehmensführung von RÜHLI dient als theoretisch struktureller Rahmen zur Erfassung, Darstellung und Gestaltung unternehmerischer Tätigkeit

105 Vgl. Braunschweig et al. 2001, S. 72ff.

106 Vgl. Jung 2006, S. 509ff.

107 Vgl. Ebenda, S. 509f.

108 Vgl. Abschnitt 3.1.5.

109 Vgl. Rühli 1977; Rühli 1984; Rühli 1991; Rühli 1992; Lehmann 1993.

110 Vgl. Kap. 4. Vgl. auch Fechtel 2001, S. 77ff., der ebenfalls eine wertorientierte Konkretisierung des *Zürcher Ansatzes* vorgenommen hat.

im Allgemeinen.[111] Der Ansatz scheint auf Grund seiner umfassenden Betrachtung aller relevanten Aspekte einer Unternehmensführung geeignet, wertorientierte Unternehmensführung – verstanden als umfassendes Führungsinstrument[112] – in den Gesamtzusammenhang einer Unternehmung einzuordnen und somit eine Konkretisierung des generischen Ansatzes zu erfahren. So lassen sich die in Abschnitt 3.1.5 abzuleitenden und im Mittelstandskontext zu diskutierenden Anforderungen und Erfolgsfaktoren einer wertorientierten Unternehmensführung unmittelbar in den strukturgebenden Untersuchungsrahmen des *Zürcher Ansatzes* integrieren.[113] Eine systematische Strukturierung und Diskussion wertorientierten Gedankenguts in bestehende Führungskonzeptionen wird ermöglicht. Die folgende Darstellung der Besonderheiten mittelständischer Unternehmen entlang der Systematik dieses Ansatzes bietet sich daher an.

Der *Zürcher Ansatz* charakterisiert den komplexen Begriff des „Managements" mittels der drei Perspektiven **Strategie**, **Struktur** und **Kultur** und bietet damit einen „erkenntnisleitenden und pragmatischen Rahmen" zur Erfassung, Beschreibung und Ausgestaltung unternehmerischer Tätigkeit.[114] Unter *Strategie* oder Unternehmenspolitik wird im Rahmen des *Zürcher Ansatzes* der materielle und inhaltliche Aspekt der Unternehmensführung verstanden, was die Festlegung der Unternehmensziele, die Entwicklung und Implementierung geeigneter Maßnahmen sowie die Sicherstellung der erforderlichen Mittel zur Maßnahmenrealisation beinhaltet.[115] Unter der Perspektive *Struktur* werden aufbauorganisatorische Strukturen, Prozesse und Instrumente subsumiert. Der Begriff *Kultur* spiegelt geteilte Normen, Werte, Denkhaltungen und Wissensbestände eines Unternehmens wider, welche im Verständnis des *Zürcher Ansatzes* sowohl Determinante als auch Resultante menschlichen Verhaltens sind.[116] Für den Erfolg der Unternehmensführung entscheidend ist die harmonische Abstimmung der drei Perspektiven. Dabei sind Teilaspekte innerhalb jeder der drei Perspektiven aufeinander abzustimmen (Intra-Fit), eine Harmonisierung der Perspek-

111 Vgl. Ebenda, S. 19.

112 Vgl. Abschnitt 3.1.2.

113 Vgl. Kap. 4.

114 Vgl. Rühli 1992, S. 12. An dieser Stelle sei daran erinnert, dass die im Rahmen der vorliegenden Arbeit definierten KMU als Ein-Geschäftsfeldunternehmen behandelt werden, weshalb eine weitere Differenzierung wertorientierter Unternehmungs- und Geschäftsfeldstrategien im Kontext dieser Arbeit nicht relevant ist.

115 Vgl. Rühli 1991, S. 103f.

116 Vgl. Krulis-Randa 1984, S. 360ff.

tiven untereinander anzustreben (Inter-Fit) und die Vereinbarkeit der Trilogie mit der Unternehmensumwelt sicherzustellen, wie folgende Abbildung veranschaulicht.

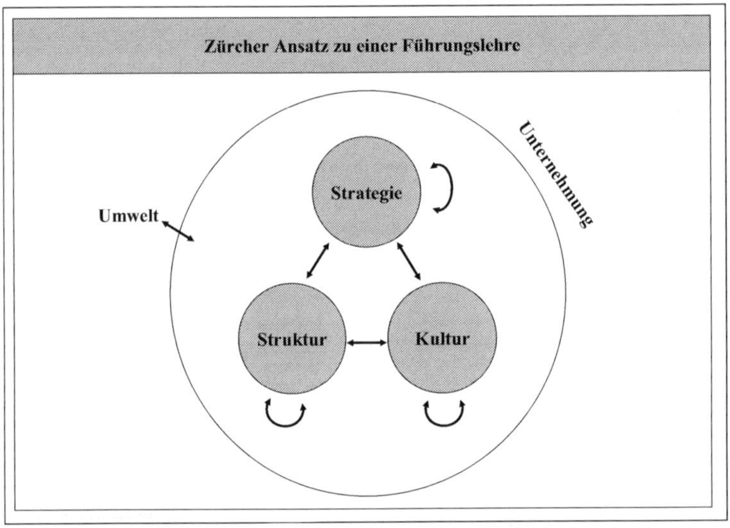

Abbildung 2-1: Der Zürcher Ansatz zu einer Führungslehre
Quelle: Eigene Darstellung, in Anlehnung an RÜHLI (1992), S. 11.

Die folgenden Ausführungen haben die Konkretisierung der betriebswirtschaftlichen Besonderheiten mittelständischer Unternehmen in den drei Perspektiven *Strategie, Struktur und Kultur* zum Fokus. Dabei sollen ebenfalls die für diese Arbeit relevanten Unterschiede zu Großunternehmen skizziert werden. Eine umfassende Darstellung der betriebswirtschaftlichen Charakteristika des Mittelstands würde den Umfang dieser Arbeit sprengen. Zielführend ist vielmehr eine prägnante Darstellung der relevanten Besonderheiten entlang der aufgezeigten Dimensionen der Unternehmensführung. Eine inhaltliche Vertiefung bzw. weiterführende Überlegungen bzgl. der Implikationen der KMU-Spezifika auf die Umsetzung einer wertorientierten Unternehmensführung erfolgt in Kapitel 5.

2.2.2 Strategie in mittelständischen Unternehmen

Nachfolgend werden strategierelevante Sachverhalte und deren Ausprägung in mittelständischen Unternehmen vorgestellt und bewertet. In Anlehnung an das *Zürcher* Begriffsverständnis ist unter strategischem Management grundsätzlich die Planung und Implementierung von Strategien zur Generierung nachhaltiger

Wettbewerbsvorteile und damit die langfristige Existenzsicherung eines Unternehmens zu verstehen, welches eine vorherige strategische Zielfindung und Analyse der Unternehmensumwelt voraussetzt.[117] Strategie zeichnet sich dabei v. a. durch Langfristigkeit, Zukunftsorientierung und Ganzheitlichkeit der Betrachtung aus. Sie richtet sich auf zukünftige Potenziale der Unternehmung und obliegt auf Grund der wegweisenden Implikationen der Zuständigkeit der obersten Unternehmensführung.[118] Die Wahrnehmung dieser strategischen Aufgaben durch die oberste Unternehmensleitung auf der einen Seite und die besondere Bedeutung des mittelständischen Unternehmers in seiner Doppelfunktion als Eigentümer und Manager der Unternehmung auf der anderen Seite, machen es zur zielgerichteten Diskussion von Strategie in mittelständischen Unternehmen erforderlich, vorerst die besondere Bedeutung des Unternehmers herauszuarbeiten.[119]

Die **Bedeutung des Unternehmers** für das mittelständische Unternehmen kann als herausragend bezeichnet werden, was nicht zuletzt dadurch bedingt ist, dass oftmals das komplette Vermögen des Unternehmers im Unternehmen gebunden ist.[120] Durch diese Einheit von Eigentum und Kontrolle zeichnet sich der mittelständische Unternehmer durch einen äußerst hohen Identifikationsgrad mit dem Unternehmen aus. Hohes Engagement, Unternehmertum und Innovationskraft sind Eigenschaften, die oftmals als wesentliche Treiber für den Erfolg mittelständischer Unternehmen genannt werden.[121] Die Konzentration sämtlicher unternehmerischer Aktivitäten auf den Unternehmer und dessen starke Einbindung in operative Themen und Fragestellungen können jedoch zu einer Überlastung desselben führen. Dies birgt das Risiko, dass strategische Überlegungen nicht angestellt bzw. notwendige Veränderungsprozesse übersehen und nicht

---

117 Vgl. auch die 4-Phasen des strategischen Managements nach Welge/Al-Laham 2008, S. 187: Strategische Zielplanung, Strategische Analyse, Strategieformulierung und Strategieimplementierung.

118 Vgl. Haake 1987, S. 28; Meier 2002, S. 108; Müller-Stewens/Lechner 2003, S. 19; Bea/Haas 2001, S. 49ff.; Evers 1998, S. 79f.

119 Siehe auch die Zweideutigkeit des Begriffes Management bzw. Unternehmensführung. So beschreibt *Management als Institution* die Personen, die Führungsaufgaben wahrnehmen (hier: der Unternehmer), während *Management als Funktion* alle Aufgaben beinhaltet, die zu Steuerung und Gestaltung des Systems Unternehmung notwendig sind (hier: die Strategie). Vgl. Schauf 2006, S. 3.

120 Vgl. Mugler 1995, S. 381; Ang 1991, S. 2.

121 Vgl. Finance 2004, S. 26; Füglistaller 2004, S. 30ff.

umgesetzt werden.[122] Der Partizipationsgrad der Mitarbeiter in unternehmerischen Entscheidungen ist prinzipiell abhängig von dem praktizierten Führungsstil des Unternehmers. Wegweisende Stoßrichtungen des Unternehmens werden jedoch von dem Unternehmer alleinverantwortlich getroffen.[123]

Im Führungsbereich kommt es oft nur zu einer geringen bzw. zu keiner Arbeitsteilung.[124] Von besonderer Relevanz für die Einführung einer wertorientierten Steuerungskonzeption bei mittelständischen Unternehmen ist die Tatsache, dass die Ziele des Unternehmens mit denen des Unternehmers oftmals verschmelzen bzw. trotz ökonomischer Gebotenheit nicht klar getrennt werden können.[125] Da der Unternehmer eines eigentümergeführten Unternehmens gleichzeitig als Prinzipal und Agent wirkt, kann es zu Zielinkompatibilitäten kommen, wenn z. B. nutzensteigernde Aktivitäten des Agenten den Nutzen des Unternehmers als Prinzipal reduzieren (z. B. Nutzung eines Firmenwagens durch den Unternehmer). Neben dieser **Vermischung der Zielperspektiven** sind bereits die rein *unternehmerischen* Ziele von Mittelständlern oftmals anderer Natur als die von Großunternehmen. Ziele wie der Erhalt der unternehmerischen Selbständigkeit und der Unabhängigkeit des Unternehmens, die Selbstverwirklichung sowie die Freude an der Arbeit stehen bei mittelständischen Unternehmen an erster Stelle.[126] Der Berücksichtigung dieser besonderen Zielvorstellungen des Unternehmens bzw. der Kompatibilität mit den persönlichen Zielen des Eigentümers kommt bei der Konzeption und Umsetzung eines wertorientierten Steuerungskonzeptes in mittelständischen Unternehmen eine besondere Rolle zu.

Eine Spezialform der unternehmerischen Führung in mittelständischen Unternehmen stellen die **Familienunternehmen** dar, bei der sich die Kapitalanteile an dem Unternehmen nicht mehrheitlich in der Hand einer Einzelperson, sondern eines Familienkonsortiums befinden. Neben den Familienmitgliedern, die Funktionen der Unternehmensführung wahrnehmen, kann es weitere Familienmitglieder geben, die lediglich Kapitalgeber darstellen. Da die Einheit von Eigentum und Kontrolle nun nicht mehr in ihrer strengen Form gilt, treten ver-

---

122 Vgl. Hamer 1987, S. 57; Mellwig 1990, S. 54; Lagemann et al. 1999, S. 38.

123 Vgl. Börstler 1982, S. 126; Hausch 2004, S. 145.

124 Vgl. Hamel 1997, S. 229; Kaufmann 1997, S. 13.

125 Vgl. Mugler 1995, S. 357f.

126 Vgl. Gabele 1989, S. 220f.; Bamberger/Pleitner 1988, S. 61; Kayser/Wallau 2003; Pichler et al. 1999, S. 34; FAS AG 2005.

stärkt die Probleme der *Principal-Agent-Theorie* in den Vordergrund, so dass ggf. eine Interessenharmonisierung herbeigeführt werden muss. Einen Schritt zuvor müssen bereits oftmals divergierende Ziele der Kapitalgeber zusammengebracht und in eine eindeutige Zielvorgabe für das Unternehmen kanalisiert werden.[127]

Wird nun die **Unternehmensführung bzw. Strategie** in mittelständischen Unternehmen betrachtet, so scheint es, dass Entscheidungen oftmals spontan, intuitiv und situationsbezogen getroffen werden.[128] Ein tendenziell kurzfristiges Denken und Handeln unter Vernachlässigung systematischer und zukunftsorientierter Planung geht einher mit eher reaktivem als aktivem Handeln.[129] Eine strategische Dimension der Unternehmensführung wird mittelständischen Unternehmen daher oftmals abgesprochen. Darüber hinaus existieren Stimmen in der wissenschaftlichen Diskussion, dass strategische Unternehmensführung in einem mittelständischen Unternehmen nicht benötigt wird und formalisierte Strategiefindungs- und Planungsprozesse Grund für die Einschränkung der viel beschworenen Flexibilität von KMU sind. Vertreter dieser Argumentation sind der Auffassung, dass typische Charakteristika wie Erfahrung, Intuition, persönliche Beziehungen etc. die professionelle Unternehmensführung teilweise ersetzen können.[130]

Dem kann entgegengehalten werden, dass Führung als dynamische Aufgabe zu verstehen ist. Der Unternehmensführer muss in der Lage sein, sich im Hinblick auf Technologie, Wettbewerber, Marktrends etc. ändernde Rahmenbedingungen im Auge zu behalten und ggf. zeitkritisch und flexibel Anpassungsstrategien zu entwickeln, um die nachhaltige Existenz des Unternehmens am Markt zu sichern.[131] Diese Eigenschaft wird heutzutage in einer kontinuierlich dynamischer werdenden Umwelt immer wichtiger, weshalb das Instrumentarium der strategischen Planung und Analyse auch von mittelständischen Unternehmern erlernt

---

127 Vgl. Mühlebach von Würenlingen und Tegerfelden 2004 zur Bedeutung von Familienunternehmen in Deutschland. So sind ca. 70% aller deutschen KMU bis €50 Mio. Jahresumsatz Familienunternehmen. Sogar in der Gruppe der Unternehmen mit über €255 Mio. Jahresumsatz sind 30% der Unternehmen in Familienbesitz.

128 Vgl. Welter 2003, S. 29; Blessin 1998, S. 38.

129 Vgl. Füglistaller et al. 2003, S. 15; Welter 2003, S. 29; Pichler et al. 1999, S. 12.

130 Vgl. Kayser 1997, S. 91.

131 Vgl. Ebenda, S. 87.

werden sollte.[132] Stattdessen wird mittelständischen Unternehmensführern in realiter eher Trägheit und fehlender Anpassungswillen nachgesagt.[133]

Im Rahmen der **strategischen Zielfindung** konnte in einer empirischen Untersuchung festgestellt werden, dass eine schriftliche Fixierung existierender Unternehmensziele bzw. der Leitbilder und Unternehmensvisionen in KMU oftmals unterlassen wird.[134] Je ungenauer und intransparenter die Ziele jedoch sind, desto schwieriger wird es, diese als Führungsgrundlage des Unternehmens zu verwenden. Im Zusammenhang mit der mangelnden Festlegung konkreter Unternehmensziele steht das Fehlen institutionalisierter Planungsprozesse im Mittelstand, ein Phänomen, welches in der Literatur mit dem Begriff der ***Planungslücke*** umschrieben wird.[135] Obwohl die Existenz von Planung als notwendige Voraussetzung des Erhaltes der Wettbewerbsfähigkeit gesehen wird[136], werden in der Literatur Gründe genannt, warum mittelständische Unternehmen auf eine strategische Planung verzichten. Dazu kann neben fehlenden Ressourcen respektive organisatorischen Strukturen und dem Schutz vor der Offenlegung der privaten Finanz- und Vermögenssituation und Entscheidungsmotiven, die oftmals noch existente Auffassung zählen, dass Planung in sich rasant ändernden Märkten ihre Wirkung verfehlt und die erforderliche Flexibilität des Unternehmens einschränkt.[137] Traditionsdenken, Überlastung des Unternehmers, mangelndes Know-how und schlechte Erfahrungen sind nur einige von weiteren Gründen für die offensichtliche Resistenz von Mittelständlern gegenüber formalisierten Planungsprozessen.[138] Empirische Studien belegen, dass zwar „strategische" Planung in KMU stattfindet, diese jedoch einen kürzeren Denkhorizont beinhaltet, sehr stark durch die Vorstellungen des Unternehmers geprägt und damit häufig intuitiv ist und eben nicht planungssystematisch und wissenschaftlich befolgt wird.[139] Strategie im Mittelstand ist daher im Sinne

---

132 Vgl. Zydrowomyslaw/Dürig 1999, S. 152ff.; Füglistaller et al. 2003.

133 Vgl. Sattler et al. 1995, S. 27ff.; Gelshorn 1993, S. 15; Scharpe 1992, S. 43f.

134 Vgl. Brodbeck 1995, S. 34.

135 Vgl. Kirschbaum/Naujoks 1989, S. 829; Henschel 2006, S. 259ff.; Mugler 1995, S. 120; Risseeuw/Masurel 1994, S. 314.

136 Vgl. Hahn 1988.

137 Vgl. Belak/Duh 2000, S. 365; Schlüchtermann/Pointer 2004, S. 21 bzw. S. 27.

138 Vgl. Scharpe 1992, S. 43f.; Ward 1996, S. 110f.; Sattler et al. 1995, S. 27ff.; Gelshorn 1993, S. 15; Mugler 1995, S. 121ff.; Conrad/Lang 1998, S. 20.

139 Vgl. Gelshorn 1993, S. 14ff.; Küpper/Bronner 1995, S. 74f.; Haake 1987, S. 76; Henschel 2006, S. 259ff.

MINTZBERG´s[140] eher als emergente Strategie zu verstehen, die aus spontanen, ungeplanten Verhaltensmustern heraus entstehen und erst ex post als strategische Handlungen wahrgenommen werden können.[141]

Neben der strategischen Planungslücke in KMU ist zudem das Phänomen der fehlenden ***Strategic Awareness*** des Mittelstands zu beobachten, welches neben den mangelnden strategischen Fähigkeiten v. a. das fehlende Bewusstsein von Eigentümer-Unternehmern beschreibt, überhaupt strategisch und zukunftsorientiert denken zu können und zu müssen.[142] Zentrale Bestandteile der strategic awareness sind neben ausreichenden zeitlichen Ressourcen auf Unternehmerseite, die Erkenntnis der Vorteilhaftigkeit von Planung und die methodische und instrumentelle Fähigkeit, strategierelevante Umweltaspekte aufzunehmen bzw. zu verarbeiten und strategische Planung vornehmen zu können. Die Delegation von Aufgaben und ein Mindestmaß an Know-how und Formalisierung sind daher als Voraussetzung für eine Strategiefähigkeit von mittelständischen Unternehmen zu sehen.[143] Oftmals sind diese fehlenden methodischen Kenntnisse bzw. eine mangelnde Ausbildung als Hauptgrund für die geringe Akzeptanz bzw. Anwendung strategischer Planung in KMU zu sehen.[144] Empirische Studien haben ergeben, dass Unternehmen, die strategisch planen, signifikant erfolgreicher sind.[145] Da in jüngster Vergangenheit ein Trend in Richtung zunehmender Planung im Mittelstand verzeichnet werden kann[146], scheint sich diese Erkenntnis in mittelständischen Unternehmen langsam durchzusetzen. Maßnahmen um die *strategic awareness* in KMU nachhaltig zu erhöhen und die Planungslücke zu reduzieren, müssen jedoch zwangsläufig an der Person des Unternehmers ansetzen.[147]

Zu berücksichtigen in den obigen Ausführungen ist, dass mit der Unternehmensgröße die Bereitschaft zu strategischer Zielbildung und Planung eher an-

140 Vgl. Mintzberg 1987.

141 Vgl. Schauf 2006, S. 68.

142 Vgl. Gibb/Scott 1985.

143 Vgl. Conrad/Lang 1998, S. 20ff.

144 Vgl. Scharpe 1992, S. 39.

145 Vgl. Bracker/Pearson 1986, S. 503ff.; Rehkugler 1989, S. 630; Storey 1994, S. 218; Rhyne 1986, S. 423ff.; Pohl/Rehkugler 1989, Haeusslein 1993, S. 320; D`Amboise 1985, S. 62; Schwenk/Shrader 1993, S. 53 sowie Orser et al. 2000.

146 Vgl. Kayser/Wallau 2003; Blessin 1998, S. 38.

147 Vgl. Schlüchtermann/Pointer 2004, S. 33.

steigt.[148] So sind mittelständische Unternehmen bis zu einer bestimmten Größe kaum mit Planungsprozessen beschäftigt. Erst mit zunehmender Unternehmensgröße werden Planungs- und Kontrollsysteme institutionalisiert.[149] Der Planungsgrad in KMU ist ebenfalls sehr stark von der oben beschriebenen Führungseigenschaft bzw. dem Führungsstil des Unternehmers geprägt. Je nach Unternehmertyp sind KMU strategischem Management gegenüber stärker aufgeschlossen bzw. bringen die erforderlichen Voraussetzungen und Qualifikationen mit.[150] Im Hinblick auf das Untersuchungsobjekt dieser Arbeit ist davon auszugehen, dass mittlere Unternehmen mit 100 bis 150 Mitarbeitern im heutigen dynamischen Marktumfeld sehr wohl strategische Überlegungen bzw. Planungen anstellen, weshalb die Voraussetzung der *strategic awareness* in der Untersuchungsgruppe als erfüllt angesehen wird. Die Existenz grundlegender strategischer Planung und ein Mindestmaß an institutionalisierten respektive formalisierten Prozessen sind als Voraussetzung zur Einführung einer wertorientierten Unternehmensführung anzusehen. Folgende Abbildung fasst die relevanten Aspekte von Unternehmensführung und Strategie in mittelständischen Unternehmen in Abgrenzung zu Großunternehmen zusammen:

148 Interessant hier ist jedoch eine empirische Studie von Schachner et al. 2006, die bei Familienunternehmen feststellen, dass der Formalisierungsgrad von Zielbildung und strategischer Analyse unabhängig von der Unternehmensgröße ist. Für Nicht-Familienunternehmen bzw. gemischt geführte KMU konnte dieser Zusammenhang jedoch festgestellt werden.

149 Vgl. Kirsch 1983, S. 400ff.; Mugler/Schmidt 1995, S. 148.

150 Vgl. Mugler/Schmidt 1995, S. 150; Haake 1987, S. 82ff.

	Mittelständische Unternehmen	Großunternehmen
Unternehmensführung	• Eigentümer – Unternehmer • Vermischung von Zielen • Führungspotential nicht austauschbar • Eingeschränkte Managementkenntnisse • Autonome Entscheidungen, oftmals patriarchalischer Führungsstil • Überlastung durch Funktionshäufigkeit • Nähe zum Betriebsgeschehen • Geringe Ausbesserungsmöglichkeiten von Fehlentscheidungen	• Manager • Principal-Agent-Problematik • Führungspotenzial austauschbar • Fundierte Managementkenntnisse • Gruppenentscheidungen, Führung mittels"Management-by" • Sachbezogene Arbeitsteilung • Ferne zum Betriebsgeschehen • Gute Ausbesserungsmöglichkeiten von Fehlentscheidungen
Strategie	• Fehlende Fixierung der Unternehmensziele • Planungslücke & mangelndes strategisches Bewusstsein • Kurzfristiges Denken & Handeln • Spontaneität, Intuition und Improvisation	• Fixierung von Leitbildern & Visionen • Formalisierte Zielfindungs- und Planungsprozesse • Langfristiges Denken & Handeln • Umfangreiche Strategieanalyse und -implementierung

Abbildung 2-2: Unternehmensführung & Strategie von Mittelstand und Großunternehmen
Quelle: Eigene Darstellung

2.2.3 Struktur in mittelständischen Unternehmen

Die zweite Perspektive des *Zürcher Ansatzes* erfasst und beschreibt die Strukturen, Prozesse und Instrumente einer Unternehmung. Der folgende Abschnitt soll daher die mittelstandstypische Ausprägung in den für eine wertorientierte Unternehmensführung relevanten Organisationseinheiten skizzieren. Dabei beschränken sich die weiteren Ausführungen im Sinne PORTER´S auf die sekundären, unterstützenden Tätigkeiten einer Organisation.[151] Begründet werden kann dies durch Rückgriff auf die Systemtheorie, welche ein Unternehmen als ein aus verschiedenen interdependenten Subsystemen bestehendes Gesamtsystem auffasst.[152] Während das *Ausführungs- oder Leistungssystem* der Erstellung von Marktleistungen dient (Primäraktivitäten PORTER´s), kommt dem *Führungssystem* die Festlegung und Strukturierung der dazu notwendigen Handlungen zu (Sekundäraktivitäten PORTER´s). Das Führungssystem eliminiert dabei sämtliche Freiheitsgrade des Ausführungssystems, weshalb die Umsetzung einer wert-

151 Vgl. Porter 1995. Das Konzept einer wertorientierten Unternehmensführung entspricht dabei in etwa dem Unterstützungsgedanken der sekundären Aktivitäten der Wertschöpfungskette eines Unternehmens.

152 Vgl. Töpfer 1976, S. 87.

orientierten Unternehmensführung im Führungssystem erfolgen muss.[153] Nach WEBER (1998) lassen sich die diesem Führungssystem inhärenten Führungshandlungen in die Phasen der Willensbildung, Willensdurchsetzung, Ausführung und Kontrolle unterscheiden.[154] Dabei entsprechen diese Phasen der Führungshandlungen mehreren Führungsteilsystemen.[155] Das Informationssystem liefert notwendige Daten zur Ableitung eines Führungswillens, das Planungssystem ist Ausfluss der getätigten Willensbildung und als Instrument der Willensdurchsetzung zu verstehen, das Kontrollsystem gewährleistet die Kontrolle der Ausführung. Die Ausführung der Führung wird durch Zuweisung der für die Durchsetzung des Willens benötigten Arbeitsschritte zu Handlungsträgern sichergestellt. Folglich sind aufbau- und ablauforganisatorische Regelungen zu treffen und die Handlungsträger im Rahmen des Personalsystems gesondert zu motivieren.[156] WEBER (1997) strukturiert im Rahmen dieser Differenzierung das Führungssystem in fünf Subsysteme: *Organisationssystem*, *Personalsystem*, *Informationssystem und Kontroll- und Planungssystem.*[157]

Bevor die einzelnen Bereiche diskutiert werden, kann bzgl. des Instrumentenreichtums und der Prozessgestaltung vorweg zusammengefasst werden, dass mittelständische Unternehmen auf Grund existierender Know-how- und Ressourcenlimitationen (zeitlicher, finanzieller, personeller Natur) eine im Vergleich zu Großunternehmen lediglich geringe Sophistiziertheit aufweisen.[158] Ebenso ist die im letzten Abschnitt beschriebene geringe Standardisierung und Formalisierung im Bereich der strategischen Planungs- und Analyseprozesse auf sämtliche Unternehmensprozesse zu übertragen. Eine generelle Aussage bzgl. der strukturellen Ausgestaltung im Mittelstand ist jedoch nicht ohne Weiteres möglich, da verschiedene Kontextfaktoren wie z. B. Unternehmensgröße, Branchenzugehörigkeit, Rechtsform, Unternehmensalter etc. einen direkten Gestaltungseinfluss auf das Unternehmen besitzen.[159] Auf Grund der Heterogenität der KMU ist demnach die Analyse der Unternehmensstruktur im Einzelfall zu prüfen. Dennoch soll im Folgenden ein prägnanter Überblick über Gemeinsam-

---

153 Vgl. Weber 2004, S. 29; Knorren 1998, S. 22.

154 Vgl. Weber 1998, S. 30.

155 Vgl. Knorren 1998, S. 24f.

156 Vgl. Weber 1997, S. 34.

157 Vgl. Ebenda, S. 77.

158 Vgl. Reis 1998, S. 19

159 Vgl. Dintner 1999, S. 135.

keiten mittelständischer Strukturen und ihre Abgrenzung zu Großunternehmen gegeben werden.

Die **Organisation** mittelständischer Unternehmen ist bzgl. ihrer *Aufbauorganisation* durch eine flache Struktur mit geringen Führungsspannen und kurzen Entscheidungswegen gekennzeichnet.[160] Ein überschaubares, auf den Unternehmer ausgerichtetes (oft funktionales) Einliniensystem mit geringer Abteilungsbildung führt zu einer Funktionshäufung in der Ausübung der Tätigkeiten der Mitarbeiter.[161] Delegation findet nur im begrenzten Umfang statt. Stabsstellen mit ausgewiesener fachlicher Expertise sind in der überwiegenden Zahl kleiner und mittlerer Unternehmen nicht existent. Bzgl. ihrer *Ablauforganisation* sind KMU durch einen geringen Formalisierungsgrad, hohe Flexibilität und informelle Abläufe gekennzeichnet[162], was sich wiederum in einer reibungslosen unternehmensweiten Koordination und einer starken Anpassungsfähigkeit an Umweltveränderungen widerspiegelt.[163]

Die **Personalstruktur** mittelständischer Unternehmen ist durch eine geringere Anzahl von Mitarbeitern geprägt, was einen engen persönlichen Kontakt zwischen der Unternehmensleitung und den Mitarbeitern ermöglicht.[164] Die Mitarbeiter weisen eine hohe Arbeitszufriedenheit auf und identifizieren sich vergleichsweise stark mit dem Unternehmen. Der Anteil ungelernter Arbeiter ist oftmals unbedeutend gering, die Zahl der beschäftigten Akademiker jedoch auch. Die Mitarbeiter in KMU zeichnen sich eher durch generalistisches Wissen als durch Spezialistentum und durch Teamfähigkeit, Motivation und Kreativität aus.[165] Folgende Abbildung fasst die relevanten Aspekte der Organisation und Personalstruktur in mittelständischen Unternehmen in Abgrenzung zu Großunternehmen zusammen:

---

160 Vgl. Lubritz 2000, S. 21; Conrad/Lang 1998, S. 21.

161 Vgl. Pfohl 1997, S. 25.

162 Vgl. Krämer 2006, S. 223; Conrad/Lang 1998, S. 25f.

163 Vgl. Scharpe 1992, S. 21; Pichler et al. 1999, S. 12; Mugler 1995, S. 18.

164 Vgl. Pichler et al. 1999, S. 22.

165 Vgl. Füglistaller 2004, S. 30f.; Pichler et al. 1999, S. 22.

	Mittelständische Unternehmen	Großunternehmen
Organisation	• Überschaubares Einliniensystem • Funktionshäufung • Geringe Abteilungsbildung • Kurze, direkte Informationswege • Schnelle Entscheidungen • Starke, persönliche Bindungen • Direkte Weisungen & Kontrollen • Wenig Delegation • Kaum Koordinationsprobleme • Hohe Flexibilität, geringer Formalisierungsgrad	• Komplexe Struktur • Arbeitsteilung • Umfangreiche Abteilungsbildung • Streng definierte Informationswege • Tlw. langwierige Entscheidungsprozesse • Geringe persönliche Bindungen • Formalisierte Weisungen & Kontrollen • Delegation in vielen Bereichen • Große Koordinationsprobleme • Geringe Flexibilität, hoher Formalisierungsgrad
Personalstruktur	• Geringe Anzahl Beschäftigter • Geringer Anteil ungelernter Arbeiter • Geringer Anteil Akademiker • Überwiegend breites Fachwissen • Relative hohe Arbeitszufriedenheit • Starke Identifikation	• Hohe Anzahl Beschäftigter • Höherer Anteil ungelernter Arbeiter • Höherer Anteil Akademiker • Ausgeprägtes Spezialistentum • Relative geringe Arbeitszufriedenheit • Geringere Identifkation

Abbildung 2-3: Organisation & Personalstruktur von Mittelstand und Großunternehmen
Quelle: Eigene Darstellung

Die beschriebenen aufbau- und ablauforganisatorischen Besonderheiten im Mittelstand sorgen für enge persönliche Bindungen auf allen Ebenen der Organisation, für kurze Informationswege bzw. direkte Weisungen und Feedbackschleifen, weshalb sie die Grundlage für effiziente interne **Informations- und Kommunikationssysteme** bilden.[166] Bzgl. der Ausschöpfung der Möglichkeiten der externen Informationsbeschaffung und Informationsverarbeitung, welche für eine solide Analyse langfristiger strategischer Fragestellungen und Entscheidungen unerlässlich sind, besitzen mittelständische Unternehmen jedoch einen limitierenden Faktor in ihrer Ressourcenausstattung.[167] Dies kann zum einen materiell-finanzielle Gründe haben, indem erforderliche Investitionen in Infrastrukturen (z. B. Aufbau eines firmeneigenen Intranets, moderne Telekommunikationsanlagen, Zugriff/Erstellung auf Datenbanken etc.) unterbleiben. Zum anderen können personelle Gründe für eine eingeschränkte Nutzung moderner Technologien verantwortlich sein, indem notwendige Mitarbeiterkapazitäten fehlen, die z. B. aus Zeitmangel externe Information lediglich suboptimal aufnehmen können (Informationsbeschaffung) oder aber nicht über erforderliches

166 Vgl. Scharpe 1992, S. 21; Füglistaller 2004, S. 30f.; Dethlefs 1997, S. 59; Pichler et al. 1999, S. 25; Krämer 2006, S. 222.

167 Vgl. Zahn/Rüttler 1991, S. 362.

Know-how und Methodik verfügen, um diese Informationen zu verarbeiten (Informationsverarbeitung).[168]

Die Aufgaben des **Kontroll- und Planungssystems** eines Unternehmens umfassen primär die Ausgestaltung, den Einsatz und die Koordination eines entscheidungsunterstützenden Informationsversorgungsystems. Neben reinen Kontrollüberlegungen beinhaltet dies zudem inhaltliche Planungsaufgaben.[169] Bzgl. der Ausgestaltung der Kontrollsysteme von mittelständischen Unternehmen wird kritisiert, dass sie häufig über mangelhafte Rechnungs- und Informationswesen verfügen und damit den Anforderungen an ein systematisches, aktuelles und institutionalisiertes Controlling zur Unterstützung der Unternehmensführung nicht gerecht werden.[170] Während das Controlling in Großunternehmen überwiegend sowohl durch umfangreiche Kontroll- und Analysesysteme und ausreichende IT-Unterstützung als auch durch eine vergangenheits- und zukunftsorientierte Betrachtung von Planungs- und Kontrollprozessen gekennzeichnet ist, weisen entsprechende Tätigkeiten im Mittelstand eher einen vergangenheitsorientierten Kontrollfokus auf.[171] Falls vorhanden, wird Planung tendenziell intuitiv-improvisierend durchgeführt.[172] Eine systematische Finanzplanung ist genauso wenig ausgeprägt wie Kosten-Nutzen-Überlegungen im Rahmen einer Entscheidungsfindung.[173] Bzgl. der eingesetzten Kontrollinstrumente lässt sich eine große Spannweite innerhalb der KMU feststellen. Neben der Minimalwahrnehmung notwendiger Buchhaltungs- und Rechnungswesenaufgaben zur Erfüllung gesetzlicher Mindestvorgaben, steigt mit zunehmender Unternehmensgröße der Einsatz komplexerer Instrumente. So ist ein Trend zu einem verstärkten Einsatz von Kosten- und Leistungsrechnungen, Deckungsbeitragsrechnungen bzw. Kennzahlen oder Kennzahlensystemen wie der Balanced Scorecard (BSC) zu verzeichnen.[174] Charakteristisch für die Durchführung der Controllingaufgaben im Mittelstand ist, dass die Tätigkeiten zunächst durch den Unternehmer, später durch den Leiter des Rechnungswesens wahrgenommen werden. Erst ab einer gewissen Unternehmensgröße nähern sich KMU der aufbauorganisatorischen Ausgestaltung des Controllings von Großunternehmen, indem eine eigenständige Controller-Position bzw. Abteilung die Controllingaufgaben übernimmt.[175] Ein weiteres Charakteristikum ist in den Vorbehalten der Mitarbeiter zu sehen, die sich nach einer Institutionalisierung von Controlling-Instrumenten gegen die Kontrollfunktionen des Systems bzw. gegen den Verlust von Informationsmonopolen wehren.[176] Folgende Abbildung fasst die

168 Vgl. Bussiek 1994, S. 19f.; Conrad/Lang 1998, S. 20.

relevanten Aspekte der Ausgestaltung des Controllings in mittelständischen Unternehmen in Abgrenzung zu Großunternehmen zusammen:

	Mittelständische Unternehmen	Großunternehmen
Kontrollsystem	• Wahrnehmung des Controllings durch Unternehmer bzw. Rechnungswesen	• Wahrnehmung des Controllings durch eigene Abteilung
	• Losgelöster Einsatz einfacher Instrumente	• Systematischer, abgestimmter Einsatz komplexer Instrumente
	• Unzureichendes Informationswesen	• Formalisiertes Informationswesen
	• Geringe IT-Unterstützung	• Umfangreiche IT-Unterstützung
	• Eingeschränkte methodische Kenntnisse bzw. Know-how	• Umfassende methodische Kenntnisse bzw. Know-how
	• Controlling oftmals beschränkt auf gesetzliche Bestimmungen	• Umfassende mehrdimensionale Controlling-Strukturen
	• Vergangenheitsorientierte Kontrolle eindimensionaler Ziele wie Existenz- und Liquiditätssicherung	• Informationsversorgung & Entscheidungsunterstützung hinsichtlich multipler Unternehmensziele
	• Mangelnde Akzeptanz der Mitarbeiter	• Controlling-Verständnis bei Mitarbeitern

Abbildung 2-4: Kontrollsystem von Mittelstand und Großunternehmen
Quelle: Eigene Darstellung

Die obigen Ausführungen zeigen, dass der Mittelstand gewisse strukturelle Andersartigkeiten gegenüber Großunternehmen aufweist, die sowohl in der limitierten, zumeist finanziellen, Ressourcenausstattung als auch in der Unternehmerpersönlichkeit bzw. im Führungsstil des Unternehmers begründet sind. Inwieweit sich diese Restriktionen und Defizite im Hinblick auf die Einführung einer wertorientierten Unternehmensführung auf die Erfüllung notwendiger Voraussetzungen auswirken können, ist Bestandteil der Ausführungen des

169 Vgl. Horvath/Weber 1997, S. 337f.; Horváth 1998, S. 148.

170 Vgl. Horvath/Weber 1997, S. 362ff.; Klett/Pivernetz 2004, S. 17.

171 Vgl. Horvath/Weber 1997, S. 366; Lück/Jahns 1997, S. 130f.; Mugler 1995, S. 208ff.

172 Vgl. Horvath/Weber 1997, S. 352; Reis 1998, S. 17f.

173 Vgl. Legenhausen 1998, S. 44; Reis 1998, S. 36; Backes-Gellner 2005, S. 16.

174 Vgl. Dintner 1999, S. 85ff.; Mugler 1995, S. 244.

175 Vgl. Horvath/Weber 1997, S. 340; Lück/Jahns 1997, S. 127ff.; Witt/Witt 1996, S. 335; Reichmann 2001, S. 17ff.; Kosmider 1994, S. 139.

176 Vgl. Mugler 1995, S. 204

Unterkapitels 5.3. Relevante betriebswirtschaftliche Charakteristika mittelständischer Unternehmen werden an dieser Stelle selektiv vertieft.

Hinsichtlich der Abstimmung der Perspektiven *Strategie* und *Struktur* bleibt abschließend zu bemerken, dass der These „Structure follows Strategy" (CHANDLER (1962)) heutzutage nicht uneingeschränkt zugestimmt werden kann. Aus den obigen Ausführungen wird offensichtlich, dass gewisse etablierte Unternehmensstrukturen nur bestimmte Strategien zulassen und eine Gegenthese „Strategy follows Structure" begründen.[177] Im Sinne des *Zürcher Ansatzes* sind daher die beiden Perspektiven Strategie und Struktur in ihren interdependenten Auswirkungen aufeinander abzustimmen.

2.2.4 Kultur in mittelständischen Unternehmen

Als dritte Dimension zur Erfassung und Beschreibung unternehmerischer Tätigkeit wird im Rahmen des *Zürcher Ansatzes* die **Unternehmenskultur** gesehen. Darunter ist die Gesamtheit der Wertvorstellungen, Normen, Denkhaltungen und Wissensbestände einer Unternehmung zu verstehen, die das Verhalten und die Einstellungen der Mitarbeiter sowie das Auftreten der Organisation nach außen prägen und bestimmen.[178] SCHEIN (2003) unterscheidet dabei zwischen drei Ebenen der Kultur. Während auf Ebene 1 die sichtbaren Verhaltensweisen der Individuen liegen, bestimmen kollektive Werte bzw. das Gefühl bzgl. der richtigen Verhaltenweise die Einstellung der Individuen auf Ebene 2. Eine vollständige Durchdringung einer Unternehmung erreicht die Kultur jedoch erst auf Ebene 3, die Grundannahmen bzgl. des Wesens und der Beziehung zur Umwelt determiniert. Sie sind so tief verwurzelt, dass sie von den Individuen nicht wahrgenommen und die Berechtigung ihrer Existenz nicht in Frage gestellt werden. Mit der Unternehmenskultur ist, insbesondere im später zu untersuchenden Zusammenhang der Einführung von Wertmanagement, ein nicht zu vernachlässigender Aspekt der Unternehmensführung zu betrachten[179], da die Unternehmenskultur im Verständnis des *Zürcher Ansatzes* nicht nur Resultante men-

177 Vgl. Kolks 1990, S. 133.

178 Vgl. Viessmann 1995, S. 369; Hinterhuber 1997, S. 236; Krulis-Randa 1984, S. 360; Schein 2003, S. 25; Dill 1987.

179 Vgl. auch Steinmann/Schreyögg 1993, S. 215 bzgl. der Bedeutung der Unternehmenskultur in der Strategieumsetzung.

schlichen Handelns, sondern auch Determinante desselben ist. Ermöglicht wird dies durch eine integrative Sichtweise verschiedener kultureller Paradigmen.[180]

Im Bereich der Unternehmenskulturforschung haben sich im Laufe der wissenschaftlichen Diskussion verschiedene Denkschulen entwickelt. Ursprünglich stand der Einfluss prägender landesspezifischer Kulturen zur Erklärung kultureller Differenzen und Gemeinsamkeiten zwischen Unternehmungen im Fokus der Betrachtung. Kultur wurde in diesem Verständnis als eine exogene, nicht zu beeinflussende Variable der Unternehmungsumwelt angesehen, die außerhalb des Einflussbereiches der Unternehmensführung liegt.[181] Die Kulturforschung im *funktionalistischen Paradigma* endogenisiert die Unternehmenskultur als eine durch das System produzierte Variable des Managements, welche im Rahmen einer Unternehmensführung zweckorientiert gestaltbar und einsetzbar ist.[182] Im Rahmen des *individualistisch-interpretativen* Paradigmas kann die Kultur nicht durch das System zielgerichtet produziert werden, entzieht sich damit einer Einflussnahme des Managements und wird als ein durch Wahrnehmung und Kognition der beteiligten Individuen entstandenes kulturelles System angesehen. Das Kulturverständnis im *Zürcher Ansatz* integriert diese beiden extremen Positionen, indem Kultur als ein erkenntnisleitender Grundbegriff verstanden wird, der auf der einen Seite als **steuerbare Variable der Unternehmensführung** angesehen wird und auf der anderen Seite das Erklären menschlichen Verhaltens ermöglicht.[183]

Die Ausprägung einer bestimmten Unternehmenskultur lässt sich offensichtlich nicht für eine Gruppe von Unternehmen allgemein gültig definieren. Vielmehr ist die Unternehmenskultur das Ergebnis mehrerer Einflussfaktoren. Werden nun typische Einflussfaktoren auf die Unternehmenskultur im Mittelstandskontext eruiert, so ist die bereits in Abschnitt 2.2.2 beschriebene starke Unternehmerpersönlichkeit als Haupteinflussgröße zu nennen. Die extrem starke Ausrichtung der Unternehmung auf die Person des Unternehmers, seine Wert- und Zielvorstellungen sowie seine Autorität und Machtbefugnisse prägen die Verhaltensweisen und Denkmuster im Unternehmen.[184] Die engen persönlichen Beziehungen zu Mitarbeitern, Kunden, Lieferanten und anderen beteiligten

180 Vgl. Rühli 1991, S. 107f.

181 Vgl. Keller-Pfrunder/Treichler 1993, S. 56.

182 Vgl. Ochsenbauer/Klofat 1997, S. 87f.

183 Vgl. Treichler 1995, S. 39; Rühli 1991, S. 107f.

184 Vgl. Hausch 2004, S. 144; Hamel 1997, S. 230.

Stakeholdern der Unternehmung verstärken das Gemeinschaftsgefühl und den Zusammenhalt.[185] Viele der heutigen und ehemaligen eigentümer- bzw. familiengeführten KMU sind in der Vergangenheit gemeinsam gewachsen und haben eine gemeinsame Basis für den Erfolg geschaffen. Dieser Zusammenhalt und die gemeinsame Wertebasis erhöhen den Verpflichtungscharakter der Kultur in mittelständischen Unternehmen.[186] Zudem wirken in der Vergangenheit bewährte Erfolgschemata verhaltensprägend und werden selten in Frage gestellt. Die geringere Größe des Unternehmens und die stärkere Einbindung des Unternehmers in alltägliche und operative Prozesse wirken weiter vertrauensbildend, machen jedoch auch eine spezielle Form der Personalführung erforderlich.[187] Obwohl aus der Dominanz des Unternehmers mitunter die Einschränkung von Kreativität und Eigeninitiative abgeleitet wird, zeigen Studien, dass Mitarbeiter in mittelständischen Unternehmen motivierter und innovativer sind als in Großunternehmen und darüber hinaus KMU eine geringere Fluktuationsrate aufweisen.[188]

Da Unternehmenskultur im *Zürcher Ansatz* als gestaltbare Variable angesehen wird, kann auf sie im Rahmen von Change Management-Prozessen langfristig und graduell Einfluss genommen werden. Im Hinblick auf mittelständische Unternehmen sind dabei zwei gegenläufige Kontextfaktoren zu beobachten. Auf der einen Seite dient der Unternehmer als uneingeschränkte Vorbild- und Führungsperson, dem die Mitarbeiter ein hohes Maß an Integrität und Loyalität entgegenbringen und demnach eher aufgeschlossen gegenüber den strategisch-kulturellen Veränderungen des Unternehmensleiters sind.[189] Auf der anderen Seite jedoch besitzen mittelständische Mitarbeiter ein hohes Maß an tradierten Handlungsmustern, die die Bereitschaft zu Veränderungsprozessen einschränken.[190] Diesen Umständen und der Rolle des Unternehmers ist vor dem Hintergrund der Einführung einer wertorientierten Unternehmensführung eine besondere Aufmerksamkeit zu schenken.

Wie aus der Systematik des *Zürcher Ansatzes* hervorgeht, bestehen wechselseitige Interdependenzen zwischen der Unternehmenskultur und der verfolgten Strategie bzw. der Struktur des Unternehmens. So sind in Abhängigkeit der

185 Vgl. Winkelmann 1997, S. 151.

186 Vgl. Wortmann 2001, S. 151.

187 Vgl. Schauf 2006, S. 5

188 Vgl. Sauermann 1997, S. 65ff.

189 Vgl. Pichler et al. 1999, S. 12.

190 Vgl. Wortmann 2001, S. 151.

verfolgten Unternehmensstrategie (z. B. Kostenführerschaft vs. rentable Wachstumsstrategie) die Anforderungen bzw. Ausprägung an geteilte(n) Normen und Werthaltungen der Mitarbeiter verschieden (Effizienz, Standardisierung, Kontrolle vs. Entrepreneurship, Unternehmertum und Eigenverantwortung).[191] Auch der Einfluss der Unternehmensstruktur ist nicht zu unterschätzen, fördern z. B. flache Organisationsstrukturen bzw. kleine Führungsspannen und kurze Informationswege ein kooperatives und produktives Arbeitsklima.[192] Dem *Strategie-Struktur-Kultur-Fit* kommt im Kontext einer ganzheitlichen Unternehmensführung demnach eine große Bedeutung zu.[193] Auf Grund des generischen Charakters des *Zürcher Ansatzes* ist eine Operationalisierung der Harmonisierung der drei Perspektiven nicht per se vorgegeben.[194] Vielmehr muss vor dem Hintergrund der individuellen Unternehmenssituation, wie oben beschrieben, die strategische, strukturelle und kulturelle Ausgestaltung im Unternehmen im Einzelfall geprüft und ggf. angepasst werden.[195]

Die unter der Zugrundelegung des *Zürcher Ansatzes zur Unternehmensführung* beschriebenen Besonderheiten des Untersuchungsobjektes dieser Arbeit lassen eine zwingende Adaptierung des Konzeptes einer wertorientierten Unternehmensführung vermuten. Das folgende Unterkapitel soll nun der Frage nachge-

---

191 Vgl. Wetzker et al. 1998.

192 In entgegengesetzter Richtung ist unter gegebenen Unternehmenskulturen bzw. Wertvorstellungen der Mitarbeiter nicht jede mögliche Strategie umsetzbar. Die bestehende IST-Kultur des Unternehmens hat Einfluss auf den Strategiefindungsprozess bzw. auf die Ableitung von Maßnahmen zur Zielerreichung. Im Rahmen von Change Management Prozessen lassen sich zwar die Voraussetzungen für neue strategische Wege schaffen, jedoch nur langfristig und graduell. Auch kann die Kultur unmittelbaren Einfluss auf die Unternehmensstruktur, z. B. auf Kontroll- und Berichtswesen oder die Reportingstruktur haben. Vgl. insbesondere zur Abstimmung von Strategie und Kultur Voigt 1996, S. 82ff.

193 Vgl. Welge/Al-Laham 2008, S. 794ff. Zu den Wechselwirkungen von Strategie und Kultur vgl. auch Voigt 1996, S. 2; Kolks 1990, S. 139.

194 Die Operationalisierung des *Zürcher Ansatzes* im Rahmen einer wertorientierten Unternehmensführung kann Bestandteil weiterer Forschungsbemühungen sein.

195 Als Beispiel sei die Abstimmung des Zielsystems mit den anderen Perspektiven und Erfolgsfaktoren genannt. So muss der Bewertungsmaßstab im Rahmen der Entscheidungsprozesse der Planung zielorientiert ausgestaltet werden, Ziele müssen wesentliche Kontrollinhalte darstellen, als adäquate Bemessungsgrundlage im Rahmen der Anreizsysteme dienen, Basis informationstechnischer Anforderungen der Informationsversorgung bilden, klar und regelmäßig den Investoren kommuniziert werden und im Rahmen von z. B. Schulungen und Informationsveranstaltungen verständlich an die Mitarbeiter kommuniziert werden.

hen, ob überhaupt eine Notwendigkeit zur Anwendung eines solchen Konzeptes in mittelständischen Unternehmen besteht.

2.3 Notwendigkeit einer wertorientierten Unternehmensführung im Mittelstand

Nachdem in dem vorangegangenen Kapitel das Untersuchungsobjekt dieser Arbeit, die mittelgroßen Unternehmen, durch qualitative und quantitative Kriterien definiert und an Hand betriebswirtschaftlicher Besonderheiten charakterisiert wurde, soll im Folgenden untersucht werden, ob eine wertorientierte Unternehmensführung für mittelständische Unternehmen überhaupt notwendig ist. Dafür werden in Abschnitt 2.3.1 die für eine Unternehmensführung von KMU relevanten volkswirtschaftlichen bzw. betriebswirtschaftlichen Rahmenbedingungen veranschaulicht (vgl. Perspektive „Umwelt“ des *Zürcher Ansatzes der Unternehmensführung*), aus denen sich eine Notwendigkeit bzw. Vorteilhaftigkeit einer wertorientierten Unternehmensführung für den Mittelstand vermuten lässt. Abschnitt 2.3.2 vertieft diese Thesen, indem die Funktionen, aber auch Anforderungen eines mittelstandsgerechten Steuerungskonzeptes diskutiert werden. Abschnitt 2.3.3 bestätigt die Vorteilhaftigkeit des Konzeptes durch die Darstellung theoretisch-konzeptioneller Arbeiten und veranschaulicht den heutigen Akzeptanz- und Verbreitungsgrad von Shareholder Value in KMU.

2.3.1 Rahmenbedingungen für den Mittelstand

Wie in den vorangegangenen Ausführungen erläutert, sind mittelständische Unternehmen als Rückgrat der Wirtschaft in den normalen Wirtschaftskreislauf eingebunden, kooperieren mit Großunternehmen und stellen einen beträchtlichen Teil der exportierenden Unternehmen dar. Die **konjunkturellen und strukturellen Voraussetzungen** für kleine und mittelständische Unternehmen in Deutschland sind gemäß den Untersuchungen des *Mittelstandsmonitors* viel versprechend und haben sich in den letzten Jahren stetig verbessert.[196] Sowohl bei der Auftragslage als auch in der Gründungsdynamik konnte der Aufwärtstrend der letzten Jahre fortgesetzt werden.[197] Die Tatsache, dass weniger als

---

196 Vgl. KFW Bankengruppe 2007; KFW Bankengruppe 2006; KFW Bankengruppe 2005.

197 Seit 1991 ist ein positiver Gründungssaldo zu verzeichnen, d.h. es gab mehr Gründungen als Unternehmensliquidationen. Während der Saldo Ende der 90er-Jahre leicht rückgängig war, konnte in den letzten Jahren wieder ein Anstieg des Saldos verzeichnet werden. Charakteristisch für die Gründungen der letzten Jahre ist, dass der überwiegende Teil aus der Arbeitslosigkeit heraus vorgenommen wurde, was im Wesentlichen durch staatliche Förderprogramme zu erklären ist. Am Jahresanfang 2006 konnte

5% der Subventionen in Deutschland an KMU vergeben und Steuererleichterungen für Großunternehmen oftmals durch steuerliche Verschlechterungen für den Mittelstand gegenfinanziert werden, steht der Bedeutung mittelständischer Unternehmen für die Staatsfinanzen diametral gegenüber. Auch die Vielzahl der in Deutschland geltenden bürokratischen Auflagen, Umweltschutzrichtlinien und Änderungen der Sozialgesetzgebung belasten die KMU auf Grund ihrer Unternehmensgröße überproportional und tragen zu der oben bereits beschriebenen hohen Fluktuationsrate im deutschen Mittelstand bei.[198]

Mittelständische Unternehmen sind jedoch auch Teil einer globalen Wirtschaft und unterliegen dynamischen, sich ändernden Rahmenbedingungen politischer, wirtschaftlicher und technologischer Hinsicht gleichermaßen wie Großunternehmen. Darüber hinaus existieren weitere, speziell auf (kleine und) mittlere Unternehmen zutreffende Einflussgrößen. Im Folgenden werden zuerst die globalen, sämtliche in einer Wirtschaft agierenden Unternehmen betreffende, Rahmenbedingungen vorgestellt und anschließend auf spezielle Rahmenbedingungen für den Mittelstand eingegangen.

Die Umwelt- und Rahmenbedingungen von Unternehmen unterliegen einer **steigenden Dynamik** und die Art und Weise heutzutage wirtschaftlich tätig zu sein, hat sich in den letzten Jahren völlig verändert.[199] Am stärksten wird dies an der **Globalisierung der Absatz- und Faktormärkte** deutlich. Die Veränderung bestehender Wertschöpfungsketten[200] von Unternehmen sind als Konsequenzen dieser Globalisierungstendenzen zu verstehen. Für diese Entwicklung lassen sich verschiedene Treiber identifizieren, die sich in ihren Wirkungen wiederum gegenseitig verstärken und zu einer höheren Dynamik beitragen. So eröffnet die rasante **technologische Entwicklung** in Kommunikationsmedien wie Internet, E-Mail etc. neue Möglichkeiten zur Kooperation zwischen Partnern und weite-

---

ein temporärer Rückgang der Neugründungen verzeichnet werden, da staatliche Förderungen einer strengeren Prüfung unterzogen wurden. Weiterhin kennzeichnend ist, dass Neugründungen vorwiegend in Branchen mit geringen Kapitalerfordernissen zu verzeichnen waren.

198 Vgl. Hamer 1997, S. 43ff.; Füglistaller 2004, S. 9; Pichler et al. 1999, S. 26; BDI-Mittelstandspanel 2005.

199 Vgl. Steinhübel 2006, S. 205; Ramthun 2005, S. 76ff.; Schmidt 2000, S. 789ff.; Mugler/Schmidt 1995, S. 59ff.; Brodbeck 1995, S. 31; Scharpe 1992, S. 4; Beutel 1988, S. 1; Bussiek 1994.

200 Angefangen von der Entwicklung globaler Beschaffungs- und Absatzmärkte über Produktionsverlagerungen bzw. Lohnveredelungen ins und im Ausland bis hin zu der Dekonstruktion bestehender Wertschöpfungsketten.

ren Effizienzsteigerungen. Auch auf der Nachfrageseite besitzen die Verbraucher leichter die Möglichkeit, sich umfassend zu informieren, was den Druck auf die Unternehmen verstärkt, innovative bzw. preis-leistungsgerechte Produkte und Dienstleistungen anzubieten und die Bedürfnisse der Nachfrager zu bedienen.[201] Globale, virtuelle Marktplätze durch Medien wie dem Internet sorgen neben **gesunkener Transportkosten** dafür, dass Anbieter in Deutschland stärker mit anderen Unternehmen auf der Welt konkurrieren. Schwellenländer und insbesondere asiatische Länder[202] wie z. B. Indien und China werden dabei in Zukunft eine stärkere Bedeutung erlangen, da sie in ihren Lohnstrukturen weltweit konkurrenzlos sind. Aber auch die osteuropäischen Nationen des ehemaligen Warschauer Paktes besitzen gegenüber den Ländern in Westeuropa und Nordamerika komparative Faktor- und Wettbewerbsvorteile.

Hinsichtlich der Veränderungen auf dem Arbeitsmarkt ist z. B. eine erhöhte Flexibilität und Mobilität bzw. Bereitschaft der Arbeitnehmer zu verzeichnen, für eine attraktive Arbeitsstelle ins Ausland zu ziehen. Ebenso haben die Kapitalmärkte in den letzten Jahren eine **starke Internationalisierung** erfahren. Anleger und Investoren richten ihr Interesse nicht mehr lediglich auf Unternehmen innerhalb ihrer eigenen Landesgrenzen, sondern besitzen einen Betrachtungsradius globaler Reichweite. Insbesondere auch in Deutschland kann dies in den letzten Jahren durch das verstärkte, durch systematische Unterbewertungen verursachte, **Engagement** professioneller, **institutioneller Investoren** beobachtet werden.[203] War vor 10 Jahren die deutsche (Groß-)Unternehmenslandschaft noch durch eine unübersichtliche Verflechtung und gegenseitige Beteiligung von Industrieunternehmen und Banken bzw. Versicherungen geprägt („*Deutschland AG*"), so belegen aktuelle empirische Studien einen deutlichen Entflechtungsprozess.[204] Die gestiegene Einflussnahme institutioneller Investoren auf Unternehmen in Deutschland[205] verstärkt die Notwendigkeit einer profes-

201 Vgl. Gelshorn 1993, S. 3; Bussiek 1994.

202 Oftmals wird auch den BRIC-Ländern (Brasilien, Russland, Indien und China) in Zukunft das stärkste Bedrohungspotenzial für bestehende hoch entwickelte, westliche Industrienationen zugesagt.

203 Aktuelles und prominentes Beispiel stellt das verstärkte Interesse von Warren Buffet und seiner Investmentfirma Berkshire Hathaway dar, die explizit den deutschen Mittelstand im Fokus weiterer Firmenzukäufe hat. Vgl. Spiegel-Online 2008; Manager-Magazin.de 2008; Sueddeutsche.de 2008; Anleger Zirkel 2008.

204 Vgl. Ruess 2005; Kengelbach/Roos 2006.

205 Die Einflussnahme führte in einem Fall sogar so weit, dass der Vorstandsvorsitzende eines DAX30-Unternehmens zurücktreten musste, weil er die beabsichtigte Strategie

sionellen Unternehmensführung. Das Konzept einer wertorientierten Unternehmensführung ist dabei als adäquate Antwort auf die Forderungen der renditeorientierten Anteilseigner in Wissenschaft und Praxis akzeptiert, indem es als Maßstab des unternehmerischen Handelns streng die Wert- bzw. Renditemaximierung vorgibt.

Zusätzlich zu diesen allgemein dynamischen Veränderungsprozessen, existieren weitere, speziell für KMU in Deutschland relevante Rahmenbedingungen. Ausgangslage der kleinen und mittleren Unternehmen in Deutschland ist häufig eine **multiple, teils nicht-monetäre Zielfunktion.** Dies führte in der Vergangenheit dazu, dass eine zu stark an den Kapitalmärkten ausgerichtete Unternehmensführung abgelehnt wurde, da v. a. nicht-monetären Werten und sozialer Verantwortung gegenüber Mitarbeitern, Kommune etc. eine wichtigere Rolle zugewiesen wurde.[206] Dass sich diese historisch gültigen, mittelstandsspezifischen Rahmenbedingungen ändern können und werden hat mehrere Gründe.

Betrachtet man die Besonderheiten der Unternehmensfinanzierung von KMU, so stellt man fest, dass historisch gesehen zwei wesentliche Finanzierungsformen genutzt wurden: zum einen die Innenfinanzierung des Unternehmens aus einbehaltenen Gewinnen und zum anderen die klassische Fremdkapitalaufnahme mittels Bankkredite. War die Finanzierungsstruktur von KMU in der Vergangenheit überwiegend durch einen **hohen Fremdkapitalanteil** geprägt, so kommt der Beschaffung von Eigenkapital künftig eine stärkere Bedeutung zu. Dies hat seine Ursachen in den gestiegenen Investitionserfordernissen, um mit der vorher beschriebenen dynamischen Entwicklung auf den Märkten mithalten zu können. Hatten mittelständische Unternehmen bisher einen erschwerten Zugang zu Kapitalmärkten, so lässt sich auch hier eine Entwicklung hin zu einer Öffnung neuer Finanzierungsprodukte für diese Gruppe beobachten.[207] Zur **Stärkung der Eigenkapitalbasis** mittelständischer Unternehmen wird z. B. häufig Mezzanine-Kapital[208] verwendet, welches zwar bilanzierungstechnisch wie Eigenkapital behandelt wird, jedoch Entscheidungs- und Beteiligungsver-

der Beteiligungsgesellschaften nicht ausreichend verfolgen wollte.

206 Vgl. Khadjavi 2005, S. 61ff.

207 Vgl. Sattler et al. 1995, S. 2ff.; Wossidlo 1997, S. 294ff.

208 Unter Mezzanine-Kapital oder Mezzanine-Finanzierungen werden Finanzierungsarten verstanden, die in ihren rechtlichen und wirtschaftlichen Ausgestaltungen eine Mischform zwischen Eigen- und Fremdkapital darstellen. Dabei wird einem Unternehmen Eigenkapital zugeführt, ohne den Kapitalgebern Stimm- oder Einflussnahmerechte bzw. Residualansprüche zu gewähren.

hältnisse unverändert lässt. Eine weitere Möglichkeit ist das Going-Public[209] von mittelständischen Unternehmen, um mit den durch den Börsengang erwirtschafteten Mitteln Expansionsbestrebungen bzw. Investitionsprojekte zu finanzieren.

Ein weiterer Aspekt, warum auch mittelständische Unternehmen verstärkt über eine wertorientierte Unternehmensführung als Form eines professionalisierten Managements nachdenken sollten, liegt darin begründet, dass die Nachkriegs-Gründergeneration der deutschen mittelständischen Unternehmen sich in einem Übergangsprozess befindet. So standen im Jahre 2005 ca. 50.000 Mittelständler vor einem altersbedingten Wechsel in der Unternehmensführung. Gut 30.000 davon wurden entweder an externe Dritte verkauft bzw. mussten mangels Nachfolger liquidiert werden.[210] Diese oftmals **ungelöste Nachfolgeproblematik** macht KMU besonders interessant für institutionelle Investoren, die sich verstärkt für mittelständische Unternehmen interessieren und sich dort engagieren. Ein Unternehmen ist jedoch tendenziell nur dann für einen Investor interessant, wenn es eine attraktive Rendite mit hohem Wertsteigerungspotenzial verspricht, welches mit bereits etablierten, professionellen Strukturen schneller erreicht werden kann.[211] Sogar auf klassischem Finanzierungsweg wird mit Einführung der **Basel II–Richtlinie**, welche die Fremdkapitalkosten in Abhängigkeit des Risikos bzw. der Bonität des Schuldners bestimmt, der Druck verstärkt, an Attraktivität für Anleger und Gläubiger zu gewinnen.[212]

Zusammenfassend kann festgehalten werden, dass sich die für eine erfolgreiche Unternehmensführung relevanten Rahmenbedingungen in den letzten Jahren signifikant verändert haben und ebenfalls global operierende kleine und mittelständische Unternehmen tangieren. Verfügen KMU zwar über besondere Flexibilität, so erfordert die verstärkte Umfelddynamik und –komplexität immer schnellere Entscheidungen bei gleichzeitig ansteigender Informationsmenge. Dies führt bei den Führungskräften zu einer gesteigerten Unsicherheit, welche sich insbesondere bei KMU auf Grund ihrer limitierten Ressourcen negativ

---

209 Unter einem Going Public ist der Börsengang eines Unternehmens zu verstehen.

210 Vgl. Kayser 2006, S. 43. Die übrigen KMU wurden an Familienmitglieder oder Angestellte übertragen.

211 Vgl. Peemöller/Faul 2002, S. 306. Vgl. auch Gomez 1990, S. 561, der die Shareholder-Value-Orientierung als Instrument zur Steigerung des Veräußerungserlöses sieht. Siehe dazu auch Gleißner/Weissmann 2001, S. 2.

212 Vgl. Gleißner/Füser 2002; Heyken 2001; Peemöller/Faul 2002, S. 307, Gleißner 2002, S. 45.

auswirkt.[213] Den erhöhten Chancen steht ein ebenso erhöhtes Risiko gegenüber, weshalb insbesondere das Management von mittelständischen Unternehmen professionalisiert und v. a. die Eigenkapitalbasis nachhaltig gestärkt werden muss.

Mit der Einführung einer wertorientierten Unternehmensführung bei Großunternehmen wurde v. a. das Ziel verfolgt, unternehmerisches Handeln stärker an den Anforderungen eines globalen (Kapital-)Marktes auszurichten. Neben der Funktion eines rationalen Entscheidungsinstrumentariums für Manager, ermöglicht das Konzept die flexible Abbildung der dynamischen Umweltveränderungen in den Unternehmenssystemen. Eine streng wertorientierte Messlatte anstehender Investitionsprojekte erhöht c. p. die Attraktivität des Unternehmens für neue, externe Kapitalgeber und sorgt gleichzeitig für effiziente Prozesse, schlanke Kostenstrukturen und somit für eine gestiegene Wettbewerbsfähigkeit des Unternehmens.[214] Damit adressiert es wesentliche Elemente der veränderten Umweltbedingungen und kann somit ein möglicher Weg für KMU sein, sich erfolgreich im Markt zu positionieren. Zudem kann die Integration einer Wertorientierung helfen, die beschriebene *Planungslücke* im Mittelstand zu schließen und die *strategic awareness* der Unternehmen zu erhöhen. Wie bereits oben erwähnt, werden jedoch eher die großen KMU über die nötigen Mindestvoraussetzungen und Ressourcen verfügen, um wertorientierte Unternehmensführung zu implementieren. Der folgende Abschnitt diskutiert intensiver, welche Funktionen ein Steuerungskonzept für mittelständische Unternehmen besitzt, jedoch auch welche Anforderungen an die zielgruppenadäquate Konzeptionierung und Integration eines solchen gestellt werden.

2.3.2 Funktionen und Anforderungen eines Führungskonzeptes

Ein Führungskonzept zur Unternehmenssteuerung von KMU kann dazu beitragen, die im vergangenen Abschnitt diskutierten Rahmenbedingungen unmittelbar und adäquat zu adressieren. Managementkonzepte dienen unter Anwendung verschiedener Steuerungsinstrumente der systematischen und regelmäßigen Auseinandersetzung mit **strategischen Aufgaben** und Aspekten der Unternehmensführung. Die nachhaltige Analyse bestehender Kernkompetenzen und Erfolgsfaktoren bzw. zukünftiger Wettbewerbsstrukturen und Markttrends etc. ermöglicht eine realistische Planung und konsequente Überprüfung der Unternehmensziele. Die schriftliche **Fixierung der Unternehmensziele** und die

213 Vgl. Scharpe 1992, S. 4f.; Bramsemann 1997, S. 29.

214 Vgl. Wortmann 2001, S. 278ff.

systematische Ableitung notwendiger Maßnahmen zur Erreichung dieser Ziele stellten bereits wesentliche Vorteile für KMU dar, weil sie die intuitive und spontane Unternehmensführung im Mittelstand ersetzen. Eine solche Auseinandersetzung mit strategischen Fragestellungen ermöglicht dabei oftmals erst die frühzeitige Identifikation von Marktveränderungen oder kritischen Ressourcen. Für die Mitarbeiter ist dies oftmals eine Signalwirkung von einem eher reaktiven zu einem gestaltenden Wettbewerbsverhalten.[215] Durch die **Anwendung etablierter Instrumente und Methoden** und die **Institutionalisierung von Prozessen und Systemen** erfährt das Unternehmen einen stärkeren Professionalisierungsgrad, welches sich in einer **erhöhten Attraktivität** in den Augen der Kapitalgeber widerspiegelt.[216] Die Einführung eines ganzheitlichen Steuerungskonzeptes stärkt daher die **nachhaltige Wettbewerbsfähigkeit** des Unternehmens und trägt somit zur **langfristigen Existenzsicherung** bei. Der Zusammenhang zwischen der Nutzung eines Unternehmenssteuerungskonzeptes und einem nachhaltig höheren Unternehmenserfolg und damit stärkerer Wettbewerbsfähigkeit kann durch empirische Arbeiten bestätigt werden. So stellen KAYSER/WALLAU (2003) fest, dass mittelständische Unternehmen, die über klar definierte Unternehmensstrategien und formalisierte Planungs- und Kontrollmechanismen verfügen, signifikant erfolgreicher sind als Unternehmen ohne strategische und finanzwirtschaftliche Planung respektive Steuerung.[217] Im Rahmen einer weiteren empirischen Untersuchung konnte ein positiver Zusammenhang zwischen der Einführung einer Balanced Scorecard und den finanzwirtschaftlichen Ergebnissen einer Unternehmung festgestellt werden.[218]

Aus den obigen Ausführungen wird deutlich, dass ein Managementkonzept neben der Förderung konkreter Zieldefinitionen das Unternehmen v. a. hinsichtlich der **Zielerreichung unterstützen** soll. Jüngere Umfragen haben ergeben, dass die Sicherung der Unternehmensexistenz und die Steigerung des Unternehmenswertes die wichtigsten Ziele von mittelständischen Unternehmen dar-

---

215 Vgl. WGZ-Bank 2000, S. 17ff. und die Ausführungen bzgl. strategischer Ausprägungen von Unternehmensführung bei KMU in Abschnitt 2.2.2.

216 Diese Attraktivität bzw. Bonität ist insbesondere im Kontext von Basel II für KMU relevant.

217 Vgl. Kayser/Wallau 2003, S. 166ff. Jedoch ist darauf hinzuweisen, dass Erfolg mit der Entwicklung von Umsatz bzw. Mitarbeiterzahlen gleichgesetzt wurde und diesen damit ggü. einer Gewinngröße der Vorzug eingeräumt wurde.

218 Vgl. Davis/Albright 2001.

stellen.[219] Zur Erreichung dieser beiden Ziele müssen diese insbesondere ihre Stärken weiter ausbauen und bestehende Schwächen reduzieren. Der Zielerreichungsgrad ist demnach im Wesentlichen durch zwei Treiber beeinflusst. Zum einen müssen die derzeit bestehenden **Erfolgsfaktoren** mittelständischer Unternehmen beibehalten und gestärkt werden, zu denen insbesondere die ausgewiesene Kundennähe, die unternehmerische Flexibilität und das sehr gute Preis-Leistungsverhältnis zählen.[220] Zum anderen müssen die derzeit in den Unternehmen definierten **Maßnahmen zur Steigerung der künftigen Wettbewerbsfähigkeit** berücksichtigt werden. Gemäß einer jüngeren empirischen Umfrage zählen hierzu derzeit neben Kostensenkungs- bzw. Rationalisierungsmaßnahmen v. a. gezielte Investitionen in IT-Ausstattung und in Mitarbeiterqualifikationen bzw. –motivation.[221]

Steuerungskonzept für den Mittelstand	
Funktionen	**Allgemeine Anforderungen**
• Schärfung des strategischen Bewusstseins • Klare Zielsetzung • Systematische Ableitung erforderlicher Maßnahmen • Institutionalisierung von Prozessen & Systemen • Nachhaltige Steigerung der Wettbewerbsfähigkeit	• Einfachheit & Praktikabilität • Wirtschaftlichkeit (Kosten-Nutzen-Kalkül) • Flexibilität (extern, intern) • Akzeptanz (Kommunikation, Transparenz)

Abbildung 2-5: Anforderungen & Funktionen eines Steuerungskonzeptes für den Mittelstand
Quelle: Eigene Darstellung

Zur Bestimmung der Anforderungen, die an ein mittelstandsgerechtes Managementkonzept, und damit auch an die Einführung einer wertorientierten Unter-

219 Vgl. Backes-Gellner 2005, S. 27. Ein ähnlich hohen Stellenwert besitzen die beiden Ziele auch bei Günther/Gonschorek 2006, S. 6f.

220 Vgl. Backes-Gellner 2005.

221 Vgl. Ebenda.

nehmensführung in KMU, gestellt werden, müssen über der Zielunterstützungsfunktion hinaus insbesondere die betriebswirtschaftlichen Besonderheiten mittelständischer Unternehmen beachtet werden. Vor dem Hintergrund bestehender KMU-Restriktionen (finanzielle Ressourcen, methodische Kompetenz etc.), lassen sich folgende Attribute eines KMU-gerechten Managementsystems ableiten: *Einfachheit und Praktikabilität*[222], *Wirtschaftlichkeit*[223], *Flexibilität*[224] und *Akzeptanz*[225].

Unter **Einfachheit und Praktikabilität** ist zum einen die **konzeptionelle Einfachheit und Verständlichkeit** und zum anderen die Berücksichtigung der bestehenden **Ressourcenrestriktionen** der mittelständischen Unternehmen zu verstehen. Auf der einen Seite kann ein komplexes Steuerungskonzept dazu führen, dass sich KMU-Mitarbeiter auf Grund ihrer hierfür oftmals unzureichenden Qualifikation durch die anspruchsvollen konzeptionellen Wertmanagementgrundlagen überfordert fühlen und in letzter Konsequenz das zur Verfügung stehende Instrumentarium nicht anwenden. Auf der anderen Seite können ggf. erforderliche Investitionen in Hardware, Software, Know-how etc. nicht durch das Unternehmen finanziert werden, was die Einführung des Konzeptes behindert. Bei der Definition möglicher Ausgestaltungen sind also sowohl die Ressourcenrestriktionen materieller und finanzieller Art als auch die eingeschränkten Methodikkenntnisse der Mitarbeiter zu berücksichtigen.

Unter **Wirtschaftlichkeit** des Konzeptes sind Überlegungen des Kosten-Nutzen-Kalkül zu verstehen. Der erwartete **Nutzen** aus der Summe von Effektivitäts- und Effizienzsteigerungen und strategischem Nutzen muss die geschätzten **Gesamtkosten** aus Einführungskosten, laufenden Kosten und gestiegenen Komplexitätskosten überkompensieren. Nur wenn auf Basis dieses Wirtschaftlichkeitskalküls der Nutzen die Kosten überwiegt, steht eine Entscheidung bzgl. einer konkreten Umsetzung des Konzeptes an, wobei dann auf der Kostenseite v. a. die limitierten Finanzierungs- und Investitionsmöglichkeiten der KMU sowie die Kompatibilität zu anderen Projekten/Zielen wie z. B. geplanten Kostensenkungsmaßnahmen zu berücksichtigen sind.[226]

---

222 Vgl. Kreikebaum 1993, S. 205.

223 Vgl. Hahn 1996, S. 84.

224 Vgl. Ebenda, S. 84.

225 Vgl. Kreikebaum 1993, S. 205.

226 Vgl. Khadjavi 2005, S. 136ff.

Die erforderliche **Flexibilität** des Steuerungskonzeptes wirkt in zwei Richtungen. Zum einen muss es dem Unternehmen möglich sein, **unternehmensinterne** Veränderungen flexibel in der Zieldefinition und in der Ableitung von Maßnahmen zur Zielerreichung zu berücksichtigen (z. B. Weggang eines Wissensträgers). Zum anderen muss die **unternehmensexterne** Flexibilität sichergestellt werden (z. B. veränderte Konsumentenpräferenzen), um das Unternehmen und sein durchgängiges Steuerungskonzept kontinuierlich nahe am Markt zu positionieren. Die Erfüllung dieser Flexibilitätsanforderungen stellt im Hinblick auf die besonderen Erfolgsfaktoren der mittelständischen Unternehmen eine unabdingbare Voraussetzung dar.[227]

Schließlich muss bei Einführung eines neuen Managementkonzeptes die **Akzeptanz** der Mitarbeiter sichergestellt werden. Wird das Konzept in seinen Grundzügen nicht akzeptiert, so ist die praktische Anwendung des Systems sehr unwahrscheinlich. Neben der bereits beschriebenen Verständlichkeit des Systems sind insbesondere eine umfassende und regelmäßige (v. a. interne) **Kommunikation** und **transparente Ausgestaltung** (z. B. Möglichkeit der Mitarbeiter, die Auswirkungen des neuen Konzeptes auf ihre bisherigen Arbeitsinhalte zu beurteilen) des Systems als Voraussetzung dafür anzusehen.[228]

Die obigen Ausführungen stellen unter Berücksichtigung sowohl der betriebswirtschaftlichen Besonderheiten mittelständischer Unternehmen als auch der Zielerreichungsunterstützungsfunktion eines Managementkonzeptes allgemeine Anforderungen an ein mittelstandsgerechtes Steuerungskonzept dar. Abbildung 2-5 stellt die beschriebenen Ausführungen zusammenfassend dar.

2.3.3 Forschungsüberblick: Notwendigkeit und Akzeptanz

Der folgende Abschnitt setzt an den bisherigen Überlegungen an und diskutiert existierende wissenschaftliche Literatur, die sich mit der Notwendigkeit und der Akzeptanz einer unternehmenswertorientierten Unternehmensführung im Mittelstand auseinander setzt. Dabei steht zum einen eine Arbeit im Vordergrund, die sich mit der **Notwendigkeit bzw. Vorteilhaftigkeit** einer wertorientierten Unternehmensführung bei KMU beschäftigt und zum anderen eine Arbeit, die den heutigen **Anwendungs- und Verbreitungsgrad** bei KMU untersucht.

227 Vgl. Ackelsberg/Arlow 1985, S. 62f.

228 Vgl. insbesondere die folgenden Ausführungen zu entgeltlichen Anreizsystemen und weiteren Akzeptanzsicherungsmaßnahmen in Abschnitt 5.3.3. Vgl. auch Kartscher/Rockholtz 2002, S. 176.

Wissenschaftliche Arbeiten, die sich mit konkreten *inhaltlichen* Aspekten einer wertorientierten Unternehmensführung in KMU auseinander setzen werden separat in Unterkapitel 3.4 diskutiert.

Wie bereits erläutert sind Kleine und Mittlere Unternehmen in der Vergangenheit in den wirtschaftswissenschaftlichen Disziplinen eher stiefmütterlich behandelt worden[229], teilweise mit der Begründung, dass KMU nicht wesensverschieden von Großunternehmen sind und keiner besonderen Behandlung bedürfen.[230] Wissenschaftliche Arbeiten zum Thema Shareholder Value bzw. wertorientierter Unternehmensführung sind primär durch den Bezug auf große, börsennotierte Unternehmen entwickelt worden. **WORTMANN (2001)** befasst sich als Erster mit der Anwendung dieses Konzeptes auf mittelständische Unternehmen. Er betrachtet hierzu mittelständische Wachstumsunternehmen[231] und prüft, ob Shareholder Value für diese Gruppe von Unternehmen ein geeignetes Führungs- und Steuerungsinstrument darstellt. Zentrale Ergebnisse dieser normativen Betrachtung sind, dass Shareholder Value für diese Unternehmen a) nicht nur geeignet und theoretisch anwendbar ist, sondern b) sogar wesentliche Vorteile nach der Implementierung für die betroffenen Unternehmen generiert. Der Autor bescheinigt eine **generelle Anwendbarkeit** des Konzeptes, da eine Börsennotierung keine Grundvoraussetzung für eine wertorientierte Unternehmensführung sei. Dem liegt die Gleichsetzung des Zieles einer wertorientierten Unternehmensführung im Sinne der Maximierung der diskontierten freien Cashflows mit der nachhaltigen Sicherung der Wettbewerbsfähigkeit einer Unternehmung zu Grunde.[232] Eine Unternehmensführung habe nicht auf die Maximierung des Aktienkurses am Kapitalmarkt abzustellen, sondern die Aufgabe, die unternehmerischen Bestimmungsgrößen des Aktienkurses zu optimieren. Mit dieser Auslegung ist eine Einschränkung des Ansatzes auf Unternehmen mit Manager-Eigner-Konstellationen ausgeschlossen und betrifft de facto jedes Unternehmen. Auch im Rahmen des Shareholder Value genutzte, kapitalmarktorientierte Methoden wie z. B. zur Berechnung der Kapitalkosten sind keine (zwingende) Voraussetzung für eine Anwendung des Wertmanagementkonzeptes, sondern dienen streng genommen selbst als Hilfsmittel zur Approximation

229 Vgl. Julien 1993, S. 157; Brock/Evans 1989, S. 17.

230 Vgl. Julien 1993, S. 157. Siehe auch die Ausführungen in Unterkapitel 2.2.

231 Welche sich nach Wortmann überwiegend in einer Pre-IPO Phase befinden und somit nicht den Großteil des Mittelstandes charakterisieren.

232 Vgl. Wortmann 2001, S. 276f.

der Eigenkapitalgeberinteressen auf dem anonymen Kapitalmarkt.[233] Die **Vorteilhaftigkeit des Konzeptes** begründet WORTMANN damit, dass sich typische Charakteristika der Führung mittelständischer Wachstumsunternehmen in den originären Prinzipien des Shareholder-Value-Ansatzes wiederfinden. Die Sicherstellung effizienter Prozesse und effektiver Entscheidungen, die Gewährleistung einer dynamischen Stabilität, die Erfüllung der Anforderungen von, insbesondere in der Wachstumsphase wichtiger werdenden, externen Kapitalgebern spielen dabei eine bedeutende Rolle. Dies gilt jedoch auch für die flexible Abdeckung der Unternehmensumwelt in den internen Kostenrechnungssystemen, die Funktion einer wertorientierten Unternehmensführung als Messlatte anstehender Investitionsprojekte bzw. nicht zuletzt die Funktion des Ansatzes als rationales Entscheidungsinstrumentarium der Manager.[234] WORTMANN verzichtet in seiner Arbeit bewusst auf konkrete Ausgestaltungsmöglichkeiten wie z. B. die Auswahl einer geeigneten Spitzenkennzahl oder Werttreiber zur Operationalisierung des Wertmanagements, der Prüfung einer erforderlichen Anpassung von Berechnungsmöglichkeiten oder Vorschlägen zu Anreizsystemen und Implementierung.

Neben der theoretisch-konzeptionell hergeleiteten Vereinbarkeit von KMU und wertorientierter Unternehmensführung bildet eine empirische Untersuchung von **GÜNTHER/GONSCHOREK (2006)**, die mittelständische Unternehmen bzgl. ihrer wertorientierten Denkhaltung und deren Einbettung in die Unternehmensführung befragte, die zweite wesentliche Säule der Bestätigung der Relevanz der Untersuchungsfrage dieser Arbeit.[235]

233 Vgl. Ebenda, S. 277. So ist z. B. die Ermittlung der Eigenkapitalkosten durch direkte Befragung der Eigentümer möglich.

234 Vgl. Ebenda, S. 278ff.

235 Vgl. Günther/Gonschorek 2006; Günther/Gonschorek 2008. Aus über 2.000 zufällig ausgewählten KMU konnten 307 auswertbare Datensätze gewonnen werden, die im Rahmen einer strukturierten schriftlichen Befragung Aufschluss über mögliche Anwendungsmöglichkeiten wertorientierter Unternehmensführung im Mittelstand geben sollten. Die lt. der Verfasser für eine derartige, empirische Untersuchung hohe Rücklaufquote von 15,4% ist ihrer Meinung nach ein eindeutiges Indiz für die besondere Relevanz und Bedeutung dieses Themas für das Management von kleinen und mittelständischen Unternehmen. Als KMU im Rahmen der Arbeit wurden Unternehmen bezeichnet, die einen Jahresumsatz zwischen €20 Mio. und €1 Mrd. erzielten. Damit wurde bzgl. der Obergrenze mit der Begründung, dass sich Unternehmen dieser Umsatzklasse oftmals als „noch mittelständisch" bezeichnen (eine Hypothese, die im Übrigen im Rahmen der empirischen Befragung durch die Unternehmen in einer Selbsteinschätzung bestätigt wurde), von den quantitativen Definitionsgrenzen von z. B. EU

Im Rahmen der Untersuchung wurden die Unternehmen entlang mehrerer Dimensionen bzgl. der Ausrichtung der Unternehmensziele über die Ausgestaltung von Controllingstrukturen und Managementinstrumenten bis hin zu der Einschätzung der Vorteilhaftigkeit einer wertorientierten Unternehmensführung befragt. Über alle befragten Gruppen hinweg herrschte Einigkeit darüber, dass der Kunde als zentraler Erfolgsfaktor fungiert und den Fokus unternehmerischen Handelns darstellt, dicht gefolgt von der besonderen Bedeutung der eigenen Mitarbeiter. Die Sicherung der Liquidität bzw. des Unternehmensbestandes wurden von den beteiligten Unternehmen als das wichtigste **Unternehmensziel** genannt. Unter den als insgesamt sehr wichtig eingestuften Finanzzielen galten die Maximierung der Eigenkapitalrendite und die **Steigerung des Unternehmenswertes** als vorrangig. Bei nicht-börsennotierten Unternehmen des Mittelstandes genoss das Ziel einer Wertmaximierung eine geringere Bedeutung als bei börsennotierten Unternehmen, was offensichtlich als Indikator zu verstehen ist, dass auch unter den KMU die Notwendigkeit zur Erfüllung der Renditeerwartung von Investoren gegeben sein kann.[236]

Bemerkenswert ist das Verständnis, das mittelständische Unternehmen von Wertmanagement zeigen: ca. 70% der Unternehmen kennen das primäre Ziel wertorientierter Unternehmensführung, langfristig eine **Rendite über der erwarteten Rendite des Eigenkapitals** zu erwirtschaften. Über 80% waren der Meinung, dass eine wertorientierte Unternehmensführung ebenfalls die Interessen anderer Anspruchsgruppen berücksichtigt und **langfristig und nachhaltig** wirkt, weshalb gesellschaftliche Bedenken gegenüber einer Anwendung wertorientierter Unternehmensführung überwiegend abgelehnt werden. Der Bedeutung neuer Kapitalmarktinstrumente wird in Zukunft tendenziell eine höhere

oder IFM abgewichen. Hinsichtlich der Untergrenze wurde angenommen, dass bereits bei einem Umsatz von €20 Mio. mit einer komplexeren Unternehmenssteuerung zu rechnen ist und sich demnach solche Unternehmen für eine mögliche Anwendung wertorientierter Unternehmensführung klassifizieren. Die empirische Untersuchung bzw. die auswertbaren Datensätze beinhalteten sowohl Unternehmen verschiedener Umsatzklassen, als auch Familien- und Nicht-Familienunternehmen, inhabergeführte und nicht-inhabergeführte bzw. börsennotierte und nicht-börsennotierte Unternehmen aus folgenden am stärksten vertretenen Branchen: Dienstleistungen (22,1%), Metall- und Elektroindustrie (19,2%), sonstiges verarbeitendes Gewerbe (18,9%), Groß- und Einzelhandel (14,7%) und chemische Industrie (10,4%). 40% der befragten Unternehmen beschäftigten zwischen 150 und 500 Mitarbeitern. Die Vielschichtigkeit der Rückläufe lässt vermuten, dass die Besonderheiten der heterogenen KMU-Unternehmenslandschaft ausreichend berücksichtigt wurden.

236 Vgl. Günther/Gonschorek 2006, S. 8.

Bedeutung zugemessen.[237] Ambivalent verhält sich hingegen die Einschätzung der befragten Unternehmenslenker bzgl. der Notwendigkeit und Wirkungsweise von wertmanagementrelevanten Instrumenten und Prozessen. Wird z. B. der Integration einer leistungsorientierten Vergütung in den Kontext einer wertorientierten Unternehmensführung mit über 75% eine tragende Rolle zugewiesen, so sieht die Mehrheit der Unternehmen bzgl. weiterer Investitionen in IT-Lösungen, Personalentwicklung, Know-how und Verwaltung keine besondere Veranlassung. Des Weiteren gehen die Unternehmensführer davon aus, dass vorhandene Instrumente und Ressourcen und v. a. auch das eigene Wissen ausreichend sind, um eine wertorientierte Unternehmensführung zu implementieren. Diese Ergebnisse könnten darauf hinweisen, dass die Komplexität und Tragweite einer wertorientierten Unternehmensführung nicht umfassend gesehen und verstanden werden.

Zeichnet die Befragung mittelständischer Unternehmen hinsichtlich der Akzeptanz, des Verständnisses und Anwendbarkeit wertorientierter Unternehmensführung ein tendenziell positives Bild, so überraschen die Ergebnisse der Untersuchung bzgl. der ***tatsächlichen*** **Nutzung** bzw. des **Verbreitungsgrades** wertorientierter Methoden und Instrumente. Können die befragten Unternehmen zwar zu über 80% eine strategische Geschäfts-, Liquiditätsplanung bzw. eine Cashflow-Rechnung aufweisen, so verfügen sie jedoch nur eingeschränkt über typische wertorientierte Instrumente und Methoden einer Wertorientierung. Der Anwendung von Return-on-Equity (RoE)-Rechnungen (Anwendung durch 66,4% der befragten Unternehmen), von Discounted-Cashflow (DCF)-Modellen (35,5%), der Berechnung von Economic-Added-Value (EVA) (21,8%) oder der Analyse relevanter Werttreiber (13,4%) kommt lediglich eine untergeordnete Bedeutung zu. Ein Drittel der Unternehmen, die diese Methoden nicht anwenden, sehen jedoch eine wachsende Bedeutung derselben in der Zukunft. Während große Unternehmen mit einem Umsatz von über €250 Mio. und börsennotierte Unternehmen eine überdurchschnittliche Anwendung der beschriebenen Instrumente verzeichnen, so haben sich kleine Unternehmen bzw. Familienunternehmen eher selten mit dieser Thematik und den damit verbundenen Instrumenten auseinander gesetzt.[238] Auch bei der Vorgabe von Zielgrößen für die

---

237 Dies gilt insbesondere für die Unternehmen der mittleren Umsatzkategorie, da große Unternehmen offensichtlich bereits Zugang zu den Kapitalmärkten haben und kleinen Unternehmen auf Grund ihrer immer noch geringen Größe dieser verwehrt bleibt bzw. sich diese überwiegend über klassische Fremdkapitalquellen finanzieren.

238 Ein Ergebnis, welches die aufgestellte Hypothese, dass bei kleinen Unternehmen die

Unternehmenssteuerung wird eher auf bekannte, klassische Größen des Rechnungswesens zurückgegriffen. Wertorientierte Kennzahlen bzw. Cashflow-Größen besitzen lediglich eine untergeordnete Bedeutung. Ziele werden lediglich in knapp der Hälfte der befragten Unternehmen auf Bereichsebenen heruntergebrochen. Hinsichtlich der Bestimmung der Kapitalkostensätze berufen sich ca. 40% der KMU auf eine qualitativ erhobene gewünschte Mindestverzinsung der Eigenkapitalgeber und gut 25% ermitteln einen quantitativ gewichteten Durchschnitt von Eigen- und Fremdkapital.

Eine Möglichkeit, die Lücke zwischen zugemessener Bedeutung und realisierter Umsetzung wertorientierter Methoden zu erklären, könnte die tatsächlich existierende, jedoch von den Unternehmensführern nicht unbedingt wahrgenommene, limitierte Ressourcenausstattung der mittelständischen Unternehmen sein. Damit kann zum einen ein Informationsdefizit auf Seiten der Mittelständler bzgl. des Wesens wertorientierter Unternehmensführung oder zum anderen die bisher unangepassten Methoden und Instrumente für die geringe Anwendung dieses Konzeptes verantwortlich sein. Ebenso können die Überlastung des Inhabers und dessen intensive Einbindung ins operative Tagesgeschäft strategisch-konzeptionelle Überlegungen behindern. Während die genannten Arbeiten notwendige Vorarbeiten – konzeptioneller und empirischer Art – leisten, so verzichten sie jedoch auf jegliche Vorschläge zu Anpassungs- und Gestaltungsmöglichkeiten einer wertorientierten Unternehmensführung im Sinne der besonderen Berücksichtigung von KMU-Charakteristika.

Zusammenfassend kann konstatiert werden, dass die Notwendigkeit und Vorteilhaftigkeit wertorientierter Unternehmensführung bei mittelständischen Unternehmen theoretisch und praktisch bestätigt wurden, diese jedoch nur zu eher geringem Maße verbreitet bzw. implementiert ist und erhebliches Steigerungspotenzial vorliegt. Auch Überlegungen bzgl. konkreter inhaltlicher Ausgestaltungs- und Anpassungserfordernissen greifen in dem Sinne zu kurz, dass entweder auf eine ganzheitliche Betrachtungsperspektive verzichtet wird oder aber die für eine Umsetzung kritischen und steuerbaren Erfolgsfaktoren aus der Betrachtung ausgeschlossen werden.[239]

Voraussetzungen für eine wertorientierte Unternehmensführung nicht gegeben sind, unterstützt.

239 Vgl. auch die Ausführungen in Unterkapitel 3.4.

2.4 Zwischenfazit

In den bisherigen Ausführungen wurde das Bewertungsobjekt dieser Arbeit definiert und aufgezeigt, inwiefern es durch sich dynamisch ändernde Umweltbedingungen veranlasst wird, sein Management zu professionalisieren. Theoretisch-konzeptionelle und empirische Arbeiten bestätigen, dass das Konzept einer wertorientierten Unternehmensführung, verstanden als eine Form der Professionalisierung des Managements, von den Unternehmensführern des Mittelstandes akzeptiert und seine Vorteilhaftigkeit gesehen wird. Dennoch scheint die Verbreitung dieses Managementansatzes begrenzt, was in der mangelnden Ressourcenausstattung bzw. in unzureichenden Umfeldbedingungen begründet sein kann. Inwiefern die entlang der drei Perspektiven des *Zürcher Ansatzes zur Unternehmensführung* (*Strategie*, *Struktur* und *Kultur)* beschriebenen Besonderheiten von KMU einer Anpassung bedürfen bzw. diese die Mindestvoraussetzungen zur Anwendung des Konzeptes erfüllen, muss im Einzelfall geprüft werden.

In der Literatur sind dabei in den letzten Jahren erste Ansatzpunkte entwickelt worden[240], wie eine wertorientierte Unternehmensführung adaptiert werden kann, um vor dem Hintergrund der Ressourcenrestriktionen mittelständischer Unternehmen auch für diese anwendbar zu sein. Jedoch fehlt bis dato eine ganzheitliche Betrachtung eines Wertmanagementkonzeptes für den Mittelstand. Insbesondere wurde den für eine erfolgreiche Umsetzung und damit Anwendung einer wertorientierten Unternehmensführung kritischen Erfolgsfaktoren bei mittelständischen Unternehmen bisher keine Beachtung geschenkt. Die vorliegende Arbeit wird hier ansetzen und die speziell für KMU relevanten Erfolgsfaktoren hinsichtlich notwendiger Anpassungsbedarfe untersuchen. Ausgangsbasis sind dabei zum einen die betriebswirtschaftlichen Besonderheiten der KMU und zum anderen die in der Literatur diskutierten Erfolgsfaktoren einer erfolgreichen Anwendung von Wertmanagement. Um das hierfür erforderliche Verständnis zu entwickeln, sind vorerst die konzeptionelle Methodik einer wertorientierten

240 Vgl. AK „Wertorientierte Führung in mittelständischen Unternehmen" der Schmalenbach-Gesellschaft für Betriebswirtschaft e.V. 2003; AK „Wertorientierte Führung in mittelständischen Unternehmen" der Schmalenbach-Gesellschaft für Betriebswirtschaft e.V. 2004; AK „Wertorientierte Führung in mittelständischen Unternehmen" der Schmalenbach-Gesellschaft für Betriebswirtschaft e.V. 2006; Khadjavi 2005; Peemöller/ Faul 2002; Schomaker/Kuch 2003. Die Ergebnisse und Vorschläge dieser Arbeiten finden tlw. bei der thesenartigen Darstellung von Gestaltungshinweisen in Unterkapitel 7.5 Einklang.

Unternehmensführung und deren grundlegenden Besonderheiten herauszuarbeiten. Mit dieser Thematik setzt sich das folgende Kapitel 3 auseinander.

3 Grundlagen wertorientierter Unternehmensführung

Das folgende Kapitel stellt die theoretischen Grundlagen wertorientierter Unternehmensführung dar, soweit diese für die in der vorliegenden Arbeit zu beantwortende Fragestellung relevant sind. Dazu ist es erforderlich, zuerst in die Grundlagen der „wertorientierten Unternehmensführung" einzuführen (Kap. 3.1). Anschließend werden die dem Wertmanagement zu Grunde liegenden Methoden der Unternehmensbewertung vorgestellt und der Anpassungsbedarf für mittelständische Unternehmen beschrieben (Kap. 3.2). Nach einer kurzen Vorstellung von Ansätzen der Operationalisierung einer wertorientierten Unternehmensführung (Kap. 3.3) und einem Forschungsüberblick bzgl. bestehender Ansätze einer wertorientierten Unternehmensführung in KMU (Kap. 3.4) schließt das Kapitel mit einem Zwischenfazit (Kap. 3.5).

3.1 Einführung in wertorientierte Unternehmensführung

Für eine problemadäquate Einführung in die Thematik sind zunächst neben der Begriffspräzisierung der wertorientierten Unternehmensführung (Kap. 3.1.1) deren mögliche Ausprägungsvarianten zu erörtern (Kap. 3.1.2). Im Anschluss an die theoretische Fundierung des Konzeptes (Kap. 3.1.3) werden praxisbezogene Ursachen zur Entwicklung der Wertorientierung in den Unternehmen vorgestellt (Kap. 3.1.4) Das Unterkapitel schließt mit der Darstellung relevanter Erfolgsfaktoren einer wertorientierter Unternehmensführung (Kap. 3.1.5).

3.1.1 Begriffspräzisierung

Wertorientierte Unternehmensführung beinhaltet die Definition von Handlungsempfehlungen für Personen bzw. die Ausgestaltung von Aufgaben, Prozessen und Systemen dieser Personen, um nachhaltig (und langfristig) eine ökonomisch-monetäre Wertschaffung und -steigerung des Unternehmensgebildes zu erzielen.[241] Die ökonomische Interpretation des Wertbegriffs schließt in der Konsequenz die Berücksichtigung von rein ideellen Werten aus und stellt ausschließlich auf den **monetären Teil** des Wertes eines Objektes ab. Dieser monetäre ökonomische Wert eines Gutes ist das für diese Arbeit **relevante Begriffsverständnis**, wobei nicht bestritten werden soll, dass insbesondere im Kontext von KMU nicht-monetäre bzw. ethische Werte einen festen Platz in

241 Vgl. Ulrich/Fluri 1992, S. 13ff.; Steinmann/Schreyögg 1993, S. 5ff.; Staehle 1991, S. 65; Remer 2000, S. 2; Plaschke 2003, S. 14ff.; Gabler Wirtschaftslexikon 1997, S. 3952.

dem Zielsystem der Unternehmung einnehmen.[242] Der Untersuchungsgegenstand dieser Arbeit ist jedoch die Fragestellung, ob und wie eine auf die Maximierung bzw. Steigerung des monetären Unternehmenswertes gerichtete Unternehmensführung auf mittelständische Unternehmen übertragen werden kann.

Zur weiteren Konkretisierung der Unternehmenswertsteigerung als zentrale Zielgröße unternehmerischen Handelns bedarf es der differenzierten Betrachtung unterschiedlicher Wertausprägungen. So ist auf der einen Seite zwischen dem Eigentümerwert (Eigenkapitalwert oder Shareholder-Value) und dem Gesamtunternehmenswert (Gesamtkapitalwert oder Total Business Value) und auf der anderen Seite zwischen dem Marktwert und dem Fundamentalwert eines Unternehmens zu unterscheiden.[243]

Während der Eigentümerwert denjenigen Wertbeitrag darstellt, der ausschließlich den Eigentümern (Shareholdern, z. B. bei börsennotierten Unternehmen den Aktionären) zusteht[244], beinhaltet der Gesamtunternehmenswert zusätzlich die Wertbeiträge anderer Anspruchsgruppen (Stakeholdern), wie z. B. der Fremdkapitalgeber.[245] Vor dem Hintergrund der in Kapitel 2 diskutierten Besonderheiten und Rahmenbedingungen von KMU (starke Bedeutung weiterer Stakeholder) scheint der Gesamtunternehmenswert für das Untersuchungsobjekt dieser Arbeit besonders relevant. Die folgenden Ausführungen untersuchen daher zunächst den scheinbaren Gegensatz der beiden Denkrichtungen des **Shareholder-Value** bzw. des **Stakeholder-Value**. Hierfür wird zunächst der Stakeholder-Value-Ansatz vorgestellt und anschließend die oftmals propagierte Unvereinbarkeit und Antinomie mit dem Shareholder-Value-Ansatz widerlegt. Es wird gezeigt,

---

242 Vgl. Behringer 1999, S. 108 wie z. B. dem Streben nach Macht, Unabhängigkeit oder Sicherheit.

243 Vgl. z. B. Günther 1997, S. 76ff. und 104ff.; Riedl 2000, S. 139ff.

244 Unter dem Eigenkapitalwert ist der Residualwert eines Unternehmens nach Erfüllung aller expliziten Ansprüche aller bestehenden Stakeholder (z. B. Löhne und Gehälter, Fremdkapitalzinsen, Verbindlichkeiten an Lieferanten, Steuern und Abgaben etc.) eines Unternehmens zu verstehen, der den Eigentümern zur Befriedigung ihrer Ansprüche zur Verfügung steht. Vgl. Riedl 2000, S. 140.

245 Der Gesamtkapitalwert setzt sich aus dem Eigenkapitalwert und dem Fremdkapitalwert zusammen und stellt den Wert der Unternehmung dar, der den Eigentümern und Fremdkapitalgebern zusteht. Er ist diejenige Residualgröße, die nach Erfüllung aller expliziten, vertraglich geregelten Ansprüche aller, neben Eigentümern und Fremdkapitalgebern existierenden Stakeholdern, übrig bleibt. Vgl. Ebenda, S. 140.

inwiefern sich Shareholder- und Stakeholder-Orientierung nicht nur komplementieren, sondern – auch im KMU-Kontext – einander sogar bedingen.[246]

Als Stakeholder sind vielfältige, für die weitere Existenz eines Unternehmens relevante Anspruchsgruppen desselben zu verstehen, die entweder zur Erreichung der unternehmerischen Ziele beitragen können oder aber von diesen Zielen bzw. dem unternehmerischen Handeln betroffen sind.[247] Es wird zwischen *internen Stakeholdern* (Management, Mitarbeiter, Eigenkapitalgeber) und *externen Stakeholdern* (Fremdkapitalgebern, Kunden, Lieferanten, Staat und Gesellschaft) unterschieden.[248]

Die Vertreter einer **Stakeholder-orientierten Unternehmensführung** argumentieren, dass eine zu starke Ausrichtung des Unternehmens auf die monetären und finanzwirtschaftlichen Interessen der Eigenkapitalgeber zu einer Vernachlässigung anderer relevanter Anspruchsgruppen (z. B. Arbeitnehmer, Kunden, Kommune etc.) führt, die ebenfalls einen Beitrag zum Unternehmenserfolg leisten und somit berechtigte Ansprüche an dem Unternehmenserfolg haben.[249] Die Verfolgung der (oftmals kurzfristigen) Renditeforderung der Anteilseigner würde solche Interessen verletzen. Es sollten solche Produktionsfaktoren stärker in den Mittelpunkt des unternehmerischen Fokus gelangen, die zukünftig eine entscheidende Rolle für das Unternehmen spielen werden (z. B. durch die stärkere Bedeutung von „Wissensmanagement"). Die Kritik am Shareholder-Value-Ansatz wird dabei überwiegend aus gesellschaftlich-normativ motivierten Beweggründen hervorgebracht, während ökonomische Erkenntnisse vernachlässigt werden.[250]

---

246 Für eine ausführliche Auseinandersetzung bzgl. der Diskussion um Shareholder-Value bzw. Stakeholder-Value vgl. Argenti 1997 und Campbell 1997; Bischoff 1994, S. 168ff.; Bühner/Tuschke 1997; Böhi 1995; Clarke 1998; Gomez 1998; Hachmeister 1995; Hill 1996; Janisch 1993; Jansche 1998; Meier-Scherling 1996; Müller-Merbach 1997; Noppeney 1997; Speckbacher 1997;Wagner 1997.

247 Vgl. den englischen Begriff „at the stake", d. h. „Personen, für die etwas auf dem Spiel steht". Vgl. auch Janisch 1993, S. 4.; Steinmann/Schreyögg 1997, S. 75; Donaldson/ Preston 1995, S. 67; Freeman 1983, S. 38; Freeman/Reed 1983, S. 91.

248 Vgl. Meier-Scherling 1996, S. 122ff.; Janisch 1993, S. 147ff.; Freeman 1984, S. 8ff.; Böhi 1995, S. 84ff.

249 Vgl. Janisch 1993, S. 147ff.; Freeman 1984, S. 8ff.; Böhi 1995, S. 84ff.; Bleicher 1995, S. 103ff. Vgl. auch Beckmann et al. 2002, S. 1216f., die eine Stakeholder-Orientierung explizit für KMU vorschlagen.

250 Vgl. Bühner/Tuschke 1997, S. 500.

Die Vertreter einer **Shareholder-Orientierung** hingegen argumentieren, dass die Eigenkapitalgeber das Risiko der Unternehmung tragen und folglich einen natürlichen Anspruch auf den Residualerfolg besitzen, da sie anderenfalls ihr Kapital anderweitig anlegen würden. Zudem führe die Berücksichtigung weiterer Anspruchsgruppen zu einem Zielpluralismus, dem in der Praxis nur schwer Rechnung zu tragen sei.[251]

In dieser Arbeit wird der Auffassung gefolgt, dass Shareholder-Value-Orientierung und Stakeholder-Interessen miteinander vereinbar sind, denn: Die Fokussierung unternehmerischen Handelns auf die Maximierung des Unternehmenswertes als oberstes finanzwirtschaftliches Ziel impliziert zunächst keine Aussagen und Konsequenzen bzgl. der Verteilung der generierten Wertschaffung. Nachdem eine größtmögliche Wertschaffung durch das Unternehmen mittels einer strikt wert- und finanzwirtschaftlichen Unternehmensführung angestrebt wird, kann im Anschluss über leistungsgerechte Verteilungsmechanismen zur Befriedigung verschiedener Anspruchsgruppen nachgedacht werden.[252] RIEDL (2000) argumentiert sogar, dass „eine hohe Wertschaffung eine *zwingende Voraussetzung* für die Erfüllung der Stakeholderinteressen ist."[253]

Um den Wert des Unternehmens nachhaltig zu steigern, muss ein Unternehmen am Markt erfolgreich agieren und dafür z. B. existierende Kundenbedürfnisse befriedigen, vertrauensvolle Kooperationen mit Lieferanten aufbauen und pflegen oder eigene Mitarbeiter in ihrer Eigenständigkeit und Qualität fördern.[254] Mit anderen Worten: Berücksichtigt das Unternehmen die Ansprüche der relevanten, durch das Unternehmen tangierten Gruppen nicht, so kann es keine (oder nur geringere) Wertzuwächse generieren. Vernachlässigt es jedoch die strikte Ausrichtung auf finanzwirtschaftliche Interessen, so steht kein zusätzlich geschaffener Wert für eine Verteilung zur Verfügung. Können kurzfristig die Interessen von Shareholdern und Stakeholdern einander diametral gegenüber stehen (z. B. Personaleinsparung zur Verbesserung der nachhaltigen Wettbewerbsfähigkeit), so ist mittel- bis langfristig von einer Interessenharmonisierung im obigen Sinne auszugehen.[255]

251 Vgl. Argenti 1997, S. 442ff.; Dimma 1997, S. 33ff.; Wenger 1989, S. 177f.

252 Vgl. Riedl 2000, S. 131ff.

253 Vgl. Ebenda, S. 133.

254 Vgl. Albach 2001, S. 654; Bischoff 1994, S. 178ff.; Plaschke 2003, S. 51; Riedl 2000, S. 133f.

255 Da Wertmanagement primär eine Langfristperspektive einnimmt (durch Rückgriff auf

Abschließend kann konstatiert werden, dass das Konzept einer wertorientierten Unternehmensführung die **Interessen der für den Mittelstand bedeutenden Stakeholder ebenfalls berücksichtigt**, ein Zusammenhang der auch in empirischen Arbeiten bestätigt wird.[256] Weitere Studien belegen einen positiven Zusammenhang zwischen wertorientierter Unternehmensführung und der Schaffung zusätzlicher Arbeitsplätze (z. B. durch das Tätigen neuer Investitionen und das Erschließen neuer Märkte).[257] Ebenso zeichnen sich diese Unternehmen durch ein Angebot erhöhter freiwilliger Sozialleistungen[258] und eine stärkere Förderung von Mitarbeitern und Intrapreneurship aus.[259]

Eine weitere Entscheidung der Unternehmensführung ist hinsichtlich der Erhöhung des Marktwertes oder des Fundamentalwertes zu treffen. Der Fundamentalwert setzt sich aus den diskontierten, zukünftigen Rückflüssen eines Unternehmens zusammen und spiegelt damit die innere, objektive Wertgröße des Unternehmens wider.[260] Der externe Marktwert stellt die, aus Angebot und Nachfrage resultierende, aktuelle Bewertung eines Unternehmens am Kapitalmarkt dar[261] und unterscheidet sich unter der realistischen Annahme eines unvollkommenen Marktes[262] von dem objektiven Fundamentalwert. Die Vorteilhaftigkeit des Fundamentalwertes wird v. a. darin gesehen, dass der objektiv wahre Wert eines Unternehmens im Mittelpunkt einer Unternehmensführung stehen sollte und die auf einem Kapitalmarkt möglichen Unter- bzw. Überbewertungen explizit ausgeklammert werden.[263] Unter der Annahme existierender Informationsasymmetrien, mangelhafter Informationsverarbeitung seitens der Kapitalmärkte und unberechenbarer bzw. nicht-steuerbarer Kapitalmarkteinflüsse[264] stellen Marktwerte i. d. R. einen solchen objektiven Wert nicht dar.[265] Vor dem Hintergrund bestehender Eigentümerstrukturen von KMU (und damit fehlender Kapitalmarktnotierung) scheint die Steigerung des Fundamentalwertes des Unternehmens für mittelständische Unternehmen die geeignete Orientie-

die der wertorientierten Unternehmensführung zu Grunde liegende dynamische Investitionsrechnung) und das oberste Unternehmensziel oftmals die langfristige Existenzsicherung des Unternehmens ist, kann die Meinung vertreten werden, dass wertorientierte Unternehmensführung auch im Interesse der übrigen Stakeholder ist. Vgl. Bleicher 1995, S. 104ff.; Volkart 1998, S. 22; Fechtel/Stelter 1997, S. 30.

256 Vgl. Bughin/Copeland 1997, S. 157ff.; O´Bannon/Preston 1993, S. 6ff.

257 Vgl. Bughin/Copeland 1997, S. 157ff.; Wetzker et al. 1998, S. 77ff.

258 Vgl. Backes-Gellner/Pull 1999, S. 65.

259 Vgl. Stelter et al. 2001, S. 8; Bilmes et al. 1997, S. 10.

rungsgröße zu sein.[266] Daher wird im Rahmen dieser Arbeit die **Steigerung des Gesamtunternehmenswertes an Hand von Fundamentalwerten** bevorzugt.

3.1.2 Wertorientierte Unternehmensführung als Führungskonzept

Das soeben beschriebene Begriffsverständnis einer wertorientierten Unternehmensführung findet in verschiedener Weise im Unternehmen Anwendung. Der Begriff ist in Theorie und Praxis pluralistisch geprägt, weshalb zunächst die möglichen Anwendungsfelder einer Unternehmenswertorientierung an Hand ihrer Tragweite systematisiert werden.[267]

In der engsten Auslegung der Wertorientierung als **Wertrechnung** bzw. Bewertungsmethode kann der ökonomische Wert eines Objektes als Barwert der erwarteten, zukünftigen Zahlungsströme erfasst werden.[268] Dieses Verständnis bildet die Grundlage für die Bestimmung des Unternehmenswertes und wird in Unterkapitel 3.2 behandelt. Wertorientierung wird darüber hinaus oft **als oberstes finanzwirtschaftliches Unternehmensziel** ausgegeben, an dem sich alle Handlungen und Entscheidungen in einem Unternehmen orientieren sollen, dessen Begründung in Abschnitt 3.1.3 wissenschaftlich fundiert und begründet

---

260 Vgl. Perridon/Steiner 1991, S. 203f.; Guatri 1994, S. 22. Vgl. auch die Ausführungen in Abschnitt 3.2. Weicht man von den Annahmen eines unvollkommenen Aktienmarktes ab, so kann der faire Fundamentalwert eines Unternehmens dann von der Marktkapitalisierung abweichen, wenn der Kapitalmarkt die Aktie eines Unternehmens zu hoch oder zu tief bewertet. Gründe dafür können z. B. Informationsasymmetrien zwischen Unternehmen(sführung) und Kapitalmarktteilnehmern oder mangelnde Liquidität sein. Ein Unternehmen sollte insbesondere durch gezielte Investor-Relations-Maßnahmen eine faire und damit zum Fundamentalwert identische Marktbewertung des Unternehmens anstreben.

261 Vgl. Günther 1997, S. 91; Hachmeister 1995, S. 38; Franke/Hax 1990, S. 108.

262 Vgl. Abschnitt 3.1.3 zur Definition eines vollkommenen Kapitalmarktes.

263 Vgl. Hachmeister 1995, S. 38ff.; Riedl 2000, S. 99f.

264 Z. B. durch spekulative Anlagestrategien institutioneller Anleger, so genannte Kapitalmarktanomalien oder durch allgemeine Marktstimmungen.

265 Vgl. Klien 1995, S. 18.; Hesse 1996, S. 107-118. Vgl. zu den Ursachen einer Abweichung des Marktwertes von dem Fundamentalwert Günther 1997, S. 26ff.; Hachmeister 1995, S. 38.

266 Auch bei einer Kapitalmarktnotierung führt eine langfristige und nachhaltige Steigerung des Fundamentalwertes zu einer höheren (fairen) Bewertung am Kapitalmarkt. Vgl. Guatri 1994, S. 23.

267 Vgl. Riedl 2000, S. 86.

268 Vgl. auch Fickert 1992, S. 55; Busse von Colbe 1997, S. 272f.; Pape 1997, S. 145.

wird.[269] Als quantitatives Unterstützungsinstrument kann Wertorientierung als **Instrument der strategischen Planung** *ex ante* vorhandene Strategiealternativen bzw. bestehende Portfolios eines Unternehmens mittels geeigneter Kennzahlen bewerten und darunter diejenigen auswählen, die den Unternehmenswert am stärksten nachhaltig steigern.[270] Wertorientierung als wertorientiertes **Performance Management** kann in einem Unternehmen getätigte Investitionen und Projekte *ex post* dahingehend bewerten, inwiefern diese zur Steigerung des Unternehmenswertes beigetragen haben.[271] Die Eignung gängiger Wertschaffungskennzahlen für die Unternehmensführung wird in Unterkapitel 3.3 erörtert. In seiner weitestreichenden Auslegung wird Wertorientierung als **umfassendes Führungskonzept** verstanden, indem sämtliche für eine Unternehmensführung notwendigen Elemente und Teilsysteme wie Strategie, Strukturen wie Personalführungssystem, Informationsversorgungssystem etc. und Unternehmenskultur wertorientiert ausgestaltet und koordiniert werden.[272]

Die folgende Abbildung überträgt diese Gedanken in einen Bezugsrahmen zur umfassenden Einbettung des Wertgedankens in alle Ebenen der Organisation.

---

269 Vgl. Hahn 1996, S. 61f.; Michel 1996, S. 60 und 64; Hostettler 1997, S. 26-31; Ewert/Wagenhofer 1997, S. 275.

270 Vgl. u. a. Rappaport 1998, S. 59-83; Hardtmann 1996, S. 58; Günther 1997, S. 62. Vgl. zu der Entwicklung der strategischen Planung Gomez 1990, S. 557f.; Fickert 1992, S. 50.

271 Vgl. dazu Spremann 1996, S. 462; Michel 1996, S. 57.

272 Vgl. Pape 1997, S. 137; Copeland et al. 1996, S. 96-101; Knorren 1998; von Werder 1998, S. 10; Herter 1994, S. 13f. Zu Shareholder Value als Lenkungsinstrument: Siegert 1995, S. 580f.; Herter 1994, S. 31; Busse von Colbe 1997, S. 274; Michel 1996, S. 64f.

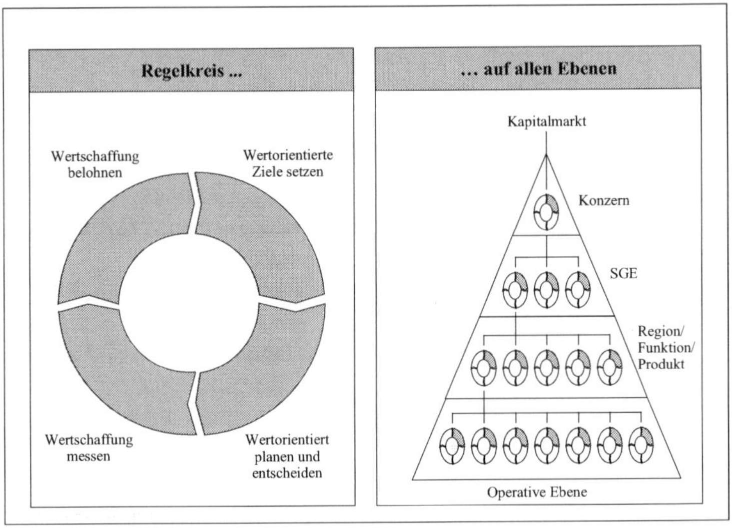

Abbildung 3-1: Wertorientierte Unternehmensführung als Regelkreislauf
Quelle: STELTER (2001), S. 3.

So werden im Rahmen eines kybernetischen Regelkreislaufes wertorientierte Ziele vereinbart, daraufhin wertorientierte Planungs- und Budgetrechnungen erstellt bzw. die Wertschaffung des Unternehmens kontrolliert und entsprechend steuerungswirksame Anreize gesetzt.[273] Dabei findet eine Durchdringung in alle Ebenen der Organisation statt, ausgehend von der Kapitalmarktorientierung der Unternehmensspitze über die wertmäßige Portfoliosteuerung der Geschäftsbereiche bis zur Steuerung der operativen Ebenen der Organisation mittels individuell definierter Werttreiber.[274]

Neben dieser Eigenschaft, dass Wertorientierung **alle Facetten eines Unternehmens** durchdringt[275], ist als weiteres zentrales Charakteristikum der **langfristige Charakter** hervorzuheben. Eine kurzfristige Maßnahmenorientierung läuft der Förderung einer nachhaltigen Wertsteigerung zuwider, da z. B. langfristige,

---

273 Vgl. Stelter 2001, S. 3. Neben dieser Strategie- und Strukturdimension müssen flankierend auf die kulturellen Besonderheiten der Organisation abgestimmte Maßnahmen zur Steigerung der Einstellungsakzeptanz umgesetzt werden (Kulturdimension – siehe *Zürcher Ansatz*). Zum kybernetischen Regelungskreislauf vgl. Küpper 2005, S. 201ff.

274 Vgl. Roos/Stelter 1999, S. 301ff.; Afra/Aders 2001, S. 99ff.; Plaschke 2003, S. 6.

275 Vgl. Ebeling 2007, S. 4; Plaschke 2003, S. 6f.; Riedl 2000, S. 90ff.; Pape 1997, S. 137ff.; Knorren/Weber 1997b, S. 209.

wertschaffende Investitionen auf Grund ihres kurzfristigen Kapitalbedarfs unterlassen werden könnten.[276] Der Wert eines Unternehmens setzt sich jedoch durch die Summe der Barwerte aller zukünftigen Rückflüsse zusammen, weshalb die **Zukunftsorientierung** des Konzeptes als nächstes wesentliches Merkmal zu nennen ist.[277] Der Bezug auf die Cashflows eines Unternehmens spiegelt die **Zahlungsmittelorientierung** der Wertorientierung wider, welche gemäß den Grundsätzen der Investitionstheorie der entscheidende Maßstab zur Wertbestimmung ist.[278] Das Prinzip der Wertschaffung besagt, dass die erwirtschaftete Rendite eines Unternehmens die risikoadäquaten Kapitalkosten übertreffen muss, weshalb die **Berücksichtigung von Kapitalkosten und Risiko** als weitere zentrale Bestandteile der Wertkonzeption zu zählen sind.[279]

Wertorientierte Unternehmensführung wird im Rahmen dieser Arbeit in seiner umfassendsten Form als Führungskonzept verstanden. Es stellt dabei eine der Sichtweisen des strategischen Managements dar. Die strategische Unternehmensführung nach der ***„Value Based View“*** versteht die Fokussierung unternehmerischen Handelns auf die langfristige und nachhaltige Steigerung des Eigentümerwertes der Unternehmung und ist auf grundlegende Arbeiten von RAPPAPORT (1986) zurückzuführen.[280] Strategische Handlungsmöglichkeiten sollen nach ihrem Wertbeitrag so gewählt werden, dass der Unternehmenswert maximiert wird. Dabei sind sowohl interne Fähigkeiten und Kompetenzen als auch existierende Markt- und Wettbewerbskräfte entscheidend, was eine Komplementärbetrachtung des Value Based View zu den Sichtweisen des *„Market Based View“*[281] und des *„Resource Based View“*[282] als sinnvoll erscheinen lässt.

---

276 Vgl. z. B. Plaschke 2003, S. 113; Ebeling 2007, S. 4; Riedl 2000, S. 111; Bischoff 1994, S. 19ff.

277 Vgl. z. B. Riedl 2000, S. 118; Hesse 1996, S. 20f.; Ebeling 2007, S. 3; Günther 1997, S. 58f und 204.

278 Vgl. z. B. Plaschke 2003, S. 111f.; Günther 1997, S. 50ff. und 204; Ebeling 2007, S. 3. Vgl. auch die Ausführungen in Abschnitt 3.2.1.

279 Vgl. z. B. z. B. Plaschke 2003, S. 112f.; Riedl 2000, S. 111 und 113ff.; Günther 1997, S. 55 und 204.

280 Vgl. auch Fruhan 1979 sowie Copeland et al. 1991.

281 Das auf PORTER zurückgehende strategische Management nach dem *„Market Based View“* umfasst die Ausrichtung des Unternehmens auf externe Faktoren des Marktumfeldes wie z. B. Lieferanten, Kunden, Wettbewerber und Substitutionsprodukte (Five Forces). Instrumente der Wettbewerbs- und Wertkettenanalyse ermöglichen dem Unternehmen, gezielte Wettbewerbsvorteile durch individuelle Differenzierungs-, Kostenvorteils- oder Nischenstrategien zu generieren. Vgl. Porter 1995; Porter 1999.

3.1.3 Theoretisches Fundament

Nachdem in den vorangegangenen Abschnitten der Begriff und das Verständnis der wertorientierten Unternehmensführung erläutert wurde, können die beiden Fragen aufgeworfen werden, warum eine Unternehmung überhaupt das Ziel einer Wertmaximierung verfolgen soll und mittels welcher Methodik der Unternehmenswert bestimmt werden kann. Wesentliche wissenschaftlich etablierte Theorien, die Antworten auf die aufgezeigten Fragen geben können, sind dabei die Kapitalmarkttheorie und die Betriebswirtschaftliche Kapitaltheorie (v. a. die Investitionstheorie) als **Disziplinen der Neoklassischen Finanzierungstheorie.**[283]

Die Theorien der **Neoklassischen Finanzierungstheorie** gehen in ihren Überlegungen von der Annahme aus, dass Investoren rational handelnde Individuen sind (homo oeconomicus), die ihren Nutzen maximieren wollen.[284] Die Annahme vollständiger Rationalität impliziert, dass die Akteure sämtliche Umweltzustände und Ergebnisse kennen und darüber hinaus die Handlungen ihrer Vertragsparteien beobachten können. Informationen sind kostenlos verfügbar, Verträge sind vollständig und deren Erfüllung kann kostenlos beobachtet und vollständig durchgesetzt werden.[285]

---

282 In dem von HAMEL/PRAHALAD propagierten „*Resource Based View*" bilden unternehmensinterne Faktoren die Basis zur Strategiegestaltung eines Unternehmens. Wesentlich ist der Aufbau und nachhaltige Schutz von Fähigkeiten und Kernkompetenzen, um durch deren Bündelung bestehende und künftige Kundenbedürfnisse zu bedienen und damit nachhaltig Wettbewerbsvorteile zu ermöglichen. Vgl. Hamel/Prahalad 1994. Vgl. auch Rasche 1994 als Vertreter dieses Ansatzes in Deutschland.

283 Vgl. Perridon/Steiner 1997, S. 15-22; Pape 1997, S. 77f. Die Frage, warum Manager - als für Eigentümer handelnde Individuen der Unternehmensführung - ihre unternehmerischen Aktivitäten uneingeschränkt auf die Maximierung des Unternehmenswertes ausrichten sollen und nicht stattdessen eine Eigennutzenmaximierung mittels der ihnen zur Verfügung gestellten Mittel präferieren, kann durch die Theorien der Neuen Institutionenökonomik (Principal-Agent-Theorie, Transaktionskostentheorie und Property-Rights-Theorie) beantwortet werden. Eine weitere Detaillierung dieser Theorien ist für das grundlegende Verständnis von Wertmanagement nicht erforderlich.

284 Der Nutzen kann dabei als Konsum bzw. als ein für den Konsum notwendiger Einkommensstrom aufgefasst werden. Weitere wesentliche Annahmen der neoklassischen Theorie sind: im Zeitablauf stabile Präferenzen der Marktteilnehmer, symmetrische Informationen, Arbitragefreiheit und Gleichgewicht auf den Kapitalmärkten. Vgl. Wilhelm 1991, S. 174f.; Richter 1996, S. 12f.

285 Vgl. für den gesamten Abschnitt und zu den Annahmen der neoklassischen Finanzierungstheorie Wilhelm 1991, S. 174f.; Richter 1996, S. 12f.

Den Überlegungen der **Kapitalmarkttheorie** folgend, eignet sich der Einkommensstrom der Investoren *nicht* als oberstes finanzwirtschaftliches Ziel für eine Unternehmung, da diese sich in ihren Präferenzen bzgl. der zeitlichen Gestaltung ihrer Einkommensströme (z. B. in Form von Dividenden) und der Unsicherheit unterscheiden.[286] Gemäß der grundlegenden Arbeit von FISHER (1930) kann das Management jedoch seine Entscheidungen losgelöst von den individuellen Präferenzen der Investoren an der Marktwertmaximierung ausrichten, da die Investoren jederzeit ihre Anteile über den zu Grunde gelegten vollkommenen Kapitalmarkt präferenzkonform in Einkommensströme umwandeln können.[287] Somit wird das Kriterium der Marktwertmaximierung eines Unternehmens als operationalisierbares Kriterium und oberstes finanzwirtschaftliches Ziel einer Unternehmung anerkannt (so genannte *Fisher-Separation*).[288] Stellen die Annahmen der Neoklassischen Finanzierungstheorie einen sehr restriktiven Rahmen dar, kann das Ziel der Marktwertmaximierung auch unter realen Bedingungen als pragmatisches und sinnvolles Ziel beurteilt werden, da organisierte Kapitalmärkte, wie z. B. Börsen, als hinreichende Annäherung an vollkommene und vollständige Kapitalmärkte angesehen werden können[289] und den Investoren zumindest eine maximales Konsumpotenzial geboten wird.[290]

---

286 Vgl. Fickert 1992, S. 57; Günther 1997, S. 81ff.

287 Vgl. Fisher 1930, S. 148.

288 Streng genommen gilt das Fisher-Separationsprinzip nur bei vollkommenen Märkten und sicheren Erwartungen. Zu den weiteren Bedingungen bei Unsicherheit und Unvollständigkeit, insbesondere zu der „Spanning-Property"-Bedingung und der „Competitivity"-Bedingung vgl. Wilhelm 1983, S. 516ff.; Copeland/Weston 1992, S. 330ff.; Fama/Miller 1972, S. 20ff., Franke/Hax 1994, S. 153; Muche 2000, S. 17ff.; Richter 1996, S. 16ff. sowie Hachmeister 1995, S. 14ff.

289 Vgl. Schmidt 1992, S. 16ff.; Brealey/Myers 2000; Riedl 2000, S. 96; Perridon/Steiner 1997, S. 27.

290 Die Zielfunktion der Marktwertmaximierung führt also nicht zwangsläufig zu der Nutzenmaximierung jedes einzelnen Investors, stellt aber ein konfliktreduzierendes Proxy dar. Vgl. Süchting 1995, S. 327ff. Insbesondere im KMU-Kontext relevant ist der Hinweis, dass das Ziel einer Marktwertmaximierung nicht abhängig von der Börsennotierung eines Unternehmens ist. Folgt man den Annahmen der Neoklassischen Theorie, so ist es hinreichend, dass die Zahlungsansprüche an eine Unternehmung in Zahlungsströme transformiert, d. h. gekauft bzw. verkauft werden können, auch wenn dies mit höheren Friktionen und Transaktionskosten verbunden ist. Dementsprechend existiert auch für nicht-börsennotierte Unternehmen ein Marktwert, der zwar nicht an den Börsen ermittelt wird, aber dennoch theoretisch Gegenstand einer Maximierung sein kann. Vgl. dazu Drukarczyk 1993, S. 74f.; Schmidt 1992, S. 44f.; Milgrom/Roberts 1992, S. 449ff.; Hachmeister 1995, S. 19; Günther 1997, S. 3.

Die **Betriebswirtschaftliche Kapitaltheorie** und hier insbesondere die **Investitionstheorie**[291] bildet einen weiteren theoretischen Pfeiler wertorientierter Unternehmensführung, da sie sich mit der Bewertung der Vorteilhaftigkeit und Werthaltigkeit von Investitionen auseinander setzt. In der Literatur ist akzeptiert, dass sich der ökonomische Eigentümerwert aus den zukünftigen residualen, d. h. frei verfügbaren Zahlungsströmen einer Investition zusammensetzt.[292] In der Berechnung des Barwertes der zukünftigen Zahlungsströme fließen folgenden Komponenten mit ein: (1) die Höhe der zukünftigen Zahlungsströme an die Eigentümer, (2) deren zeitliche Verteilung, (3) das Risiko der Zahlungsströme und (4) deren Opportunitätsverzinsung.[293] Der so genannte Netto-Barwert einer Investition, also die Bewertung der Vorteilhaftigkeit und Werthaltigkeit, wird berechnet, indem von dem Barwert der künftigen Zahlungsströme die heute zu tätigende Investitionsauszahlung abgezogen wird.[294] Ist der Netto-Barwert größer Null, stellt die Investition einen Wert dar und sollte durchgeführt werden. Ist er kleiner Null, sollte sie vermieden werden, da Kapitalgeber durch Anlage ihrer Gelder in andere Investition i. d. R. eine höhere Verzinsung ihres angelegten Kapitals erwirtschaften könnten.

Diese für einzelne Investitionsprojekte geltenden Überlegungen werden im Rahmen der wertorientierten Unternehmensführung auf ein Gesamtunternehmen übertragen. Da der Unternehmenswert die Summe aller residualen Rückflüsse darstellt, kann die Diskontierung der Cashflows aller Investitionsprojekte, also die Summe der Barwerte aller Investitionen, als heutiger Unternehmenswert angesehen werden. In diesem Sinne bilden die Überlegungen der Investitionstheorie die Basis für die methodische Berechnung des Unternehmenswertes.[295]

Zusammenfassend konnte gezeigt werden, dass die Maximierung des Unternehmenswertes als geeignetes Proxy eines oberstes finanzwirtschaftlichen Zieles

---

291 Auf die Theorie der Unternehmensfinanzierung (Relevanz und Irrelevanz der Kapitalstruktur bzw. des Bereichs effizienter Kapitalstrukturen und deren Auswirkungen auf die Bestimmung der Kapitalkosten) als weitere Disziplin der Neoklassischen Theorie soll an dieser Stelle nicht eingegangen werden. Für den interessierten Leser vgl. Perridon/Steiner 1997, S. 486ff.; Muche 2000, S. 58ff.; Pape 1997, S. 81ff.; Plaschke 2003, S. 30ff.

292 Vgl. Klien 1995, S. 21.

293 Vgl. Spremann 1996, S. 462ff.; Fickert 1992, S. 55.; Busse von Colbe 1997, S. 272f.; Born 1995, S. 24f.

294 Vgl. zur genaueren Systematik die Ausführungen in Abschnitt 3.2.2.

295 Vgl. Unterkap. 3.2

gewählt werden kann und die Ermittlung des Unternehmenswertes und der Wertschaffung durch Übertragung der Investitionstheorie auf das Gesamtunternehmen möglich ist. Warum im Folgenden Wertorientierung nicht nur theoretisch begründet, sondern auch in der praktischen Unternehmensführung einen besonderen Stellenwert eingenommen hat, ist Bestandteil des nächsten Abschnitts.

3.1.4 Praxisbezogene Ursachen wertorientierter Unternehmensführung

Wie aus den vorangegangen Ausführungen deutlich wird, ist die Idee der wertorientierten Unternehmensführung an sich kein neues Thema, sondern lässt sich auf bereits länger etablierte Theorien zurückführen. Für die stärkere Bedeutung und auch Notwendigkeit einer wertorientierten Unternehmensführung *in der Praxis* lassen sich u. a. folgende Gründe als Haupttreiber kurz zusammenfassen.[296]

1. Die historischen Entwicklungen auf den Kapitalmärkten:

Der wesentlichste Grund für die Aktualität des Themas ist die Entwicklung der Finanz- und Kapitalmärkte. Mitte der 80er-Jahre kam es in den USA, als der bedeutendsten Marktwirtschaft, zu einer starken Übernahmewelle. Diese vermehrten M&A-Aktivitäten waren v. a. darauf zurückzuführen, dass in etlichen Unternehmen so genannte „*Wertlücken*“[297] existierten und diese damit für „Raider“[298] bzw. institutionelle Investoren interessant wurden. Durch Restrukturierung und Zerschlagung von aufgekauften Unternehmen konnten erhebliche Wertsteigerungspotenziale realisiert werden. Um sich gegen solche Übernahmen zu wehren, mussten die Manager die Anforderungen und Verhaltensweisen des externen Kapitalmarktes internalisieren und antizipieren.[299]

---

296 Vgl. Riedl 2000, S. 105ff.; Peschke 1997, S. 42ff.

297 Unter einer Wertlücke ist der Unterschied zwischen dem aktuellen Unternehmenswert am Kapitalmarkt und dem von einem Dritten geschätzten potenziellen Unternehmenswert zu verstehen. Dieser im Vergleich zum Fundamentalwert des Unternehmens niedrigere Marktwert soll durch systematisches Management (und Kommunikation) auf den fairen (Fundamental-)Wert angehoben werden.

298 Unter „Raider“ werden institutionelle Anleger verstanden, die systematisch nach unterbewerteten Akquisitionsobjekten auf dem Kapitalmarkt suchen, diese aufkaufen und im Anschluss durch weit reichende Restrukturierungsmaßnahmen bzw. Zerschlagung der Unternehmen erhebliche Wertsteigerungspotenziale realisieren.

299 Vgl. McTaggart 1988, S. 27ff. Das Werk von Rappaport 1986 gilt in der wissenschaftlichen Diskussion als der Startpunkt und als das Standardwerk der Überlegungen einer wertorientierten Unternehmensführung.

In Deutschland haben sich prinzipiell sehr ähnliche Entwicklungen beobachten lassen, jedoch erst zu einem späteren Zeitpunkt, da der Druck durch institutionelle Investoren erheblich geringer war als in den USA. Folgende Ursachen trugen jedoch zu einer stärkeren Bedeutung von Wertmanagement in Deutschland bei:[300]

- Der Rückgang der personellen und kapitalmäßigen Verflechtung zwischen Banken und Industrieunternehmen („*Deutschland AG*"), welche in der Vergangenheit Unternehmensübernahmen ohne Zustimmung der Banken erschwerte.[301]

- Die in Deutschland gestiegene Notwendigkeit einer privaten, also von der gesetzlichen Rentenversicherung losgelösten, Altersvorsorge führt(e) zu einer stärkeren Bedeutung großer Fondsgesellschaften, welche in Zukunft weiterhin einen größeren Druck ausüben werden.[302]

- Die auf die Anforderungen der Kapitalmärkte geänderten Rahmenbedingungen, die bisher eine Investition in ein Unternehmen als tendenziell unattraktiv erschienen ließen (z. B. Rechnungslegungs- und Publizitätspflichten, rechtlich zulässige Übernahme-Abwehrmaßnahmen, restriktive Mitbestimmungsgesetze sowie die starke Bedeutung der Gewerkschaften und Betriebsräte etc.).[303]

Heutige Trends und Entwicklungen auf den Kapitalmärkten, die den Stellenwert des Wertmanagements weiter untermauern, umfassen[304]: (1) einen zunehmend globaler werdenden Wettbewerb um Kapital[305]; (2) Veränderungen in den Eigentümerstrukturen von Unternehmen durch institutionelle Investoren[306]; (3) eine verstärkte Performance-Orientierung auch bei privaten Investoren[307] und (4) eine

300 Vgl. Peschke 1997.

301 Vgl. Wenger 1992, S. 82; Hartmann 1992, S. 28.; Ruess 2005; Kengelbach/Roos 2006.

302 Vgl. Freygang 1993, S. 20; Hartmann 1992, S. 28; Riedl 2000.

303 Z. B. die Orientierung an internationale Rechnungslegungsstandards (z. B. IFRS) und dem – zumindest angestrebten – Ziel des Bürokratieabbaues. Vgl. Freygang 1993, S. 24; Bühner 1990, S. 186ff.; Hartmann 1992, S. 30.

304 Vgl. dazu im Detail Riedl 2000, S. 106ff.

305 Vgl. Bühner/Tuschke 1999, S. 6; Richter 1996, S. 2.

306 Vgl. Iber 1985, S. 1107ff.; Dürr 1995, S. 3ff.

307 Vgl. Knorren 1998, S. 7.

erhöhte Dynamisierung des Marktes für Unternehmenskontrolle und damit ein wirksamerer marktlicher Kontrollmechanismus.[308]

2. Die Mängel traditioneller Kennzahlen

Ein weiterer wesentlicher Grund für die Aktualität des wertorientierten Ansatzes ist in der unzureichenden Qualität traditioneller Steuerungs- und Kontrollkennzahlen zu sehen. Unter traditionellen Kennzahlen sind dabei überwiegend die periodenbezogenen, rechnungswesenbasierten Kennzahlen zu verstehen, worunter sowohl pagatorische als auch kalkulatorische Kennzahlen verstanden werden. Traditionelle Kennzahlen weisen dabei erhebliche Mängel für die Einbettung in ein wertorientiertes Managementsystem auf. Dies gilt sowohl für die Nutzung von Profitabilitätsgrößen, wie z. B. dem Betriebsergebnis oder Jahresüberschuss, als auch für die Nutzung von Rentabilitätsgrößen, wie z. B. dem Return on Investment (ROI), oder Return on Equity (ROE). Die Mängel traditioneller Kennzahlen werden ausführlich in Unterkapitel 3.3 behandelt.[309]

3. Der Trend zur Dezentralisierung der Führungsstrukturen

Der Trend einer zunehmenden Dezentralisierung von Unternehmen und die Herausbildung großer Unternehmenskonglomerate machte ein Instrument der strategischen Planung und Kontrolle erforderlich, das es ermöglichte, einzelne Geschäftsbereiche wertorientiert zu steuern bzw. zu kontrollieren. Der übergeordneten Zentrale stellt sich oftmals die Aufgabe der Optimierung ihres Geschäftsbereichsportfolios samt Allokation des für Investitionen erforderlichen Kapitals.[310]

4. Der Quantifizierungsbedarf des strategischen Managements

Daran anknüpfend war das strategische Management einer Unternehmung bis Mitte der 1980er-Jahre überwiegend durch eine ausschließlich qualitative Analyse der Unternehmens- und Umweltsituation geprägt. Auf dieser Basis wurden weitreichende strategische Entscheidungen gefällt, ohne dass weitere quantifizierbare Auswirkungen und Konsequenzen auf die Unternehmenssituation analysiert worden wären. Die Entwicklung eines quantitativen Unterstützungs- und Planungsinstrumentariums entsprach dem Wunsch vieler Manager, ihre

---

308 Vgl. Günther 1997, S. 8ff.; McTaggart 1988, S. 27ff.; Reimann 1989, S. 18ff.

309 Vgl. Günther 1997, S. 50ff.; Riedl 2000, S. 110ff.; Plaschke 2003, S. 111ff.

310 Vgl. Herter 1994, S. 1 und 8; Richter 1996, S. 2.

Entscheidungen mittels einer fundierten theoretischen Grundlage zu treffen, um die den zu treffenden Entscheidungen inhärente Unsicherheit zu reduzieren.[311] Durch die stärker werdende Bedeutung des Portfolio-Managements in Unternehmen wird die Bewertung von Geschäftseinheiten nach marktwertorientierten Maßstäben immer wichtiger.[312]

3.1.5 Erfolgsfaktoren wertorientierter Unternehmensführung

Ein wesentliches Untersuchungsziel dieser Arbeit ist die Überprüfung der Anwendbarkeit einer wertorientierten Unternehmensführung im Mittelstand und die Ableitung von erforderlichen Anpassungen in der Ausgestaltung. Als notwendige Grundlage für diese Untersuchung sind die für eine wertorientierte Unternehmensführung relevanten Strukturen, Prozesse und Erfolgsfaktoren zu eruieren. Aus den Ausführungen des Abschnittes 2.2.3 wurde bereits deutlich, dass die Integration einer wertorientierten Unternehmenssteuerung im Führungssystem eines Unternehmens erfolgen muss. Nach WEBER (1997) wurden die fünf Subsysteme des Organisationssystems, des Personalsystems, des Informationssystems, des Planungssystems und des Kontrollsystems als wichtige Komponenten einer wertorientierten Unternehmensführung identifiziert. Dies lässt bereits vermuten, dass diese Steuerungssysteme und folglich deren wertorientierte Ausgestaltung als kritische Erfolgsfaktoren einer wertorientierten Unternehmensführung anzusehen sind.

In Anlehnung an EBELING (2007) werden im Folgenden die in der Literatur diskutierten bzw. empirisch erhobenen relevanten Steuerungssysteme und Erfolgsfaktoren eines wertorientierten Managements gezielt beschrieben und bzgl. ihrer **Relevanz für mittelständische Unternehmen** untersucht. Hierbei wird auf konzeptionelle und empirische Arbeiten zurückgegriffen, die *explizit* relevante Steuerungssysteme bzw. Erfolgsfaktoren einer erfolgreichen Umsetzung und Anwendung von Wertmanagement nennen. Im Rahmen der theoretischen Arbeiten sind hierbei insbesondere die von LEWIS (1995), KNORREN/WEBER (1997a), RAPPAPORT (1998), MORIN/JARRELL (2001), WEBER (2002a, 2002b) und KOLLER et al. (2005) zu nennen. Eine Anreicherung der konzeptionellen Überlegungen im Rahmen empirischer Untersuchungen gelingt durch Berücksichtigung der Arbeiten von KNORREN/WEBER (1997b), PERLITZ et al. (1997), MARTIN/PETTY (2000) und HASPESLAGH et al. (2001). Eine detaillierte

311 Vgl. Günther 1997, S. 61f.; Knorren 1998, S. 17.

312 Vgl. Lewis 1995, S. 186ff.; Hermann et al. 1999, S. 402f.

Zusammenfassung bzw. Ergebnisdarstellung der einzelnen Arbeiten würde den Umfang dieser Arbeit sprengen, weshalb im Weiteren deren zentralen Ergebnisse verdichtet dargestellt werden.[313] Die folgende Tabelle veranschaulicht die durch die Literatur als kritische Erfolgsfaktoren definierten Aspekte der Wertorientierung.

Erfolgsfaktor	Lewis 1994	Knorren/ Weber 1997a	Rappaport 1998	Morin/ Jarrell 2001	Weber et al. 2002	Koller et al. 2005	Knorren/ Weber 1997b	Perlitz et al. 1997	Martin/ Petty 2000	Haspeslagh 2001
Zielsystem	x		x		x	x			x	
Planungssystem	x	x	x	x	x		x	x		
Kontrollsystem		x					x			
Anreizsystem	x	x	x	x	x	x	x		x	x
Organisationsstrukt.		x					x			x
Personalsystem		x								
Informationssystem	x	x			x	x	x			
Int. Kommunikation	x		x							
Ext. Kommunikation		x	x	x	x	x		x		
Schulungen	x		x	x		x			x	x
Bet. der Mitarbeiter	x					x				
Top-Mgmt. Unterst.	x		x	x		x		x	x	x

Abbildung 3-2: Erfolgsfaktoren wertorientierter Unternehmensführung
Quelle: Eigene Darstellung, in Anlehnung an EBELING (2007), S. 27.

Die Einbettung von Wertorientierung in das strategische Management wird *implizit* von allen Autoren als notwendige Bedingung für eine erfolgreiche Umsetzung einer wertorientierten Unternehmensführung gesehen. Neben der Aufnahme **wertorientierter Ziele**[314] in den Zielkatalog der Unternehmung, umfasst dies ebenso Instrumente der wertorientierten Geschäftsfeldanalyse und der **wertorientierten Planung**[315]. Im Mittelstandskontext erscheint die wertorientierte Zieldefinition von besonderer Relevanz, da KMU oftmals durch sehr

313 Für eine detaillierte Zusammenfassung der genannten Arbeiten bzw. eine Kurzvorstellung weiterer Arbeiten, die relevante Steuerungssysteme bzw. Erfolgsfaktoren *implizit* nennen vgl. Ebeling 2007, S. 7ff.

314 Vgl. z. B. Rappaport 1998, S. 169ff.; Weber et al. 2002, S. 16ff.; Koller et al. 2005, S. 429ff.

315 Vgl. z. B. Lewis 1995, S. 26; Knorren/Weber 1997a, S. 29ff.; Rappaport 1998, S. 178; Morin/Jarrell 2001, S. 378; Weber et al. 2002, S. 16ff.; Weber et al. 2002, S. 23ff.; Knorren/Weber 1997b, S. 10ff.

heterogene, teilweise nicht-monetäre Zielausprägungen charakterisiert sind.[316] Auch eine systematische Planung der Geschäftsaktivitäten ist Kernbestandteil einer wertorientierten Unternehmensführung, um sämtliche Handlungen auf ihre Werthaltigkeit zu überprüfen und in den Gesamtunternehmenskontext einzuordnen. Strategische Planung in mittelständischen Unternehmen weist dabei ebenfalls erhebliche Unterschiede zu Großunternehmen auf, weshalb sie einer weiteren Diskussion bedarf.[317] Im Sinne eines kybernetischen Steuerungsprinzips der Form *Ziele setzen*, *Planen und Entscheiden*, *Kontrollieren* und *Belohnen*[318] werden des Weiteren das **Kontroll- und Anreizsystem** als zentrale Erfolgsfaktoren für die Umsetzung einer wertorientierten Unternehmensführung genannt.[319] Die Messung der Wertschaffung einer Einheit, Investition etc. an Hand geeigneter Kennzahlen sowie die zielkompatible Anreizgestaltung sorgen für effektives Feedback bzw. für die alle Ebenen der Organisation durchdringende Ausrichtung des unternehmerischen Handelns auf das oberste Unternehmensziel. Die Einbettung wertorientierter Kennzahlen und Anreizmechanismen in bestehende Strukturen wird auf Grund der Ressourcenlimitationen im Mittelstand und der hervorgehobenen Bedeutung der Mitarbeiter einer besonderen Aufmerksamkeit bedürfen. Die Gestaltung und das Management der **Organisationsstruktur** (z. B. Verbundbeziehungen, interne Verrechnungspreise) als genannte Voraussetzung einer erfolgreichen wertorientierten Unternehmensführung[320] wird wegen der unterstellten Ein-Geschäftsfeldstruktur des Untersuchungsobjektes obsolet, weshalb im Rahmen dieser Arbeit nicht weiter darauf eingegangen wird.[321] Vor dem Hintergrund der Ressourcenrestriktionen von

---

316 Vgl. auch Abschnitt 2.3.1.

317 KMU werden im Rahmen dieser Arbeit als Ein-Geschäftsfeldunternehmen behandelt. Daher werden inhaltliche Aspekte der wertorientierten Geschäftsfeldplanung (z. B. Portfolioanalyse) im Rahmen dieser Arbeit nicht weiter betrachtet. Bzgl. der Relevanz und Ausgestaltung wertorientierter Geschäftsfeldstrategien und –analysen vgl. Fechtel 2001, S. 141ff.

318 Vgl. z. B. Stelter 2001, S. 3.

319 Bzgl. des Kontrollsystems vgl. z. B. Knorren/Weber 1997a, S. 36f.; Knorren/Weber 1997b, S. 12f. Bzgl. des Anreizsystems vgl. z. B. Lewis 1995, S. 220ff.; Knorren/Weber 1997a, S. 39ff.; Rappaport 1998, S. 178; Morin/Jarrell 2001, S. 379ff.; Weber et al. 2002, S. 16ff.; Weber et al. 2002, S. 41ff.; Koller et al. 2005, S. 435; Knorren/Weber 1997b, S. 33; Martin/Petty 2000, S. 211ff.; Haspeslagh et al. 2001, S. 69.

320 Vgl. z. B. Knorren/Weber 1997a, S. 39f.; Knorren/Weber 1997b, S. 20ff.; Haspeslagh et al. 2001, S. 69ff.

321 Aufbau- bzw. ablauforganisatorische Aspekte der Ausgestaltung einzelner Erfolgsfaktoren, z. B. der Aufhängung des Controllingsystems werden an entsprechender Stelle diskutiert. Bzgl. der Bedeutung der Organisationsstruktur bei Großunternehmen vgl.

KMU erscheinen hingegen die IT-seitige Abbildung der für eine zielgerichtete Informationsversorgung erforderlichen Ressourcen und Prozesse[322] (**Informationssystem**) sowie die wertorientierte externe Kommunikation mit dem Kapitalmarkt[323] (**Investor Relations**) besonders relevant und diskussionswürdig. Beide stellen zentrale Erfolgsfaktoren dar, da auf der einen Seite das Informationssystem für zielgruppengerecht verdichtete Informationsinhalte und –formen sorgen und auf der anderen Seite die erreichte Wertschaffung erst am Kapitalmarkt zielgruppenspezifisch kommuniziert werden muss. Die weiteren genannten Erfolgsfaktoren wie **Personalführung**[324], **interne Kommunikation**[325], **Beteiligung der Mitarbeiter**[326], **Schulung der Mitarbeiter**[327] und **Top-Management-Unterstützung**[328] stellen flankierende Maßnahmen zur notwendigen Akzeptanzsicherung und damit zur Integration einer wertorientierten Unternehmensführung dar und werden im Rahmen dieser Arbeit als Aspekte des **Change Managements** subsumiert. Diese Faktoren besitzen einen direkten Eifluss auf die Verhaltensmuster und Fähigkeiten der Mitarbeiter und zielen auf eine mittel- bis langfristige Veränderung ab.[329] Diesen Aspekten kommt im Mittelstand auf Grund der besonderen Rolle der Mitarbeiter eine tragende Rolle zu. Die KMU-spezifische Ausgestaltung dieser Steuerungssysteme und Erfolgsfaktoren wird ausführlich in Kapitel 5 diskutiert.

Nach den einführenden Überlegungen in das Konzept der wertorientierten Unternehmensführung, wird im nächsten Unterkapitel die diesem zu Grunde liegende Methodik der Unternehmensbewertung vorgestellt.

Fechtel 2001, S. 154ff.; Ebeling 2007, S. 35ff.

322 Vgl. z. B. Knorren/Weber 1997a, S. 37f.; Weber et al. 2002, S. 16ff.

323 Vgl. z. B. Knorren/Weber 1997a, S. 34ff.; Rappaport 1998, S. 178; Morin/Jarrell 2001, S. 382ff.; Weber et al. 2002, S. 16ff.; Koller et al. 2005, S. 427ff.

324 Vgl. z. B. Knorren/Weber 1997a, S. 39ff.

325 Vgl. z. B. Lewis 1995, S. 207ff.; Rappaport 1998, S. 178; Morin/Jarrell 2001, S. 375f.

326 Vgl. z. B. Lewis 1995, S. 207ff.

327 Vgl. z. B. Ebenda, S. 26; Rappaport 1998, S. 176; Morin/Jarrell 2001, S. 376f.; Martin/Petty 2000, S. 211ff.; Haspeslagh et al. 2001, S. 68.

328 Vgl. z. B. Lewis 1995, S. 207ff.; Rappaport 1998, S. 166ff.; Morin/Jarrell 2001, S. 375f.; Koller et al. 2005, S. 419; Perlitz et al. 1997, S. 33ff.; Martin/Petty 2000, S. 209; Haspeslagh et al. 2001, S. 67.

329 Vgl. Kostka/Mönch 2006, S. 8.

3.2 Methodik der Wertbestimmung von Unternehmen

Das folgende Unterkapitel befasst sich mit der Methodik der Unternehmensbewertung. Dies ist erforderlich, um den in einem Jahr geschaffenen Wertzuwachs messbar zu machen. Zu diesem Zweck werden nach einführenden Überlegungen die verschiedenen Methoden der Unternehmensbewertung kurz strukturiert (Kap. 3.2.1) und anschließend das einer wertorientierten Unternehmensführung zur Grunde liegende „Discounted-Cashflow"(DCF)-Verfahren[330] in seinen Einzelheiten erläutert (Kap. 3.2.2).

3.2.1 Eingangsüberlegungen

In der Literatur sind verschiedene **Anlässe der Unternehmensbewertung** herausgestellt worden, wobei prinzipiell Folgende die stärkste Bedeutung haben:[331] Kauf oder Verkauf eines Unternehmens, Fusionsverhandlungen zweier Unternehmen zur Klärung der neuen Eigentumsverhältnisse, die Festsetzung des IPO-Preises[332], die Bestimmung der Abfindungshöhe ausscheidender Gesellschafter aus Kapitalgesellschaften und gesetzlich festgeschriebene steuerliche Bewertungen, z. B. um die Bemessungsgrundlage für die Schenkungs- und Erbschaftssteuer festzulegen. Darüber hinaus kann die Unternehmensbewertung im Einklang mit dem Konzept der wertorientierten Unternehmensführung als **Leistungsmaßstab** eines Unternehmens dienen und die Kapitalflüsse zwischen Investoren und Unternehmen festlegen.

In enger Verbindung zu den Anlässen einer Unternehmensbewertung definiert die so genannte *Funktionenlehre* die verschiedenen Ausprägungen von Unternehmenswerten. In Ergänzung zu den Hauptfunktionen des Instituts der Wirtschaftsprüfer (IDW)[333] schließt sich der Verfasser dieser Arbeit der Meinung von GÜNTHER (1997) an, der die **Steuerungsfunktion der Unternehmensbe-**

---

330 Das DCF-Verfahren wird als „state of the art" bezeichnet und wird in der Praxis für die Bewertung von deutschen Großunternehmen am häufigsten verwendet. Vgl. Schildbach 2000, S. 707; Achleitner/Bassen 2002, S. 627; Happel 2002, S. 277; Hachmeister 2000, S. 91ff.

331 Die so genannte Zweckadäquanz der Unternehmensbewertung stellt den Anlass der eigentlichen Bewertung in den Mittelpunkt der Betrachtung. Vgl. stellvertretend Feldhoff 2000, S. 1237-1240; Hayn 2000, S. 1346-1353.

332 Initial Public Offering oder Going Public für Unternehmen, die eine Börsennotierung anstreben. Zu beachten ist jedoch, dass hierbei i. d. R. nicht das gesamte Unternehmen bewertet wird, sondern nur der Anteil an ausgegebenem Eigenkapital.

333 Zu den Haupt- und Nebenfunktionen einer Bewertung vgl. Wirtschaftsprüfer 1983, S. 473ff.; Sieben 1993, S. 4316.

wertung als elementare Funktion für eine interne (wertorientierte) Steuerung des Unternehmens hervorhebt und somit den Fokus der externen Sichtweise und Bewertung um eine interne Perspektive erweitert.[334] In diesem Zusammenhang obliegt die Aufgabe der Bewertung dem Management selbst und ist unabhängig von einem konkreten Bewertungsanlass; sie wird permanent durchgeführt und soll das Management als Bestandteil eines Controllingkonzeptes bei der Entscheidungsfindung unterstützen. Wesentliche Aufgabe der Bewertung ist demnach, Entscheidungswerte zu ermitteln (so genannte **Entscheidungsunterstützungsfunktion**).[335]

Die gängigen Methoden und Verfahren der Unternehmensbewertung und die dazugehörigen Unternehmenswerte lassen sich an Hand folgender Abbildung strukturieren.

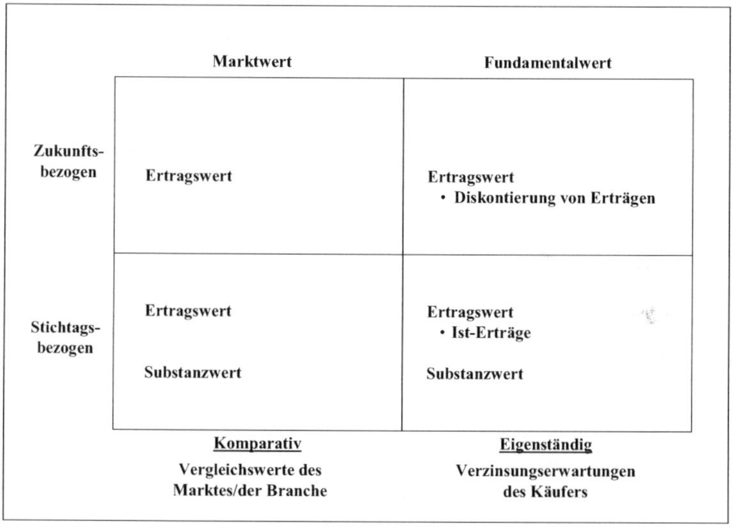

Abbildung 3-3: Methoden der Unternehmensbewertung
Quelle: Eigene Darstellung

Dabei können Bewertungsverfahren entlang der beiden Dimensionen Betrachtungshorizont (stichtagsbezogen vs. zukunftsbezogen) und Vergleichsbasis (eigenständig-fundamental vs. komparativ) charakterisiert werden. Prinzipiell denkbare Ergebnistypen sind dabei Unternehmenswerte in Form des Ertrags-

334 Vgl. Günther 1997, S. 75f.

335 Vgl. Ebenda, S. 76.

wertes und des Substanzwertes. Während sich der **Ertragswert** aus den heutigen Erfolgen bzw. dem Barwert der künftigen Erfolge (sog. *Zukunftserfolgswert*[336]) des Unternehmens ermitteln lässt, stellt der **Substanzwert**[337] den Wert der Liquidation des Unternehmens bzw. dessen „Nachbau" mittels neuer Assets dar. Die komparativen Bewertungsverfahren verkörpern durch Rückgriff auf Vergleichsdaten von Wettbewerbern den Marktwert[338] des Unternehmens am Sekundärmarkt. Die eigenständigen Bewertungsverfahren ermitteln durch den

336 Der Zukunftserfolgswert (oder auch Ertrags-, Fundamental- oder intrinsischer Wert) setzt sich aus den diskontierten, zukünftig erwarteten Rückflüssen eines Unternehmens zusammen und spiegelt die tatsächliche wirtschaftliche Situation eines Unternehmens wider. Vgl. Abschnitt 3.1.1.

337 Der Substanzwert basiert auf vergangenheitsorientierten bzw. gegenwärtigen Werten eines Unternehmens. Unter der Annahme des *going-concern*, also der unendlichen Lebensdauer, eines Unternehmens stellt er den Wert dar, den ein Investor aufbringen muss, um eine identisches Unternehmen neu aufzubauen. Der Liquidationswert ist relevant, wenn der Grundsatz des *going-concern* eines Unternehmens aufgegeben wird und die Liquidation des Unternehmens durch die Eigentümer angestrebt wird. Er wird bestimmt durch die erwarteten Netto-Rückflüsse einer Liquidation (Liquidationserlöse abzgl. Liquidationsaufwendungen). Ist der Liquidationswert höher als der Ertragswert, kann dies als Indikator für die Angemessenheit der Zerschlagung des Unternehmens dienen. Vgl. Pape 1997, S. 57f.; Günther 1997, S. 76 und 89. Vgl. Abschnitt 3.1.1.

338 Der externe Marktwert entspricht der aktuellen Bewertung eines Unternehmens am Kapitalmarkt, d. h. dem aus Preisbildungsgesetzen resultierenden Preis, den die Eigentümer bei Verkauf des Unternehmens realisieren können und den ein potenzieller Investor zu zahlen bereit ist. Markt- und Fundamentalwerte können dabei sowohl für Eigenkapitalwerte als auch Gesamtkapitalwerte bestimmt werden. Der Unterschied zwischen Buchwert und Marktwert des Fremdkapitals ist i. d. R. jedoch vernachlässigbar. Zu erheblichen Differenzen zwischen Buch- und Marktwert kann es bei der Bewertung des Eigenkapitals kommen. Vgl. auch Riedl 2000, S. 149ff. zu ausführlichen Erläuterungen zu den Ursachen von Differenzen zwischen Markt- und Fundamentalwerten. Bei effizienten Kapitalmärkten (Vgl. 3.1.3.) entspricht der Marktwert genau dem Fundamental- bzw. Zukunftserfolgswert eines Unternehmens, da alle existierenden Parameter durch die Kapitalmarktteilnehmer eingepreist werden. Vgl. Günther 1997, S. 91. Der Marktwert verwendet anders als die drei übrigen Werttypen nicht direkte Unternehmensdaten zur Wertermittlung, sondern greift auf die Preisbildungsgesetze der Kapitalmärkte zurück. Eine Kapitalmarktnotierung ist jedoch dabei kein kritisches Kriterium zu Bestimmung eines Marktwertes. Die Bewertung nicht börsennotierter Unternehmen kann durch Rückgriff auf Marktwerte im Rahmen einer Multiplikatoranalyse durchgeführt werden. Dabei können zum einen Marktwerte vergleichbarer, börsennotierter Unternehmen herangezogen werden oder zum anderen vergangene Kapitalmarkttransaktionen wie z. B. Akquisitionen, die vergleichbare Unternehmen betrafen. Vgl. zu dem gesamten Abschnitt Barthel 1996, S. 154ff.; Buchner/Englert 1994, S. 1574ff.; Siegert 1995, S. 593ff.; Stelter 1997, S. 5f.

Rückgriff auf unternehmensinterne Daten den im Rahmen dieser Arbeit bevorzugten Fundamentalwert.[339]

An dieser Stelle soll kurz auf die in Deutschland in der Praxis etablierte[340] komparative Multiplikator-Methode zur Bestimmung des Marktwertes von Unternehmen eingegangen werden, da diese ein pragmatisches, (kapital-)marktorientiertes Bewertungsverfahren darstellt, welches die Komplexität der fundamentalanalytischen Verfahren erheblich reduziert und somit *zunächst* insbesondere im KMU-Kontext als geeignet erscheinen könnte.[341] Jedoch wird gezeigt, dass unabhängig von der in dieser Arbeit beabsichtigten Fokussierung auf fundamentale Werte, die Multiplikator-Methode für mittelständische Unternehmen methodisch *letztlich nicht* geeignet ist.

Bei der **Multiplikator-Methode** spielt der Vergleich mit Wettbewerbern eine zentrale Rolle, weshalb implizit Kapitalmarkteffizienz und Arbitragefreiheit vorausgesetzt werden.[342] Die Multiplikator-Methode kombiniert fundamentale Daten eines Unternehmens (z. B. Gewinn, Umsatz) mit einem vom Markt vorgegebenen Faktor (z. B. Aktienkurs). Voraussetzung für die verzerrungsfreie Anwendung des Verfahrens ist, dass ein Vergleichsunternehmen existiert, welches dem zu bewertenden Unternehmen in Produktportfolio, Marktverhältnissen, verfolgter Strategie, Reife, Umsatz- bzw. Ertragswachstum etc. ähnelt.[343]

Zur Bewertung eines Unternehmens lassen sich verschiedene Multiplikatoren wie z. B. der Umsatz-, EBIT- und EBITDA-Multiplikator anwenden.[344] Ein gängiger Multiplikator ist das *Kurs-Gewinn-Verhältnis (KGV)* bzw. Price-Earnings-Ratio, welches durch folgende Formel gegeben ist:

---

339 Vgl. Abschnitt 3.1.1.

340 Vgl. Böcking/Nowak 2000, S 169ff.

341 Vgl. Hinz/Behringer 2000, S. 21; Wullenkord 2000, S. 523. Da sich der Wert des Unternehmens an realisierten Marktpreisen anderer Unternehmen orientiert, wird dieses Verfahren auch als ein Verfahren des Direct Comparison Approaches (Comparative Company Analysis) bezeichnet. Vgl. Nelles et al. 2001, S. 323; Nowak 2000, S. 159ff.

342 Vgl. Böcking/Nowak 2000, S. 169.

343 Vgl. Weber-Henschel 2002, S. 19ff.; Eidel 2000, S. 95

344 Empirische Studien belegen, dass die Auswahl einzelner Multiplikatoren stark branchenspezifisch ist. Vgl. Nelles et al. 2001, S. 323. Für einen Überblick moderner Multiplikatoren vgl. Seppelfricke 1999, S. 302ff.

$$KGV = \frac{Aktienkurs\_(Marktkapitalisierung)}{Gewinn\_pro\_Aktie\_(Unternehmensgewinn)}.$$ [345]

Formel 3-1: KGV-Multiple

Im Zähler dieses Quotienten fließen nun auch nicht-fundamentale, teils psychologisch bedingte Determinanten ein, die den Aktienkurs am Kapitalmarkt beeinflussen. Ein KGV von 10 bedeutet, dass ein Investor auf einem arbitragefreien Markt für einen (Annuitäten-)Zahlungsstrom von einem Euro, das 10-fache dafür zu zahlen bereit ist.[346] Der Wert eines bisher unbewerteten Unternehmens bemisst sich dadurch, dass der Gewinn des Unternehmens mit dem (durchschnittlichen) KGV des (der) Wettbewerber multipliziert wird. Die Bewertung mittels Multiplikatoren ist eines der pragmatischsten Verfahren[347] und spiegelt die aktuellen, am Kapitalmarkt geforderten Renditen und Risikozuschläge wider.

Das Verfahren findet seine größte Schwäche jedoch darin, dass es ein identisches, börsennotiertes Unternehmen nicht gibt.[348] Auch die Heranziehung des durchschnittlichen Multiplikators einer gebildeten *Peer Group* (z. B. Unternehmen derselben Branche) kann dies nicht kompensieren. Ein weiterer Kritikpunkt ist, dass sich Fehlbewertungen ganzer Branchen im Rahmen der Multiplikator-Analyse auf das zu bewertende Unternehmen übertragen. Ebenso scheint die Annahme der Kapitalmarkteffizienz und Arbitragefreiheit eher unrealistisch.[349]

345 In Deutschland wird zumeist das Ergebnis nach DVFA/SG benutzt, bei dem der Jahresüberschuss um außerordentliche Erträge und Aufwendungen bereinigt wird. Vgl. Aders/Galli/Wiedemann (2000), S. 200; Nowak (2000), S. 171.

346 Vgl. Nowak 2000, S. 178.

347 Vgl. Bretzke 1988, S. 818.

348 Für nicht-börsennotierte Unternehmen müssen Zu- oder Abschläge vorgenommen werden vgl. Häcker 2000, S. 813; Hinsichtlich der Auswirkungen der Ausschüttungspolitik vgl. Aders et al. 2000, S. 197ff.; Für eine ausführliche kritische Auseinandersetzung mit der Multiplikatormethode zur Bestimmung des Unternehmenswertes und zur Eignung im Rahmen eines wertorientierten Steuerungskonzeptes vgl. Günther 1997, S. 93ff.

349 Weitere Einwände sind: Verwendung historischer Daten wie Gewinn und Umsatz und damit Verstoß gegen das Prinzip der Zukunftsbezogenheit der Bewertung. Dies kann jedoch umgangen werden, indem der künftige Gewinn prognostiziert wird. Hierfür müssen allerdings akkurate Schätzungen sowohl für das zu bewertende Unternehmen als auch für die Vergleichsunternehmen vorliegen, um die Aussagekraft dieser Methode nicht weiter einzuschränken. Vgl. Aders et al. 2000, S. 197. Tatsächliche Entwicklungen und individuelle Besonderheiten, die im Rahmen einer qualitativen fundamen-

GÜNTHER (1997) bescheinigt der Multiplikatormethode daher eine fehlende Eignung für die Integration in ein wertorientiertes Steuerungskonzept.[350] Insbesondere im Kontext nicht-börsennotierter Mittelständler erscheint die Multiplikator-Methode ungeeignet. Selbst wenn ein vergleichbares, nicht-börsennotiertes Unternehmen vorliegt, so sind die für die Multiplikatorenberechnung erforderlich Daten i. d. R. nicht zugänglich.

Da im Verständnis dieser Arbeit eine wertorientierte Unternehmensführung auf den fundamentalen Gesamtwert abzielt, bezieht sich der Kern der folgenden Ausführungen auf ein eigenständiges Bewertungsverfahren. Ebenso ist dem Gedanken der wertorientierten Unternehmensführung inhärent, dass der Barwert der *zukünftigen* Cashflows den Residualanspruch der Eigentümer darstellt, weshalb im Rahmen der eigenständigen, *zukunftsorientierten* Verfahren das so genannte **Discounted-Cashflow-Verfahren** (DCF-Verfahren) als das mittlerweile auch in Deutschland (bei Großunternehmen) gängigste Verfahren der Unternehmensbewertung vorgestellt werden soll.[351] Auf die Diskussion weiterer Methoden der Unternehmensbewertung wie z. B. des Realoptionsansatzes[352]

talen Analyse bei der Prognose künftiger Cashflows berücksichtigt werden, finden hier keine Anwendung. Im Rahmen dieses Verfahrens werden künftige Umsätze bzw. Ertragsverläufe nur durch allgemeine Markterwartungen wiedergegeben, die als generelle, nicht unternehmensspezifische Faktoren in die Multiplikatoren einfließen. Vgl. Häcker 2000, S. 112. Bemängelt wird darüber hinaus auch die Manipulierbarkeit der fundamentalen Daten wie z. B. des Gewinns.

350 Vgl. Günther 1997, S. 91ff.

351 Vgl. Happel 2002, der in einer empirischen Untersuchung feststellt, das die DCF-Methodik bei den 600 größten deutschen Unternehmen mit über 50% das meistgenutzte Planungsinstrument und mit ca. 40% das meistgenutzte Kontrollinstrument in der Unternehmensteuerung ist. Achleitner/Bassen 2000 attestieren dem DCF-Verfahren die größte Bedeutung als Instrument der Unternehmensbewertung. In der Praxis werden jedoch in der Regel mehrere Bewertungsmethoden gleichzeitig verwendet, vgl. Henselmann 2001, S. 423.

352 Traditionelle Bewertungsverfahren können Handlungsspielräume und Flexibilitäten eines Unternehmens nicht berücksichtigen. Handlungsflexibilitäten räumen Unternehmen das Recht ein, auf gewisse Umweltveränderungen zu reagieren und ggf. Entscheidungen solange hinauszuzögern, bis erfolgskritische exogene Unsicherheiten geklärt wurden. Diese Flexibilität bzw. Option stellt einen gewissen Wert dar. Da eine Bewertung eines Unternehmens mittels des Realoptionsmodells methodisch sehr komplex und anspruchsvoll ist, erscheint es, trotz Berücksichtigung der für KMU charakteristischen Flexibilität, für eine Anwendung bei KMU als zu komplex. Vgl. Tomaszewski 2000; Meise 1998; Kilka 1995; Leslie/Michaels 1997; Schäfer/Schässburger 2001; Amram/Kulatilaka 1999; Nowak 2000; Hommel/Müller 2000; Laux 1993; Reich-Rohrwig 2001.

oder der Bewertung von Wissenskapital[353] soll an dieser Stelle verzichtet werden, da sie entweder auf Grund Ihrer Komplexität in der praktischen Anwendung bei KMU wenig Beachtung finden oder für ein Verständnis der wertorientierten Unternehmensführung nicht relevant sind.

3.2.2 Wertbestimmung mittels des DCF-Verfahrens

Der folgende Abschnitt stellt das DCF-Verfahren grundlegend dar. Dazu werden einleitend die prinzipielle Idee und Systematik vorgestellt (Kap. 3.2.2.1) und anschließend auf die Bedeutung und Ermittlung der für dieses Verfahren notwendigen Parameter detailliert eingegangen (Kap. 3.2.2.2).

3.2.2.1 Grundlegende Bewertungssystematik

Das auf der so genannten subjektiven Bewertungslehre basierende Ertragswertverfahren bildet die Grundlage des DCF-Verfahrens. Wichtig für das Verständnis der subjektiven Bewertungslehre sind die inhärenten Grundsätze der Bewertungseinheit und Zukunftsbezogenheit der Bewertung.[354] Aus dem Grundsatz der Zukunftsbezogenheit leitet das Ertragswertverfahren den Gesamtwert des Unternehmens ausschließlich aus künftigen Erfolgen ab. Dahinter steckt die Überlegung, dass die vergangene Leistung eines Unternehmens keinen Wert darstellt, sondern dieser lediglich durch zukünftige Erträge des Unternehmens generiert wird. Da die zukünftigen Erträge nach der Logik der Barwertmethode weniger wert sind als die heutigen, müssen diese mit einem adäquaten Kapitalisierungszins diskontiert werden.[355] Dabei kann zur Bewertung eines Unternehmens auf die erwarteten zukünftigen Cashflows des Unternehmens zurückgegriffen werden.[356]

---

353 Unter intellektuellem Kapital wird immaterielles Vermögen eines Unternehmens verstanden, welches die Differenz zwischen Marktwert und Buchwert erklären soll und die Fähigkeiten des Unternehmens widerspiegelt, mit bestehenden Assets zukünftige Cashflows zu generieren (also z. B. Patente, spezifisches Humankapital). Vgl. Edvisson/Brüning 2000, S. 14; Spremann 2002, S. 181; Pena 2002, S. 181, der einen positiven Zusammenhang zwischen intellektuellem Kapital und Unternehmenserfolg nachweist.

354 Vgl. Moxter 1983, S. 6.

355 Vgl. Plaschke 2003, S. 54.

356 Vgl. Hax 1985, S. 185ff.; Fickert 1992, S. 58. Streng genommen müsste die einzahlungsorientierte Sicht der Eigentümer als theoretisch korrekter Zahlungsstrom verwendet werden. Jedoch kann diese unter bestimmten Annahmen an Hand des *Lücke-Theorems* in die cashflow-orientierte Sicht des Unternehmens überführt werden.

Im Rahmen des DCF-Verfahrens haben sich verschiedene Verfahren entwickelt, die sich vor allem in der Herleitung der relevanten Cashflows und des adäquaten Diskontsatzes unterscheiden. DCF-Verfahren können unterteilt werden in ein so genanntes Netto-Verfahren und in die Brutto-Verfahren. Die Brutto-Verfahren lassen sich weiterhin differenzieren in die **WACC-Methode** (engl.: Weighted Average Cost of Capital) mit ihren beiden Ausprägungen *Direct-Tax-Shield* und *As-if-Equity-Ansatz* auf der einen Seite und den *Adjusted-Present-Value-Ansatz* (APV-Ansatz) auf der anderen Seite.[357] Bei konsistenter Anwendung dieser Verfahren führt die Bewertung theoretisch zu identischen Ergebnissen.[358] Bei den Verfahren kommt es zu Adjustierungen sowohl im Bereich der Cashflow Ermittlung, als auch im Bereich der Kapitalkosten, um die Zähler- und Nennergrößen bei der Berechnung weiterhin konsistent zu halten, wie folgender Übersicht zu entnehmen ist.[359]

357 Vgl. Nowak 2000, S. 27f.

358 Vgl. Nelles et al. 2001, S. 323. Für eine Analyse der systematischen Abweichungen der Bewertungsergebnisse vgl. Richter 1997, S. 229ff.

359 Vgl. Hachmeister 2000, S. 100.

	Nettoverfahren / Eigenkapitalansatz (Equity-Approach)	Bruttoverfahren / Gesamtkapitalansatz (Entity-Approach)		
		WACC-Methode		Adjusted Present Value (APV)
		"Direct-Tax-Shield" (WACC)	"As-If-Equity" (WACC)	
Free Cashflow	Nach FK-Zinsen und -Tilgung	Vor FK-Zinsen und -Tilgung		
	Nach real zu zahlender Steuer		Nach fiktiver Steuer bei angenommener vollständiger EK-Finanzierung	
				Steuervorteile der FK-Finanzierung
Kapitalkostensatz	EK-Kostensatz • CAPM • APT	Gewichteter GK-Kostensatz		Separation
		EK-Kostensatz (CAPM oder APT)		EK-Kostensatz bei vollst. Eigenfinanz.
		FK-Kostensatz (ohne Steuerbereinigung)	FK-Kostensatz (multipliziert mit Tax-Shield-Bereinigung: *1-s*)	Risikoadäquate Diskontierungsfaktoren der FK-Steuervorteile
Ermittlung des EK-Wertes (vereinfacht)	Direkt	Indirekt		
	$EK = \frac{FCF^{Equity}}{i^{EK}}$	$EK = \frac{FCF^{Entity,real}}{i^{GK}} - FK$	$EK = \frac{FCF^{Entity,fiktiv}}{i^{GK(steueradjustiert)}} - FK$	$EK = \frac{FCF^{Entity,fiktiv}}{i^{EK*}} + \frac{Steuervorteile}{i^{APV}} - FK$

Abbildung 3-4: Varianten der DCF-Berechnung
Quelle: In Anlehnung an RIEDL (2000), S. 254.

Im Rahmen des Eigenkapital- bzw. Netto-Ansatzes werden die dem Eigenkapitalgeber zur Verfügung stehenden zukünftigen Freien Netto-Cashflows[360], also *nach* Bedienung der Fremdkapitalgeber, mit den Eigenkapitalkosten auf den heutigen Bewertungszeitpunkt abgezinst. Im Ergebnis erhält man den Eigenkapitalwert des Unternehmens. Im Rahmen der Bruttomethoden werden die Brutto-Cashflows, also die Freien Cashflows *vor* Zins- und Tilgungszahlungen zu Grunde gelegt, weshalb der Fremdfinanzierungsgrad des Unternehmens durch die Anwendung der gewichteten Gesamtkapitalkosten (WACC) berücksichtigt werden muss.[361] Die Ermittlung des Eigenkapitalwertes erfolgt hierbei indirekt, indem von dem durch die Bruttomethoden ermittelten Gesamtkapitalwert der Unternehmung der (Markt-)Wert des Fremdkapitals subtrahiert wird. Die Brutto-Methoden unterscheiden sich im Wesentlichen dadurch, dass die Unternehmenssteuern und die durch Fremdfinanzierung verursachten und von der Steuerbemessungsgrundlage abzugsfähigen Fremdkapitalzinsen auf verschiedene Art und Weise ermittelt werden können. Alle Ansätze verfügen dabei

360 Vgl. 3.2.2.2.1 zur Bedeutung und Herleitung der Freien Cashflows.

361 Die steuerliche Absetzbarkeit der Fremdfinanzierung wird durch den so genannten Steuerschild im Kapitalisierungszins abgebildet.

über gewisse Schwierigkeiten, weshalb je nach Unternehmenssituation idealerweise ein anderer Ansatz angewandt werden sollte.[362]

Zur Unternehmensbewertung von KMU wird im Rahmen dieser Arbeit aus folgenden Gründen die **„Direct Tax Shield"-Methode des WACC-Ansatzes** empfohlen:

- Wie bereits angedeutet, spielt insbesondere bei KMU die **Berücksichtigung weiterer Interessengruppen** bei der Unternehmensführung eine wichtige Rolle. Ebenso sollte zur Berücksichtigung aller Quellen der Wertschöpfung das gesamte eingesetzte Vermögen der Aktivseite eines Unternehmens berücksichtigt werden, weshalb die Finanzierungskosten für Fremdkapital integriert werden müssen.[363] Daher wird der Wahl eines Bruttoansatzes gegenüber dem Nettoansatz der Vorrang eingeräumt.

---

362 Der Direct-Tax-Shield oder Total-Cashflow Ansatz berücksichtigt die Steuervorteile aus Fremdfinanzierung unmittelbar im Cashflow, weshalb die zu erwartenden Rückflüsse mit den gewichteten Gesamtkapitalkosten abgezinst werden. Im Rahmen der WACC- bzw. „As-if-Equity"-Methode wird zwecks Trennung des Leistungs- und Finanzierungsbereiches des Unternehmens unter der Fiktion einer vollständigen Eigenkapitalfinanzierung der Steuervorteil vorerst rückgängig gemacht. Mangels steuerlicher Absetzungsmöglichkeit der Fremdfinanzierungskosten müssen die fiktiv geringeren Gewinne daher ebenfalls mit einem geringeren Gesamtkapitalkostensatz abdiskontiert werden. Die Berücksichtigung der Finanzierungsstruktur erfolgt hierbei im Finanzierungsbereich des Unternehmens, weshalb ein Tax-Shield adjustierter Kapitalkostensatz Anwendung findet. Da beide WACC-Ansätze eine konstante Finanzierungsstruktur erfordern, leidet Ihre Anwendung an bestimmten Zirkularitätsproblemen, da auf der einen Seite der Fremdkapitalbestand am Unternehmenswert ausgerichtet wird, auf der anderen Seite jedoch der Unternehmenswert erst unter Berücksichtigung und Abhängigkeit der Fremdkapitalhöhe errechnet werden soll. Mittels Anwendung gängiger Tabellenkalkulationsprogramme bzw. unter Annahme einer zukünftigen Ziel-Kapitalstruktur kann diesem Problem begegnet werden. Im Rahmen der APV-Methode erfolgt die Berücksichtigung des Tax-Shield weder in den Cashflows noch in den Kapitalkosten. Der Unternehmenswert setzt sich aus einem rein eigenkapitalbasierten Wert und aus dem durch Fremdfinanzierung resultierendem Wert zusammen, was den „operativ getragenen" Wert des Unternehmens eindeutig wiedergibt. Voraussetzung zur Anwendung des APV-Ansatzes ist die Ermittlung risikoadäquater Diskontierungssätze für den Steuervorteil, welche sich in Abhängigkeit der Finanzierungsstruktur und im Zeitablauf verändern. Für den interessierten Leser vgl. Günther 1997, S. 104ff.; Riedl 2000, S. 247ff.; Brealey/Myers 2000, S. 555ff.; Bühler 1998; Drukarczyk 2001, S. 231ff.; Krolle 2001, S. 24ff.; Stewart III 1990, S. 271ff.

363 Für weitere Gründe, die für eine Präferenz der Entity-Ansätze gegenüber des Eigenkapitalsansatzes sprechen siehe auch Plaschke 2003, S. 79f.; Günther 1997, S. 107f.

- Während die „APV"-Methode als eine Ausprägungsvariante des Entity-Ansatzes Vorteile bei signifikanten steuerlichen Verlustvorträgen im Unternehmen bzw. bei sich im Zeitablauf stark differierenden Kapitalstrukturen bietet[364], ist sie durch eine hohe Komplexität bzw. Erhebungsaufwand gekennzeichnet und deshalb im Kontext von KMU-Bewertungen eher weniger geeignet.[365]

- Das „As-if-Equity"-Verfahren bietet insbesondere dann Vorteile, wenn kein getrennter Zinsaufwand für einzelne Geschäftseinheiten, sondern lediglich ein Ergebnis vor Zinsen ermittelt werden kann. Da bei diesem Verfahren die erforderliche Ermittlung des Tax Shields zur Berechnung des steueradjustierten Kapitalkostensatz in der Praxis erhebliche Probleme verursacht[366], bietet sich vor dem Hintergrund der mittelständischen Spezifika die Verwendung des „Direct-Tax Shield"-Ansatzes an. Die hierbei relevante reale Steuerbelastung (inkl. Tax Shield) kann unmittelbar durch die geleistete Steuerzahlung ermittelt werden. Anpassungen im Kapitalkostensatz können außer Acht gelassen werden. Die Vernachlässigung persönlicher Steuern auf der Ebene der Kapitalgeber erfüllt dabei insbesondere die Anforderung an eine mittelstandsgerechte komplexitätsreduzierende Einfachheit der Anwendung.[367]

Durch die Wahl der Direct Tax Shield-Methode beziehen sich die folgenden Ausführungen auf den in Theorie und Praxis am stärksten verbreiteten Ansatz[368] des WACC-Verfahrens. Ist die Herleitung der Bewertungsparameter im Rahmen des jeweiligen Bewertungsansatzes konsistent erfolgt, kann der Unternehmenswert durch folgende Formel ermittelt werden:

---

364 Da hierbei der Einfluss der Finanzierungsstruktur bereinigt wird. Vgl. Abschnitt 3.2.2.1.

365 Vgl. Plaschke 2003, S. 81.

366 Vgl. Ebenda, S. 76.

367 Nach der Einführung des Halbeinkünfteverfahrens wurde die korrekte steuerliche Erfassung der persönlichen Steuern im Vergleich zum früher gültigen Anrechnungsverfahren zusätzlich erschwert, weshalb im weiteren Verlauf dieser Arbeit von der Berücksichtigung der privaten Steuersituation des Unternehmers abstrahiert wird. Es ist zu vermuten, dass die korrekte Berücksichtigung der persönlichen Steuern den zusätzlichen Aufwand und die gestiegene Komplexität nicht rechtfertigt. Vgl. Baetge et al. 2001.

368 Vgl. Behringer 1999, S. 91.

$$V = \frac{FCF_1}{(1+i^{WACC})} + \frac{FCF_2}{(1+i^{WACC})^2} + ... + \frac{FCF_T}{(1+i^{WACC})^T} = \sum_{t=1}^{T} \frac{FCF_t}{(1+i^{WACC})^t}.$$

V = Unternehmensgesamtwert des Unternehmens

FCF_t = Erwarteter freier Cashflow zum Zeitpunkt t mit t= 1,...,T

I^{WACC} = Gesamtkapitalkosten

Formel 3-2: Berechnung des Unternehmenswertes

Der Unternehmenswert ergibt sich demnach aus der Summe der auf den heutigen Zeitpunkt diskontierten Freien Cashflows, die neben dem Kapitalisierungszins in die Berechnung eingehen. Diese beiden Parameter werden jedoch ihrerseits durch eine Vielzahl von Faktoren beeinflusst. Um den Wert des Unternehmens akkurat bestimmen zu können, ist eine genaue Prognose der freien Cashflows theoretisch bis in die Unendlichkeit erforderlich.[369] Zukünftige Cashflows über einen so langen Zeitraum detailliert abzuschätzen ist offensichtlich mit einer hohen Unsicherheit verbunden. Deshalb werden Cashflow-Prognosen differenziert in eine so genannte Detaillierungs- oder Planungsperiode, in der die FCF bis zu einem Zeitpunkt t relativ genau antizipiert werden können und in eine Restperiode, die den Barwert aller schwer prognostizierbaren FCF nach dem Zeitpunkt t zu einem so genannten Fortführungswert aufsummiert.[370] Die folgende Abbildung veranschaulicht die prinzipielle Methodik der DCF-Verfahren und stellt dabei die Parameter FCF, Restwert und Kapitalkosten als Determinanten des Unternehmenswertes heraus.

369 Letztlich wäre eine Prognose von ca. 100 Jahren ausreichend, da der Barwert späterer FCF unbedeutend gering wird.

370 Als Erweiterung dieses 2-Phasenmodells gibt es auch ein 3-Phasenmodell. Vgl. z. B. Copeland et al. 2002, S. 292; Günther 1997, S. 109f.

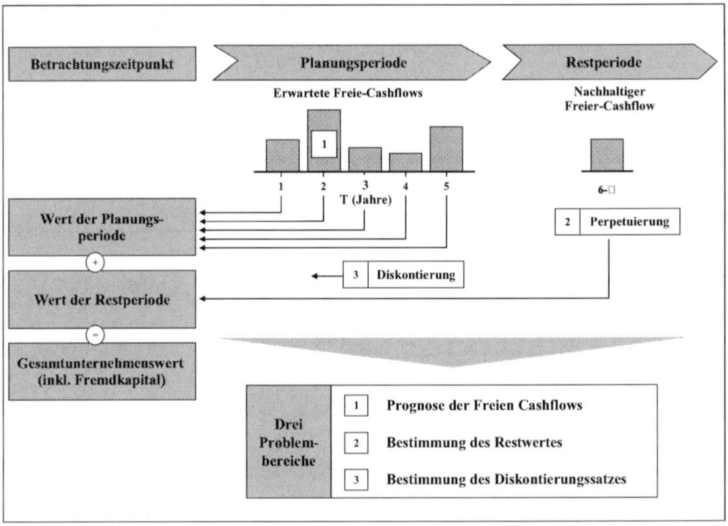

Abbildung 3-5: Methodik des DCF-Verfahrens
Quelle: STELTER et al. (2000), S. 411.

3.2.2.2 Beschreibung der Parameter

Die folgenden Ausführungen widmen sich detailliert mit der Bestimmung der für den Unternehmenswert im Rahmen des DCF-Verfahrens relevanten Parameter Freie Cashflows (Kap. 3.2.2.2.1), Restwert (Kap. 3.2.2.2.2) und Kapitalkosten (Kap. 3.2.2.2.3).[371]

3.2.2.2.1 Bestimmung der Freien Cashflows

Die Freien Cashflows bilden die Basisgröße einer Unternehmensbewertung und stellen eine aus der Differenz aus betrieblichen Einzahlungen und Auszahlungen gebildete Residualgröße dar, die den Eigen- und Fremdkapitalgebern zur Bedienung ihrer expliziten und impliziten Ansprüche zur Verfügung steht.[372] In der Literatur ist eine Vielzahl an Herleitungsmöglichkeiten diskutiert und bestimmt

371 An dieser Stelle wird darauf verzichtet, den Unternehmensgesamtwert in die Wertbeiträge einzelner strategischer Einheiten bzw. den Wertbeitrag der Zentrale aufzuteilen, da a) dies die Methodik der Wertermittlung nicht beeinflusst und b) insbesondere im Kontext dieser Arbeit die KMU als Einzelgeschäftsfeld-Unternehmen zu charakterisieren sind. Für den interessierten Leser vgl. Copeland et al. 1991, S. 247; Günther 1997, S. 97ff.

372 Vgl. Günther 1997, S. 112ff.; Riedl 2000, S. 139ff.

worden, deren Darstellung den Rahmen dieser Arbeit sprengen würde.[373] Folgende Aspekte und Definitionsmerkmale können jedoch als allgemein gültig angesehen und aus der wissenschaftlichen Literatur abgeleitet werden:

- Da in den obigen Ausführungen der Gesamtkapitalansatz gegenüber dem Eigenkapitalansatz präferiert wurde, müssen zur Wahrung der Konsistenz die Freien Cashflows **vor Zinsen** ermittelt werden.[374]

- Ebenfalls wurde bereits erwähnt, dass der Unternehmenswert gemäß dem *Lücke-Theorem* durch die Zahlungsströme des Unternehmens mit seinem Umfeld approximiert und bestimmt werden kann und nicht auf die Zahlungen an die Eigentümer als Berechnungsgrundlage zurückgegriffen werden muss.[375] Dem entsprechend sollte die Heterogenität der Eigentümer unberücksichtigt bleiben und der Freie Cashflow **vor (anrechenbaren) persönlichen Steuern** der Eigentümer bestimmt werden. Nicht-anrechenbare Steuern, wie z. B. die Gewerbesteuer sind jedoch im Rahmen der Cashflow Ermittlung abzuziehen, da sie auf die individuelle Einkommens- bzw. Vermögenssteuer des Investors nicht angerechnet werden können und den zur Verfügung stehenden Zahlungsstrom mindern. Ebenfalls sind nur zahlungswirksame Steuern zu berücksichtigen. Latente Steuern finden keine Beachtung.[376]

- Dem Grundsatz des *going concerns* folgend, muss das Unternehmen regelmäßig **Ersatz- und Erweiterungsinvestitionen** vornehmen, um zukünftig am Markt wettbewerbsfähig zu bleiben. Die Investitionen stehen folglich den Eigentümern nicht zur Verfügung und müssen daher zur Bestimmung des Freien Cashflows abgezogen werden. Hierunter sind ebenfalls Investitionen in das Working Capital eines Unternehmens zu subsumieren. Bei der Ermittlung des Working Capitals sind jedoch Fremdkapitalbestandteile, die dem Unternehmen unentgeltlich zur Verfügung

---

373 Für eine umfassende Übersicht und Diskussion der Herleitungsmöglichkeiten vgl. Günther 1997, S. 113ff.

374 Vgl. Ebenda, S. 128.

375 Siehe FN 356.

376 Vgl. Günther 1997, S. 128ff., insbesondere zu der Bedeutung von Steuern bei der Ermittlung der Freien Cashflows im Rahmen von Doppelbesteuerungsabkommen, Halbeinkünfteverfahren bzw. der Thesaurierung von Gewinnen. Vgl. weiter Bötzel/ Schwilling 1998, S. 23ff.; Bühner 1990, S. 45ff.; Grob et al. 1999, S. 459ff.; Schmidt 1995, S. 1108ff.; Roos/Rebien 2001; Spill 1999.

gestellt wurden, aus der Betrachtung auszuschließen (so genanntes *nicht-zinstragendes Abzugskapital*). Diese **kapitalkostenfreien Passiva** können z. B. durch Verbindlichkeiten aus Lieferung und Leistung, erhaltene Anzahlungen, Rückstellungen für Steuern etc. begründet sein.[377]

- Es sollten nur **nachhaltige Cashflows** in der Betrachtung einfließen, die aus dem betriebsnotwendigen Vermögen generiert werden. Nicht-betriebsnotwendiges Vermögen sollte separat bewertet und in Höhe seines Liquidationswertes dem bisher ermittelten Unternehmenswert hinzugerechnet werden. Außergewöhnliche, nicht planbare Cashflows (z. B. bei Katastrophenfällen) sollten bei der Ermittlung unberücksichtigt bleiben.[378]

- In der Literatur werden zur Ermittlung der Freien Cashflows eine Reihe weiterer zu berücksichtigender Sachverhalte diskutiert.[379] Erwähnenswert erscheint, dass **Miet- und Leasingausgaben**, die als Zins- und Tilgungszahlungen für fremdfinanzierte Aktiva interpretiert werden können, nicht von der Bemessungsgrundlage abzuziehen sind.[380]

Da die Ermittlung der für die Unternehmensbewertung erforderlichen Cashflows trotz des Anspruch wissenschaftlicher Korrektheit – insbesondere bei mittelständischen Unternehmen – immer Wirtschaftlichkeitsprinzipien folgen muss, werden für die Ermittlung folgende Ermittlungsschemata vorgeschlagen. Die Bestimmung der allen Kapitalgebern zur Verfügung stehenden Cashflows kann dabei sowohl direkt im Rahmen einer Finanzrechung als auch indirekt im Rahmen der Jahresabschlussrechnung erfolgen.

Wie folgende Abbildung veranschaulicht erfolgt die **direkte Ermittlung** des Freien Cashflows im Rahmen einer Finanzrechnung, indem der betriebliche operative Netto-Cashflow[381] um liquiditätswirksame Steuern (auf das operative Ergebnis vor Zinsen)[382] reduziert wird. Der resultierende Brutto-Cashflow nach

---

377 Vgl. Lehmann 1994, S. 100; Rappaport 1986, S. 54.

378 Vgl. Günther 1997, S. 138; Bühner 1990, S. 36; Copeland et al. 1991, S. 116.

379 Vgl. Günther 1997, S. 138ff.; Herter 1994; Lewis 1995; Stewart III 1990.

380 Vgl. Günther 1997, S. 140.

381 Hierunter sind ausschließlich Ein- und Auszahlungen aus der betrieblichen Leistungserstellung zu subsumieren, d. h. ohne Berücksichtigung von Zinsen oder Steuern.

382 Hierbei sollen nur nicht-anrechenbare Steuern berücksichtigt werden. Vgl. ausführlich zur Steuerproblematik bei der Ermittlung der Cashflows Günther 1997, S. 128ff.; Bötzel/Schwilling 1998, S. 23ff. Vgl. Behringer 1999, S. 97 bzgl. der Notwendigkeit,

Steuern und vor Zinsen wird um Nettoinvestitionen in das Anlagevermögen (z. B. Ersatz- und Erweiterungsinvestitionen) und Veränderungen im working capital[383] (Netto-Umlaufvermögen) korrigiert. Nach Abzug dieser Bestimmungsgrößen steht die Residualgröße „Freier Cashflow" dem Unternehmen zur Bedienung von Anteilseignern und Gläubigern zur Verfügung.[384]

Direkte Ermittlung der Freien Cashflows	**Indirekte Ermittlung der Freien Cashflows**
Betriebliche Einzahlungen	*Jahresüberschuss lt. internem Rechnungswesen (nach Steuern)*
- Betriebliche Auszahlungen (ohne Zinsaufwand)	- Nettoaufwand nicht-operativer Aktivitäten inkl. deren Steuerwirkung
= *Operativer Cashflow (vor Steuern und Zinsen)*	= *Bereinigtes operatives Ergebnis (nach Steuern und Zinsen)*
- Steuern	+ Zinsaufwand
= *Brutto Cashflow (nach Steuern, vor Zinsen)*	= *Bereinigtes operatives Ergebnis (nach Steuern und vor Zinsen)*
- Nettoauszahlungen für Investitionen in Anlagevermögen	+/- Abschreibungen/Zuschreibungen
- Nettoauszahlungen für Investitionen in kurzfristige Aktiva	= *Brutto Cashflow*
+ Nettoeinzahlung durch Erhöhung kapitalkostenfreier Passiva	+/- Veränderungen im working capital
= *Freier Cashflow*	+/- Investitionen in Sachanlagen
	+/- Veränderungen sonstige Vermögensgegenstände
	= *Operativer freier Cashflow*
	= *Freier Cashflow*

Abbildung 3-6: Direkte vs. indirekte Ermittlung der Freien Cashflows
Quelle: Mit leichten Modifikationen übernommen von PLASCHKE (2003), S. 60.

Die **indirekte Ermittlung** erfolgt im Rahmen einer retrograden Jahresabschlussrechnung, indem der durch das interne Rechnungswesen ermittelte Jahresüberschuss durch den Nettoaufwand außerordentlicher, betriebs- und periodenfremder Positionen inklusive deren steuerlicher Wirkungen korrigiert wird. Anschließend wird der Zinsaufwand zugeschlagen, um das bereinigte operative Ergebnis nach Steuern und vor Zinsen zu ermitteln. Nach Korrektur weiterer liquiditätswirksamer Positionen wie den Ab- bzw. Zuschreibungen[385] wird der resultierende Brutto-Cashflow ebenfalls um Veränderungen im working capital

---

die Steuern auf das operative Ergebnis vor Zinsen zu beziehen.

383 Hierunter fallen sowohl Investitionen und kurzfristige Aktiva als auch Nettoeinzahlung kapitalkostenfreier Passiva.

384 Vgl. Copeland et al. 1998, S. 401; Günther 1997, S. 142f.; Hachmeister 1995, S. 60ff.; Knorren 1998, S. 160ff.; Riedl 2000, S. 226ff.; Plaschke 2003, S. 59ff.

385 Inklusive etwaiger Erhöhung oder Minderung langfristiger Pensionsrückstellungen.

(Netto-Umlaufvermögen) und Investitionen in das Sachanlagevermögen angepasst.[386]

Bei der **Ermittlung der Freien Cashflows** ist zu vermuten, dass insbesondere bei mittelständischen Unternehmen die **indirekte Methode** tendenziell eine höhere Akzeptanz findet als die direkte Berechnung, da die zur Ermittlung der Freien Cashflows notwendigen Anpassungen durch Rückgriff auf bereits etablierte Rechnungswesengrößen geringer erscheinen.[387] Die direkte Herleitung der Freien Cashflows besitzt zwar durch Rückgriff auf Größen des Umsatzprozesses zunächst eine höhere Verständniskraft als die indirekte Herleitung, bei der die Cashflow-Größe als residuales Ergebnis ermittelt wird. Dieser Nachteil der indirekten Ermittlung wird in der Regel jedoch überkompensiert durch die höhere **Praktikabilität der Anwendung**, da auf bereits bekannte Größen der Periodenerfolgsrechnung zurückgegriffen wird und insbesondere eine zukunftsorientierte Prognose der Cashflows mittels Planbilanzen und Plan-GuVs für den Mittelstand besser möglich ist.[388]

In der praktischen Bewertung von Unternehmen ist jedoch weniger die Wahl der konkreten Herleitung als die akkurate Prognose der Cashflows entscheidend.[389] Intuitiv wird dabei mit zunehmender zeitlicher Distanz der zu bestimmenden Cashflows die Prognose schwieriger und tendenziell ungenauer, da sämtliche Parameter und Einflussfaktoren schwieriger geschätzt werden können. Selbst die FCF-Prognose in der Detaillierungsphase mit Hilfe von Planbilanz und Plan-GuV kann zuweilen äußerst komplex werden. Um den operativen Gewinn abzuschätzen, sind neben den primären Umsatzerlösen auch die Material- und Personalaufwendungen sowie weitere Positionen der GuV der nächsten Jahre zu bestimmen. Darüber hinaus muss das Unternehmen Annahmen bzgl. der zu verfolgenden Investitionspolitik, der gewählten Abschreibungsmodelle, der Höhe der zu bildenden Pensionsrückstellungen etc. treffen. In diesem Zusammenhang spielen qualitative Aspekte wie Markttrends, Branchenstruktur und

---

386 Vgl. Copeland et al. 1998, S. 401; Günther 1997, S. 142f.; Hachmeister 1995, S. 60ff.; Knorren 1998, S. 160ff.; Riedl 2000, S. 226ff.; Plaschke 2003, S. 59ff.

387 Vgl. die Ermittlung der Cashflows in Abschnitt 3.2.2.2. Vgl. Achleitner/Bassen 2000, S. 155.

388 Vgl. Bühner/Tuschke 1997, S. 14f.; Siegwart 1994, S. 21; Plaschke 2003, S. 61. Vgl. die empirischen Ergebnisse von Günther/Gonschorek 2006, S. 12, wonach über 97% der im Rahmen einer Untersuchung befragten KMU eine Planung von Bilanz und GuV durchführen.

389 Vgl. Plaschke 2003, S. 61.

Wettbewerbsintensität, Forschungsintensität der Branche, Preis- und Nachfrageentwicklung auf den Faktormärkten, Kundensegmente, Geschäftsmodelle, Inflation etc. eine bestimmende Rolle. Neben der Prognose dieser relevanten Inputfaktoren muss des Weiteren deren quantitative Auswirkung auf die zukünftigen Cashflows berücksichtigt werden.[390]

Auf Grund der Personenbezogenheit der Führung sind bei mittelständischen Unternehmen zur Bestimmung der Cashflows zwei spezielle Charakteristika zu berücksichtigen. Zum einen die strikte **Abgrenzung von betriebsnotwendigem und privatem Vermögen** und zum anderen die **Berücksichtigung eines kalkulatorischen Unternehmerlohns**. So sollten z. B. zur wahren Wertermittlung und Transparenz des Unternehmensgeschehens sowohl Erträge des privaten Vermögens, die aus steuerlichen Gründen im Unternehmen verbucht wurden, jedoch keine operative Wirkung besitzen, als auch Aufwände für privat genutztes Betriebsvermögen *nicht* in die Berechnung des Cashflows einbezogen werden.[391] Ist der Eigentümer aktiv in das Management des Unternehmens eingebunden, so sollte ein kalkulatorischer Unternehmerlohn inkl. der fälligen Sozialleistungen und weiterer Vergünstigungen angesetzt werden, um die entsprechende unentgeltliche Leistung des Unternehmers in der Wertbemessung zu berücksichtigen.[392] Die Höhe des Unternehmerlohns würde sich idealerweise am marktüblichen Opportunitätslohn eines externen und in der Qualifikation vergleichbaren Geschäftsführers bzw. an der besten Arbeitsalternative des Eigentümers orientieren.[393]

Des Weiteren ist im Rahmen unternehmensinterner, auf strategischen Langfristplanungen basierender Cashflow-Planungen zu prüfen, ob nicht die tatsächliche Unternehmenssituation durch den so genannten ***Hockey-Schläger-Effekt*** besser dargestellt wird. Unter dem Hockey-Schläger-Effekt wird ein Phänomen verstanden, bei welchem nach anfänglichen (eher akkuraten) Einschätzungen sinkender Gewinne und Cashflows nach wenigen Jahren durch erhebliche überopti-

---

390 Vgl. Riedl 2000, S. 168ff. für eine detailliertes Prognosemodell zukünftiger Cashflows unter Einbeziehung von Werttreibermodellen, strategischer Analyse, wertorientierter Planung und vergangenheitsorientierter Performance.

391 Vgl. Behringer 1999, S. 152f. Für Personengesellschaften wird dies von größerer Bedeutung sein als für GmbHs.

392 Vgl. Klett 2004, S. 155f.; Klett 2003, S. 135ff.

393 Vgl. Behringer 1999, S. 171f.; Khadjavi 2005, S. 187. Die Höhe des Unternehmerlohns sollte dabei lediglich eine Kompensation der Arbeitsleistung darstellen und keinen Gewinn im Sinne der Kompensation eines unternehmerischen Risikos.

mistische Annahmen bedingte Umsatz- bzw. Gewinnsteigerungen in die Mittel- und Langfristplanung einfließen.[394]

Da nur die Cashflows der unmittelbar bevorstehenden Jahre durch das Management relativ genau geschätzt werden können, wird in der Praxis von der theoretischen Forderung einer bis in alle Ewigkeit andauernden Prognose abgewichen und stattdessen die in weiter Zukunft liegenden Cashflows durch einen so genannte Restwert approximiert. Der Bestimmung des Restwertes widmet sich der folgende Abschnitt.

3.2.2.2.2 Bestimmung des Restwertes

Durch die Zusammenfassung zukünftiger, schwer zu prognostizierender Cashflows in einem Restwert, ändert sich die Bewertungsformel eines Unternehmens wie folgt:[395]

$$V = \sum_{t=1}^{T} \frac{FCF_t}{(1+i^{WACC})^t} + \left(\frac{FCF^{RP}}{i^{WACC} - g + f} * \frac{1}{\left(1+i^{WACC}\right)^T} \right).$$

V	= Unternehmensgesamtwert
FCF_t	= Erwarteter freier Cashflow der Detaillierungsperiode zum Zeitpunkt t mit t = 1,...,T
FCF^{RP}	= Erwarteter konstanter freier Cashflow der Restperiode pro Jahr
i^{WACC}	= Gesamtkapitalkosten
g	= Jährliche Wachstumsrate der freien Cashflows während der Restperiode
f	= Konvergenzrate des Cashflow-Wachstums

Formel 3-3: Berechnung des Unternehmenswertes mit Restwert

So setzt sich der Unternehmensgesamtwert aus der Summe der Barwerte der prognostizierten Cashflows der Detaillierungsperiode und dem so genannten Restwert zusammen. Der Rest- oder Fortführungswert des Unternehmens wird dadurch bestimmt, dass der Freie Cashflow ab dem Zeitpunkt T als Annuität

394 Vgl. Günther 1997, S. 143. Auch denkbar ist die Planung so genannter „Slacks", welche die Planung zu niedriger Werte charakterisiert, um bei entsprechend ausgestalteten Anreizsystemen starke Zielüberschreitungen hervorzurufen und eine überdurchschnittliche Performance zu suggerieren.

395 Vgl. Ebenda, S. 154ff.; Rappaport 1986, S. 60ff.; Bühner 1990, S. 314ff.; Copeland et al. 1991, S. 213ff.; Hachmeister 1995, S. 88ff.

betrachtet wird (FCF^{RP}).[396] Somit errechnet sich der Wert zum Zeitpunkt t durch Perpetuierung des Freien Cashflows und Diskontierung mit dem gewichteten Kapitalkostensatz (i^{WACC}). Während in einem einfachen Grundmodell der nachhaltige Cashflow konstant ist, wird in der realitätsnäheren Variante des ***Gordon-Growth-Models***[397] eine gewisse Wachstumsrate (g) der Cashflows unterstellt, die zukünftige (positive) Entwicklungen des Unternehmens in Form von durch Neuinvestitionen generierter Überrenditen in der Bewertung berücksichtigen soll.[398] In einer weiteren Verfeinerung des Modells repräsentiert die so genannte **Konvergenzrate** (f) die Idee, dass etwaige durch das Unternehmen auf dem Markt generierten Wettbewerbsvorteile durch den Eintritt neuer Wettbewerber langfristig egalisiert werden und sich die Rendite bzw. der generierte Cashflow des Unternehmens dem Marktdurchschnitt nähert und keine Überrenditen mehr erzielt werden können.[399] Die Perpetuierung der zukünftigen Cashflows erfolgt ab bzw. zum Zeitpunkt T, weshalb der Barwert des Restwertes noch durch Diskontierung zum Bewertungszeitpunkt ermittelt werden muss.

Eine gewisse Brisanz bei der Anwendung und Bestimmung des Restwertes liegt in der Tatsache, dass der Anteil des Restwertes am Unternehmensgesamtwert in Abhängigkeit von Kapitalisierungszins, Wachstumsrate bzw. Konvergenzrate der Cashflows und der Länge der expliziten Planungsperiode bis über 80% betragen kann.[400] Erst bei unrealistischen expliziten Detaillierungsperioden von über 40-50 Jahren wird die Höhe und Bedeutung des Restwertes verschwindend

---

396 So kann der Cashflow zum Zeitpunkt T sowohl aus dem letzten Jahr der Planungsperiode übernommen als auch separat bestimmt werden, was in der Literatur präferiert wird, um die Planungsannahmen der Detaillierungsperiode explizit auszuklammern.

397 Vgl. Copeland et al. 2002, S. 294ff. Dieses Modell ist jedoch nur anzuwenden, solange die Wachstumsrate konstant und kleiner als die Kapitalkosten ist. Zudem darf in diesem Ansatz die Wachstumsrate nach der Detaillierungsperiode nicht größer sein als zuvor, weshalb mit dieser Formel nur mit äußerster Vorsicht verfahren werden darf. Vgl. Copeland et al. 2002, S. 295. Im Original vgl. Gordon 1962, S. 43ff.

398 Wird bei der Restwertbestimmung kein Wachstum unterstellt, so enthält dieser lediglich Zahlungsströme, die durch Maßnahmen in der Detaillierungsperiode ausgelöst wurden. Investitionen außerhalb des Planungszeitraumes werden lediglich mit einem Kapitalwert von Null bedacht, d.h. lediglich mit normalen Renditen. Ein Cashflow-Wachstum wie im „Gordon-Growth-Model" kann nur durch Wettbewerbsvorteile generierende neue Nettoinvestitionen verursacht werden. Ebenfalls werden inflationäre Tendenzen bei dem Cashflow-Wachstum berücksichtigt. Vgl. Achleitner/Bassen 2000, S. 158.

399 Die Berücksichtigung dieses Sachverhaltes in der Unternehmensbewertung wird auch als „Ramping"-Verfahren bezeichnet. Vgl. Lewis 1995, S. 109ff.; Lehmann 1994, S. 171ff.; Günther 1997, S. 148.

400 Vgl. Plaschke 2003, S. 63.

gering. Realistischerweise liegt der Wert der explizit geplanten Cashflows oft bei nur ca. 20-30% des Gesamtwertes. Der Anteil des Restwertes am Unternehmensgesamtwert ist dabei c. p. umso höher, je kürzer der Prognosezeitraum ist, je höher der Wachstumsfaktor zukünftiger Cashflows ist, je kleiner „f" und je geringer die Kapitalkosten einer Unternehmung sind.

Problematisch bei der Bewertung ist nun, dass sämtliche, detailliert erhobenen bzw. prognostizierten Inputparameter lediglich einen kleinen Anteil des Unternehmenswertes determinieren und bereits kleinere Ungenauigkeiten der Parameter zur Restwertbestimmung ggf. größere Abweichungen im bedeutenden Restwert verursachen, weshalb dieser Tatsache z. B. durch Plausibilisierung im Rahmen von Sensitivitätsanalysen in der Bewertung von Unternehmen besondere Beachtung zu schenken ist.

In der Literatur werden zur Bestimmung des Restwertes bei KMU verschiedene Ansätze diskutiert, die ergänzend zur DCF-Methode zwecks Plausibilisierung der Ergebnisse angewandt werden können. Steht ein mittelständisches Unternehmen z. B. vor einer ungelösten Nachfolgeproblematik und damit drohenden Liquidation, so wird vorgeschlagen, den Liquidationswert eines Unternehmens als konservativste Form zur Bestimmung des Restwertes anzusetzen. Analog zum Liquidationswert als Untergrenze kann z. B. bei einem geplanten Verkauf der Reproduktionswert als Obergrenze des Restwertes gesetzt werden. Je nach Bewertungssituation und Präferenz der Unternehmer kann sich daher die ergänzende Anwendung weiterer Verfahren zur Bestimmung des Restwertes anbieten.[401]

---

401 Vgl. Helbling 1993, S. 158. Der Liquidationswert eines Unternehmens sollte theoretisch ebenfalls vor jeder Entscheidungssituation hinzugezogen und mit den Zukunftserfolgswerten verglichen werden. Er stellt jedoch vor dem Hintergrund eines *going-concern* des Unternehmens nicht die geeignete Steuerungsgröße eines *internen Controllings* dar. Auch der Substanzwert dient primär als Hilfsfunktion für die Ermittlung des Zukunftserfolgswertes (z. B. rechnerische Grundlage für die Ermittlung des Zukunftserfolgswertes, des zukünftig notwendigen Investitionsvolumens, der Bewertung des nicht betriebsnotwendigen Vermögens etc.) und als Entscheidungsgrundlage bei klassischen „make-or-buy"-Entscheidungen. Er ist jedoch auf Grund des Charakters einer vergangenheitsorientierten Status-Analyse nicht als Maßstab einer zukunftsorientierten Unternehmensbewertung zu verstehen (so werden immaterielle, nicht-aktivierte Vermögensgegenstände wie Patente, Lizenzen, überdurchschnittlich qualifizierte Mitarbeiter, angesammeltes Know-how, Kundenbeziehungen oder die Reputation des Unternehmens, zusammenfassend als Goodwill eines Unternehmens bezeichnet, im Rahmen des Liquidations- und Substanzwertes nur unzureichend berücksichtigt). Vgl.

3.2.2.2.3 Bestimmung der Kapitalkosten

Die Bestimmung und Ermittlung der Kapitalkosten ist der letzte zu bestimmende Parameter zur Anwendung des DCF-Verfahrens.[402] Der Kapitalkosten- oder Kapitalisierungszins ist der risikoadäquate Zinssatz, mit dem die künftigen freien Cashflows diskontiert werden müssen. Neben der Eigenschaft, Cashflows unterschiedlicher Höhe und zeitlichen Anfalls vergleichbar zu machen, repräsentiert der Zinssatz die Opportunitätskosten derjenigen Investoren, die Ansprüche auf zukünftige FCF geltend machen können.[403] Dies sind im Rahmen der Entity-Methode sowohl die Anteilseigner (Aktionäre, Vorzugsaktionäre etc.) als auch die Fremdkapitalgeber. Dabei stellen Opportunitätskosten die Rendite dar, die den Investoren durch eine Anlage in die nächst bessere und vergleichbare Alternativanlage verloren geht und somit für diese Investition mindestens eingefordert wird.[404] Im Rahmen der Entity-Methode stehen die FCF allen Kapitalgebern zur Verfügung, weshalb zur Berechnung des Kapitalisierungszinssatzes der gewichtete Kapitalkostensatz (WACC) benutzt wird, der die unterschiedlichen Risiken und differierenden Renditeforderungen der Eigen- und Fremdkapitalgeber gewichtet nach ihrem Kapitalanteil berücksichtigt. Die Formel zur Berechnung des WACC lautet wie folgt:[405]

Günther 1997, S. 89ff.; Behringer 1999, S. 181ff.; Khadjavi 2005, S. 192f. Zur Definition des Liquidationswertes und Reproduktionswertes siehe FN 337.

402 Für eine praxisnahe Bestimmung der Kapitalkosten vgl. Bruner 1998, S. 13ff.

403 Vgl. Hinz/Behringer 2000, S. 26.

404 Vgl. Hachmeister 2000, S. 154.

405 Vgl. Copeland et al. 2002, S. 260ff. Eine weitere Unterscheidung zwischen Aktionären und Vorzugsaktionären ist denkbar, wird jedoch im Folgenden vernachlässigt. Das tatsächliche Gewichtungsschema kann je nach Finanzierungsstruktur des Unternehmens sogar komplexer sein. Zur Veranschaulichung und zur besseren Übersicht ist obige Darstellung jedoch ausreichend.

$$WACC = i_{EK}\frac{EK}{V} + i_{FK}\frac{FK}{V} + i_{RS}\frac{RS}{V}.$$

WACC	= Gewichtete Gesamtkapitalkosten
V	= Unternehmensgesamtwert
$\frac{EK}{V}, \frac{FK}{V}, \frac{RS}{V}$	= Zielkapitalstruktur für Eigen-, Fremdkapital und Rückstellungen
i_{EK}, i_{FK}, i_{RS}	= Kapitalkosten für Eigen-, Fremdkapital und Rückstellungen

Formel 3-4: Berechnung der gewichteten Kapitalkosten (WACC)

Wesentliche Inputparameter zur Herleitung der gewichteten Kapitalkosten sind die Eigenkapitalkosten, die Fremdkapitalkosten, die in Deutschland relevanten Kosten für langfristige Rückstellungen und die Kapitalstruktur des Unternehmens. Die Bestimmung dieser Parameter wird im Folgenden einzeln erläutert.

a) Eigenkapitalkosten:

Das ***Capital Asset Pricing Model (CAPM)*** und die ***Arbitrage Pricing Theory (APT)*** sind die beiden kapitalmarktorientierten Standardverfahren zur Berechnung der Eigenkapitalkosten.[406] Beide Konzepte basieren auf der Annahme, dass Investoren ihr Kapital nach streng systematischen Rendite-Risiko-Überlegungen anlegen, d. h. entsprechend des Risikoprofils der Anlage eine gewisse Mindestrendite erwarten. Auf Grund der geringeren Komplexität, auch in der Unternehmenspraxis, wird im Rahmen dieser Arbeit das CAPM im Mittelpunkt der Betrachtung stehen und ausführlich dargestellt.[407] Trotz der Schwächen und der ausführlich geübten Kritik am CAPM in der wissenschaftlichen Literatur[408], ist

406 Vgl. Günther 1997, S. 162ff.; Rappaport 1986, S. 57ff.; Copeland et al. 1991, S. 190ff.

407 Die APT stellt ein Erweiterung des CAPM dar, indem nicht nur auf einen Risikofaktor (beta) zurückgegriffen wird, sondern mehrere linear miteinander verknüpfte Risikofaktoren verwendet werden, die eine Korrelation makroökonomischer und unternehmensspezifischer Art verwenden. Während der APT ein höherer theoretischer Erklärungsgehalt beigemessen wird, setzt deren Anwendung auf Grund höherer Komplexität in der Unternehmenspraxis ein gewisses Grundverständnis und Know-how voraus. Für eine ausführliche Auseinandersetzung mit der APT vgl. Hachmeister 2000, S. 160ff.; Ross 1976; Brealey/Myers 2000, S. 205ff.; Copeland et al. 2000, S. 226ff.; Günther 1997, S. 170ff.; Kruschwitz/Löffler 1997; Perridon/Steiner 1997, S. 273ff.

408 Vgl. z. B. Günther 1997, S. 167ff.

es derzeit als grundlegendes Modell zur Bestimmung von Eigenkapitalkosten in Theorie und Praxis etabliert.

Die von MARKOWITZ (1952) begründete **Portfoliotheorie** bildet die Grundlage der Arbeiten von SHARPE (1964), LINTNER (1965) und MOSSIN (1966), welche als Begründer des CAPM-Modells anzusehen sind. Das CAPM basiert überwiegend auf den strengen modelltheoretischen Annahmen des vollkommenen Kapitalmarktes und ist in seiner Grundversion einperiodisch angelegt.[409] Es wird unterstellt, dass risikoaverse Investoren ihr Portfolio unter Rendite-Risiko-Überlegungen dermaßen optimieren, dass ein so genanntes unsystematisches Risiko der Gesamtanlage durch Diversifikation, d. h. durch Gestaltung eines effizienten Portfolios von Wertpapieren mit unterschiedlichen Risiko- bzw. Renditewartungen bzw. unterschiedlichen Korrelationen, reduziert bzw. eliminiert werden kann. Unter einem **unsystematischen Risiko** einer Anlage wird das spezifische Risiko verstanden, welches durch besondere unternehmensindividuelle Faktoren wie z. B. Managementqualitäten, Produktionsprogramm, technologische Leistungsfähigkeit etc. begründet ist. Da ein solches Risiko bei nicht-vollkommener Korrelation der Aktienrenditen[410] eines Portfolios durch den Investor diversifiziert werden kann, ist es folgerichtig, dieses Risiko nicht zu entlohnen. Entgolten wird hingegen das so genannte **systematische Marktrisiko**, welches z. B. durch Wechselkurse, Zinsniveau, Konjunktur etc. bestimmt wird, daher alle Unternehmen betrifft und selbst durch Streuung der Anlage nicht eliminiert werden kann. Da intuitiv eine Anlage in ein risikobehaftetes Wertpapier für einen Investor riskanter ist als eine risikolose Anlage, muss den Investoren eine **Risikoprämie** gezahlt werden.[411]

---

409 Vgl. zu den Annahmen des CAPM Ebenda, S. 163ff.; Ballwieser 1998, S. 83; Hachmeister 1995, S. 162ff.; Maier 2001, S. 299ff.; Mullins 1982; Serfling/Marx 1990 und Serfling/Marx 1990. Zur intertemporalen Anwendung des CAPM vgl. Röder/Müller 2001.

410 Von einer *vollkommenen* positiven (negativen) Korrelation von Aktienrenditen wird gesprochen, wenn sich bei Änderung einer unabhängigen Variable die abhängige Variable der Aktienrendite zweier Unternehmen exakt im gleichen Ausmaß in die gleiche (unterschiedliche) Richtung entwickelt. Entwickeln sich die Renditen in die gleiche (unterschiedliche) Richtung, jedoch in einem unterschiedlichen Ausmaß, so wird von einer positiven (negativen) Korrelation gesprochen. Entwickeln sich die Renditen unabhängig, so sind sie unkorreliert. Vgl. Günther 1997, S. 164.

411 Diese Risikoprämie kann unter Einbezug der so genannten ***Kapitalmarktlinie*** bestimmt werden. Die Kapitalmarktlinie beinhaltet alle existierenden Risiko-Rendite-Kombinationen, die bei Einbezug eines (in der Realität existierenden) Marktes für risikolose

Da ein Marktpreis für Risiko beobachtbar ist, lässt sich an Hand des CAPM ebenfalls die Renditeerwartung für einzelne Anlagemöglichkeiten bestimmen. So wird das spezifische Risiko einer Investition in seiner Beziehung zum Marktrisiko bewertet, wie folgender, die so genannte **Wertpapierlinie** repräsentierende, Formel zu entnehmen ist:

$$i_{EK} = r_{EK} = r_{RF} + (r_M - r_{RF}) * \beta_i$$

i_{EK} = Eigenkapitalkostensatz

r_{RF} = risikoloser Zinssatz

r_M = Erwartete Rendite des Marktportfolios

β_i = Beta, systematisches Risiko der Anlage i

Formel 3-5: Berechnung der Eigenkapitalkosten im CAPM

Nach dem CAPM bemisst sich die erwartete Rendite einer Anlage $\mathbf{r_i}$ nach der **Rendite eines risikolosen Wertpapiers** $\mathbf{r_f}$ plus einer so genannten **Risikoprämie**, welche sich aus der Differenz zwischen der **Rendite des Marktportfolios** und der Rendite risikoloser Wertpapiere zusammensetzt $\mathbf{(r_M - r_f)}$, multipliziert mit dem für das Unternehmen charakteristischen systematischen Risiko **Beta** $\boldsymbol{\beta_i}$. Die erwartete Rendite einer Anlage $\mathbf{r_i}$ entspricht dabei den von den Investoren einer Unternehmung für das eingegangene Risiko geforderten Eigenkapitalkosten. Das systematische Risiko Beta spiegelt die Volatilität der erwarteten Rendite des Unternehmens gegenüber der Rendite des Marktportfolios wider.[412] Ist

Rentenpapiere, also unter Einbezug der Möglichkeiten der risikolosen Kapitalaufnahme bzw. –anlage, effizient sind. Ein effizientes (reines) Aktienportfolio liegt dann vor, wenn bei gegebenem Risiko keine höhere Rendite bzw. eine gegebene Rendite nicht mit einem geringeren Risiko erzielt werden kann. Hier bei sind mehrere Anlagekonstellationen vorstellbar, die durch den so genannten ***Effizienten Rand*** charakterisiert werden. Das effiziente *„Marktportfolio M"* liegt genau dort, wo sich Kapitalmarktlinie und effizienter Rand berühren. Durch Kapitalaufnahme bzw. –anlage auf dem Markt für risikolose Rentenpapiere streben alle Kapitalmarktteilnehmer die erreichbare effiziente Risiko-Rendite-Kombination an und halten das Marktportfolio, mit dem sie bei einem Risiko von δM eine erwartete Rendite von rM realisieren, was einer Marktrisikoprämie von (rM - rf) entspricht. Vgl. genauer zu den Ausführungen Ebenda, S. 163ff.

412 Sie kann rechnerisch bestimmt werden, indem die Kovarianz der Kapitalanlage mit dem Marktportfolio mit der Varianz des Marktportfolios standardisiert wird. Vgl. Copeland et al. 2002, S. 346ff.; Aders et al. 2000, S.199; Günther 1997, S. 166.

das Risiko (Beta) eines Unternehmens hoch, so muss der Investor für seine Investition mit einer höheren Risikoprämie entlohnt werden.[413]

Bei einem $\beta = 1$ reagiert die Kapitalanlage vollkommen proportional zu dem Marktportfolio. Ist das $\beta > 1$, so wirken sich Veränderungen der Einflussfaktoren auf die Kapitalanlage im Vergleich zum Marktportfolio überproportional aus. Das bedeutet, dass das Unternehmen anfälliger gegenüber dem systematischen Marktrisiko ist und sich dieses höhere Risiko in einer höheren Renditeerwartung (bzw. in höheren Eigenkapitalkosten) niederschlägt. Bei einem $\beta < 1$ ist das Risiko entsprechend kleiner als das des Marktportfolios, weshalb die Renditeerwartung der Marktteilnehmer geringer ausfällt.[414]

Bezüglich der Datengewinnung der im Rahmen des CAPM erforderlichen Parameter bietet sich folgende Vorgehensweise bzw. folgender Proxy an. Die **Rendite einer risikolosen Anlage** kann auf Basis langfristiger öffentlicher (Staats-)Anleihen mit hoher Bonität und geringem Ausfallrisiko bestimmt werden. Dem in der Regel im Rahmen einer Unternehmensbewertung langfristigen Horizont der Investoren sollte durch eine fristenkongruente historische Betrachtung des langfristigen Durchschnitts einer quasi-sicheren Anlage entsprochen werden. Als geeignetes Proxy für die Rendite einer risikolosen Anlage bietet sich z. B. die Nutzung eines geometrischen 10-Jahresdurchschnitts der Renditen 10-jähriger Anleihen der öffentlichen Hand an.[415] Die **Rendite des Marktportfolios** kann in der Regel durch die Verwendung von Marktindizes relativ gut approximiert werden, wobei darauf zu achten ist, dass langfristige historische Durchschnitte als Datengrundlage verwendet werden, um Volatilitäten von Stichtagsbetrachtungen zu vermeiden.[416] In Deutschland bieten sich in diesem Zusammenhang vor allem die Indizes des DAX, DAX100 bzw. des CDAX an. Insbesondere im Kontext der Bewertung von KMU ist die Nutzung des SDAX bzw. des seit September 2004 bei der Deutsche Börse AG eingeführten GEX

413 Vgl. Sharpe 1964, S. 436ff. Da das CAPM seinen Ursprung in der Portfoliotheorie hat, ist es streng genommen nur für Unternehmen anwendbar, deren Aktien Bestandteil einer größeren Summe von Wertpapieren bilden. Da bei der Unternehmensbewertung der Wert lediglich *eines* Unternehmens ermittelt werden soll, muss der Kapitalisierungszins methodisch korrekt um das unsystematische Risiko korrigiert werden. Ein weiterer Kritikpunkt ist die Anwendung vergangenheitsbezogener Beta-Faktoren zur Diskontierung zukünftiger Cashflows vgl. Behringer 1999, S. 94.

414 Vgl. Günther 1997, S. 166f.

415 Vgl. z. B. Ebenda, S. 176.

416 Vgl. Ebenda, S. 176ff.

(German Entrepreneurial Index) interessant, der 120 Werte börsennotierter, jedoch eigentümergeführter KMU abbildet.[417] Die **Risikoprämie** ergibt sich demnach als einfache Differenz zwischen der Marktrendite und der Rendite risikoloser Anlagen.

Bei börsennotierten Unternehmen kann das Beta dabei mittels Rückgriff auf empirische Daten im Rahmen einer univariaten Regressionsanalyse zwischen Markt- und Unternehmensrendite gewonnen werden.[418] Da die Betas börsennotierter Unternehmen durch Datenbankanbieter regelmäßig berechnet und veröffentlicht werden, ist anzumerken, dass die Ergebnisse je nach Betrachtungszeitraum stark volatil sind und eine empirische Validierung der Betas bzw. des CAPM-Modells nicht gegeben ist.[419]

Bezüglich der **Ermittlung der risikoadäquaten Kapitalkosten** für die Zwecke der Bewertung eines mittelständischen, **nicht-börsennotierten Unternehmens** wird bei Anwendung des CAPM als Form der kapitalmarktabhängigen Bestimmung der Eigenkapitalkosten die größte Kritik in der **Vernachlässigung individueller Risikoneigungen des Unternehmers** gesehen.[420] Entscheidungsrelevant ist streng genommen nicht die Renditeerwartung des Marktes, sondern die individuelle Risikoneigung des Investors, also des Unternehmers. Neben dieser Divergenz scheinen des Weiteren die **Annahmen des CAPM** insbesondere im Kontext mittelständischer Unternehmen als **nicht erfüllt**.[421] Die Annahme marktfähiger, unendlich teilbarer Anteile ist vor dem Hintergrund der geringeren Fungibilität mittelständischer Gesellschaftsanteile unrealistisch. Ebenso ist dem Unternehmer eine durch die dem CAPM zu Grunde liegende Kapitalmarkttheo-

---

417 Der DAX setzt sich aus den 30 umsatzstärksten deutschen Unternehmen zusammen, der DAX100 erweitert den Kreis der betrachteten Unternehmen um die 70 Börsennotierungen des MDAX. Im CDAX sind alle deutschen Werte aus den Segmenten Amtlicher Handel, Geregelter Markt und Neuer Markt enthalten. Der SDAX umfasst 50 kleinere Unternehmen, der GEX 120 Werte börsennotierter, jedoch inhabergeführter Mittelständler. Es ist darauf zu achten, dass neben der Nutzung geometrischer Durchschnitte der Markt-Performances, der Ermittlungszeitraum einen repräsentativen Charakter hat, weshalb der erst seit 2004 existierende GEX als Proxy einer Marktrendite durch weitere Indizes plausibilisiert werden sollte. Vgl. Deutsche Börse AG 2006; Deutsche Börse AG 2004.

418 Vgl. Baetge/Krause 1994, S. 439ff.; Klien 1995, S. 129f.

419 Vgl. insbesondere die Kritik zum CAPM und des Problems der empirischen Validität von Günther 1997, S. 167ff. und die dort verwiesene Literatur und Studien.

420 Vgl. Behringer 1999, S. 94.

421 Vgl. zu den Annahmen des CAPM Copeland/Weston 1992, S. 194.

rie angenommene Diversifikation unmöglich, da er oftmals mit seinem kompletten Vermögen im Unternehmen engagiert ist.[422] Während im CAPM lediglich das systematische Risiko entgolten wird, tritt bei mittelständischen Unternehmen ein unsystematisches Risiko hinzu. Eine vom Unternehmer gewünschte Berücksichtigung dieses Risikos kann im CAPM-Modell nicht abgedeckt werden. Darüber hinaus kann die vom Unternehmer für das Gesamtrisiko geforderte Risikoprämie nur schwer bestimmt werden.

In diesem Zusammenhang ist die Ermittlung des **Betas** als problematisch einzustufen, da keine adäquaten Marktdaten zur Bestimmung der Risikoprämie abgeleitet werden können (und idealerweise auch nicht sollten). Für nicht-börsennotierte Unternehmen (oder Geschäftseinheiten) kann im Rahmen des „*Direct Comparison Approaches*" bzw. des „***Analogieansatzes***"[423] das Beta eines vergleichbaren Unternehmens („*Pure Play Beta*"), das Durchschnittsbeta einer Peer Group vergleichbarer börsennotierter Unternehmen („*Peer Group Beta*") bzw. das Beta von Vergleichsbranchen („*Industry Beta*") beobachtet und ermittelt werden, welches anschließend an die Kapitalstruktur des zu bewertenden Unternehmens angepasst wird.[424] Dazu ist es erforderlich, das durch Verschuldung gehebelte (*levered*) Beta der Vergleichsunternehmen, die sich in ihrem operativen Geschäftsmodell und Risiko dem zu bewertenden Unternehmen ähneln sollten, zu bereinigen und ggf. zu gewichten (*unlevered*), um anschließend das verschuldungsfreie, ungehebelte Beta auf die neue Verschuldungsstruktur des Unternehmens unter Berücksichtigung steuerlicher Effekte anzupassen (*relevered*).[425] Dabei sind diesem Verfahren prinzipiell die gleichen Nach-

---

422 Des Weiteren ist davon auszugehen, dass mittelsständische Unternehmer weniger *risikoavers* sind als Eigner börsennotierter Unternehmen. Ebenso sind die Unternehmer-Eigentümer nicht als *Preisnehmer* im Sinne des CAPM zu verstehen. Im Falle der Fremdgeschäftsführung bzw. der Einbindung weiterer Manager ist nicht von einer Abstraktion von Informationsasymmetrien auszugehen.

423 Neben dem Rückgriff auf die Analogieansätze kann im Rahmen der indirekten Ermittlung von Betas auf so genannte Analyseansätze zurückgegriffen werden, bei denen Daten des internen Rechnungswesens eine quantitative Relation mit der Marktrendite bilden sollen (so genannte *accounting-beta*). Da das Verfahren der Analyseansätze in der Praxis wenig Relevanz besitzt, wird im weiteren Verlauf auf die Darstellung derselben verzichtet. Für den interessierten Leser: Vgl. Hachmeister 1995, S. 202ff.; Raster 1995, S. 90ff.; Steiner/Bauer 1992, S. 353ff.; Günther 1997, S. 180ff.

424 Vgl. die empirische Untersuchung von Thiele et al. 2000, S. 12.

425 Vgl. Ballwieser 1998, S. 91f.; Copeland et al. 2000, S. 308f.; Erhardt/Bhagwat 1991; Günther 1997, S. 180ff.; Herter 1994, S. 102ff.; AK „Finanzierung" der Schmalenbach-Gesellschaft für Betriebswirtschaft e.V. 1996, S. 552ff.

teile wie der Multiplikatormethode inhärent. Ein genau vergleichbares (bzw. eine Gruppe vergleichbarer) Unternehmen wird es genauso wenig geben wie sich das zu bewertende Unternehmen parallel zur Entwicklung einer Branche bewegen wird.

Die im Rahmen des Analogieansatzes indirekt ermittelten Betas sollten daher lediglich als erste Indikatoren zu verstehen sein. Zur Plausibilisierung kann die (gesamte) **Risikoprämie** des Unternehmers kapitalmarktunabhängig im Rahmen einer **direkten Befragung** ermittelt werden.[426] Da der kalkulatorische Eigenkapitalzins eine Opportunitätskostenfunktion übernimmt, könnte dieser aus der erwarteten Rendite einer Alternativanlage mit ähnlichem Risikoprofil ermittelt werden. Entscheidend bei der Festlegung der individuellen Risikoprämie sind dabei zum einen der Grad der **Risikoaversion** und zum anderen die (wahrscheinliche) **Unterdiversifikation des Unternehmers**. Es ist anzunehmen, dass mittelständische Unternehmen im Vergleich zu Kapitalmarktteilnehmern risikofreudiger sind[427] und somit eine geringere Risikoprämie einfordern. Demgegenüber steht die Vermutung, dass unterdiversifizierte Unternehmer-Eigentümer auch für ihr unsystematisches Risiko, welches sie durch ihr Engagement in dem Unternehmen eingehen, entschädigt werden möchten.[428] Zur Bestimmung der individuellen Risikoeinstellung eines Unternehmers bietet sich die Orientierung an Fragebögen von Finanzverwaltern zur Einschätzung der Risikoneigung bei der Geldanlage an.

Im Anschluss an eine solche Befragung können qualitative Einschätzungen bzgl. des Risikoprofils der betrachteten Einheit zur Adjustierung des Betas generiert werden.[429] Eine erste Näherung an das unsystematische Risiko eines Unternehmens kann z. B. durch eine Anlehnung an die im Rahmen der Basel II-Richtlinie entwickelten Ratingverfahren von Kreditinstituten erfolgen. Hierbei werden

426 Hier bezieht sich die Managementbefragung also auf die gesamte Risikoprämie und nicht nur auf die Ermittlung des Beta-Wertes.

427 Dies kann in dem unternehmerischen Wagemut begründet liegen und in der Tatsache, dass Kapitalmarktteilnehmer im Verständnis des CAPM lediglich das nicht-diversifizierbare Risiko vergolten bekommen.

428 Dabei ist jedoch davon auszugehen, dass Unternehmer auf Grund der Beeinflussbarkeit der Unternehmensführung und der Überschätzung ihrer eigenen Fähigkeiten von einem zu geringen unsystematischen Risiko ihres Geschäftes ausgehen. Vgl. Khadjavi 2005, S. 203ff.

429 Zu den qualitativen Ermittlungsansätzen und deren Kritik Vgl. Copeland et al. 2000, S. 308; Kässer et al. 2000, S. 500f.; Mirow 1994, S. 98f.; AK „Finanzierung" der Schmalenbach-Gesellschaft für Betriebswirtschaft e.V. 1996, S. 556ff.

neben den harten betriebswirtschaftlichen Zahlen des Unternehmens auch weichere Faktoren wie Managementqualitäten, Marktentwicklung, Produktrisiken etc. betrachtet.[430] Zur Bestimmung des Zinssatzes einer risikolosen Anlage kann z. B. auf bestehende Verzinsungsalternativen von Festgeldern oder Girokonten zurückgegriffen werden.

b) Fremdkapitalkosten

Um die kapitalmarktorientierten Opportunitätskosten für Fremdkapital zu ermitteln, wird die aktuelle Marktrendite für Fremdkapital mit vergleichbarem Risiko als Maßstab genommen. Da im Rahmen des DCF-Verfahrens die freien Cashflows nach Steuern ermittelt werden, muss der Steuereffekt der Fremdkapitalkosten ebenfalls berücksichtigt werden.[431] Nicht-verzinsliche Fremdkapitalbestandteile (so genanntes *Abzugskapital,* wie z. B. Anzahlungen) sind dabei aus der Betrachtung ausgeschlossen, da sie dem Unternehmen unentgeltlich zur Verfügung gestellt werden und daher nicht mit Verzinsungserwartungen verbunden sind.[432]

Obwohl bereits die Ermittlung der Fremdkapitalkosten auch für KMU relativ einfach und übersichtlich erscheint, bietet sich zur weiteren Vereinfachung an, die innerhalb eine Periode angefallenen Fremdkapitalkosten durch den durchschnittlichen Bestand an zinstragendem Fremdkapital in dieser Periode zu dividieren.[433]

c) Kapitalkosten für langfristige Rückstellungen

Langfristige Rückstellungen können als Fremdkapitalsubstitut angesehen werden, da sie als ungewisse Verbindlichkeiten gegenüber Dritten einen Kredit darstellen. Die Finanzierungskosten langfristiger Rückstellungen orientieren sich

---

430 Vgl. insbesondere die Ausführungen in Meyer 2003; Lewis 1995. Das Basel II-Rating besteht prinzipiell aus gleichgewichteten quantitativen (z. B. Gesamtkapitalrendite, Verschuldungsgrad, Kapitalstruktur, Zinsdeckungsgrad, absolute Cashflow-Höhe) und qualitativen Kriterien (z. B. Unternehmerqualitäten, Existenz von Planung und Strategiepapier, Markttrends, Wettbewerbsintensität, ggf. Produktentwicklungspipeline). Vgl. Wambach/ Wunderlich 2002, S. 38ff. Das Rating wird i. d. R. jährlich durchgeführt vgl. KWG §18.

431 Der Steuerschild ist hierbei zu berücksichtigen, da bei der Ermittlung der freien Cashflows die Steuern auf das *operative* Ergebnis den steuermindernden Effekt der Fremdfinanzierung nicht berücksichtigen. Vgl. Nowak 2000, S. 27.

432 Vgl. Riedl 2000, S. 202; Copeland et al. 1996, S. 249. Wie beschrieben sind jedoch Miet- und Leasingaufwendungen auf Grund ihres Finanzierungscharakters zu berücksichtigen.

433 Vgl. AK „Wertorientierte Führung in mittelständischen Unternehmen" der Schmalenbach-Gesellschaft für Betriebswirtschaft e.V. 2004, S. 248.

dabei an dem (in gleicher Höhe nun reduzierten) Fremdkapital mit gleicher Fristigkeit und Risikostruktur.[434] Alternativ können die Kosten für Pensionsrückstellungen auch mit dem steuerlich zur Verzinsung von Pensionsansprüchen vorgeschriebenen Zinssatz von 6% angesetzt werden.[435] Vereinfachend wirkt die Verwendung des Zinssatzes für das übrige Fremdkapital, was auf Grund des Charakters des Fremdkapitalsubstituts von Rückstellungen theoretisch auch begründet werden kann.[436]

d) Kapitalstruktur des Unternehmens

Die ermittelten Kapitalkostensätze werden ihrem Anteil am Gesamtkapital entsprechend in die Berechnung des gewichteten Kapitalkostensatzes einfließen. Während prinzipiell jeweils die Marktwerte zur Bestimmung der Kapitalanteile anzuwenden sind[437], kann bei der Bestimmung des Fremdkapitalanteils auch vereinfachend der Buchwert herangezogen werden, weil sich dieser für Fremdkapital in der Praxis selten und nur gering von dessen Marktwert unterscheidet. Da sich jedoch die tatsächliche Kapitalstruktur auf Grund von Finanzierungsaktivitäten des Unternehmens voraussichtlich ändert und sich damit die Kapitalanteile verschieben, wird bei der Berechnung des WACC vorgeschlagen, die Zielkapitalstruktur zu verwenden. Dies löst darüber hinaus, wenn auch wissenschaftlich nicht ganz korrekt, das *Zirkularitätsproblem*, um die bei der Bestimmung des WACC aufwändigen Iterationen zu vermeiden.[438] Denn: Der zur Kapitalgewichtung benötigte Marktwert des Unternehmens soll bekanntlich erst im Rahmen des DCF-Verfahrens durch Abzinsung der FCF bestimmt werden.[439] Ebenfalls lässt sich durch die Anwendung von Zielkapitalstrukturen a priori das Problem der fehlenden Kapitalmarktnotierung von KMU umgehen.

---

434 Vgl. Schwetzler 1998, S. 700.

435 Vgl. Herter 1994, S. 95; Schneider 1992, S. 368.

436 Vgl. Plaschke 2003, S. 77.

437 Die Investoren verlangen eine Verzinsung ihrer zu Marktpreisen bewerteten Kapitaleinlage, da sie alternativ ihre Investition am Kapitalmarkt veräußern und den realisierten Marktpreis entsprechend in die nächst bessere Anlage investieren können.

438 Vgl. Nowak 2000, S. 79ff.

439 Für eine plausible Bestimmung der Zielkapitalstruktur vgl. Copeland et al. 2002, S. 265ff. Für ein alternatives DCF-Verfahren ohne Zirkularitätsproblem siehe Schildbach 2000, S. 712ff. In der Praxis kann das Zirkularitätsproblem mit Hilfe von Tabellenkalkulationsprogrammen einfach gelöst werden.

Nachdem alle relevanten Faktoren bestimmt wurden, können durch Einsetzen der Inputparameter in die Formel die gewichteten Kapitalkosten des Unternehmens bestimmt werden. Folgende Abbildung stellt dabei die prinzipielle Vorgehensweise übersichtlich zusammen.

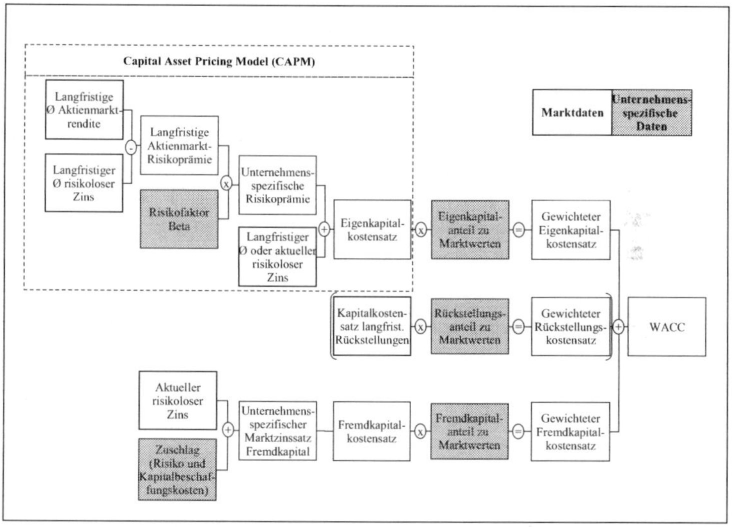

Abbildung 3-7: Bestimmung der gewichteten Kapitalkosten (WACC)
Quelle: Mit leichten Modifikationen übernommen aus PLASCHKE (2003), S. 65

Die bisherigen Ausführungen dienten der systematischen Beschreibung und Erklärung der einer wertorientierten Unternehmensführung zu Grunde liegenden Bewertung eines Unternehmens an Hand des DCF-Verfahrens. Während das DCF-Verfahren bei deutschen Großunternehmen das etablierteste Verfahren der Unternehmensbewertung darstellt, besitzt das anfangs angedeutete Ertragswertverfahren in der Praxis einen höheren Stellenwert bei mittelständischen Unternehmen.[440] Der erste bedeutende Unterschied zwischen den beiden Verfahren liegt in der Verwendung des Kapitalisierungszinssatzes begründet. Das DCF-Verfahren diskontiert die zukünftigen Erträge mit den gewichteten Gesamtkapitalkosten (WACC), welche das arithmetische Mittel der mit ihren Anteilen am Marktwert gewichteten Kosten aller Kapitalquellen des Unternehmens darstellen. Bei dem Ertragswertverfahren wird der Kapitalisierungszins durch die Opportunitätskosten der nächst besten Alternativrendite des Investors bestimmt und

440 Vgl. Behringer 1999, S. 149; Peemöller/Meyer-Pries 1995, S. 1202ff.; Eidel 2000, S. 30.

orientiert sich demnach sehr stark an den persönlichen Risikopräferenzen des einzelnen Investors. Diese Renditeforderung des Investors setzt sich ebenfalls aus dem risikolosem Zins und einer individuell zu bestimmenden Risikoprämie zusammen.[441] Ein weiterer Unterschied besteht darin, dass bei dem DCF-Verfahren anders als beim klassischen Ertragswertverfahren nicht die buchhalterischen Jahresüberschüsse (bei angenommener Vollausschüttung) den Wert des Eigenkapitals determinieren, sondern die Wertermittlung auf Basis der Freien Cashflows erfolgt, welche damit ebenfalls alle Zahlungen des Unternehmens, inklusive der Fremdkapitalgeber, berücksichtigen.

Die dargelegten Ausführungen stellen daher eine **Mischung aus klassischem Ertragswertverfahren und DCF-Verfahren** dar. Dabei werden sowohl Anpassungen im Zähler als auch im Nenner der Bewertungsformel vorgenommen. Durch den Rückgriff auf wertrelevante Cashflows wird dem Grundgedanken einer wertorientierten Bewertung als Grundlage einer wertorientierten Unternehmensführung Rechnung getragen. Darüber hinaus werden die Spezifika von KMU wie die Bedeutung des Unternehmers und die Abgrenzung von betriebsbedingtem und privatem Vermögen berücksichtigt. Im Nenner erfolgt eine zielgruppenspezifische Anpassung durch die Diskontierung der Erfolgsgrößen ähnlich dem Ertragswertverfahren durch einen individuell ermittelten, kapitalmarktunabhängigen Risikozins, der die individuellen Risikoüberlegungen der Unternehmer integriert. Die beschriebenen Anpassungen des DCF-Verfahrens führen im Ergebnis zu einem für den Mittelstand geeigneten **modifizierten DCF-Verfahren**.[442]

Im folgenden Abschnitt sollen nun zwei wesentliche Bausteine der Operationalisierung einer wertorientierten Unternehmensführung vorgestellt werden, die es dem Management ermöglicht, das Unternehmen zielgerichtet wertorientiert zu steuern.

3.3 Operationalisierung wertorientierter Unternehmensführung

Das Ziel der Steigerung des Unternehmenswertes kann an Hand von so genannten Wertsteigerungsmodellen, verstanden als System zur systematischen Identi-

441 Alternativ zur Risikoprämie kann der zu erwartende Ertrag in so genannte Sicherheitsäquivalente umgewandelt werden, welche mit dem risikolosen Zins diskontiert werden. Das Sicherheitsäquivalent gilt dabei als der Anteil am Ertrag, der als sicher anzusehen ist und daher nur mit einem risikolosen Zins vergütet werden muss. Vgl. Mandl/Rabel 1997, S. 33ff.; Behringer 1999, S. 73ff.

442 Vgl. Khadjavi 2005, S. 182ff. oder Behringer 1999, S. 152ff., der dieser Mischung der Verfahren dem Namen *modifiziertes Ertragswertverfahren* gibt.

fizierung, Steuerung und Bewertung wertorientierter Handlungsmöglichkeiten, verfolgt werden. Wertsteigerungsmodelle greifen dabei auf eine **Spitzenkennzahl** zurück, die eine relativ hohe Korrelation zur Wertschaffung aufweisen soll und brechen diese mittels so genannter **Werttreiberbäume** auf weitere Wertkomponenten bis zur operativen Ebene des Unternehmens herunter.[443] Unter einer Kennzahl wird eine Metrik verstanden, die quantitativ erfassbare Sachverhalte in konzentrierter Form erfasst und damit zweckorientierte Informationen für konkrete Entscheidungssituationen zur Verfügung stellt.[444] Dabei ermöglichen Kennzahlen die Optimierung der Zusammenarbeit einzelner betrieblicher Funktionsbereiche sowie objektivierte Leistungsvergleiche eines Unternehmens und ihrer Mitarbeiter (u. a. bzgl. des Zielerreichungsgrads).[445] Im Rahmen einer wertorientierten Unternehmensführung und Steuerung sind theoretisch Kennzahlen zu bevorzugen, die die Eigenschaften der Zukunftsorientierung, der Zahlungsmittelorientierung und der Berücksichtigung von Kapitalkosten erfüllen.

Bevor der Wertmanagement-Gedanke in Theorie und Praxis an Bedeutung gewonnen hatte, basierte die Steuerung eines Unternehmens primär auf so genannten traditionellen Kennzahlen.[446] Diese traditionellen Kennzahlen bilden jedoch die Grundsätze einer wertorientierten Unternehmensführung nicht ab und sind daher für eine Einbettung in ein wertorientiertes Managementkonzept nicht geeignet. Die Kritik an den traditionellen internen Kennzahlen zur Leistungsmessung in einem Unternehmen lässt sich durch folgende Punkte zusammenfassen:[447]

---

443 Vgl. Stelter et al. 2001, S. 29ff.

444 Vgl. Reichmann 2001, S. 19. Kennzahlen können dabei durch verschiedene Dimensionen (z. B. Messskala, Zeitbezug, Bewertungsansatz) charakterisiert werden.

445 Vgl. Riedl 2000, S. 20.

446 Unter traditionellen Kennzahlen werden dabei auf der einen Seite buchhalterische Ergebnisgrößen bzw. Cash-Größen wie z. B. der Jahresüberschuss, der Net Operating Profit, der Brutto Cashflow oder der Freie Cashflow verstanden. Auf der anderen Seite lassen sich auch Renditekennzahlen, die eine Ergebnisgröße in Relation zu einer Erfolgsgröße (z. B. Umsatz, eingesetzte Kapitalbasis) setzen, dazu zählen. Beispiel hierfür sind die Umsatzrendite, die Eigenkapitalrendite, die Gesamtkapitalrendite oder der Cashflow Return on Investment (CFROI). Für eine umfassende Übersicht und Diskussion dieser Kennzahlen vgl. Plaschke 2003, S. 114ff.; Günther 1997, S. 50ff.

447 Vgl. zum gesamten Abschnitt: Günther 1997, S. 50ff.; Riedl 2000, S. 110ff.; Plaschke 2003, S. 111ff.; Stelter/Plaschke 2001, S. 3ff.; Bischoff 1994, S. 12ff.; Bühner 1990, S. 13ff.; Copeland et al. 2000, S. 73ff.; Gomez 1990, S. 559; Hardtmann 1996, S. 83ff.; Herter 1994, S. 32ff.; Knorren 1998, S. 10ff.; Lehmann 1994, S. 84ff.; Martin/Petty 2000, S. 35ff.; Pape 1997, S. 31ff.; Rappaport 1998, S. 13ff.; Raster 1995, S. 23ff.;

Mangelnde Zahlungsmittelorientierung: Buchhalterische Ergebnisgrößen und die darauf basierenden Kennzahlen vernachlässigen die der Wertorientierung inhärente Zahlungsmittelorientierung. Der Kapitalbedarf für zukünftiges Wachstum wird lediglich über buchhalterische Abschreibungen und nicht in der periodengerechten Zahlungswirksamkeit berücksichtigt.

Fehlender Ausweis von Eigenkapitalkosten: Während die Fremdkapitalkosten in Form von Zinsen in der buchhalterischen Wirtschaftlichkeitsrechnung eines Unternehmens Eingang finden, fließen die Opportunitätskosten der Eigenkapitalgeber nicht ein. Bevor Aussagen zur Wertsteigerung getroffen werden können, muss bei Anwendung traditioneller Kennzahlen die ermittelte Rendite erst mit den Kapitalkosten verglichen werden.

Fehlende Berücksichtigung des Zeitwertes des Geldes: Risiko- und Inflationsaspekte werden bei buchhalterischen Gewinngrößen nicht berücksichtigt, weshalb bei zunehmender Inflation und Alter der Anlagen Zähler und Nenner der Rentabilitätsgröße auseinander laufen.

Mangelnde Berücksichtigung von Risiken: Die Berücksichtigung von Risiken, z. B. in Form risikoadjustierter Kapitalkosten findet im Rahmen traditioneller Kennzahlen nicht statt.

Einperioden- und Kurzfristorientierung: Traditionelle Kennzahlen sind i. d. R. einperiodisch definiert und können daher langfristige Anreize und Erfolge nicht abbilden. Im Ergebnis kann es einen Anreiz zur Unterinvestition langfristiger und kapitalintensiver Investitionen geben.

Vergangenheitsorientierte Anwendung: Traditionelle Kennzahlen basieren auf vergangenheitsorientierten Gewinngrößen und stellen damit das wertrelevante Charakteristikum der Zukunftsbezogenheit nicht dar.

Aus den genannten Schwachpunkten ergeben sich bei Anwendung traditioneller Kennzahlen zur Unternehmenssteuerung weitere Kritikpunkte:

Manipulierbarkeit durch Ansatz- und Bewertungsspielräume: Durch eine Vielzahl an steuerlichen und handelsrechtlichen Möglichkeiten zur Gestaltung des Gewinnausweises (z. B. durch Abschreibungsmethoden, Aktivierung von Aufwendungen, Periodenabgrenzung, Rückstellungen, Wertberichtigungen, Fremd-

---

Siegert 1995, S. 585ff.; Stewart III 1990, S. 21ff:, Whittington 2000, S. 344ff.

währungsumrechung etc.) kann eine gestärkte Unternehmenssituation suggeriert werden, die nicht den tatsächlichen ökonomischen Gegebenheiten entspricht.

Mangelhafte Vergleichbarkeit: Traditionelle Kennzahlen können Unterschiede in der Finanzierungsstruktur, der Kapitalintensität, der Altersstruktur von Anlagevermögen bzw. im Leasing und Goodwill der bewerteten Objekte nicht berücksichtigen, so dass eine Vergleichbarkeit der Ergebnisse nicht gewährleistet ist.

Investitions- und Wachstumshemmung: Neuinvestitionen lassen tendenziell den Wert buchhalterischer Rentabilitätskennzahlen zurückgehen, da die gestiegene Kapitalbasis im Nenner den zu erwartenden positiven Ertragseffekt im Zähler überwiegt. In der Konsequenz können wertschaffende Investitionen ausbleiben und ggf. sogar ein Anreiz zu einer irrationalen Desinvestition entstehen.

Zusammenfassend kann festgehalten werden, dass traditionelle Kennzahlen die Anforderungen an eine Wertkennzahl zur Messung der Unternehmenswertentwicklung nicht erfüllen.[448] Die Beurteilung von Unternehmen, Teileinheiten, Investitionsprojekten etc. auf Basis traditioneller Kennzahlen kann zu einer suboptimalen Kapitalallokation und damit Fehlsteuerung führen. Als Antwort auf diese Mängel sind in der letzten Zeit einige Ansätze entwickelt worden, die versuchen, eine stärkere wertorientierte Performancemessung zu ermöglichen.[449] Folgende Abbildung 3-8 stellt eine Systematisierung von Kennzahlen dar, die einen sinnvollen Trade-off zwischen der Integration wertorientierter Aspekte und relativer Einfachheit bieten. Dabei lassen sich die Kennzahlen bzgl. ihrer zu Grunde liegenden Datenbasis (Jahresabschlussrechnung vs. Liquiditätsrechnung) bzw. ihrer Bezugsgröße (Rendite-, Übergewinn- und Delta-Übergewinnkennzahlen) kategorisieren und nach ihrer Aussagekraft bewerten.

448 Vgl. v. a. Plaschke 2003 für eine detaillierte Analyse traditioneller Kennzahlen hinsichtlich ihrer Eignung für wertorientierte Ansätze.

449 Vgl. Günther 2002, S. 89ff., der insbesondere für nicht-börsennotierte mittelständische Unternehmen die Bedeutung einer adäquaten Ausgestaltung von internen Wertschaffungskennzahlen hervorhebt.

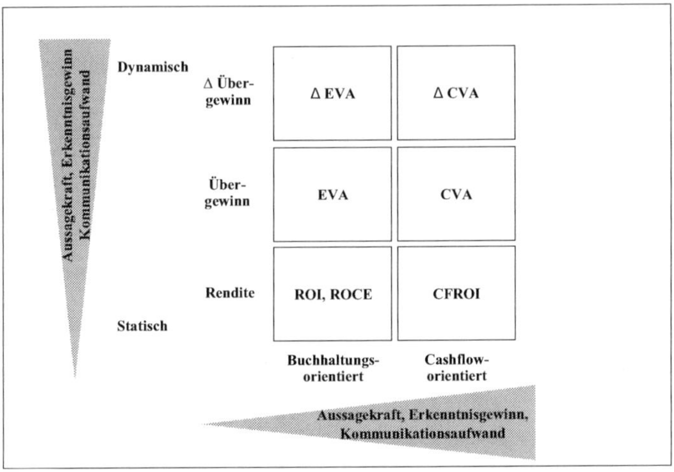

Abbildung 3-8: Systematisierung wertorientierter Kennzahlen
Quelle: Mit Modifikationen übernommen von STELTER et al. (2001), S. 31.

Kapitalrenditekennzahlen stellen eine unternehmerische Erfolgsgröße (z. B. generierter Cashflow, Betriebsergebnis) in Relation zu einer Kapitaleinsatzgröße (z. B. Bruttoinvestitionsbasis, investiertes Kapital) dar, vernachlässigen jedoch die für eine Wertschaffung notwendige Betrachtung der Kapitalkosten und der Veränderung der Kapitalbasis.[450] Zusätzlicher Wert eines Unternehmens wird nur dann geschaffen[451], wenn es dem Unternehmen gelingt, eine Rendite zu erzielen, die über der durch die Kapitalkosten ausgedrückten geforderten Rendite der Investoren liegt.[452] Der absolute Betrag, der über die Kapitalkosten

450 Vgl. z. B. Plaschke 2003, S. 118. Während traditionelle Kennzahlen wie Umsatzrenditen (Return on Sales = ROS) oder Cashflow-Marge gar keine Kapitalbetrachtung aufweisen, fehlt bei der Anwendung von Eigenkapitalrendite (Return on Equity = ROE) oder Gesamtkapitalrendite (Return on Investment = ROI) der Vergleich mit den zu erwirtschaftenden Kapitalkosten. Des Weiteren kann z. B. trotz gestiegenen ROI der Wert des Unternehmens sinken, wenn die Kapitalbasis des Unternehmens überproportional zurückgegangen ist.

451 Zu unterscheiden sind hierbei explizit die Begriffe „Wertschaffung" und „Wertsteigerung". Während „Wertschaffung" erreicht wird, wenn die Rendite die Kapitalkosten übersteigt, muss zur „Wertsteigerung" die zukünftige erwartete Wertschaffung des Unternehmens gesteigert werden. Dies lässt sich damit begründen, dass die zukünftig geplante Wertschaffung des Unternehmens (also letztlich die Höhe der Cashflows) in die Berechnung des Unternehmenswertes einfließt.

452 Siehe auch die Herleitung und Bedeutung der kritischen Marge in RAPPAPORTS Share-

hinaus verdient wird, stellt einen **ökonomischen Übergewinn** dar und trägt dem wertorientierten Charakteristikum der Berücksichtigung risikoadäquater Kapitalkosten Rechnung. Folgende Formel 3-6 veranschaulicht diesen Zusammenhang.

$$\text{Ökonom. Übergewinn} = \left(\frac{\text{Erfolgsgröße}}{\text{Kapitaleinsatz}} - \textit{Kapitalkostensatz} \right) * \text{Kapitaleinsatz}.$$

Formel 3-6: Ermittlung des Wertbeitrages

Der Wert eines Unternehmens kann auf zwei Wegen gesteigert werden. Zum einen durch eine **Erhöhung des *Value Spreads*,** der Differenz von realisierter Rendite (z. B. durch Steigerung der Rendite mittels besserer Kostenstrukturen) und Kapitalkosten (z. B. durch Senkung der Kapitalkosten mittels günstigerer Fremdkapitalfinanzierung) und zum anderen durch **rentables Wachstum**.[453] Folgende Grafik veranschaulicht dabei die Forderung einer die Kapitalkosten übersteigenden Rendite zur Wertsteigerung des Unternehmens.

holder Value Netzwerk. Vgl. Rappaport 1986.

453 Für den Fall einer bereits positiven Differenz zwischen diesen beiden Größen. Für den Fall, dass die Rendite unter den Kapitalkosten liegt, führt weiteres Wachstum zu einer Wertvernichtung.

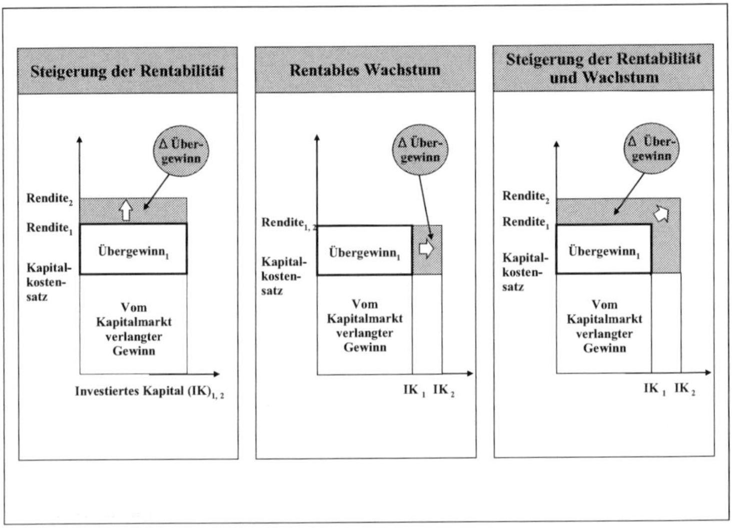

Abbildung 3-9: Systematik des Übergewinnkonzeptes
Quelle: Mit leichten Modifikationen übernommen von STELTER et al. (2001), S. 7.

Da Übergewinne den über die Kapitalkosten hinausgehenden Freien Cashflow darstellen, ergibt sich der Wert eines Unternehmens durch Diskontierung der erwarteten zukünftigen Übergewinne.[454] Für auf dem Kapitalmarkt notierte Unternehmen ist an dieser Stelle anzumerken, dass erwartete zukünftige Übergewinne bereits in dem aktuellen Marktpreis des Unternehmens enthalten sind. Demnach kann eine Unternehmenswertsteigerung nur durch einen so genannten **Delta-Übergewinn** erfolgen, da Investoren eine Verzinsung ihres zu Marktwerten investierten Kapitals erwarten. Der Delta-Übergewinn erhöht den Erwartungswert zukünftiger Übergewinne und führt über einen höheren Barwert zu einem gesteigerten Unternehmenswert. Damit wird auch dann Wertschaffung korrekt ausgewiesen, wenn z. B. die durchschnittliche Rendite sinkt, jedoch durch einen überproportionalen Kapitalanstieg kompensiert wird.[455] Dem Gedanken der Übergewinnkonzepte folgend, beinhaltet Wertmanagement letztlich die Handlungsmaxime lediglich in wertschaffende Geschäfte zu inves-

---

454 Auch hier kann die Prognose der Übergewinne in eine Detaillierungsphase und einen Restwert mit unterstellter konstanter Wachstumsrate unterteilt werden. Vgl. die Ausführungen in Abschnitt 3.2.2.2. Vgl. im übrigen Günther 2002, S. 94, der die Einperiodigkeit und fehlende Zukunftsbezogenheit der normalen Übergewinnverfahren kritisiert.

455 Vgl. Plaschke 2003, S. 136f.; Neubürger 2000, S. 194; Stelter et al. 2001, S. 6ff.

tieren und dort zu wachsen. Damit werden dem Management klare Handlungsempfehlungen gegeben.

Um Wertmanagement umfassend in allen Ebenen des Unternehmens zu verankern, muss die von dem Unternehmen gewählte Spitzenkennzahl bis in die operativen Einheiten heruntergebrochen werden. Zur Steuerung der Wertschaffung in den operativen Einheiten empfiehlt sich daher eine Übersetzung der Kennzahl in konkrete operative Werttreiber. Eine solche Übersetzung gelingt mit der Hilfe eines Werttreiberbaumes.

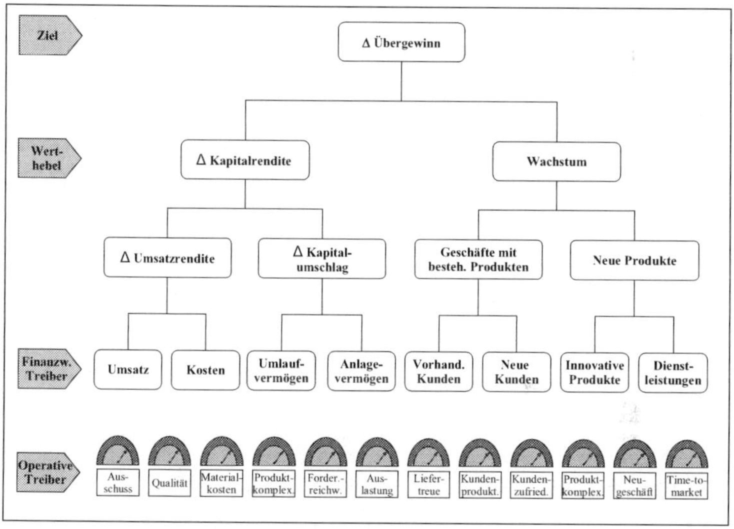

Abbildung 3-10: Operationalisierung der Spitzenkennzahl im Werttreiberbaum
Quelle: In Anlehnung an STELTER (2001), S. 12.

So kann z. B. die Kennzahl eines Delta-Übergewinns zunächst in die zu Grunde liegenden Werthebel und finanziellen Werttreiber unterteilt werden, um anschließend im Rahmen einer systematischen Analyse die operativen Stellgrößen der Wertschaffung im Unternehmen zu identifizieren. Neben dem Einfluss auf die Wertschaffung sind v. a. die Praktikabilität und Beeinflussbarkeit der Größen wesentliche Kriterien zur Auswahl der geeigneten operativen Treiber. Ist ein solcher Werttreiberbaum identifiziert, so ist nicht nur das Management in der Lage, die Aufmerksamkeit und Kontrolle auf wertschaffende tägliche Größen zu richten. Auch die beteiligten Mitarbeiter der unteren Unternehmenseinheiten können durch klare, für sie fassbare Zielvorgaben hin zu einer Wertsteigerung gesteuert und ggf. incentiviert werden, so dass wertorientierte Unternehmensführung umfassend in allen Ebenen des Unternehmens gelebt werden kann.

Inwieweit die bis hierhin aufgezeigten Aspekte einer wertorientierten Unternehmensführung bereits in der Literatur im KMU-Kontext diskutiert wurden, wird im folgenden Unterkapitel vorgestellt.

3.4 Forschungsüberblick: Bewertung von und Wertsteigerung in mittelständischen Unternehmen

In Abschnitt 2.3.3 wurden zwei wissenschaftliche Arbeiten vorgestellt, die sich mit der theoretisch-konzeptionellen Vorteilhaftigkeit einer wertorientierten Unternehmensführung im Mittelstand bzw. mit dem Anwendungs- und Akzeptanzgrad in mittelständischen Unternehmen auseinander setzen. In Ergänzung zu diesen tlw. abstrakt-normativen Ausführungen soll im Folgenden der Forschungsüberblick komplettiert werden, indem Arbeiten diskutiert werden, die sich mit **konkreten inhaltlichen Aspekten** zur Ausgestaltung einer wertorientierten Unternehmensführung in mittelständischen Unternehmen befassen. Dazu werden zunächst alternative Methoden zur Unternehmensbewertung von KMU vorgestellt (Kap. 3.4.1) und anschließend Arbeiten diskutiert, die Gestaltungsvorschläge hinsichtlich einer wertorientierten Unternehmensführung in KMU geben (Kap. 3.4.2).

3.4.1 Alternative Ansätze zur Unternehmensbewertung in mittelständischen Unternehmen

Das Verhältnis zwischen der immer stärker werdenden praktischen Relevanz der Bewertung mittelständischer Unternehmen auf der einen Seite und der wissenschaftlichen Diskussion bzw. Entwicklung geeigneter, KMU-spezifischer Bewertungsmodelle auf der anderen Seite ist unausgewogen.[456] In der Literatur sind weitere Ansätze entwickelt worden, die spezielle KMU-Charakteristika mehr oder weniger gut berücksichtigen.

Then Bergh (1985) geht in seinem Ansatz davon aus, dass KMU auf Grund ihrer einfachen Organisationsstruktur relativ leicht reproduzierbar sind und nicht über geschützte Alleinstellungsmerkmale im Wettbewerb verfügen.[457] Er unterstellt, dass der **Reproduktionswert** des Unternehmens geringer ist als der Er-

456 Vgl. Behringer 1999, S. 136.

457 Vgl. Then Bergh 1985, S. 171ff.

tragswert und daher den bewertungsrelevanten Entscheidungsmaßstab determiniert. Da die Ermittlung eines solchen Reproduktionswertes bei den in dieser Arbeit unterstellten großen (mittelständischen) Unternehmen doch als relativ komplex anzunehmen ist und dieser Wert darüber hinaus keine Entscheidungsunterstützungsfunktion im Rahmen einer internen Unternehmenssteuerung übernimmt, ist der Ansatz für die Zwecke dieser Arbeit weniger geeignet.

Das prinzipiell auf der Systematik des DCF-Verfahrens basierende Bewertungsverfahren von **Tuller (1994)** stellt den **Bewertungsprozess** in den Vordergrund der Betrachtung, dessen positiver Nebeneffekt in weiteren aufschlussreichen Erkenntnissen über das Unternehmens liegt.[458] Die in einem 10-stufigen Ermittlungsverfahren prognostizierten Cashflows werden mit einem aus risikolosem Zins und Risikoprämie bestehenden risikoadäquaten Kapitalisierungszins[459] diskontiert. Nachteilig bei diesem Ansatz ist, dass die Prognose zukünftiger Cashflows sehr stark auf vergangenheitsbezogene Aspekte abstellt und die für einen mittelständischen Unternehmer relevanten Opportunitätskosten in Form alternativer Investitionsmöglichkeiten nicht betrachtet werden.

De Visscher et al. (1995) konkretisieren in ihrem Ansatz die Bewertung von Familienunternehmen. Ausgangspunkt des Modells sind über das CAPM abgeleitete Kapitalkosten, die sowohl um einen **Familieneffekt** als auch um eine so genannte **Illiquiditätsprämie** korrigiert werden. Während die Illiquiditätsprämie, die empirisch bestätigte[460], schlechtere Veräußerbarkeit von Anteilen einer Familiengesellschaft berücksichtigt, spiegelt der Familieneffekt den Korrekturwert der von der kapitalmarktbasierten Rendite abweichenden Verzinsungsansprüche der Familie wider, welche je nach Identifikationsgrad mit dem Unternehmen erheblich geringer sein können. Neben der Vernachlässigung der individuellen Renditeerwartungen des Unternehmers erscheinen insbesondere die unklare Operationalisierung und die rechenmethodische Einbindung des Familieneffektes in dem Ansatz kritikfähig.[461]

---

458 Vgl. Tuller 1994, S. 43ff.; Behringer 1999, S. 144ff.

459 Vgl. die Ermittlung der Zinssätze bei Schilt 1982, S. 115ff.

460 Vgl. Koeplin et al. 2000, S. 94ff.

461 So würde in diesem Ansatz bei Berechnung der Kapitalkosten die Renditeerwartung einer harmonischen, sich aufopfernden Familie gleich null (und damit bei positivem risikofreien Zins die Risikoprämie negativ) sein. Diese Annahme ist tendenziell fragwürdig.

Bremer (1996) will in seinem Ansatz explizit die Ressourcenrestriktionen der mittelständischen Unternehmen berücksichtigen, indem er das aufwändigere Ertragswertverfahren theoretisch korrekt in seiner Komplexität reduzieren will.[462] Die Aufwandsreduktion resultiert letztlich in der Verwendung pragmatischer Tabellenkalkulationsprogramme zur Ermittlung des Unternehmenswertes, stellt jedoch keine neue, konzeptionelle Methodik zur Berücksichtigung der KMU-Spezifika dar.

Der Ansatz von **Achleitner/Bassen (2000)** beinhaltet im Wesentlichen eine sehr stark an das DCF-Verfahren (bzw. dem CAPM) angelehnte Ermittlung KMU-spezifischer, modifizierter Bewertungsparameter.[463] Auch hier wird zwischen Privat- und Geschäftsvermögen differenziert. Darüber hinaus berücksichtigen die Autoren die besondere Steuersituation des Eigentümers und unterstreichen damit vorerst die individuelle Bewertungssituation aus Sicht des Unternehmers. Dies wird jedoch dadurch relativiert, dass die Bestimmung der Kapitalkosten über das kapitalmarktorientierte CAPM erfolgt. Der zu bestimmende Betafaktor des Unternehmens wird im Rahmen eines *Pure-Play-Betas* bzw. *Peer-Group-Betas* bzw. weiterer Bereinigungen hinsichtlich der Steuer und Finanzierungsstruktur auf die spezifische Unternehmenssituation angepasst. Subjektive Risikoprämien des Investors werden demnach in dem Ansatz nicht berücksichtigt.

Die Ausführungen zeigen, dass alle bisherigen Ansätze gewisse Schwachpunkte aufzeigen und die Anwendung des beschriebenen modifizierten DCF-Verfahrens eine geeignete Bewertungssystematik für KMU darstellt.

3.4.2 Modelle zur Wertsteigerung in mittelständischen Unternehmen

In den letzten Jahren sind einige wissenschaftliche Publikationen veröffentlicht worden, die sich mit einzelnen Treibern zur Steigerung des Unternehmenswertes auseinander gesetzt haben, ohne diese jedoch in ein ganzheitliches Steuerungssystem zur Unternehmensführung einzubetten. Als KMU-spezifische Werttreiber sind dabei u. a. die Identifikation und Förderung von *Kompetenzen und Fähigkeiten*[464], die besondere Bedeutung des *Intellektuellen Kapitals*[465], die

---

462 Vgl. Bremer 1996, S. 49ff.

463 Vgl. Achleitner/Bassen 2000, S. 154ff.

464 Vgl. Capaldo et al. 2004, S. 2f.; Volery 2004, S. 9 sowie die empirische Arbeit von Achtenhagen/Naldi 2004.

465 Vgl. Gibson 2004; Schmidt 2004, S. 8; Capaldo et al. 2004.

gezielte Steuerung von *Innovationen*[466] im Rahmen eines Innovationsmanagements, die *Loyalität der Mitarbeiter*[467] zur Sicherstellung einer nachhaltigen Wertsteigerung oder die Existenz und die Verbreitung von *Kooperationen und Netzwerken*[468] anzusehen. Diesen Ansätzen ist jedoch gemein, dass sie kein ganzheitliches Wertsteigerungsmodell darstellen, sondern sich lediglich auf das Management einzelner Werttreiber konzentrieren.

Weitere Arbeiten, die die Einführung und Anwendung einer wertorientierten Unternehmensführung in mittelständischen Unternehmen thematisieren, greifen hinsichtlich einer konkreten inhaltlichen Empfehlung ebenfalls zu kurz.[469] Der Beitrag von **Bea/Thissen (1997)** rechtfertigt die Anwendung des Shareholder Value Gedankens als internes Kontrollinstrument im Mittelstand.[470] Dabei beschränken sich die Autoren in ihren konzeptionellen Überlegungen auf eine Übertragung des Konzeptes auf die Rechtsform der GmbH. Die Autoren argumentieren, dass bei dieser Rechtsform die bei einer AG bekannten Principal-Agent-Probleme zwar reduziert auftreten, jedoch nicht eliminiert werden.[471] Da verhaltensinduzierende Wirkungen auf Grund fehlender externer Marktmechanismen nicht gegeben sind, müssen interne Kontrollmechanismen etabliert werden. Der wertorientierten Adaption bestehender Unternehmenssteuerungssysteme muss dabei besondere Aufmerksamkeit geschenkt werden. Die Autoren schlagen dabei strategisches, Kapitalkosten berücksichtigendes Benchmarking und die Ausgestaltung wertorientierter Anreizsysteme vor. Vorschläge zur Implementierung von Wertmanagement in einer GmbH werden nicht unterbreitet.

In Anlehnung an die bereits in Abschnitt 3.4.1 vorgestellten Überlegungen zu der Bewertung von Unternehmen, geben **Achleitner/Bassen (2000)** Hinweise bzgl. einer wertorientierten Steuerung in mittelständischen Unternehmen.[472]

---

466 Vgl. Neubauer 2004, S. 10.

467 Vgl. Fueglistaller et al. 2004. Vgl. die Ausführungen bei Stelter et al. 2001; Strack et al. 2001; Strack/Villis 2001; Strack et al. 2000.

468 Vgl. Dana et al. 2004, S. 4; Rössl/Kessler 2004.

469 Vgl. Peemöller/Faul 2002, S. 305ff., der lediglich die Anwendbarkeit und Vorteilhaftigkeit des Konzeptes für KMU vermutet.

470 Vgl. Bea/Thissen 1997, S. 787ff.

471 Diesem Sachverhalt ist nur bedingt zuzustimmen. Für den in der Praxis häufiger vorkommenden Fall der Fremdgeschäftsführung einer (mittel-)großen GmbH ist zu vermuten, dass eine den Großunternehmen ähnliche Principal-Agent-Problematik existiert.

472 Vgl. Achleitner/Bassen 2000, S. 166ff.

Neben der Empfehlung zur Verwendung des *Economic Profit* (EP) als wertorientierte Spitzenkennzahl zur periodischen Erfolgsmessung, den sie beispielhaft in eine KMU-angepasste Werttreiberhierarchie übersetzen, stellen die Autoren die Etablierung wertorientierter Entlohnung und die Etablierung eines Kontrollgremiums als Erfolgskriterien heraus. Dennoch bleiben auch hier entscheidende Aspekte einer erfolgreichen Implementierung unberücksichtigt.

Der **Arbeitskreis (AK) der Schmalenbach-Gesellschaft für Betriebswirtschaft e.V. „Wertorientierte Führung in mittelständischen Unternehmen“**[473] beschäftigt sich bisher mit einzelnen Facetten einer wertorientierten Unternehmensführung im Mittelstand. Neben allgemeinen Ausführungen zu einer Notwendigkeit der Professionalisierung der Unternehmensführung in KMU, stellt ein aus monetären und nicht-monetären Steuerungsgrößen bestehendes Zielsystem und dessen Anknüpfung an ein „mittelstandsgerechtes“ Anreizsystem den Schwerpunkt der konzeptionellen Auseinandersetzung dar. Ziel der Forschung ist, den KMU unter Beachtung von methodischer Konsistenz und Ressourcenrestriktionen eine wertorientierte Unternehmensführung zu ermöglichen. Dabei bezieht der Arbeitskreis explizit die Ansprüche der Stakeholder in seine Betrachtung mit ein.

Jedoch bleibt eine gesamtheitliche und systematische Erarbeitung der KMU-spezifischen Ausgestaltung der relevanten Erfolgsfaktoren eines wertorientierten Managements unberücksichtigt. So beschränken sich die bisher publizierten Beiträge lediglich auf einzelne Aspekte der Kennzahlendefinition bzw. auf eher generische Aussagen zur Gestaltung von Anreizsystemen. Konkrete Aussagen zu einer Konzeptanpassung bzw. zu Kontextvoraussetzungen bzgl. Strukturen, Prozesse und Instrumente bleiben unberücksichtigt. Neben diesem Mangel an gesamthafter und systematischer Darstellung, bleiben des Weiteren die besonderen Aspekte der Umsetzung der wertorientierten Unternehmensführung in KMU bzw. dessen empirischer Überprüfung unberücksichtigt.[474]

---

473 Vgl. AK „Wertorientierte Führung in mittelständischen Unternehmen“ der Schmalenbach-Gesellschaft für Betriebswirtschaft e.V. 2003; AK „Wertorientierte Führung in mittelständischen Unternehmen“ der Schmalenbach-Gesellschaft für Betriebswirtschaft e.V. 2004; AK „Wertorientierte Führung in mittelständischen Unternehmen“ der Schmalenbach-Gesellschaft für Betriebswirtschaft e.V. 2006; Schomaker/Günther 2003.

474 Jedoch erfährt das Konzept durch den Beitrag von Schomaker/Kuch 2003 eine Aufwertung, indem er die Implementierungsfortschritte des Konzeptes in seinem Unternehmen vorstellt. Die Ausführungen beschränken sich wiederum insbesondere auf Aussagen zur Einbettung in bestehende Planungs- und Kontrollsysteme.

Auch die Arbeit von **Khadjavi (2005)** stellt ein Konzept vor, mit dem mittelständische Unternehmen in Abhängigkeit ihrer Unternehmensziele und Ressourcenausstattung ihr Unternehmen wertorientiert führen können.[475] Neben einer theoretischen Begründung und empirischen Validierung, dass das Ziel der Maximierung der Eigentümerinteressen für Mittelständler als legitim anzusehen ist, werden konkrete Modifikationen der Unternehmensbewertung bei KMU zusammengefasst. Unter Bezugnahme auf einen im Rahmen von Fallstudien definierten Anforderungskatalog entwickelt er eine Entscheidungsmatrix, mit deren Hilfe Unternehmer das Wertmanagementkonzept in Abhängigkeit ihrer bedeutendsten Stakeholder-Gruppierungen operationalisieren können. Jedoch werden auch hier kritische Fragen der Implementierung und erforderlicher Voraussetzungen bzw. Erfolgsfaktoren für eine erfolgreiche Anwendung von Wertmanagement im Mittelstand nur unzureichend berücksichtigt.

Zusammenfassend kann festgehalten werden, dass die Bedeutung einer wertorientierten Unternehmensführung für den Mittelstand in der wissenschaftlichen Diskussion erkannt wurde und erste vereinzelte Ansatzpunkte zur inhaltlichen Ausgestaltung relevanter Erfolgsfaktoren vorgestellt werden konnten. Dennoch mangelt es diesen Ansätzen bisher entweder an einer ganzheitlichen Betrachtungsweise der erfolgreichen Anwendung von Wertmanagement und/oder die dargestellten Empfehlungen weisen erhebliche methodische Schwächen auf.

3.5 Zwischenfazit

In Kapitel 2 wurde der erste Pfeiler der notwendigen theoretischen Grundlagen dieser Arbeit erörtert, indem zunächst das Untersuchungsobjekt, die mittleren Unternehmen, in seinen Grundzügen dargestellt und beschrieben wurde. So konnte bereits an der Vielfalt der existierenden Definitionen gezeigt werden, dass mittelständische Unternehmen sehr heterogen sind und sich in ihrer Größe und Vielfalt der qualitativen Ausprägungsmöglichkeiten wesentlich voneinander unterscheiden. In der Abgrenzung zu Großunternehmen lässt sich jedoch pauschal festhalten, dass der Mittelstand durch Ressourcenrestriktionen finanzieller, materieller und methodischer Natur gekennzeichnet ist. Darüber hinaus verfügen sie tendenziell über unformalisierte Prozesse und schwach ausgeprägte Strukturen. Die für eine wertorientierte Unternehmensführung vorausgesetzte *strategic awareness* und strategische Planung weisen sie oftmals nicht auf. Die Bedeutung des Unternehmers und seine durch die Unternehmenskultur geprägte enge

475 Vgl. Khadjavi 2005, S. 210ff.

Beziehung zu Mitarbeitern und Kunden sind bei der Entwicklung eines Steuerungskonzeptes unbedingt zu berücksichtigen. Nach der Definition und der Beschreibung der betriebswirtschaftlichen Besonderheiten konnte die Vorteilhaftigkeit bzw. Notwendigkeit einer wertorientierten Unternehmensführung für die Zielgruppe dieser Arbeit, den Unternehmen mit mindestens 100 bis 150 Mitarbeitern, sowohl theoretisch als auch empirisch bestätigt werden.

In Kapitel 3 wurde mit dem zweiten theoretischen Grundpfeiler das Basisverständnis einer wertorientierten Unternehmensführung erarbeitet. Demnach beinhaltet eine wertorientierte Unternehmensführung die Definition von Handlungsempfehlungen bzw. die Ausgestaltung von Prozessen und Systemen, um nachhaltig (und langfristig) eine ökonomisch-monetäre Wertschaffung und Steigerung des Unternehmensgebildes zu erzielen. Wertorientierte Unternehmensführung ist als ganzheitliches Führungsinstrumentarium zu verstehen, dessen wesentliche Charakteristika der Zahlungsmittelorientierung, Zukunftsbezogenheit, Langfristigkeit und der Berücksichtigung von Risiko und Kapitalkosten auf etablierten Theorien der Neoklassik fußen. Die dem Wertmanagement zu Grunde liegende Methodik zur Bestimmung des Unternehmenswertes ist in dem DCF-Verfahren zu sehen. Hierbei werden aus der Diskontierung zukünftiger Cashflows mit den risikoadäquaten Kapitalkosten der Unternehmenswert und damit auch die Steigerung des Unternehmenswertes als *das* Ziel einer wertorientierten Unternehmensführung ermittelt. Bei Anwendung des DCF-Verfahrens auf KMU konnten einige notwendige Anpassungserfordernisse identifiziert werden. Die Ableitung einer unternehmerindividuellen Risikoprämie, die strikte Trennung betrieblicher und privater Vermögensgegenstände sowie die besondere Berücksichtigung der Unternehmerqualitäten sind dabei als Beispiele zu nennen. Kapitelabschließend wurden konkrete Handlungsansätze und Wertsteigerungsmodelle vorgestellt und die existierende Forschungslücke dieser Arbeit detailliert. Hierzu wurden Arbeiten zu wertorientierter Unternehmensführung in KMU vorgestellt und ihre unzureichende KMU-bezogene Auseinandersetzung, insbesondere im Hinblick auf die Erfolgsfaktoren einer erfolgreichen Anwendung, dargelegt. Kapitel 4 stellt nun den konzeptionellen Bezugsrahmen dieser Arbeit vor.

4 Konzeptioneller Bezugsrahmen

In Kapitel 1.3 wurde bereits darauf hingewiesen, dass die vorliegende Studie auf einem **konzeptionell-explorativen Vorgehen** beruht und somit **auf eine Hypothesenprüfung im Sinne der formalen Wissenssicherung verzichtet wird**. Stattdessen werden auf einer empirischen Basis **Hypothesen im Sinne der Erkenntnisgewinnung aufgestellt**. Da bei dieser Vorgehensweise die Gefahr eines naiven Empirismus besteht, ist zur theoretischen Fundierung der bereits angesprochene konzeptionelle Bezugsrahmen erforderlich, der eine streng konzeptionell geleitete systematische Vorgehensweise ermöglicht und die Strukturlosigkeit dieser Erhebung reduziert. Ausgangspunkt der weiteren Untersuchung ist zunächst die sowohl theoretisch-konzeptionell als auch empirisch bestätigte Erkenntnis, dass das Konzept einer wertorientierten Unternehmensführung für den Mittelstand vorteilhaft und prinzipiell anwendbar ist.[476] Von zentraler Bedeutung zur Herleitung des konzeptionellen Bezugsrahmens ist die der Arbeit zu Grunde liegende Forschungsfrage und die daraus ableitbaren Untersuchungs- bzw. Methodikfragen. Ein wesentliches Untersuchungsziel dieser Arbeit besteht in der Überprüfung der Anwendbarkeit einer wertorientierten Unternehmensführung in mittelständischen Unternehmen und in der Ableitung von zielgruppengerechten Gestaltungshinweisen.[477] Als **theoretisches Ziel** dieser Arbeit wurde explizit die Identifikation von für den Mittelstand kritischen Erfolgsfaktoren einer wertorientierten Unternehmensführung und die anschließende Ableitung von theoriegeleiteten Thesen zur Erfüllung der Anforderungen durch mittelständische Unternehmen genannt.

Die bereits in Kapitel 3.1.5 dargestellten theoretisch-konzeptionellen bzw. empirisch bestätigten Erfolgsfaktoren einer wertorientierten Unternehmensführung stellen daher das Grundgerüst des konzeptionellen Bezugsrahmens dieser Arbeit dar. Entlang dieser Erfolgsfaktoren sind zunächst systematisch detaillierte Anforderungen Voraussetzungen einer wertorientierten Unternehmensführung abzuleiten. Anschließend können diese entlang des definierten Anforderungskatalogs vor dem Hintergrund der betriebswirtschaftlichen Besonderheiten von KMU hinsichtlich ihrer Relevanz, des wahrscheinlichen Erfüllungsgrads und etwaiger Anpassungserfordernisse spezifisch untersucht werden.

---

476 Vgl. Wortmann 2001; Günther/Gonschorek 2006 bzw. die Ausführungen in Abschnitt 2.3.3.

477 Vgl. die Ausführungen zur Zielsetzung dieser Arbeit in Unterkap. 1.2.

Aus den zwölf aus der Literatur abgeleiteten Erfolgsfaktoren konnte die *Organisationsstruktur* als Erfolgsfaktor auf Grund der Behandlung des Untersuchungsobjektes als mittelgroße Ein-Geschäftsfeldunternehmen aus der weiteren Betrachtung ausgeschlossen werden.[478] Von den verbliebenen elf Erfolgsfaktoren wurden fünf *weiche* zu dem übergeordneten Erfolgsfaktor *Change Management* zusammengefasst. Es resultieren sieben Erfolgsfaktoren, die im Kontext einer Einführung einer wertorientierten Unternehmensführung bei mittelständischen Unternehmen von besonderer Relevanz sind. Diese sind: *Zielsystem, Planungssystem, Kontrollsystem, Anreizsystem, Informationssystem, Investor Relations und Change Management.*

Um die sieben Erfolgsfaktoren in ihren KMU-spezifischen Ausprägungen detailliert diskutieren zu können, bietet sich eine weitere Strukturierung bzw. Einordnung in den Unternehmenskontext von mittelständischen Unternehmen an. An dieser Stelle soll auf den bereits in Unterkapitel 2.2 vorgestellten *Zürcher Ansatz der Unternehmensführung* zurückgegriffen werden, mit dessen Hilfe bereits die Besonderheiten von mittelständischen Unternehmen in ihren Grundzügen beschrieben wurden.[479] Dazu werden die untersuchten und für KMU als relevant befundenen Erfolgsfaktoren der durch den *Zürcher Ansatz* vorgegebenen Struktur zugeordnet. Folgende Abbildung veranschaulicht grafisch die Einbettung der Erfolgsfaktoren zur Umsetzung einer wertorientierten Unternehmensführung in den *Zürcher Ansatz*.

---

478 Vgl. Abschnitt 3.1.5.

479 Durch Integration der relevanten Erfolgsfaktoren in den universellen Ansatz zur Unternehmensführung von RÜHLI erfolgt die bereits in Abschnitt. 2.2.1 angesprochene themenspezifische, inhaltliche Vertiefung und situative Anpassung des Konzeptes, vgl. Rühli 1991, S. 105; Lehmann 1993, S. 5. Siehe auch Fechtel 2001, S. 80ff., der das so genannte zeitspezifische Issue der Wertorientierung aufgreift und in den generischen Bezugsrahmen des *Zürcher Ansatzes* integriert.

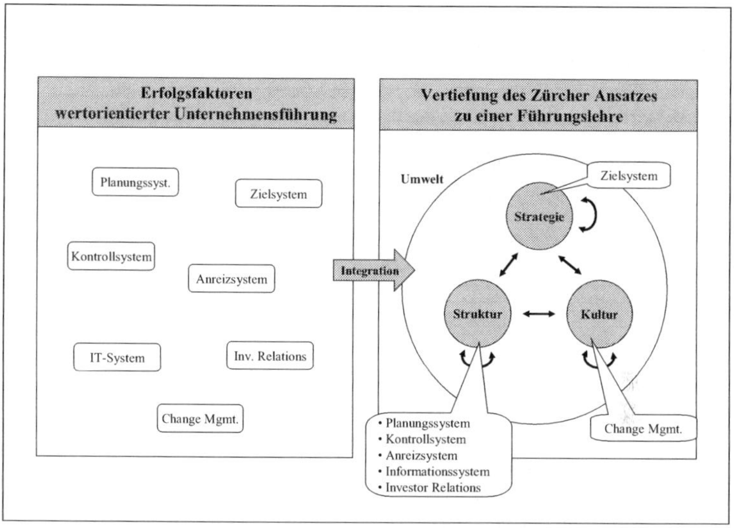

Abbildung 4-1: Integration von Erfolgsfaktoren in den Zürcher Ansatz
Quelle: Eigene Darstellung, in Anlehnung an FECHTEL (2001), S. 81.

Werden die sieben Erfolgsfaktoren in die drei Perspektiven des *Zürcher Ansatzes* integriert, so erscheint folgende Zuordnung zielgerecht. Die Festlegung der Unternehmensziele als Ausgangspunkt unternehmerischen Handels stellt eine wesentliche strategische Aufgabe des Managements dar, weshalb der Erfolgsfaktor des *Zielsystems* der Perspektive *Strategie* zugeordnet wird. Der Erfolgsfaktor des *Planungssystems* tangiert zwar ebenfalls strategische Aspekte, wirkt aber durch eine weitere Ableitung von z. B. Mittelfristplanung, Investitionsplanung und operativer Planung aus der strategischen Planung bzw. der Berührung mit Budgetierungsprozessen überwiegend operativ, weshalb er den Prozessen der Perspektive *Struktur* zugeordnet wird. Das *Kontroll- und Anreizsystem*, die *Investor Relations* und das *Informationssystem* werden ebenfalls unter der Perspektive *Struktur* subsumiert, da sie wesentliche Strukturen, Prozesse bzw. Instrumente einer Unternehmung darstellen. Die eher weichen Aspekte des *Change Managements* bzw. der Akzeptanzsicherung auf der Mitarbeiterseite werden der verhaltensinduzierenden Perspektive *Kultur* zugeordnet.

Die Integration der Erfolgsfaktoren einer wertorientierten Unternehmensführung in den strukturgebenden Untersuchungsrahmen des *Zürcher Ansatz der Unternehmensführung* ermöglicht nun eine zielgerichtete Ableitung von Thesen, da die Beschreibung notwendiger Anforderungen und die KMU-Spezifika nun in gleicher Struktur vorliegen werden. Die weitere Vorgehensweise der Untersuchung wird in folgender Abbildung veranschaulicht.

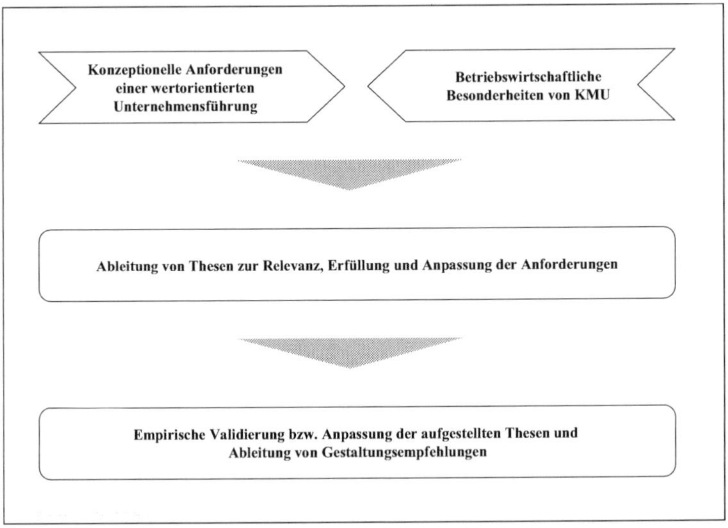

Abbildung 4-2: Vorgehensweise zur Ableitung von Gestaltungsempfehlungen
Quelle: Eigene Darstellung

Die Diskussion der abzuleitenden Anforderungen vor dem Hintergrund der mittelständischen Besonderheiten sowie die Ableitung von Thesen hinsichtlich der Relevanz und der Erfüllung stellen die Erreichung des **theoretischen Zieles** dieser Untersuchung sicher. Dazu sind jedoch in einem ersten Schritt zunächst die konkreten Anforderungen an die Ausgestaltung der Erfolgsfaktoren einer wertorientierten Unternehmensführung abzuleiten. Unmittelbar im Anschluss werden diese Anforderungen in einem zweiten Schritt auf die Anwendbarkeit und Erfüllung durch mittelständische Unternehmen geprüft. Das **empirische Ziel** dieser Arbeit besteht darin, die praktische Ausgestaltung relevanter Erfolgsfaktoren im Mittelstand zu erfassen sowie Hinweise und Einschätzungen zur Akzeptanz und Realisierbarkeit wertorientierter Steuerungskonzeptionen für KMU aus Sicht der Praxis zu gewinnen. Die Durchführung einer empirischen Untersuchung bei ausgewählten Mittelstandsexperten stellt die Erfüllung dieses Teilzieles sicher und ermöglicht ebenfalls die empirische Überprüfung und etwaige Anpassung der aufgestellten Thesen. Die sich anschließende Ableitung konkreter thesenartiger Gestaltungsempfehlungen zur stärkeren Integration einer wertorientierten Unternehmensführung in mittelständischen Unternehmen wirkt auf das anfangs aufgezeigte **praxeologisches Ziel** dieser Arbeit hin.

Nachdem theoretische Grundlagen und Bezugsrahmen der Arbeit gelegt sind, befasst sich das folgende Kapitel nun mit der Ableitung von Thesen zur Anwendbarkeit einer wertorientierten Unternehmensführung in mittelständischen Unternehmen.

5 Anwendbarkeit wertorientierter Unternehmensführung in mittelständischen Unternehmen

Kapitel 5 leitet zunächst die theoretisch-konzeptionellen Anforderungen an die Ausgestaltung der KMU-relevanten Erfolgsfaktoren ab und diskutiert diese vor dem Hintergrund der betriebswirtschaftlichen Besonderheiten von mittelständischen Unternehmen. Dabei werden in einer Synthese aus diesen Überlegungen Anwendbarkeitsthesen entwickelt, die Aussagen zu Relevanz und Erfüllungsgrad der Anforderungen treffen. Bevor in den Unterkapiteln 5.2 bis 5.4 die spezifischen Anforderungen und Thesen der Ausgestaltung der sieben Erfolgsfaktoren diskutiert werden, beinhaltet Unterkapitel 5.1 vorab einige Eingangsüberlegungen hinsichtlich der Implementierung von Strategien und Konzepten in mittelständischen Unternehmen. Das Kapitel schließt mit einer zusammenfassenden Darstellung der abgeleiteten Anwendbarkeitsthesen in Unterkapitel 5.5.

5.1 Eingangsüberlegungen

Bevor nun die spezifischen Anforderungen an die Einführung einer wertorientierten Steuerungskonzeption in KMU beleuchtet werden, soll kurz auf die allgemeinen Besonderheiten und Anforderungen der Implementierung von Steuerungssystemen, Konzepten, Strategien etc. eingegangen werden. Dabei zeigt sich, dass typische Aktivitäten einer Strategieimplementierung ebenfalls in den Untersuchungsrahmen des *Zürcher Ansatzes* integriert werden können. Prinzipiell lassen sich die im Rahmen der Strategieimplementierung in der Literatur definierten Aktivitäten auf die Implementierung eines ganzheitlichen Unternehmensführungskonzeptes übertragen. Hierbei wird zwischen sachorientierten Aktivitäten, die eine ***Umsetzung* von Maßnahmen** bezeichnen, und verhaltensorientierten Aktivitäten, die auf die ***Durchsetzung* von Maßnahmen** zielen, unterschieden.[480] Die sachbezogenen Aktivitäten der Implementierung adressieren überwiegend erforderliche Kontextanpassungen hinsichtlich technologischer und systembezogener Strukturen und Prozesse und deren Abstimmung mit der Unternehmensstrategie. Die verhaltensbezogenen Aktivitäten beinhalten Maßnahmen zur Akzeptanzsicherung auf Mitarbeiterseite und zielen auf verhaltensändernde Mechanismen ab.[481] Bei der Implementierung einer

480 Vgl. Reiß 1997, S. 93ff.; Kolks 1990, S. 79; Welge/Al-Laham 2008, S. 794ff. und S. 804ff.

481 Vgl. Welge/Al-Laham 2008, S. 793; Camphausen 2003, S. 152. Welge/Al-Laham zählen die Erfolgsfaktoren *Organisationsstruktur*, *Unternehmenskultur*, *Führungssystem* (mit den Subsystemen *Informations-, Kontroll- und Kommunikationssysteme* sowie *Anreizsysteme*) und *Personal und Führungskräfte* zu den *Umsetzungsaufgaben*

Strategie sind daher sowohl die Spezifizierung der mit der Strategie verbundenen Folgemaßnahmen hinsichtlich der Implementierungsumgebung erforderlich (Struktur) als auch die Förderung der Strategieakzeptanz sicherzustellen (Change Management). Der Strategieakzeptanz wird dabei eine entscheidende Bedeutung bei der Implementierung zugemessen, da nicht selten geeignete Konzepte auf Grund eines verstärkten Widerstandes der Mitarbeiter scheitern. Der Einsatz gezielter Kommunikations- und Schulungsinstrumente soll die positive Einstellung und Akzeptanz der Mitarbeiter fördern.[482]

Bei der Implementierung ist zu berücksichtigen, dass die definierten Maßnahmen oftmals sowohl einen Umsetzungs- als auch einen Durchsetzungscharakter besitzen.[483] Dabei ist von einer komplementären Beziehung von Durchsetzungs- und Umsetzungsmaßnahmen auszugehen, da ein Mindestmaß an Einstellungsakzeptanz (also Durchsetzung) Voraussetzung dafür ist, dass Umsetzungsziele erreicht werden. Auf der anderen Seite hat die erfolgreiche Erreichung der Umsetzungsziele einen positiven Einfluss auf die Akzeptanz der Mitarbeiter.[484]

Die traditionellen Aufgabenfelder der Implementierung – Umsetzung und Durchsetzung – lassen sich gut in den Kontext des *Zürcher Ansatzes* integrieren. Die im *Zürcher Ansatz* unter der Perspektive *Struktur* subsumierten Erfolgsfaktoren – und deren Abstimmung auf die Unternehmensstrategie – spiegeln die im Rahmen von Umsetzungsmaßnahmen beschriebenen Aktivitäten wider. Sie werden im Unterkapitel W*ertorientierte Strukturen, Prozesse und Instrumente* behandelt. Die sehr stark mitarbeiterbezogenen Aktivitäten des Change Managements der Perspektive *Kultur* korrelieren sehr stark mit dem Verständnis von Durchsetzungsmaßnahmen, da beide primär auf die Akzeptanzgewinnung der Mitarbeiter abzielen. Die korrespondierenden Inhalte finden sich im Unterkapitel *Wertorientierte Unternehmenskultur* wieder. Die dem *Zürcher Ansatz* inhärente Abstimmung zwischen Struktur und Kultur harmoniert somit mit dem

---

einer Strategieimplementierung (Anm. d. Autors: nach erfolgter Zieldefinition und Planung). Bzgl. der *Durchsetzung* einer Implementierung werden die Erfolgsfaktoren *Interne Kommunikation*, *Schulung und Konfliktmanagement*, *Implementierungsstil* (Anm. d. Autors: Im Verständnis der Beteiligung der Mitarbeiter und des Top-Mgmt.-Committments) gezählt. Damit entsprechen sie – teils explizit, teils implizit – weitestgehend, wenn auch in leicht veränderter Struktur, den in Kapitel 3 dieser Arbeit identifizierten Erfolgsfaktoren der Einführung einer wertorientierten Unternehmensführung.

482 Vgl. Kolks 1990, S. 110f.

483 Vgl. Ebenda, S. 86.

484 Vgl. Ebenda, S. 113.

soeben beschriebenen Komplementärcharakter von Umsetzungs- und Durchsetzungsmaßnahmen einer Implementierung.

Die folgenden Ausführungen gehen nun detailliert auf die Anforderungen an die Ausgestaltung der Erfolgsfaktoren ein und leiten Thesen zur Erfüllung der Anforderungen und somit Anwendbarkeit dieses Konzeptes im Mittelstand ab.

5.2 Anwendbarkeit eines wertorientierten Zielsystems

Ziele spiegeln normative Vorstellungen über den zukünftigen Zustand eines Unternehmens wider und bilden die Basis zur Ableitung unternehmerischer Maßnahmen zur Zielerreichung.[485] Unter einem Zielsystem ist eine hierarchische Struktur von Zielen zu verstehen, die das oberste Ziel einer Unternehmung in Teilziele zerlegt und als zentraler Orientierungsrahmen betrieblicher Entscheidungsprozesse dient.[486] Da Ziele die langfristige Entwicklung eines Unternehmens bestimmen, kommt ihnen auch bei der Einführung einer wertorientierten Unternehmensführung eine hervorgehobene Rolle zu.

Die Anforderungen, die an ein wertorientiertes Zielsystem gestellt werden, können in zwei Bereiche unterteilt werden.[487] Auf der einen Seite ist die **Ausgestaltung der Ziele** hinsichtlich ihrer Definition und Einbettung in den Unternehmenskontext hervorzuheben. Eine solche Ausgestaltung findet üblicherweise einmalig statt und muss ggf. auf Grund veränderter exogener Rahmenbedingungen zu gegebenem Zeitpunkt überprüft und angepasst werden. Auf der anderen Seite stellt sich die Aufgabe der **Ausgestaltung der Zielplanung**.[488] Die Zielplanung konkretisiert dabei mittels eines klar definierten Planungsprozesses und vorgegebener Deduktionsbasis die Ausprägung der Ziele und findet in einem regelmäßigen, z. B. jährlichen Turnus statt.

---

485 Vgl. Heinen 1966, S. 45; Welge/Al-Laham 2008, S. 199.

486 Vgl. Fechtel 2001, S. 83.

487 Vgl. z. B. Weber et al. 2002, S. 10ff.

488 Die Zielplanung wird trotz ihrer Nähe zum Planungssystem im Rahmen des Zielsystems untersucht, da dieses als eigenständiger und sehr wichtiger Erfolgsfaktor einer wertorientierten Unternehmensführung angesehen wird und demnach auch im Gesamtzusammenhang behandelt werden sollte. Vgl. auch die Ausführungen in Abschnitt. 3.1.5.

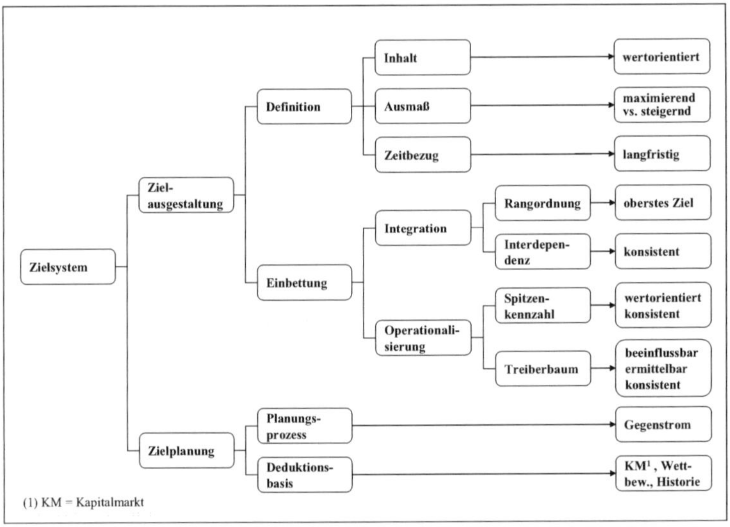

Abbildung 5-1: Anforderungen an ein wertorientiertes Zielsystem
Quelle: Eigene Darstellung

Im Kontext der wertorientierten Ausgestaltung der Ziele sind insbesondere die Steuerungs- und die Motivationsfunktion von Zielen zu berücksichtigen.[489] Die Steuerungsfunktion des Zielsystems, d. h. das Hinwirken auf eine die Steigerung des Unternehmenswertes gerichtete Unternehmensführung, impliziert, dass die wesentlichen Charakteristika des Wertmanagements im Zielsystem eines Unternehmens Einklang finden müssen.[490] Der Motivationsfunktion kommt hingegen die Aufgabe einer effektiven Verhaltensinduktion der verwendeten Zielgrößen zu, so dass die Erreichung der **definierten Ziele** tatsächlich durch die Mitarbeiter angestrebt wird. Beide Funktionen sind sowohl bei der Ausgestaltung neuer (bzw. der Überprüfung bestehender) Ziele als auch bei der **Einbettung** der Ziele in die Organisation zu beachten.[491]

Zur Definition wertorientierter Ziele müssen also die zentralen Charakteristika einer wertorientierten Unternehmensführung – Langfristigkeit, Cashflow-Orientierung und Kapitalkosten – berücksichtigt werden, um allen Ebenen der Organisation einen klaren Orientierungsrahmen zu geben. Wesentliche Parameter bei

489 Vgl. Ebeling 2007, S. 78; Welge/Al-Laham 2008, S. 200.

490 Vgl. zu den Charakteristika der Wertorientierung vgl. Unterkap. 3.1.

491 Vgl. March/Simon 1976, S. 44; Kupsch 1979, S. 16ff.; Heinen 1962, S. 59ff.; Adam 1996, S. 100.

der präzisen Zielformulierung sind v. a. **Inhalt**, **Ausmaß** und **Zeitbezug** des Ziels.[492] Während der Inhalt die Stoßrichtung des unternehmerischen Handelns festlegt, konkretisieren das Ausmaß die Stärke der Ausprägung der Zielgröße und der Zeitbezug den Wirkungshorizont des verfolgten Unternehmensziels. Ist die Entscheidung zur Einführung einer wertorientierten Unternehmensführung gefallen, so bestimmen die der Wertorientierung inhärenten Eigenschaften der Zukunftsbezogenheit und Langfristigkeit automatisch das Ziel einer *langfristigen* (Zeitbezug) und *nachhaltigen Steigerung bzw. Maximierung* (Ausmaß) des *Unternehmenswertes* (Inhalt).[493]

In Anlehnung an die bereits in Abschnitt 2.2.2 beschriebenen Besonderheiten und Denkweisen von mittelständischen Unternehmen ist davon auszugehen, dass diese zwar langfristig agieren, das Ziel einer Maximierung bzw. Steigerung des Unternehmenswertes derzeit jedoch nicht verfolgen. Vielmehr stehen die **langfristige Existenzsicherung** des Unternehmens und der **Erhalt der Selbständigkeit** an erster Stelle.[494] KAYSER/WALLAU (2003) stellen zwar fest, dass der Unternehmenswert eine wichtige Zielgröße von KMU darstellt und die Langfristigkeit des unternehmerischen Handelns auf die Erfüllung einer wichtigen Wertmanagementeigenschaft (Zeitbezug) hinweist. Der Begriff *Unternehmenswert* wird jedoch im Mittelstand nicht in der dieser Arbeit zu Grunde liegenden Form verstanden. Bzgl. der Cashflow-Orientierung stellt HENSCHEL (2006) in einer jüngeren empirischen Untersuchung fest, dass KMU – trotz Basel II – nur über eine unzureichende Finanzplanung verfügen.[495] Eine bewusste wertorientierte Fokussierung auf den Werttreiber Cashflow ist in KMU folglich nicht zu vermuten. Zudem lassen die Zielsetzung einer (bloßen) Existenzsicherung des Unternehmens und die fehlenden Diversifikationsmöglichkeiten eines Unternehmers vermuten, dass Opportunitätskosten des Kapitals in mittelständischen Unternehmen nur eine untergeordnete Rolle darstellen. Auch die Maximierung der unternehmerischen Zielgröße wird in KMU oftmals nicht angestrebt. Die Satisfizierung oder Konservation (z. B. von Arbeitsplätzen) sind u. U. ausreichend.[496] In Summe scheinen die wesentlichen Inhalte einer wertorientierten Zieldefinition nicht erfüllt. Auf Grund der beschriebenen Rah-

492 Vgl. Welge/Al-Laham 2008, S. 204; Fechtel 2001, S. 84ff.

493 Vgl. zur Begriffspräzisierung und zum Verständnis einer wertorientierten Unternehmensführung im Rahmen dieser Arbeit auch die Ausführungen in Abschnitt 3.1.1.

494 Vgl. Abschnitt 2.2.2 und die in FN 126 angegebene Literatur.

495 Vgl. Henschel 2006, S. 260ff.

496 Vgl. Khadjavi 2005, S. 177ff.

menbedingungen[497] und des prognostizierten erhöhten Kapitalbedarfs im Mittelstand ist jedoch zu erwarten, dass diese in Zukunft aufgeschlossener gegenüber einer wertorientierten Unternehmensführung sein werden, um ihre Attraktivität gegenüber Kapitalgebern zu erhöhen. PERLITZ et al. (1997) stellen im Rahmen einer empirischen Untersuchung bei Großunternehmen fest, dass je größer und fremdbestimmter (z. B. durch externe Kapitalbeteiligung oder Fremdgeschäftsführer) ein Unternehmen ist, wertorientierte Unternehmensführung umso häufiger eingesetzt wird.[498] Es kann vermutet werden, dass diese empirische Erkenntnis analog für KMU gilt und mittelständische Unternehmen diesem Konzept aufgeschlossener gegenüber stehen, je größer und fremdbestimmter diese sind. Aus den vorangegangenen Überlegungen lassen sich folgende Thesen zur Anwendbarkeit einer wertorientierten Unternehmensführung im Mittelstand ableiten:

Anwendbarkeitsthese 1a: KMU verfolgen *nicht* das Ziel der (dieser Arbeit zu Grunde liegenden Definition einer) Unternehmenswertsteigerung, sondern vielmehr die langfristige Existenzsicherung des Unternehmens.

Anwendbarkeitsthese 1b: Das Wertmanagement-Charakteristikum der Langfristorientierung des unternehmerischen Handelns ist in KMU von hoher Bedeutung und *wird erfüllt*.

Anwendbarkeitsthese 1c: Das Wertmanagement-Charakteristikum der Cashflow-Orientierung des unternehmerischen Handelns ist in KMU *nicht erfüllt*.

Anwendbarkeitsthese 1d: Das Wertmanagement-Charakteristikum der Berücksichtigung von Kapitalkosten ist in KMU *nicht erfüllt*.

Anwendbarkeitsthese 1e: Je größer bzw. fremdgeführter (externes Management oder Kapitalbeteiligung) ein KMU, desto *aufgeschlossener* ist es gegenüber einer wertorientierten Unternehmensführung.

Anwendbarkeitsthese 1f: KMU sind in Zukunft einer wertorientierten Unternehmensführung gegenüber *aufgeschlossener*, da sie die gestiegene Notwendigkeit einer Kapitalmarktattraktivität erkennen.

---

497 Vgl. Abschnitt 2.3.1.

498 Vgl. Perlitz et al. 1997, S. 28.

Die **Einbettung der Ziele** in die Organisation stellt auf die **Integration** neuer Ziele in das bestehende Zielsystem und die **Operationalisierung** der Ziele auf die unteren Ebenen der Organisation ab.[499] Hinsichtlich der Integration der Ziele in ein in der KMU-Praxis oftmals pluralistisch geprägtes Zielsystem[500] ist eine Entscheidung bzgl. der **Rangordnung** der Ziele (vertikaler Zusammenhang) und eine Analyse der existierenden **Zielinterdependenzen** (horizontaler Zusammenhang) vorzunehmen.[501]

Die vertikale Rangordnung der Ziele wird jeweils durch eine Mittel-Zweck-Relation determiniert, bei der die Verfolgung eines untergeordneten Zieles als Mittel zur Erreichung eines übergeordneten Zieles (Zweck) dient.[502] Da im Rahmen einer wertorientierten Unternehmensführung sämtliche unternehmerischen Handlungen auf die nachhaltige Steigerung des Unternehmenswertes gerichtet sind[503], ist das Ziel der Wertsteigerung als das *Oberziel* eines Unternehmens zu deklarieren.[504]

Bezüglich ihrer Interdependenz lassen sich Ziele als neutral zueinander, komplementär oder konkurrierend charakterisieren.[505] Im Rahmen einer wertorientierten Unternehmensführung sind (finanzwirtschaftliches) Oberziel und Unterziele so auszugestalten, dass sie zumindest *keinen konkurrierenden Charakter* haben.[506] Wie bereits in Unterkapitel 3.1 erläutert, wird im Rahmen dieser Arbeit

---

499 Vgl. Fechtel 2001, S. 86ff.

500 Vgl. Hausschildt 1980, S. 2420; Schreyögg 1984, S. 88.

501 Vgl. Welge/Al-Laham 2008, S. 206f.; Fechtel 2001, S. 86ff. Dabei lassen sich Ziele hinsichtlich ihrer Rangordnung z. B. in Ober- und Unterziele, Primär- und Sekundärziele oder Haupt- und Nebenziele unterscheiden.

502 Vgl. Welge/Al-Laham 2008, S. 206f.

503 Vgl. die Ausführungen in Unterkap. 3.1.

504 In diesem Verständnis entfallen auch Überlegungen bzgl. der Priorisierung und des Zuordnungsbereiches des Zielsystems. Eine Priorisierung der Ziele ist nur dann vorzunehmen, wenn zwei gleichrangige Ziele konkurrieren, was bei einem Oberziel obsolet wird. Auch der Zuordnungsbereich betrifft bei einem Oberziel das gesamte Unternehmen und nicht lediglich einen Teilbereich. Vgl. Welge/Al-Laham 2008, S. 206.

505 Vgl. Fechtel 2001, S. 87; Vgl. Welge/Al-Laham 2008, S. 206. Bei neutralen Zielen wirken Maßnahmen zur Verfolgung des einen Zieles nicht auf den Zielerreichungsgrad eines anderen Zieles. Bei komplementären (konkurrierenden) Zielen führt die Durchführung einer Maßnahme zu einer gleichgerichteten (unterschiedlichen) Auswirkung auf zwei Ziele. Mit der Förderung eines Zieles wird automatisch das andere Ziel mitgefördert.

506 Andere Unternehmensziele jedoch, wie z. B. die Berücksichtigung anderer Stakeholder, können insbesondere bei KMU eine bedeutende Rolle spielen und daher auch Unternehmensentscheidungen beeinflussen. Die als Anforderung genannte Zielkompatibilität

der Auffassung gefolgt, dass eine wertorientierte Unternehmensführung nicht die Interessen anderer Stakeholder vernachlässigt, sondern sich vielmehr die Befriedigung der Interessen beider Anspruchsgruppen gegenseitig bedingt. In diesem Verständnis kann das Ziel der Unternehmenswertsteigerung durchaus in einem Komplementaritätsverhältnis zu anderen bedeutenden Zielen mittelständischer Unternehmen wie z. B. stakeholder- oder gesellschaftsorientierten Zielen stehen. Kommt es jedoch zu finanzwirtschaftlichen Zielkonflikten, so ist der Steigerung des Unternehmenswertes oberste Priorität einzuräumen.

Betrachtet man typische Zielsysteme von KMU, so sind diese durch **multiple, oftmals nicht-monetäre Zielvorstellungen** geprägt.[507] Als oberstes Ziel wird die Existenzsicherung des Unternehmens genannt. Eine systematische Integration bzw. Operationalisierung dieses abstrakt vorliegenden Zieles ist in mittelständischen Unternehmen auf Grund der oftmals intuitiven, wenig formalisierten Unternehmensführung nicht zu erwarten.[508] Im Ergebnis mangelt es den KMU an konkreten und dauerhaft konstanten Zielvorgaben bzw. Handlungsmaximen und klar abgestimmten Unterzielen. Dies wird durch die mögliche Vermischung privater und unternehmerischer Ziele des Unternehmers verstärkt. Aus diesen Überlegungen lässt sich folgende These ableiten:

Anwendbarkeitsthese 1g: In KMU ist ein hierarchisches Zielsystem mit klar definiertem, konkretem Oberziel und nicht konkurrierenden Unterzielen *nicht* durchgängig existent.

Ein weiterer Aspekt der Einbettung der Ziele betrifft die Operationalisierung der Ziele und hat v. a. die **Definition der Spitzenkennzahl** sowie die Kaskadierung der Zielgröße auf die unteren Ebenen der Organisation mittels eines **Werttreiberbaumes** zum Inhalt.[509] Im Kontext der Steuerungsfunktion soll das Zielsystem eine auf die Steigerung des Unternehmenswertes gerichtete Unternehmensführung ermöglichen, weshalb die zu definierende **Spitzenkennzahl** wesentliche Charakteristika der Wertorientierung erfüllen muss. Sie ist daher als *wertorientiert* auszugestalten und muss das Formalziel des Unternehmens, die nachhaltige Steigerung des Unternehmenswertes, zum Ausdruck bringen.[510] So sind solche

zielt daher auf die Vereinbarkeit von finanzwirtschaftlichen Zielen ab.

507 Vgl. auch die Anmerkungen in Abschnitt 2.3.1.

508 Vgl. auch die Anmerkungen in Abschnitt 2.2.2.

509 Vgl. auch die Ausführungen in Unterkapitel 3.3.

510 Vgl. Ebeling 2007, S. 79; Fechtel 2001, S. 164f.

Kennzahlen zu bevorzugen, die künftige Cashflows sowie Kapitalkosten und Risiko des Unternehmens berücksichtigen. Eine weitere Anforderung an die Ausgestaltung der Spitzenkennzahl ist, dass sie in ihren wertbestimmenden Parametern (z. B. Erfolgsgröße, Kapitaleinsatzgröße) *konsistent* definiert wird, damit sie die tatsächlich realisierte Unternehmenswertsteigerung korrekt abbildet und effektive Kontroll- und Korrekturmaßnahmen erlaubt.[511]

Die bisherigen Überlegungen zur Integration einer wertorientierten Unternehmensführung in die Zieldefinition von mittelständischen Unternehmen lassen vermuten, dass weder Kapitalkosten noch Cashflows explizit in KMU berücksichtigt werden. Es ist daher davon auszugehen, dass auch die Spitzenkennzahl eines mittelständischen Unternehmens eher einen traditionellen Charakter und damit die bereits in Unterkapitel 3.3 beschriebenen Mängel aufweist. Diese Vermutung wird durch empirische Arbeiten zum Controlling in KMU unterstützt. So stellt die FAS AG (2005) in ihrer Studie zur Finanzierung, Controlling und Bilanzierung von KMU fest, dass diese überwiegend traditionelle, ergebnisorientierte Kennzahlen zur Unternehmenssteuerung nutzen.[512] Auch OSSADNIK/VAN LENGERICH (2003) belegen mit den Ergebnissen ihrer empirischen Untersuchung die primäre Anwendung traditioneller Kennzahlen und Controllinginstrumente.[513] Vor diesem Hintergrund lässt sich folgende These ableiten:

Anwendbarkeitsthese 1h: Spitzenkennzahlen in KMU stellen *nicht wertorientierte*, sondern ergebnisorientierte Größen dar.

Vor dem Hintergrund der Motivationsfunktion des Zielsystems muss die Definition der Spitzenkennzahl eine effektive Verhaltensinduktion der Mitarbeiter bewirken.[514] Die definierte wertorientierte Spitzenkennzahl ist i. d. R. zu abstrakt, um auf den unteren Ebenen der Organisation als Maßstab wertorientierten Handelns zu dienen.[515] Den Mitarbeitern muss daher eine Orientierungsgröße zur Verfügung gestellt werden, die direkt in ihren Tätigkeitskontext einwirkt.[516] Dies wird ermöglicht, indem ausgehend von der Spitzenkennzahl an Hand eines

511 Vgl. Bötzel/Schwilling 1998, S. 34.

512 Vgl. FAS AG 2005, S. 36f.

513 Vgl. Ossadnik/van Lengerich 2003, S. 60ff.

514 Vgl. hierzu die Anforderungen an die Ausgestaltung des Anreizsystems in Abschnitt 5.3.3.

515 Vgl. Haspeslagh et al. 2001, S. 70; Seeberg 1999, S. 269ff.

516 Vgl. Pellens et al. 2000, S. 1831.

Werttreiberbaumes über Ableitung finanzieller Werttreiber die wertbestimmenden Werthebel eines Unternehmens identifiziert und auf operative Stellgrößen heruntergebrochen werden müssen.[517] Diese Stellgrößen müssen dabei von den einzelnen Mitarbeitern *beeinflussbar* und *ermittelbar* sein.[518] Beeinflussbar bedeutet in diesem Kontext, dass der einzelne Mitarbeiter in der Lage ist, die operativen Stellgrößen durch sein Handeln zu beeinflussen.[519] Ist dies nicht gegeben, kann der Mitarbeiter also kein wertschaffendes Verhalten ausüben, so ist nicht von dem durch die Operationalisierung intendierten verhaltensinduzierenden Effekt auszugehen.[520] Unter dem Kriterium der Ermittelbarkeit ist die Anforderung zu verstehen, dass die durch das Mitarbeiterverhalten induzierte Änderung einer Zielgrößenausprägung quantifiziert werden kann und der Mitarbeiter demnach diejenige Handlungsalternative aussucht, die den höchsten Zielerreichungsgrad verspricht.[521] Dazu ist es vorteilhaft, Spitzenkennzahl und operative Stellgrößen an Hand eines Rechensystems mathematisch zu verknüpfen.[522] Dies impliziert, dass das Zielsystem in sich *konsistent* sein muss, damit sich die Förderung einer untergeordneten Kennzahl auch wertsteigernd auf die Spitzenkennzahl des Unternehmens auswirkt.[523]

Auf Grund der oftmals abstrakten Zieldefinitionen in mittelständischen Unternehmen (z. B. langfristige Existenzsicherung) und der bereits beschriebenen wenig formalisierten Strategie- und Planungsprozesse, ist davon auszugehen, dass eine **systematische Operationalisierung** der Ziele in KMU derzeit **nicht**

517 Vgl. die Ausführungen in Unterkapitel 3.3. Zu den Möglichkeiten der Ausgestaltung eines Werttreiberbaumes z. B. Rappaport 1998, S. 56; Lewis 1995, S. 65; Knorren 1998, S. 118.

518 Vgl. Adam 1996, S. 106.

519 Vgl. Ebeling 2007, S. 81.

520 Diese Überlegung hat ihre Grundlage in der Erwartungs-Valenz-Theorie, vgl. Porter/Lawler 1968, S. 15-40. Demnach bestimmt sich die Wahrscheinlichkeit eines bestimmten Mitarbeiterverhaltens durch die Erwartung und die Valenz einer Handlung. Unter Erwartung ist die Leistungserwartung, welche die Wahrscheinlichkeit widerspiegelt mit der ein Mitarbeiter glaubt, die von ihm gewünschte Leistung vollbringen zu können und die Ergebniserwartung, also die Einschätzung des Mitarbeiters für seine wertschaffende Leistung eine erstrebenswerte Belohnung zu erhalten, zu subsumieren. Die Valenz bestimmt die individuelle Wertzuschätzung der erreichten Belohnung.

521 Vgl. Ebeling 2007, S. 82.

522 Bei einem Rechensystem sind die einzelnen Kennzahlen eines Kennzahlensystems mathematisch miteinander verknüpft, während sie bei einem Ordnungssystem lediglich in einem sachlogischen Zusammenhang stehen. Vgl. Reichmann 2006, S. 22ff.

523 Vgl. Bötzel/Schwilling 1998, S. 34.

vorhanden ist. Zwar sind dem Unternehmer die wichtigen Stellgrößen bekannt, eine sachlogische Verknüpfung und v. a. Transparenz für die unteren Einheiten der Organisation ist jedoch nicht zu vermuten. Diese Aussage kann durch empirische Untersuchungen zur Anwendung einer Balanced Scorecard in KMU gestützt werden, da sich eine Balanced Scorecard ebenfalls durch eine sachlogische Verknüpfung finanzieller und operativer Werttreiber mit dem übergeordneten Unternehmensziel auszeichnet.[524] So ist das Ergebnis einer empirischen Umfrage des INSTITUTS FÜR MITTELSTANDSFORSCHUNG, dass ca. 75% der im Rahmen der untersuchten mittelständischen Unternehmen eine Balanced Scorecard bzw. ein vergleichbares umfassendes Kontrollinstrument nicht einsetzen.[525] Auch RAUTENSTRAUCH (2006) kommt zum Schluss, dass eine BSC in KMU nur sehr eingeschränkt Anwendung findet, mit zunehmender Unternehmensgröße jedoch häufiger eingesetzt wird.[526] SCHACHNER et al. (2006) kommen zu dem Ergebnis, dass eine BSC umso weniger eingesetzt wird, je kleiner und familiärer ein Unternehmen ist.[527] Diese Indikationen lassen hinsichtlich der Erfüllung der aufgestellten Anforderung folgende Anwendbarkeitsthese begründen:

Anwendbarkeitsthese 1i: Eine Operationalisierung der Ziele in KMU z. B. durch einen Werttreiberbaum findet *nicht* statt.

Hinsichtlich der Zielplanung muss zum einen der **Planungsprozess** und zum anderen die zu Grunde liegende **Deduktionsbasis** der Ziele determiniert werden.[528] Hinsichtlich der Definition des Zielbildungsprozesses sind in der Verwendung des Top-Down-Ansatzes und des Bottom-Up-Ansatzes zwei grundlegend verschiedene Möglichkeiten zu betrachten. Im Rahmen des Top-Down-Ansatzes werden die (bei Börsennotierung durch den externen Kapitalmarkt vorgegebenen) Zielerwartungen des Vorstandes auf die nachgelagerten Geschäftsbereiche heruntergebrochen. Im Gegensatz zu dieser Zielvorgabe für die Mitarbeiter basieren die Ziele im Rahmen des Bottom-Up-Ansatzes explizit auf den Erwartungen der nachgelagerten Organisationseinheiten und werden auf oberster Unternehmensebene konsolidiert, wobei Widersprüche in der Planung beseitigt werden müssen. Ein effektiver Zielbildungsprozesses bringt jedoch sowohl die **Steuerungsfunktion** von Zielen als auch die **Motivationsfunktion**

524 Vgl. Kaplan/Norton 2001.

525 Vgl. Backes-Gellner 2005, S. 19

526 Vgl. Rautenstrauch 2006, S. 12ff.

527 Vgl. Schachner et al. 2006, S. 605ff.

528 Vgl. Weber et al. 2002, S. 11.

zum Ausdruck. Das bedeutet, dass sowohl die Erwartungen des Vorstandes bzw. Kapitalmarktes bei der steuerungsrelevanten Zielsetzung zu berücksichtigen sind als auch gleichzeitig die Motivation der zur Zielerreichung benötigten Mitarbeiter gefördert werden muss. Vor diesem Hintergrund bietet es sich bei der Einführung einer wertorientierten Unternehmensführung an, das so genannte *Gegenstromverfahren* zur Zielplanung zu verwenden, das die Vorteile der beiden Verfahren verbindet.[529] Die Erwartungen beider Anspruchsgruppen, die der Kapitalgeber und der (operativen) Mitarbeiter, werden miteinander abgeglichen und fließen in die Zielplanung mit ein, was gleichfalls zu einer realistischeren Planung beiträgt.[530]

Um die Erfüllung dieser Anforderung durch mittelständische Unternehmen beurteilen zu können, sei zunächst an die bereits in Abschnitt 2.2.2 beschriebene **Planungslücke** in KMU erinnert. Planung ist im Mittelstand oftmals nicht fest institutionalisiert und nur auf einen kurzfristigen Horizont ausgerichtet. Sie ist oftmals nicht an konkrete Unternehmensziele orientiert und findet intuitiv aus dem Blickwinkel des Unternehmers statt. Dieser Blickwinkel und die Tatsache, dass Unternehmer in KMU eine sehr dominante Rolle und zuweilen einen patriarchalischen Führungsstil einnehmen, lassen vermuten, dass der Planungsprozess in mittelständischen Unternehmen eher durch einen Top-Down-Ansatz geprägt ist. Auch die bereits beschriebene Funktionshäufung beim Unternehmer und die geringe Arbeitsteilung stützen diese Vermutung.[531] Es lässt sich daher folgende These aufstellen:

Anwendbarkeitsthese 1j: Planung findet in KMU nur *eingeschränkt* statt und erfolgt eher intuitiv aus *Sicht des Unternehmers*.

Hinsichtlich der Deduktionsbasis der Zielplanung bieten sich prinzipiell *Kapitalmarkterwartungen, Wettbewerber-Benchmarks* oder *historische Daten* des Unternehmens an. Kapitalmarktgrößen spiegeln zwar die Erwartungen wichtiger Kapitalgeber wider, können jedoch im Hinblick auf die individuelle Unternehmenssituation unrealistisch sein. Zu geringe Erwartungen führen ggf. zur suboptimalen Ausschöpfung von Wertsteigerungspotenzialen, zu hohe Erwartungen können die Motivation der Mitarbeiter reduzieren.[532] Auf Wettbewerber-Bench-

529 Vgl. z. B. Koller et al. 2005, S. 430ff.

530 Vgl. Ebeling 2007, S. 87.

531 Vgl. Abschnitt 2.2.2.

532 Vgl. Ebeling 2007, S. 87.

marks basierende Planungen spiegeln die Branchenbesonderheiten wider und relativieren ggf. überzogene Erwartungen des Kapitalmarktes, haben jedoch zum Nachteil, dass es ein wirklich vergleichbares Unternehmen nicht gibt und darüber hinaus bei nicht-börsennotierten Unternehmen der Zugang zu den Eckdaten der Wettbewerber erschwert ist.[533] Die Verwendung eigener historischer Daten wiederum ermöglicht zwar eine realistische Planungsgrundlage, lässt jedoch nicht die Erwartungen des Kapitalmarktes einfließen und basiert auf der (unsicheren) Extrapolation vergangenheitsorientierter Daten. Die im Rahmen einer wertorientierten Unternehmensführung verwendete Deduktionsbasis sollte daher idealerweise die Vorteile der vorgestellten Datengrundlagen verbinden und daher auf Kapitalmarktdaten, Wettbewerber-Benchmarks und eigenen historischen Daten basieren.[534]

Für mittelständische Unternehmen ist zu erwarten, dass die Planung des zukünftigen unternehmerischen Geschehens auf der Fortschreibung historischer Daten basiert. Kapitalmarktbezogene Erwartungen spielen bei den überwiegend nicht-börsennotierten KMU keine Rolle.[535] Wichtigste Kapitalgeber des Mittelstands stellen vielmehr die Banken dar. Diese werden an einem hinreichenden Erfolg des Unternehmens interessiert sein, damit die Zins- und Tilgungsverpflichtungen erfüllt werden können. Eine darüber hinaus gehende Berücksichtigung der Bankenanforderungen ist jedoch nicht zu erwarten. Ähnliches gilt auch für die spezifischen Anforderungen des Eigentümer-Unternehmer bzw. ggf. existierender Familiengesellschafter als potenzielle Quelle weiterer Kapitalgeber. Diese geben sich tendenziell mit der langfristigen Existenzsicherung des Unternehmens und einer adäquaten Verzinsung des eingebrachten Kapitals zufrieden. Allerdings geschieht dies im Rahmen einer ex-post Betrachtung; eine Integration der Anforderungen in die unternehmerische Zielplanung findet nicht statt. Im Zuge des stärkeren Engagements von Beteiligungsgesellschaften könnten die Anforderungen der Kapitalgeber in Zukunft tendenziell stärker berücksichtigt werden (müssen). Auf Grund der limitierten Verfügbarkeit von Wettbewerberdaten ist eine Berücksichtigung dieser Informationen in der Zielplanung ebenfalls nicht zu erwarten. In Summe dieser Überlegungen lässt sich folgende These ableiten:

---

533 Vgl. z. B. Weber et al. 2002, S. 25.

534 Vgl. Ebenda, S. 26.

535 Vgl. die Ausführungen in Abschnitt 2.3.1 und die dort angegebene Literatur.

Anwendbarkeitsthese 1k: Die Berücksichtigung von Kapitalgebern und Wettbewerbern in der Zielplanung findet in KMU nur *unzureichend* statt. Planung basiert überwiegend auf der Fortschreibung historischer Zahlen.

5.3 Anwendbarkeit wertorientierter Strukturen

In Anlehnung an die Integration der KMU-relevanten Erfolgsfaktoren in den *Zürcher Ansatz* werden im Folgenden die Anforderungen an die Ausgestaltung der der Strukturdimension zugeordneten Erfolgsfaktoren diskutiert und anschließend Anwendbarkeitsthesen abgeleitet. Dies sind im Einzelnen: das Planungssystem (Kap. 5.3.1), das Kontrollsystem (Kap. 5.3.2), das Anreizsystem (Kap. 5.3.3), das Informationssystem (Kap. 5.3.4) und die Investor Relations (Kap. 5.3.5).

5.3.1 Anwendbarkeit eines wertorientierten Planungssystems

Unter Planung wird die systematische Ableitung und Bewertung der zur Erreichung eines Zieles oder der Lösung eines Problems möglichen Handlungsalternativen und die im Hinblick auf die Zielerreichung geeignete Auswahl der besten Handlungsalternative verstanden.[536] Das aus diesem Entscheidungsprozess resultierende Ergebnis wird als Plan bezeichnet.[537] Die Gesamtheit aller in einem Unternehmen zum Zwecke der Zielerreichung ausgearbeiteten Pläne und Maßnahmen wird als Planungssystem verstanden.[538] Zur Ausgestaltung eines wertorientierten Planungssystems müssen neben der **Gestaltung dieser Entscheidungsprozesse** des Weiteren flankierende **Instrumente zur methodischen Planungsunterstützung** etabliert werden und eine **Abstimmung**[539] der tlw. interdependenten Pläne des Unternehmens erfolgen.[540]

---

536 Vgl. Adam 1996, S. 9; Witte 1979, S. 72ff.; Hahn 1999, S. 664; AK „Integrierte Unternehmensplanung“ der Schmalenbach-Gesellschaft für Betriebswirtschaft e.V. 1991, S. 812; Bircher 1989, S. 1509f.; Macharzina 1989, S. 1714.

537 Unter einem Entscheidungsprozess wird der Prozess zur Erstellung eines zur Zielerreichung benötigten Plans verstanden. Die Gesamtheit aller Entscheidungsprozesse wird als Planungsprozess verstanden. Vgl. Ebeling 2007, S. 90.

538 Vgl. Wild 1982, S. 153.

539 Die Abstimmung von Plänen ist prinzipiell in jedem Planungssystem von Bedeutung. Ebeling 2007, S. 90 misst ihr jedoch im Hinblick einer im Rahmen wertorientierter Unternehmensführung üblichen Kapitalmarktkommunikation eine hervorgehobene Stellung zu.

540 Vgl. Ebeling 2007, S. 89; Adam 1996, S. 121ff.

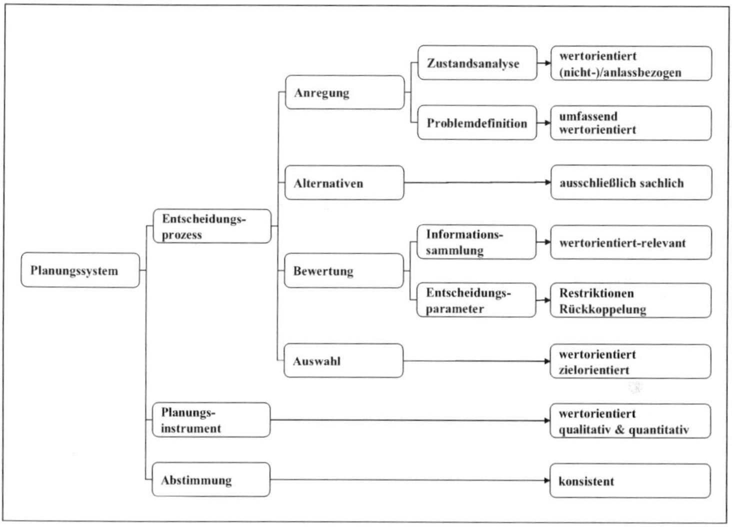

Abbildung 5-2: Anforderungen an ein wertorientiertes Planungssystem
Quelle: Eigene Darstellung

Zur Strukturierung eines zum Zwecke der Planerstellung erforderlichen Entscheidungsprozesses wird zwischen den vier Phasen der **Anregungsphase**, der **Alternativensuche**, der **Bewertung** und der **Auswahl** unterschieden.[541] Im Rahmen der Anregungsphase kommt der **Zustandsanalyse** und der **Problemdefinition** als Ausgangspunkt der Planung eine besondere Rolle zu. Im Kontext einer wertorientierten Unternehmensführung sind dabei solche Zustände (Ziele oder Probleme) zu analysieren, die sich auf die Höhe des Unternehmenswertes auswirken und damit für dessen Steigerung relevant sind.[542] Das Erkennen dieses Problems ist Inhalt der Zustandsanalyse. Die Zustandsanalyse sollte dabei *wertorientiert* ausgerichtet sein, d. h. lediglich die Betrachtung werttreibender Sachverhalte umfassen. Um sowohl akute Probleme schnell adressieren als auch

541 Vgl. AK „Integrierte Unternehmensplanung" der Schmalenbach-Gesellschaft für Betriebswirtschaft e.V. 1991, S. 812; Hahn 1999, S. 664; Hahn/Hungenberg 2001, S. 46; Adam 1996, S. 32. Der oftmals aufgezählten Phase der Zielbildung wurde bereits im Rahmen der Ausgestaltung eines wertorientierten Zielsystems Beachtung geschenkt. Die Phase der Durchsetzung von Planen wird im Weiteren nicht näher betrachtet, da sie weniger der Planerstellung dient, sondern die Umsetzung betrifft.

542 Weicht z. B. die erwartete von der angestrebten Ausprägung eines wertrelevanten Zustandes (z. B. Ausprägung einer wertorientierten Spitzenkennzahl) ab, so ist mittels Durchlaufen eines Entscheidungsprozesses ein Plan festzulegen, der auf die Beseitigung dieser Abweichung hinwirkt.

latente Probleme frühzeitig identifizieren zu können, sollte die Zustandsanalyse *anlassbezogen* und auch *nicht-anlassbezogen* erfolgen.[543]

Die Klärung und Definition des genauen Probleminhaltes setzt voraus, dass unter allen potenziellen Problemfeldern die Ursache der Problementstehung erkannt wird.[544] Die Kenntnis der Ursache des Problems ist zur zielgerichteten Ableitung von Handlungsalternativen entscheidend, weshalb eine *umfassende Untersuchung aller möglichen Problemursachen* erfolgen sollte. Nach Kenntnis der Problemursache sollte das Problem schließlich präzise definiert werden, wobei darauf zu achten ist, dass ein *wertorientierter Bezug* in dieser als Basis der abzuleitenden Maßnahmen geltenden Definition geschaffen wird.

Nach der Anregungsphase des Entscheidungsprozesses werden im Rahmen der Alternativensuche **Handlungsmöglichkeiten** zur Lösung des definierten Problems eruiert. Der Alternativengenerierung kommt im Rahmen des Entscheidungsprozesses ebenfalls eine wichtige Rolle zu, da hiermit die Breite des möglichen Lösungsraumes bestimmt wird.[545] Sie ist wesentlich durch Erfahrungswerte, Kreativität und Phantasie der im Entscheidungsprozess beteiligten Personen gekennzeichnet.[546] Um erfolgversprechende Handlungsmöglichkeiten nicht frühzeitig durch eine Vermischung von Alternativensuche und Bewertung zu verwerfen, ist in dieser Phase die Betrachtung einer rein *sachlichen Problemdimension* zu bevorzugen.

Die Bewertung der generierten Alternativen erfolgt nach **Sammlung notwendiger Informationen** und der **Definition relevanter Entscheidungsparameter**. Da die Planung unternehmerischer Maßnahmen stets auf eine Zielerreichung gerichtet sein sollte, sind die in der Alternativensuche generierten Handlungsmöglichkeiten hinsichtlich ihres Beitrags zur effektiven Zielwirkung zu beurteilen. Im Kontext einer wertorientierten Unternehmensführung bedeutet dies,

543 Vgl. z. B. Ebeling 2007, S. 91f. Ähnlich auch Laux 2006, S. 9, der in der Wahrnehmung von Symptomen die Initiierung eines Entscheidungsprozesses sieht.

544 Zu den möglichen problemrelevanten Ursachen sind insbesondere inhaltliche (z. B. falsche Annahmen, Ziele, Prognosen, Maßnahmen) oder methodisch-formale (z. B. unvollständige Informationsgrundlagen, ungeeignete Planungsmethoden, falsche Ableitungslogik) Fehler der Planung zu nennen. Vgl. Ebeling 2007, S. 92ff. für eine ausführliche Beschreibung dieser Fehlerquellen an Hand von Beispielen. Vgl. auch Pfohl 1988, S. 811; Gälweiler 1981, S. 383.

545 Vgl. Adam 1996, S. 39.

546 Vgl. Ebenda, S. 38f.; Laux 2006, S. 11.

dass die Bewertung der Handlungsmöglichkeiten wertorientiert erfolgen muss, weshalb im Rahmen der Informationssammlung für jede Alternative die *Auswirkung auf die jeweilige wertrelevante Zielgröße* analysiert werden muss.[547] Die zweite Teilaufgabe der Bewertung der Alternativen ist in der Analyse weiterer Entscheidungsparameter zu sehen. Hierunter sind v. a. *unternehmensspezifische Restriktionen* der Alternativenumsetzung zu subsumieren. Ist es dem Unternehmen z. B. auf Grund bestehender Ressourcenrestriktionen nicht möglich, eine generierte Handlungsalternative zu verfolgen, so ist diese bereits in diesem frühen Stadium des Entscheidungsprozesses zu verwerfen.[548] Schließlich ist eine *Rückkopplung zur Alternativensuche* empfehlenswert, um den Aufwand und die Komplexität des Bewertungsprozesses in Grenzen zu halten und die generierten Alternativen um die Handlungsmöglichkeiten zu reduzieren, die auf Grund von unternehmerischen Restriktionen nicht durchgeführt werden können.[549]

Im Rahmen der Auswahl der bewerteten Handlungsalternativen gilt es zunächst, eine klar definierte **Präferenzordnung** festzulegen und die Alternativen hinsichtlich des Erfüllungsgrads der Präferenzen zu sortieren. Anschließend ist diejenige Handlungsmöglichkeit auszuwählen, die die *Zielgröße maximiert.*[550] Im Kontext einer wertorientierten Unternehmensführung wird die oberste Präferenz in der Steigerung des Unternehmenswertes und damit approximativ in der *Steigerung der Spitzenkennzahl* liegen.

Der dargelegte Entscheidungsprozess stellt die **idealtypische Vorgehensweise** und Ausgestaltung eines wertorientierten Planungsprozesses dar. Aus den bisherigen Überlegungen und Beschreibungen der KMU-Besonderheiten ist davon auszugehen, dass bei fehlender Integration der Wertorientierung im Zielsystem des Unternehmens, der Entscheidungsprozess in mittelständischen Unternehmen ebenfalls eine wertorientierte Ausgestaltung vermissen lässt. Vielmehr ist sogar davon auszugehen, dass Planung im Mittelstand nicht einmal der beschriebenen formalisierten und systematischen Reihenfolge folgt. Es existiert eine Pla-

---

547 Vgl. Ebeling 2007, S. 98.

548 Vgl. z. B. Welge/Al-Laham 2008, S. 733. Analysen bzgl. der künftigen Wettbewerbssituation des Unternehmens bzw. der Branchendynamik und daraus notwendiger strategischer Entscheidungen können ebenfalls Restriktionen einer Alternativenauswahl oder aber sogar begünstigende Kriterien der Entscheidungsauswahl darstellen, vgl. Morin/Jarrell 2001, S. 378.

549 Vgl. Ebeling 2007, S. 101.

550 Vgl. Ebenda, S. 102.

nungslücke in Mittelstand.[551] Es wird spontan, intuitiv und aus dem Blickwinkel des Unternehmers geplant, was einer systematischen Anregung und einer formalisierten Generierung, Bewertung und Auswahl von Alternativen widerspricht. REHN (1998) bezeichnet den Planungsprozess in KMU als unformalisiert, eher operativ und ohne klare Abgrenzung einzelner Planungsphasen.[552] HENSCHEL (2006) stellt fest, dass die Teilpläne eines Unternehmens weder konsistent, noch abgestimmt sind und zudem auf einen kurzfristigen Zeitraum beschränkt sind.[553] BERENS et al. (2005) stellen im Rahmen ihrer empirischen Untersuchung fest, dass ca. 80% der Entscheidungen der befragten KMU auf Grundlage von Erfahrungen gemacht werden und zur Entscheidungsfindung keine quantitative Entscheidungsgrundlage vorlag.[554] SCHACHNER et al. (2006) stellen fest, dass der Formalisierungsgrad der Entscheidungsprozesse mit der Größe und dem Grad der Fremdbestimmung in KMU steigt.[555] Obwohl in der jüngeren Vergangenheit durch Basel II eine Verbesserung unternehmerischer Planung in mittelständischen Unternehmen verzeichnet werden kann[556], wird aus den bisherigen Überlegungen in Summe folgende These abgeleitet:

Anwendbarkeitsthese 2a: Planung in KMU ist eher unkoordiniert und durch *wenig formalisierte* Entscheidungs- und Planungsprozesse charakterisiert. Eine systematische wertorientierte Identifikation, Analyse, Bewertung und Auswahl von Planungsalternativen findet *nicht* statt.

Zur Unterstützung der beschriebenen Entscheidungsprozesse werden flankierende **Planungsinstrumente** eingesetzt, die eine systematische Planung der unternehmerischen Handlungen ermöglichen sollen. Im Rahmen einer wertorientierten Unternehmensführung müssen die Instrumente ebenfalls *wertorientiert ausgestaltet* sein, d. h. die typischen Charakteristika einer Wertorientierung berücksichtigen.[557] Konkret bedeutet dies, dass Planungsinstrumente über einen langfristigen Zeitraum die zukünftigen Cashflows des Unternehmens umfassend abbilden müssen. Während dabei *quantitative* Planungsinstrumente die zahlen-

551 Vgl. die Ausführungen in Abschnitt 2.2.2 und 2.2.3.

552 Vgl. Rehn 1998, S. 114ff.

553 Vgl. Henschel 2006, S. 261.

554 Vgl. Berens et al. 2005, S. 189.

555 Vgl. Schachner et al. 2006, S. 605ff.

556 Vgl. FN 146.

557 Vgl. Ebeling 2007, S. 223ff. für eine umfassende Analyse der Wertorientierung gängiger Planungsinstrumente.

mäßige Auswirkung potenzieller Maßnahmen erfassen, eignen sich *qualitative* Planungsinstrumente insbesondere in den Fällen, in denen eine solche Quantifizierung nicht oder nur schwer möglich ist.[558] Der gemeinsame Einsatz qualitativer und quantitativer Planungsinstrumente ist daher bei der Ausgestaltung wertorientierter Planungsunterstützungsinstrumente zu empfehlen, da die eruierten Maßnahmen gegenseitig durch eine Gesamtbetrachtung plausibilisiert werden können.[559]

Der Einsatz von Planungsinstrumenten in mittelständischen Unternehmen zeichnet sich analog der übrigen Ausgestaltung eines formalisierten Planungssystems durch einen ungenügenden Professionalisierungsgrad aus. Langfristige und strategische Planungsinstrumente bzw. Investitionsrechenverfahren werden nur unzureichend eingesetzt, weshalb auch hier einer Wertorientierung widersprochen werden muss.[560] Sie lassen eine entscheidungsunterstützende Funktion vermissen. Auch stellen BERENS et al. (2005) fest, dass KMU überwiegend operative Planungsinstrumente verwenden.[561] Folgende Anwendbarkeitsthese fasst die obige Diskussion zusammen:

Anwendbarkeitsthese 2b: Entscheidungsunterstützende strategische Planungsinstrumente in KMU werden nur *unzureichend* eingesetzt.

Als letzte Anforderung an die Ausgestaltung eines wertorientierten Planungssystems ist die *Abstimmung der Teilpläne* zu einem *konsistenten Gesamtplan* zu nennen.[562] Planungsprozesse können dabei prinzipiell einseitige oder wechselseitige Beziehungen zueinander haben. Während sich z. B. die operative Planung einseitig aus der strategischen Planung ergibt, fließt bei wechselseitigen Planungsprozessen das Ergebnis des einen Entscheidungsprozesses als Inputparameter in einen anderen Entscheidungsprozess ein. Um die Probleme und

558 Exemplarisch seien als qualitative Planungsinstrumente die Stärken-Schwächen-Analyse, die Szenariotechnik und Mindmapping und als quantitative Instrumente die Wertsteigerungsanalyse, Zeitreihen und Simulationsmodelle genannt. Vgl. Schreyögg 1984, S. 111ff.; Ebeling 2007, S. 104f.; Hardtmann 1996, S. 3ff.; Herter 1994, S. 39ff; Rehn 1998, S. 103. Siehe auch den Vorschlag von Klett 2004 zur konkreten Anwendung bei KMU.

559 Vgl. Knorren 1997c, S. 205; Knorren/Weber 1997b, S. 13f.

560 Vgl. Rehn 1998, S. 103; Dintner 1999, S. 209; Ossadnik/van Lengerich 2003, S. 61.

561 Vgl. Berens et al. 2005, S. 190.

562 Vgl. z. B. Welge/Al-Laham 2008, S. 733; Fechtel 2001. S. 186.

Komplexität einer Simultanplanung zu vermeiden[563], bietet sich bei Bedarf mittels Rückkopplung der Entscheidungsprozesse die Modifikation der Pläne an. Die verschiedenen Beziehungen der Planungsprozesse müssen dabei durch eine sachlogisch richtige Gestaltung der Planungsreihenfolge berücksichtigt werden.[564] Wie bereits oben erläutert, zeichnen sich mittelständische Unternehmen tendenziell durch inkonsistente Pläne aus. Folgende Anwendbarkeitsthese schließt die Überlegungen zum Planungssystem ab:

Anwendbarkeitsthese 2c: Je größer und fremdgeführter (externes Management oder Kapitalbeteiligung) ein KMU, desto *stärker formalisiert* und institutionalisiert ist das Planungssystem.

5.3.2 Anwendbarkeit eines wertorientierten Kontrollsystems

Unter Kontrolle ist ein strukturierter informationsverarbeitender Prozess zur Ermittlung und Analyse von Abweichungen zwischen Plan- und Vergleichsgrößen zu verstehen.[565] Ein Kontrollsystem bildet die Gesamtheit der einzelnen Kontrollprozesse. Im Rahmen einer wertorientierten Unternehmensführung kommt dem Kontrollsystem eine äußerst wichtige Funktion zu, da einerseits ex post die erzielte Wertsteigerung des Unternehmens ermittelt werden kann und andererseits ex ante eine Abweichung von einer geplanten Zielgröße (z. B. Steigerung des CVA) frühzeitig identifiziert werden kann, um daraufhin korrigierende Maßnahmen einzuleiten. Ein wertorientiert ausgestaltetes Kontrollsystem muss dabei die typischen Charakteristika der Wertorientierung berücksichtigen, d. h. es muss u. a. Cashflow-orientiert sein, die Kontrolle eines langfristigen, zukünftigen Zeitraumes ermöglichen und die Kontrolle sämtlicher Wertschaffungsquellen beinhalten. Dabei sind Fragen des **Kontrollinhaltes** und der **Kontrollart** zu klären.[566]

---

563 Vgl. Adam 1996, S. 187f.

564 Vgl. Ebenda, S. 186f.

565 Vgl. z. B. Reichmann 2006, S. 13; Weber 2004, S. 312f. Unter dem Plan-Wert ist die im Planungsprozess verabschiedete Zielgröße zu verstehen. Als Vergleichsgröße eignen sich der Ist-Wert und der Wird-Wert. Der Ist-Wert stellt die eingetretene Ausprägung der Zielgröße am Ende des Planungszeitraumes dar. Unter dem Wird-Wert ist die innerhalb des Planungszeitraumes auf Grund von Planungsänderungen prognostizierte Änderung der Zielgrößenausprägung zu verstehen.

566 Vgl. Ebeling 2007, S. 119; Küpper 2005, S. 187ff.; Horvath 2006, S. 155ff.

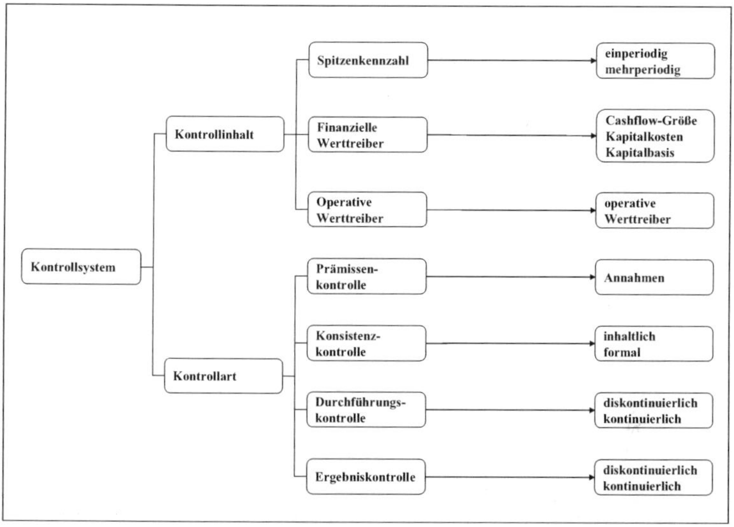

Abbildung 5-3: Anforderungen an ein wertorientiertes Kontrollsystem
Quelle: Eigene Darstellung

Im obigen Verständnis von Kontrollinhalt und -aufgabe müssen sich die Kontrollgrößen im Rahmen einer wertorientierten Unternehmensführung offensichtlich an der obersten Zielsetzung des Unternehmens orientieren. Da idealerweise die Zielsetzung der nachhaltigen Wertsteigerung durch Spitzenkennzahl und Werttreiberbäume operationalisiert und kaskadiert wurde, ist es folgerichtig, die abgeleiteten Ziele und Plangrößen als potenzielle Kontrollinhalte zu berücksichtigen. Dementsprechend wird durch Kontrolle der **Spitzenkennzahl**, der **finanziellen Werttreiber** und der **operativen Werttreiber** den Charakteristika einer Wertorientierung Rechnung getragen. Da die Spitzenkennzahl sowohl zur einperiodigen Performancemessung ex post verwendet als auch der mehrperiodigen Zielfestlegung ex ante dienen kann, ist sie im Rahmen des Kontrollsystems jeweils fristenkongruent, d. h. *einperiodig* und *mehrperiodig* zu messen.[567]

567 So ist z. B. der EVA (vgl. Unterkapitel 3.3) als einperiodige vergangenheitsorientierte Performancekennzahl anwendbar. Die Summe der Barwerte aller zukünftigen EVA bildet den MVA (Market Value Added), welcher als potenzielle Zielgröße die Wertsteigerung eines Unternehmens ausdrückt. Eine ausschließlich einperiodige Kontrolle der Spitzenkennzahl vernachlässigt den Zukunftscharakter der Wertorientierung. Bei der ausschließlichen Kontrolle der mehrperiodigen Spitzenkennzahl besteht das Problem, dass die zukünftige wertmäßige Ausprägung der Spitzenkennzahl sowohl durch Planänderungen als auch durch tatsächliche Handlungen des Unternehmens (z. B. geplante vs. realisierte Cashflow-Erhöhung) determiniert wird, was eine Ursachenanalyse

Da sich Änderungen wertbestimmender unternehmensinterner und -externer Parameter nicht unmittelbar durch eine Änderung der Spitzenkennzahl bemerkbar machen, besteht die Gefahr, etwaige Fehlentwicklungen des Unternehmens zu spät zu erkennen. Daher sollte sich die inhaltliche Kontrolle auch auf die finanziellen Werttreiber der Unternehmung, die *Cashflows*, die *Kapitalkosten* und das *eingesetzte Kapital* beziehen. Potenzielle Änderungen dieser finanziellen Wertreiber liegen wiederum in der Entwicklung *operativer Werttreiber* begründet, weshalb diese ebenfalls in ihrer jeweiligen unternehmensspezifischen Definition Gegenstand des Kontrollsystems sein müssen.[568] Auf Grund der frühzeitigen Indikatorfunktion und der höheren Schwankungsanfälligkeit sind diese nachgelagerten Kontrollgrößen (v. a. operative Werttreiber) jedoch häufiger zu kontrollieren als die höherrangigen Größen (z. B. Spitzenkennzahl).[569]

Bezüglich des Kontrollsystems in mittelständischen Unternehmen lässt sich vermuten, dass die Anforderungen an eine wertorientierte Ausgestaltung nicht erfüllt werden. Die Kontrolle einer wertorientierten Spitzenkennzahl ist auf Grund der fehlenden Definition derselben unmöglich. Jedoch sind vermutlich auch wesentliche finanzielle Werttreiber des Unternehmens nicht Bestandteil einer regelmäßigen Kontrolle. Cashflow-Größen werden oftmals in KMU nur im Rahmen einer Jahresabschlussrechnung erhoben bzw. im Rahmen der Liquiditätssicherung generiert.[570] Eine **systematische Kontrolle unter Wertgesichtspunkten findet** hingegen **nicht statt**. Gleiches gilt für die Kontrolle des eingesetzten Kapitals bzw. der Kapitalkosten. Insgesamt attestieren SCHLÜCHTERMANN et al. (1999) KMU-Kontrollsystemen eine Losgelöstheit von der strategischen Zielplanung des Unternehmens und die fehlende Verknüpfung in einem Gesamtsystem, was von HENSCHEL (2006) im Rahmen seiner empirischen Untersuchung bestätigt wird.[571] BERENS et al. (2005) stellen fest, dass im Mittelstand eher ein vergangenheitsorientiertes Controlling vorherrscht, was der Vernachlässigung eines weiteren Wertcharakteristikums gleichkommt.[572] HENSCHEL

zur Ableitung eines Korrekturbedarfs erschwert. Daher sollte sowohl eine einperiodige als auch eine mehrperiodige Kontrolle der Spitzenkennzahl stattfinden.

568 Vgl. Weber et al. 2002, S. 36; Koller et al. 2005, S. 433.

569 Ein vollständiger Verzicht der Kontrolle der Spitzenkennzahl entspricht wiederum nicht der Anforderung, das wertorientierte Charakteristikum der Langfristigkeit in der Ausgestaltung des Kontrollsystems zu berücksichtigen.

570 Vgl. Becker 2000, S. 42.

571 Vgl. Schlüchtermann et al. 1999, S. 115; Henschel 2006, S. 260f.

572 Vgl. Berens et al. 2005, S. 189. Siehe auch die Argumentation in Abschnitt 2.2.3.

(2006) und RAUTENSTRAUCH (2006) erkennen, dass die Nutzung einer BSC, an Hand derer operative Werttreiber hinreichend kontrolliert werden können, mit zunehmender Unternehmensgröße ansteigt.[573] Mit einem Anwendungsgrad von ca. 25% (HENSCHEL (2006)) und 30% (RAUTENSTRAUCH (2006)) ist jedoch insgesamt von einer nur unzureichenden systematischen Kontrolle operativer Werttreiber auszugehen. OSSADNIK/VAN LENGERICH (2003) weist im Rahmen seiner Untersuchung den Zusammenhang nach, dass managergeführte KMU über stärker ausgeprägte und formalisierte Kontrollsysteme verfügen als inhabergeführte Familienunternehmen.[574] Aus den bisherigen Überlegungen zu den Kontrollinhalten lassen sich folgende Anwendbarkeitsthesen vermuten:

Anwendbarkeitsthese 3a: In KMU sind *weder* wertorientierte Kennzahlen, *noch* finanzielle oder operative Werttreiber explizit Bestandteil der Kontrolle.

Anwendbarkeitsthese 3b: Je größer und fremdgeführter (externes Management oder Kapitalbeteiligung) ein KMU, desto *ausgeprägter* ist das Controllingsystem und desto eher werden Wertcharakteristika im Controlling berücksichtigt.

Im Hinblick auf die Kontrollart lassen sich prinzipiell die Formen der Prämissenkontrolle, der Konsistenzkontrolle, der Durchführungskontrolle und der Ergebniskontrolle unterscheiden.[575] Die verschiedenen Kontrollarten geben dabei Hinweise, auf welche Ursachen etwaige Planabweichungen zurückzuführen sind. Erweist sich im Rahmen der durchgeführten Kontrollen der festgelegte Plan als unzureichend, sind diese Abweichungsursachen im Rahmen einer Rückkopplung zum Planungsprozess bei der Anpassung der Ziele bzw. Zielgrößen zu berücksichtigen.[576]

Die **Prämissenkontrolle** überprüft, ob die bei der Verabschiedung der Pläne und Maßnahmen getroffenen Annahmen nach wie vor gültig sind, oder ob die Planung auf Grund veränderter Rahmenbedingungen und zu modifizierender Annahmen angepasst werden muss.[577]

Die **Konsistenzkontrolle** überprüft die Abstimmung und Konsistenz der existierenden Teilpläne und Maßnahmen und kann z. B. auf Grund geänderter Planda-

---

573 Vgl. Henschel 2006, S. 262; Rautenstrauch 2006, S. 12f.

574 Vgl. Ossadnik/van Lengerich 2003, S. 104.

575 Vgl. z. B. Kolks 1990, S. 55.

576 Vgl. Ebenda, S. 55.

577 Vgl. Pfohl 1988, S. 806; Kolks 1990, S. 55.

ten eines Teilplans Anpassungsbedarf in der Gesamtplanung identifizieren. Solche Planungsinkonsistenzen können wiederum auf inhaltliche oder methodisch-formale Planungsfehler zurückgeführt werden, weshalb sich diese ebenfalls in der Durchführung von Konsistenzkontrollen niederschlagen sollten. Während relevante **inhaltliche Konsistenzkontrollen** Vergleiche hinsichtlich der konkreten Plandaten vornehmen, ist im Rahmen der **formalen Konsistenzkontrolle** lediglich die *formale Prüfung* der methodischen Vorgehensweise durch qualitative Abschätzung des Planungsprozesses zu validieren.[578]

Die **Durchführungskontrolle** beinhaltet die Überprüfung der tatsächlichen Realisierung der in der Planung verabschiedeten Maßnahmen.[579] Die Aufgabe der **Ergebniskontrolle** besteht in der Messung des Zielerreichungsgrades und vermag demnach ex post zu beurteilen, ob die verabschiedeten Pläne bzw. deren Realisierung effektiv zur Zielerreichung beigetragen haben.[580] Beide Kontrollvarianten beziehen sich weniger auf die Planungsphase von Zielen und Maßnahmen, sondern vielmehr auf die Realisationsphase derselben. Beide Kontrollarten lassen sich sowohl *diskontinuierlich* („Meilensteinkontrolle"[581]) als auch *kontinuierlich* einsetzen. Während Durchführungskontrollen potenzielle Abweichungen aufdecken und die Ableitung korrigierender Maßnahmen erlauben, beziehen sich die Ergebniskontrollen auf die Identifikation bereits eingetretener Abweichungen.

Durchführungs- und Ergebniskontrollen auf Basis von Plan-Ist-Vergleichen scheinen zunächst durch ihre vergangenheitsorientierte Betrachtung der zukunftsbezogenen und langfristig ausgerichteten Wertorientierung nicht gerecht zu werden, sondern lediglich eine **Motivationsfunktion** im Rahmen der leistungsorientierten Vergütung der Mitarbeiter zu erfüllen. Prämissenkontrollen und Konsistenzkontrollen werden im Rahmen einer wertorientierten Unternehmensführung eine größere Bedeutung zugemessen, da sie potenzielle Abweichungen bereits im Vorfeld eliminieren können. Insbesondere der vorwärtsgerichteten („Feed-Forward") Prämissenkontrolle ist auf Grund der Langfristigkeit der Betrachtung und der damit verbundenen Unsicherheit von Prognosen und Annahmen besondere Beachtung zu schenken. Planungsprämissen, die nicht in der Einflusssphäre des Unternehmens liegen, sind dabei häufiger zu kontrollie-

578 Vgl. Hahn 1999, S. 898; Pfohl 1988, S. 817; Ebeling 2007, S. 113.

579 Vgl. Kolks 1990, S. 55.

580 Vgl. Ebenda, S. 55.

581 Vgl. ähnlich Gälweiler 1981, S. 394.

ren als beeinflussbare Prämissen.[582] Jedoch kann auch die strategische Durchführungskontrolle als Feed-Forward Kontrolle der Zielerreichung verstanden werden. Hierbei wird geprüft, ob die bisherige Meilensteinerreichung ein weiteres Festhalten an der Planung des Unternehmens rechtfertigt, oder ob Anpassungen in der Planung vorgenommen werden müssen.[583]

Hinsichtlich der Verbreitung der Kontrollarten in mittelständischen Unternehmen lässt sich festhalten, dass Durchführungskontrollen in KMU regelmäßig durchgeführt werden. BERENS et al. (2005) stellen fest, dass 60% der im Rahmen ihrer Untersuchung befragten kleinen Unternehmen (Umsatz < €20 Mio.) und sogar 75% der mittleren Unternehmen (Umsatz > €20 Mio.) regelmäßige Soll-Ist Vergleiche durchführen.[584] Die Ausprägung nachträglicher Wirtschaftlichkeitsanalysen und Ergebniskontrollen hingegen wird nur bei ca. 40% der befragten Unternehmen systematisch angewandt. Bei den übrigen Unternehmen erfolgt diese gar nicht oder nur im Einzelfall. In Verbindung mit den bereits oben diskutierten Aspekten der **Vergangenheitsorientierung der KMU-Kontrolle**[585] und der inkonsistenten Planung[586] lässt sich folgende Abschlussthese zur Anwendbarkeit einer wertorientierten Unternehmensführung im Kontrollsystem von KMU ableiten:

Anwendbarkeitsthese 3c: Durchführungskontrollen werden in KMU *regelmäßig* durchgeführt, systematische Prämissenkontrollen, Konsistenzkontrollen und Ergebniskontrollen jedoch *nicht*.

5.3.3 Anwendbarkeit eines wertorientierten Anreizsystems

Das Anreiz- oder Entgeltsystem[587] ist im Rahmen einer wertorientierten Unternehmensführung ebenfalls als erfolgskritischer Faktor zu klassifizieren, da die

582 Vgl. Ebeling 2007, S. 116f. Da auf Grund der Vielzahl in der Planung bestehender Prämissen nicht alle kontrolliert werden können, sind im Rahmen von z. B. Sensitivitätsanalysen die Prämissen auszuwählen, die bei geringer Abweichung von der Plangröße einen großen Einfluss auf die wertorientierte Zielgröße haben, vgl. Knorren 1998, S. 148; Welge 1988, S. 133.

583 Vgl. Schreyögg/Steinmann 1985, S. 404.

584 Vgl. Berens et al. 2005, S. 190. Siehe auch Dintner 1999, S. 207.

585 Vgl. Berens et al. 2005, S. 189.

586 Vgl. Henschel 2006, S. 261.

587 Streng genommen handelt es sich bei den folgenden Ausführungen um Anforderungen an die wertorientierte Ausgestaltung eines Entgeltsystems, da Anreize auch nicht-monetär, z. B. im Reputationsaufbau oder im Machtausbau, begründet sein können. Die

Mitarbeiter durch Beeinflussung der wertrelevanten operativen Stellgrößen einen Einfluss auf den Unternehmenswert besitzen und entscheidend zur Realisierung der kaskadierten Ziele und Pläne beitragen. Mittels Anreizsystemen soll das Verhalten von Managern und Mitarbeitern derart kanalisiert werden, dass sämtliche Handlungen auf die Steigerung des Unternehmenswertes ausgerichtet sind.[588] Durch Kopplung von outputorientierter Leistungsbewertung und finanzieller Entlohnung müssen bei der Ausgestaltung eines wertorientierten Anreizsystems offensichtlich die **Bemessungsgrundlage** der Leistungsbewertung und die **Entlohnungsfunktion** bestimmt werden. Während die Bemessungsgrundlage die Zielgrößen der Leistungsbewertung definiert, ist die Entlohnungsfunktion für die Ermittlung der aus einer erbrachten Leistung resultierenden Entlohnung zuständig. Die ausschließliche Betrachtung von Bemessungsgrundlage und Entlohungsfunktion reicht jedoch zur Gestaltung des Anreizsystems nicht aus. Sie muss um zusätzliche, das **Gesamtsystem** betreffende, allgemeine Aspekte der Anreizsetzung ergänzt werden.[589]

Ausführungen im Rahmen dieses Abschnittes beziehen sich jedoch ausschließlich auf monetäre Anreize. Weitere Anreizarten wie immaterielle Anreize (z. B. Auszeichnungen, Karriereperspektiven) oder intrinsische Anreize (Bedürfnisbefriedigung durch die Arbeit selbst) werden im Weiteren nicht betrachtet. Für einen Überblick über verschiedene Anreizarten vgl. Zaunmüller 2005, S. 36ff.

588 Vgl. Plaschke 2003, S. 22; Kossbiel 1994, S. 77ff.; Winter 1996, S. 18f. Zu anderen Zielen von Anreizsystemen wie z. B. der Rekrutierung und Bindung von (neuen) Mitarbeitern vgl. Eigler 2004, S. 680.

589 Vgl. Ebeling 2007, S. 123f.

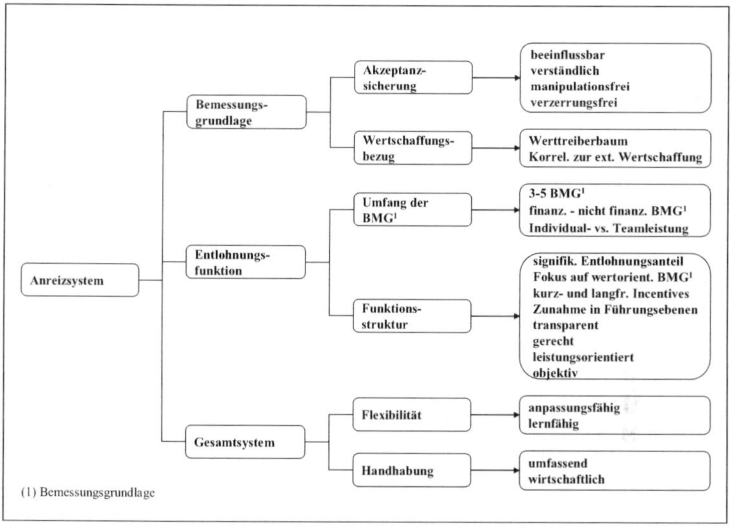

Abbildung 5-4: Anforderungen an ein wertorientiertes Anreizsystem
Quelle: Eigene Darstellung

Die für die Bemessungsgrundlage zu definierenden Kennzahlen besitzen auf Grund ihres direkten Einflusses auf den variablen Entgeltbestandteil der Mitarbeiter eine direkte motivatorische Funktion. Dieser unmittelbare Zusammenhang impliziert, dass die Mitarbeiter prinzipiell die Förderung der in der Bemessungsgrundlage enthaltenen Kennzahlen stärker verfolgen. Daher muss zur wertorientierten Steuerung die Bemessungsgrundlage des Anreizsystems unbedingt einen **Wertschaffungsbezug** aufweisen. Darüber hinaus haben die in der Bemessungsgrundlage definierten Kennzahlen zur **Akzeptanzsicherung** der Anreizstruktur auf Mitarbeiterseite beizutragen. Die Ausgestaltung der Bemessungsgrundlage trägt dann zur Akzeptanzsicherung bei, wenn die entlohnungsrelevanten Outputkriterien verschiedenen Attributen entsprechen. So müssen die zur Leistungsbewertung der Mitarbeiter verwendeten Kennzahlen analog der Bestimmung der operativen Treiber des Werttreiberbaumes *beeinflussbar* und *verständlich* sein.[590] Verständlich ist die Bemessungsgrundlage dann, wenn sie in ihrer Wirkung und Komplexität umfassend vom Mitarbeiter begriffen wird, damit dieser sein Verhalten entsprechend der Förderung der Zielausprägung

590 Vgl. Weber et al. 2002, S. 45; KPMG 2000, S. 12; Greth 1998, S. 91; Grewe 2003, S. 20; Plaschke 2003, S. 94f.

gestalten kann.[591] Weitere Anforderungen an die Definition der Bemessungsgrundlage sind die *Manipulations- und Verzerrungsfreiheit*.[592] Sie besagen, dass die Bemessungsgrundlagen nicht durch das Verhalten der Mitarbeiter manipuliert werden dürfen, um eine lediglich entlohnungsoptimale Ausprägung der Zielgröße zu verhindern. Auch dürfen die Bemessungsgrundlagen nicht durch z. B. steuerliche Gestaltungsmöglichkeiten oder nicht beeinflussbare Umwelteinflüsse verzerrt werden.

Um die Mitarbeiter zu einem anreizkompatiblen Verhalten zu bewegen, muss die Bemessungsgrundlage einen Bezug zur Wertschaffung aufweisen.[593] Die im Rahmen des Anreizsystems verwendeten Bemessungsgrundlagen müssen daher den Zielgrößen des Zielsystems entsprechen oder zumindest aus ihnen ableitbar sein.[594] Daher eignet sich zur Bestimmung der Bemessungsgrundlage die Orientierung an *Größen des Werttreiberbaumes*. Schließlich muss berücksichtigt werden, dass die Spitzenkennzahl je nach unternehmensspezifischer Ausprägung lediglich eine **Approximation der externen Wertschaffungskennzahl** darstellt. Um eine verhaltensinduzierende Wirkung auf wertsteigernde Handlungen auszuüben, muss die Bemessungsgrundlage ebenfalls einen *Bezug zur externen Wertschaffung* aufweisen.[595]

Stellen zielgerichtete Anreiz- und Vergütungssysteme im Rahmen einer wertorientierten Unternehmensführung eine erfolgskritische Größe dar, so kann vermutet werden, dass dies zumindest hinsichtlich der Motivationsfunktion einer leistungsabhängigen Belohnung in mittelständischen Unternehmen weniger relevant ist. Wie den Ausführungen zur Unternehmenskultur in KMU zu entnehmen, wird den Mitarbeitern in KMU eine besonders hohe Motivation zugesprochen, was eine zusätzliche Incentivierung obsolet erscheinen lässt.[596] Auch BACKES-GELLNER (2005) stellt im Rahmen einer empirischen Untersuchung des INSTITUTS FÜR MITTELSTANDSFORSCHUNG fest, dass monetäre Ge-

591 Vgl. Plaschke 2003, S. 91f.; Stelter 1999, S. 214f.

592 Vgl. Stelter 1999, S. 214f.; Pellens et al. 1998, S. 14; Plaschke 2003, S. 93f.

593 Vgl. Winter 1996, S. 90f.; Plaschke 2003, S. 92f. Anreizkompatibel bedeutet, dass nur solche Verhaltensweisen bzw. Ergebnisse belohnt werden, die dem Interesse der Eigentümer entsprechen.

594 Vgl. KPMG 2000, S. 12; Greth 1998, S. 90; Evers 1998, S. 61.

595 Vgl. Stelter 1999, S. 214f.; Pellens et al. 1998, S. 11; Plaschke 2003, S. 92.

596 Vgl. Abschnitt 2.2.4 und FN 188.

winnbeteiligungen im Mittelstand nur sehr gering ausgeprägt sind.[597] Des Weiteren lassen sich in der Literatur verschiedene Standpunkte hinsichtlich der Bedeutung und Relevanz einer leistungsorientierten Anreizgestaltung finden. Während bei Eigentümer-Unternehmern auf Grund der fehlenden *Principal-Agent-Problematik* ein Anreizsystem unnötig erscheint[598], wird diesem von anderer Seite auf Grund der beschränkten Anzahl von Wissensträgern insbesondere in mittelständischen Unternehmen eine hohe Bedeutung zugemessen.[599] Eine empirische Untersuchung der KIENBAUM VERGÜTUNGSBERATUNG (1999) stellt fest, dass der Anteil der leistungsabhängigen Entlohnung an der Gesamtvergütung eines Geschäftsführers mit zunehmender Unternehmensgröße steigt.[600] In Summe ist daher von einer geringeren Bedeutung von Anreizsystemen auszugehen, je kleiner und inhabergeführter ein KMU ist. Ist ein Anreizsystem vorhanden, so ist jedoch zu vermuten, dass die Bemessungsgrundlagen auf Grund fehlender wertorientierter Ziel-, Planungs- und Kontrollsysteme auf ergebnisorientierten Zahlen basieren. Diese Vermutung kann durch eine Studie der FAS AG (2005) gestützt werden.[601] Hiernach werden incentivierte Geschäftsführer auf Basis von Jahresergebnis (~70%), Budgeteinhaltung (~29%) und persönlichen Zielvereinbarungen (~18%) incentiviert.[602] Die Anforderung der Integration externer Wertschaffungsgrößen ist auf Grund der überwiegend fehlenden Börsennotierung von mittelständischen Unternehmen nicht relevant. In Summe führt die obige Diskussion zu folgenden Anwendbarkeitsthesen:

Anwendbarkeitsthese 4a: Leistungsabhängige Anreizsysteme haben in KMU eine *geringere* Bedeutung, da Mitarbeiter per se stärker mit dem Unternehmen identifiziert sind.

Anwendbarkeitsthese 4b: Je größer und fremdgeführter (externes Management oder Kapitalbeteiligung) ein KMU ist, desto *stärker* werden leistungsorientierte Anreizsysteme eingesetzt.

---

597 Vgl. Backes-Gellner 2005, S. 28.

598 Vgl. von Eckardstein 2001, S. 13.

599 Vgl. Evers 2001, S. 228.

600 Vgl. Kienbaum Vergütungsberatung 1999.

601 Vgl. FAS AG 2005, S. 41. Siehe auch Evers 2001, S. 227f.

602 Mehrfachnennungen möglich.

Anwendbarkeitsthese 4c: Eine leistungsabhängige Anreizgestaltung basiert in KMU *nicht auf wertorientierten*, sondern überwiegend auf ergebnisorientierten Größen.

Eine wertorientiert ausgestaltete Entlohnungsfunktion wird durch den **Umfang** der Bemessungsgrundlagen sowie der **Funktionsstruktur** der Entlohnung charakterisiert.[603] Bemessungsgrundlagen sollten sich dabei sowohl auf *finanzielle als auch auf nicht-finanzielle Werttreiber* beziehen, da die im Rahmen des Werttreiberbaumes kaskadierten operativen Stellgrößen auf unterster Unternehmensebene auch einen nicht-finanziellen Charakter aufweisen können. Zwecks Komplexitätsreduktion und Gewährleistung von Verständlichkeit und Transparenz der leistungsorientierten Vergütung, sollten jedoch nicht mehr als *drei bis fünf Bemessungsgrößen* für den einzelnen Mitarbeiter in die Bemessungsgrundlage miteinfließen.[604] Da sich das Verhalten einzelner Mitarbeiter oftmals an dem Verhalten anderer Mitarbeiter orientiert, fördert das wertoptimale Verhalten eines Einzelnen nicht unbedingt die Steigerung des Gesamtunternehmenswertes. Es sind daher neben Bemessungsgrundlagen der *Individualleistung* eines Mitarbeiters auch weitere Kenngrößen zur Bewertung der *Teamleistung* auszuwählen.[605]

Bei der wertorientierten Ausgestaltung der Funktionsstruktur der Entlohnung muss der durch den Mitarbeiter erzielbare variable Gehaltsbestandteil über einen *signifikanten Anteil an der Gesamtvergütung* des Mitarbeiters verfügen, um überhaupt eine motivatorische Wirkung bei dem Mitarbeiter zu entfachen.[606] Wirkt sich ein wertorientiertes Verhalten und die dadurch induzierte Veränderung der entlohnungsrelevanten Bemessungsgrundlage nur unzureichend auf die Gesamtvergütung des Mitarbeiters aus, so ist davon auszugehen, dass dieser sein Verhalten eben nicht an der Förderung seiner Bemessungsgrundlage ausrichtet.[607] Obwohl es durch den Einfluss gewinnorientierter Größen auf die Wertschaffung sinnvoll sein kann, diese als Bemessungsgrundlage zu definieren, sollte auf Grund der offensichtlichen direkten Auswirkung auf den Unter-

603 Vgl. Ebeling 2007, S. 126.

604 Vgl. Bertlet/Cravens 1991, S. 178ff.

605 Eine ausschließliche Orientierung an Teamleistungen kann wiederum zu einem „Free-Rider“-Verhalten der Mitarbeiter führen und daher dysfunktionale Wirkungen entfachen. Vgl. Ebeling 2007, S. 127.

606 Vgl. Plaschke 2003, S. 95.

607 Vgl. Malmi/Ikäheimo 2003, S. 250.

nehmenswert der Schwerpunkt dennoch auf den *wertorientierten Bemessungsgrundlagen* liegen.[608] Entscheidender Gestaltungsaspekt der Entlohnungsfunktion sind weiterhin die Zusammensetzung und Auszahlung des variablen Entgeltes. Um dem langfristigen Charakter der Wertorientierung Rechnung zu tragen, sollte die Höhe des variablen Entgelts auch von der Ausprägung mehrperiodiger Größen abhängig sein. Um jedoch den kurzfristigen Anreizeffekt nicht zu gefährden und dysfunktionale Wirkungen zu vermeiden, dürfen auch kurzfristige Bestandteile in der variablen Leistungsvergütung nicht fehlen. Ebenso kann die Auszahlungsstruktur der variablen Vergütungsbestandteile auf verschiedene Perioden aufgeteilt werden.[609] Ein wertorientiert ausgestaltetes Entgeltsystem zeichnet sich daher durch eine adäquate Berücksichtigung *kurzfristiger und langfristiger Anreize* aus. Da Mitarbeiter der oberen Führungsebenen durch ihre umfangreichere Kompetenzausstattung über einen größeren Hebel zur Wertschaffung verfügen, sollte der potenziell erreichbare *variable Anteil mit zunehmender Führungsebene steigen*. Um die Akzeptanz der Mitarbeiter hinsichtlich der Ausgestaltung des Anreizsystems sicherzustellen, muss die Funktionsstruktur der Entlohnungsfunktion des Weiteren *transparent*, *gerecht*, *leistungsorientiert* und *objektiv* sein.[610] Die durch eine Mitarbeiterleistung verursachte variable Entlohnung muss in ihrer Höhe klar nachvollziehbar sein und die belohnungsrelevante Leistung des Mitarbeiters angemessen honorieren. Dabei darf sie unterschiedliche Leistungsniveaus auch nur unterschiedlich entlohnen und nur dann einen variablen Entgeltbestandteil vergüten, wenn das wertorientierte Handeln der Mitarbeiter tatsächlich zu einer Steigerung des Unternehmenswertes beigetragen hat.

Die bisherigen Überlegungen lassen vermuten, dass die Entlohnungsfunktion der leistungsabhängigen Vergütung in mittelständischen Unternehmen keine wertorientierten Bemessungsgrundlagen beinhaltet. Der überwiegende Teil der Literatur zu Anreizsystemen in KMU fokussiert die Ausgestaltung einer leistungsorientierten Vergütung von Geschäftsführern und Führungskräften. Dies lässt vermuten, dass Mitarbeiter der unteren Ebenen nur unsystematisch

---

608 Vgl. Ebeling 2007, S. 129.

609 Vgl. Weber et al. 2002, S. 42f.; Stelter 1999, S. 215f. und Plaschke 2003, S. 253ff. mit seinem Vorschlag der Bonusbank. Die Höhe der variablen Vergütung bemisst sich dabei an mehrperiodigen Kennzahlen. Auch die Auszahlung des variablen Anteils wird dabei auf mehrere Perioden gestreckt.

610 Vgl. Plaschke 2003, S. 90ff.

leistungsabhängig vergütet werden.[611] Laut EVERS (2001) stellt die vertraglich fixierte, gewinnbezogene Tantieme die dominierende Form der monetären Anreizgestaltung von mittelständischen Geschäftsführern dar.[612] Eine Tantieme spiegelt dabei die Partizipation des unmittelbar *vergangenen* Unternehmenserfolgs wider. Aus diesen Überlegungen heraus lässt sich folgende These ableiten:

Anwendbarkeitsthese 4d: Eine leistungsabhängige Anreizgestaltung kommt in KMU nur ausgewählten Mitarbeitern der *Führungsebenen* zu Gute und basiert auf *kurzfristigen, individuellen* Einzelzielen.

Hinsichtlich weiterer Anforderungen an das Gesamtsystem sind die Dimensionen **Flexibilität** und **Handhabung** zu adressieren. Bezüglich der Flexibilität sollte das Anreizsystem *anpassungsfähig* sein, um das System im Falle sich signifikant ändernder wertbestimmender Parameter nicht komplett neu gestalten zu müssen. So sollte z. B. das Ermittlungsschema der Bemessungsgrundlage „Cashflow" je nach Bedarf (z. B. geänderte Abschreibungspolitik, steuerliche Gesetzgebung) angepasst werden. Weiterhin sollte sich das Anreizsystem als *lernendes System* auszeichnen, welches regelmäßig hinsichtlich seiner zielgerichteten Anwendbarkeit von den Mitarbeitern überprüft wird, um ebenfalls auf eine gesteigerte Akzeptanz seitens der Mitarbeiter hinzuwirken.[613]

Bezüglich der Handhabung des Systems ist sicherzustellen, dass es prinzipiell auf allen Ebenen der Organisation *umfassend* eingesetzt wird, d. h. dass sich die Gesamtentlohnung *jedes potenziell wertschaffenden Mitarbeiters* zumindest teilweise durch eine auf wertorientierten Bemessungsgrundlagen basierende Entlohnungsfunktion ergibt.[614] Schließlich muss der Einsatz des Anreizsystems w*irtschaftlich* sein, was bedeutet, dass die verhaltensinduzierte Wertsteigerung die Kosten des Anreizsystems übersteigen muss.[615] Bezüglich der Limitierung des Berechtigtenkreises in KMU und damit des nicht umfassenden Einsatzes eines Anreizsystems ist bereits eingegangen worden.

611 Abgesehen von Akkordlöhnen etc..

612 Vgl. Evers 2001, S. 228f.

613 Vgl. Ebeling 2007, S. 130ff.; Vgl. Plaschke 2003, S. 89f.

614 Vgl. Stelter 1999, S. 214f.

615 Vgl. Plaschke 2003, S. 89.

5.3.4 Anwendbarkeit eines wertorientierten Informationssystems

Unter dem Begriff des Informationssystems werden Informationen, die zum Zwecke der Unternehmensführung gewonnen, verarbeitet, gespeichert und verteilt werden und die dafür benötigten Instrumente verstanden.[616] Das Informationssystem ist als Basissystem aller anderen Führungsteilsysteme zu verstehen[617] und stellt daher im Rahmen einer wertorientierten Unternehmensführung eine besonders zentrale Funktion dar. Zentrale Aufgabe des Informationssystems ist es dabei, entscheidungsrelevante Informationen den jeweiligen Entscheidungsträgern zeitnah zur Verfügung zu stellen. Es ist daher an der zukünftigen Strategie und den damit verbundenen Strukturen einer Unternehmung auszurichten.[618] Als wesentliche Elemente des Informationssystems sind dabei z. B. das interne und externe Rechnungswesen des Unternehmens zu zählen, an Hand derer quantitative Informationen zur Entscheidungsunterstützung gewonnen werden können.[619] Des Weiteren sind auch qualitative Instrumente wie z. B. die Stärken-Schwächen-Analyse oder Früherkennungssysteme dem Informationssystem zuzurechnen.

---

616 Vgl. Kolks 1990, S. 45.

617 Vgl. Küpper 1997, S. 105; Schmidt 1986, S. 27. Über die Unterstützung der anderen Führungsteilsysteme hinaus, stellt das Informationsversorgungssystem ebenfalls eine kritische Basis der Investor Relations dar.

618 Vgl. Angst/Hasenfratz 1997, S.20.

619 Vgl. Riedl 2000, S. 77.

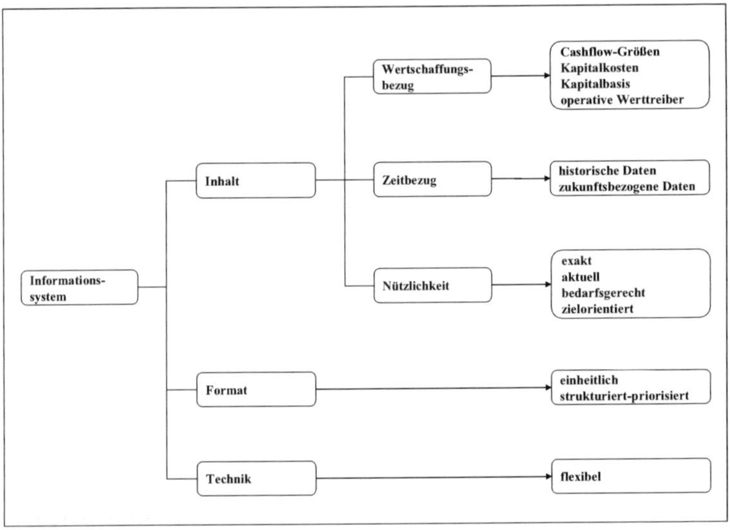

Abbildung 5-5: Anforderungen an ein wertorientiertes Informationssystem
Quelle: Eigene Darstellung

Zur Ableitung der Anforderungen an die wertorientierte Ausgestaltung des Informationssystems sind insbesondere der **Inhalt**, das **Format** und die **Technik** der Informationsbereitstellung zu definieren. Die Anforderung an eine zeitnahe Bereitstellung wertrelevanter Informationen macht es erforderlich, konkrete Aussagen bzgl. des **Wertschaffungsbezugs**, des **Zeitbezugs** und der **Nützlichkeit** der Informationen zu treffen. Hinsichtlich des Wertschaffungsbezugs sollte das Informationssystem in Anlehnung an die Definition der Spitzenkennzahl und die im Rahmen von Werttreiberbäumen operationalisierten Werthebel v. a. *Cashflowgrößen*, *Kapitalkosten*, *Kapitalbasis* und die Ausprägung der *operativen Werttreiber* abbilden.[620] Die sich im Rahmen der Planungs- und Kontrollprozesse an die Zielableitung anschließende Verarbeitung der zur Verfügung gestellten Informationen verdeutlicht die Funktion des Informationssystems als verbindendes Element der Führungsteilsysteme. Vor dem Hintergrund dieser Verzahnung mit den Planungs- und Kontrollsystemen des Unternehmens ist es unabdingbar, dass ein wertorientiert ausgestaltetes Informationssystem sowohl *historische* als auch *zukünftige Plandaten* abbilden muss.[621]

620 Vgl. Ebenda, S. 91; Weber et al. 2002, S. 51f.; Knorren 1997c, S. 206.

621 Vgl. Knorren/Weber 1997a, S. 37f.

Hinsichtlich ihrer Nützlichkeit sind Informationen *exakt*, *aktuell*, *bedarfsgerecht* und auf das *Zielsystem des Unternehmens abgestimmt* zu generieren. Eine Information ist in diesem Zusammenhang exakt, wenn sie unter Berücksichtigung aller gegenwärtig zugänglichen Daten ermittelt wurde.[622] Die Forderung nach Aktualität der Informationen soll die Berücksichtigung kurzfristig entstehender Wertsteigerungspotenziale eines Unternehmens ermöglichen. Die Anforderung der Bedarfsgerechtigkeit der Information impliziert, dass lediglich diejenigen Informationen generiert werden, die z. B. zur Entscheidung oder Kontrolle eines Sachverhaltes benötigt werden. Welche Daten dies sind, lässt sich im Einzelnen durch Befragung des Informationsempfängers oder der Analyse des mit der Informationsbereitstellung verfolgten Zwecks eruieren. Die Abstimmung der Information mit dem Zielsystem hebt im Kontext einer wertorientierten Unternehmensführung die Bedeutung der obersten Zielgröße hervor. So sind z. B. bei der Bewertung von Handlungsalternativen im Entscheidungsprozess Informationen hinsichtlich der durch die Handlungsalternative verursachten Auswirkung auf die Zielgröße durch das Informationssystem zur Verfügung zu stellen.[623]

Analog der fehlenden Wertorientierung des Planungs- und Kontrollsystems ist in dieser Hinsicht eine nur **unzureichende Ausgestaltung des Informationssystems** zu vermuten. Wertschaffungsbezogene Informationen werden nicht zur Verfügung gestellt. Werden zwar im Rahmen der Finanzbuchhaltung die Liquidität des Unternehmens und damit die Cashflows geplant und abgebildet, so ist dies hinsichtlich der Berücksichtigung von Kapitalkosten und –basis nicht der Fall.[624] Operative Stellgrößen können aus den Produktions- und Lagerhaltungssystemen generiert werden. Deren Bereitstellung ist jedoch in der Regel nicht im Sinne einer wertschaffenden Unternehmenssteuerung zu vermuten, da diese nicht als explizite Werttreiber erkannt und kontrolliert werden. Wie oben erwähnt, sind die zur Verfügung gestellten Daten überwiegend vergangenheitsorientiert und vernachlässigen den Zukunftsbezug einer Wertorientierung.[625] REHN (1998) argumentiert, dass im Mittelstand von Unternehmerseite oftmals auf eine entscheidungsunterstützende Informationsaufbereitung verzichtet wird und sich dieser vielmehr auf seine bisherige Erfahrung und Intuition beruft.[626] Neben diesem **beschränkten Informationspotenzial** (limitierte interne und

622 Vgl. Ebeling 2007, S. 120.

623 Vgl. Ebenda, S. 120f.

624 Siehe auch die Argumentation in Abschnitt 2.2.3.

625 Vgl. Schlüchtermann et al. 1999, S. 115; Berens et al. 2005, S. 189.

626 Vgl. Rehn 1998, S. 122.

externe Informationsquellen) werden zudem **mangelnde Informationsbereitschaft** (Fähigkeiten und Fertigkeiten, die Informationen zu verarbeiten) und eine **limitierte Informationsfähigkeit** (technische Strukturen) als Gründe für unzureichende Informationssysteme in mittelständischen Unternehmen gesehen.[627] Folgende These lässt sich aus diesen Überlegungen ableiten:

Anwendbarkeitsthese 5a: Das Informationssystem in KMU versorgt die Unternehmensleitung nur *unzureichend* mit wertrelevanten, zukunftsorientierten Informationen.

Die Bedeutung der Form bzw. des Formats der Informationsbereitstellung ist auf Grund der beschränkten Informationsverarbeitungskapazität der Empfänger nicht zu unterschätzen.[628] Die formale Gestaltung der Informationsbereitstellung sollte so gewählt sein, dass dieser Restriktion Rechnung getragen und damit die mit der Informationsbereitstellung verbundene Komplexität reduziert wird. Zur Erhöhung des Wiedererkennungseffekts bzw. der möglichen Informationsverarbeitung, bietet es sich an, die Berichte und Reports *einheitlich* zu gestalten. Inhaltlich gleichartige bzw. ähnliche Information sollten dabei gruppiert werden. Eine weitere Anforderung an die Ausgestaltung eines wertorientierten Informationssystems ist, die Informationen nach ihrer Relevanz zu priorisieren und anschließend strukturiert zu präsentieren.[629] Damit wird es dem Empfänger möglich, in prägnanter Form die entscheidungsrelevanten Informationen verarbeitungsgerecht auszuwerten.

Die zeitnahe und bedarfsgerechte Bereitstellung von Informationen wird im Wesentlichen durch die technologische Umsetzung und Gestaltung des Informationssystems ermöglicht. Dafür hat das Informationssystem eine gewisse Flexibilität aufzuweisen. Informationen, die zwar heute nicht standardmäßig generiert werden, jedoch in Zukunft ggf. eine entscheidungsunterstützende Funktion darstellen, sollten in das Informationssystem integriert werden können. Diese F*lexibilität* ermöglicht dann zum einen die bedarfsgerechte Erstellung neuer, bisher nicht-standardisierter Berichte und zum anderen die Integration neuer wertrelevanter Informationen.[630]

627 Vgl. Ebenda, S. 122f. Siehe des Weiteren auch die Argumentation in Abschnitt 2.2.3.

628 Vgl. Weber et al. 2002, S. 11

629 Vgl. Elm 1972, S. 26.

630 Vgl. Fröhling et al. 1999, S. 337.

Informationssysteme in KMU zeichnen sich tendenziell durch einen **punktuellen Einsatz von mehreren Teilsystemen** aus. Ein integriertes und koordiniertes Gesamtsystem ist überwiegend nicht existent.[631] REHN (1998) spricht von einem *Wildwuchs der IT-Systeme* in mittelständischen Unternehmen als Resultat eines unkontrollierten Wachstums von Einzellösungen.[632] Informationssysteme, die in Großunternehmen eingesetzt werden, sind auf Grund ihrer für KMU ungünstigen Kosten-Nutzen-Struktur nicht geeignet.[633] Vielmehr basieren die Planungs- und Kontrollsysteme in mittelständischen Unternehmen oftmals auf MS Excel, was mangels automatisierter Schnittstellen zwischen den Systemen zusätzliche Fehlerquellen und nur eingeschränkte Informationsverarbeitungen ermöglicht.[634] Die Flexibilität eigener Systeme scheint geringer als in integrierten IT-Lösungen. Erst in jüngerer Zeit ist ein Trend in Richtung der Anwendung von integrierten ERP-Systemen zu verzeichnen.[635] Von einer umfassenden Verbreitung derselben in mittelständischen Unternehmen ist jedoch nicht auszugehen. SCHACHNER et al. (2006) weisen empirisch nach, dass inhabergeführte KMU formalisierte Planungs- und Steuerungsprozesse stärker anwenden als fremdgeführte KMU.[636] Unter der Annahme, dass formalisierte Planungs- und Steuerungsprozesse tendenziell ein stärker integriertes und ausgeprägtes Informationssystem bedingen, lässt sich vermuten, dass integrierte Informationssysteme in fremdgeführten KMU stärker ausgeprägt sind. In Summe lassen sich aus diesen Überlegungen folgende Anwendbarkeitsthesen ableiten:

Anwendbarkeitsthese 5b: Das Informationssystem in KMU besteht *nicht* aus einem integrierten Gesamtsystem, sondern ist durch historisch gewachsene Einzellösungen gekennzeichnet und weist daher eine geringere Flexibilität auf.

Anwendbarkeitsthese 5c: Je größer und fremdgeführter (externes Management oder Kapitalbeteiligung) ein KMU ist, desto zielgerichteter und *ausgeprägter* ist das Informationssystem.

---

631 Vgl. Wegner 2003, S. 160; Rehn 1998, S. 123.

632 Vgl. Rehn 1998, S. 123.

633 Vgl. Tegel 2005, S. 67.

634 Vgl. FAS AG 2005, S. 38.

635 Vgl. Ebenda, S. 38.

636 Vgl. Schachner et al. 2006, S. 606.

5.3.5 Anwendbarkeit wertorientierter Investor Relations

Investor Relations werden im Rahmen einer wertorientierten Unternehmensführung als konstituierendes Element gesehen.[637] Sie haben zur Aufgabe, bestehende Informationsasymmetrien zwischen dem Unternehmen und dem Kapitalmarkt zu reduzieren, um somit zu einer Steigerung des Unternehmenswertes beizutragen und ggf. bestehende Wahrnehmungslücken zu reduzieren.[638] Über die im Rahmen der Rechnungslegung übliche vollständige, wesentliche, stetige und verlässliche Informationsberichterstattung hinaus, soll im Rahmen einer wertorientierten Kommunikation insbesondere das Vertrauen der Investoren in die Unternehmung weiter gestärkt werden.[639] Dabei hängt der Effektivitätsgrad der Investor Relations v. a. von der zielgerichteten Ansprache der **Kommunikationsempfänger**, dem **Kommunikationsinhalt**, den **Kommunikationsinstrumenten** und den **Kommunikationsträgern** ab.

637 Vgl. Dürr 1995, S. 22f.; Achleitner et al. 2001, S. 12.

638 Vgl. Copeland et al. 1998, S. 68; Achleitner et al. 2001, S. 9; Huchzermeier 2006, S. 26f. Investor Relations reduzieren bzw. eliminieren dabei nicht nur Wahrnehmungslücken, sondern haben auch indirekten Einfluss auf die Behebung fundamentaler Wertlücken. Neben diese finanzwirtschaftlichen Ziele treten des Weiteren Kommunikationsziele wie die Steigerung des Bekanntheitsgrades oder die Verbesserung des Unternehmensimages.

639 Vgl. Riedl 2000, S. 92; Pellens et al. 2000, S. 182; AK „Externe Unternehmensrechnung“ der Schmalenbach-Gesellschaft für Betriebswirtschaft e.V. 2002, S. 2339f.

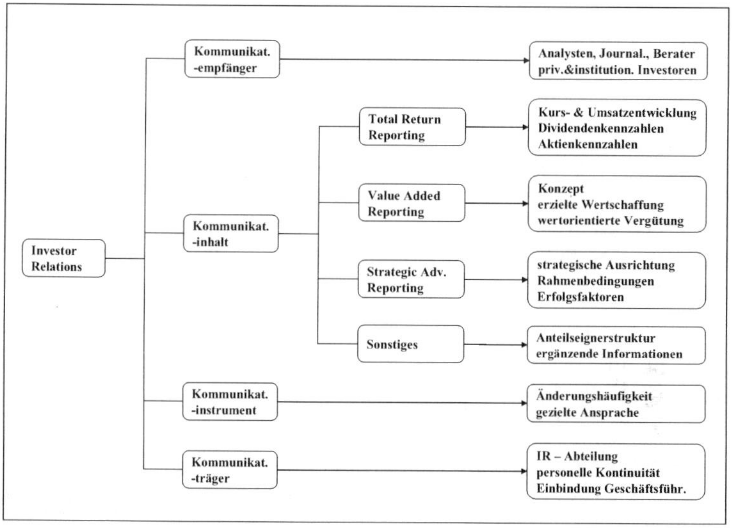

Abbildung 5-6: Anforderungen an wertorientierte Investor Relations
Quelle: Eigene Darstellung

Wie beschrieben, haben Investor Relations das Ziel, die Kapitalgeber bzw. potenzielle Investoren des Unternehmens umfassend zu informieren. Da verschiedene Investoren unterschiedliche Ansprüche und Vorstellungen bzgl. der Art und Weise der Kommunikation haben, ist es in einem ersten Schritt notwendig, die für das Unternehmen relevanten Kommunikationsempfänger zu identifizieren. Anschließend kann eine zielgruppengerechte Kommunikations- und Informationspolitik ausgestaltet werden.[640] Zu den potenziellen Kommunikationsempfängern sind zum einen so genannte Multiplikatoren und zum anderen Investoren zu sehen. Multiplikatoren wie z. B. *Analysten, Wirtschaftsjournalisten und Anlageberater* kommt die Aufgabe zu, ein Unternehmen zu bewerten und damit Hinweise darauf zu geben, ob die Anlage in ein Unternehmen erfolgversprechend ist oder nicht. Investoren können weiterhin unterteilt werden in *private und institutionelle Investoren*, welche sich offensichtlich in ihrem Informationsbedarf und dem vorhandenen Know-how wesentlich voneinander unterscheiden.

640 Unter Kommunikationspolitik werden die Instrumente, unter der Informationspolitik die Inhalte der übermittelten Informationen verstanden. Vgl. Huchzermeier 2006, S. 22; Ebeling 2007, S. 142ff.

Für mittelständische Unternehmen lässt sich zunächst festhalten, dass die Bedeutung von Investor Relations geringer ist als für Großunternehmen. Dies liegt offensichtlich in der unterschiedlichen Eigentümerstruktur der mittelständischen Unternehmen begründet. Während börsennotierte Unternehmen gewissen Informations- und Publizitätspflichten unterliegen, sind inhabergeführte Unternehmen, bei denen sich die Gesellschaftsanteile in der Hand des Unternehmers bzw. der Familie befinden, davon nicht betroffen. Weitere potenzielle Informationsempfänger sind Beteiligungsgesellschaften und Banken. Während *Beteiligungsgesellschaften* ebenfalls ein regelmäßiges und umfassendes Reporting fordern, beschränkt sich die Informationsweitergabe an *Banken* im Wesentlichen auf die Inhalte des Basel II-Ratings. LINDEMANN et al. (1998) messen in diesem Kontext der Hausbankkommunikation eine besondere Bedeutung zu, da KMU hierdurch ihre Finanzierungskosten signifikant reduzieren können.[641] Generell ist jedoch den mittelständischen Unternehmen nur eine eingeschränkte Informationsbereitschaft beizumessen, da die Unternehmer ihre mit dem Unternehmen verbundenen Vermögensverhältnisse oftmals nicht offenlegen wollen.[642] VIERMETZ (2003) unterstellt mittelständischen Unternehmen sogar, nicht genügend auf den Ratingprozess vorbereitet zu sein.[643] Unter den bereits in Abschnitt 2.3.1 beschriebenen Rahmenbedingungen wird zukünftig der Kapitalbedarf im Mittelstand größer, weshalb jedoch heute bereits ein Prozess zu erkennen ist, der auf eine in der Zukunft gesteigerte Informationsweitergabe hindeutet.[644] Investor Relations zur Gewinnung von *Private Equity-Gesellschaften* wird dabei eine höhere Bedeutung zugemessen als die Informationsversorgung von Multiplikatoren.[645] Folgende Thesen lassen sich aus diesen Überlegungen ableiten:

Anwendbarkeitsthese 6a: KMU messen Investor Relations eine *geringe* Bedeutung bei und zeichnen sich daher durch eine *eingeschränkte* Informationsbereitschaft aus, die allerdings umso *größer* ist, je größer und fremdbestimmter das Unternehmen und damit je stärker der zusätzliche Kapitalbedarf ist.

Anwendbarkeitsthese 6b: Die *Banken* stellen für den überwiegenden Teil der KMU im Kontext von Basel II die wichtigsten IR-Adressaten dar.

641 Vgl. Lindemann et al. 1998, S. 2f.

642 Vgl. Becker 2000, S. 42.

643 Vgl. Viermetz 2003, S. 3.

644 Vgl. Lindemann et al. 1998, S. 21.

645 Vgl. Ebenda, S. 51.

Bzgl. der inhaltlichen Ausgestaltung eines wertorientierten Kommunikationsinhaltes gibt es in der Literatur verschiedene Vorschläge.[646] Die nachfolgenden Ausführungen orientieren sich an der umfassenden Strukturierung von MÜLLER (1998), da sich darin andere Vorschläge der Literatur relativ leicht integrieren lassen.[647] Neben den von MÜLLER vorgeschlagenen Kategorien **Total Return Reporting**, **Value Added Reporting**, **Strategic Advantage Reporting** fasst die vierte Kategorie **Sonstiges** weitere wesentliche Elemente wertorientierter Investor Relations zusammen.

Im Rahmen des Total Return Reportings werden relevante **historische** Performancedaten des Unternehmens kommuniziert, die zur Berechnung der Investorenrendite erforderlich sind.[648] Da die für Investoren relevante Renditegröße der (Relative) Total Shareholder Return ist, sind Informationen bzgl. der *Aktienkursentwicklung* und der *Dividendenzahlungen* der letzten Jahre zu kommunizieren. Darüber hinaus sollte das Unternehmen neben Angaben zur Marktkapitalisierung eigenständig weitere *Aktienkennzahlen* wie z. B. das Kurs-Gewinn-Verhältnis in das externe Reporting mit aufnehmen.[649]

Vor dem Hintergrund einer wertorientierten Unternehmensführung kommt dem Value Added Reporting eine hervorgehobene Bedeutung zu. Inhalte des Value Added Reporting sind v. a. in der ausführlichen Beschreibung und Erklärung des eingeführten bzw. einzuführenden *Wertmanagementkonzeptes* zu sehen. Wichtiger Kommunikationsbestandteil des Wertmanagementkonzeptes ist dabei die Definition der internen Spitzenkennzahl und die ihr zu Grunde liegenden Ermittlungssystematik der Cashflows und Kapitalkosten.[650] Die Ermittlung dieser internen Spitzenkennzahl dient auch der Kommunikation der **gegenwärtigen** *internen Wertschaffung*. Um das Engagement der Manager, den Unternehmenswert nachhaltig zu steigern, abschätzen zu können, ist die Integration von In-

---

646 Vgl. Müller 1998; Labhart 1999; PriceWaterhouseCoopers 2000; Ruhwedel/Schultze 2002.

647 Vgl. Müller 1998; Ebeling 2007, S. 134f.; Zemelka 2002, S. 186ff.

648 Vgl. Müller 1998, S. 129; Pellens et al. 2000, S. 182; AK „Externe Unternehmensrechnung“ der Schmalenbach-Gesellschaft für Betriebswirtschaft e.V. 2002, S. 2337f.

649 Hiermit wird in erster Linie auf börsennotierte Unternehmen abgestellt. Hinsichtlich nicht börsennotierter Unternehmen reduzieren sich die Reportinggrößen im Rahmen des Total Return Reportings auf Fundamentaldaten wie z. B. Umsatz oder Gewinn.

650 Darunter sind des Weiteren, eine wertorientierte Unternehmensführung betreffende Kontextfaktoren, wie z. B. das Ziel- oder Anreizsystem zu subsumieren. Vgl. Müller 1998, S. 132; Fischer et al. 2002, S. 16.

formationen bzgl. der *wertorientierten Vergütung* der oberen Führungsebene von Vorteil.[651]

Das Strategic Advantage Reporting stellt auf die **zukünftige** Performance des Unternehmens ab und soll Informationen bzgl. der zu erwartenden Entwicklung zur Verfügung stellen. Diese Informationen sollen den Investoren eine Prognose der Wertentwicklung des Unternehmens erleichtern.[652] Wesentliche Inhalte stellen dabei Aussagen zur *strategischen Ausrichtung*, den wettbewerbsrelevanten *Rahmenbedingungen* und den *Erfolgsfaktoren* des Unternehmens dar.

Im Rahmen der sonstigen wertrelevanten Informationspolitik des Unternehmens sind insbesondere Angaben zu immateriellen Vermögensgegenständen, der Höhe des Goodwills, der formalen, zeitlichen und sachlichen Vergleichbarmachung mit den Angaben von Wettbewerbern bzw. der Kommunikation der von der Marktbewertung abweichenden fundamentalen Werte des Unternehmens und Angaben bzgl. der Anteilseignerstruktur zu berichten.[653]

Informationspolitik und Kommunikationsinhalte von mittelständischen Unternehmen unterscheiden sich auf Grund der (überwiegend) fehlenden Börsennotierung und den damit verbundenen Informationspflichten sehr stark von denen kapitalmarktfinanzierter Unternehmen. Die Inhalte orientieren sich vielmehr an den Informationsbedürfnissen der wichtigsten Kapitalgeber: das Basel II-Rating der Banken. Im Rahmen des Total Return Reporting sind daher nicht Aktienkurs, Dividendenzahlung etc. von Bedeutung, sondern eher klassische Ergebnis- und Performancezahlen wie die Eigenkapitalquote, Cashflow-Rate und Gesamtkapitalverzinsung. Aspekte des Strategic Advantage Reporting werden ebenfalls im Kontext des Basel II-Ratings berücksichtigt. So bestimmen Informationen über strategische Ausrichtung und Planung des Unternehmens, Wettbewerberanalysen etc. ebenfalls zu einem beträchtlichen Ausmaß das Ratingergebnis.[654] Value Added Reporting ist auf Grund der mangelnden wertorientierten Aus-

651 Vgl. Pellens et al. 2000, S. 185; Müller 1998, S. 134. Hierbei sind insbesondere aktienkursbasierte Entgeltsysteme zu nennen, da diese durch Erhöhung der Anzahl emittierter Aktien den Wert des derzeitigen Aktienpaketes der Investoren verwässern.

652 Vgl. Müller 1998, S. 135. Hierbei ist jedoch darauf zu achten, dass Informationen, die einen komparativen Wettbewerbsvorteil begründen, nicht veröffentlicht werden.

653 Vgl. AK „Externe Unternehmensrechnung" der Schmalenbach-Gesellschaft für Betriebswirtschaft e.V. 2002, S. 2339; Günther/Beyer 2001, S. 1627f.; Ruhwedel/Schultze 2002, S. 611f.; Baetge/Noelle 2001, S. 179.

654 Vgl. Bonn/Mosch 2003, S. 27.

richtung von mittelständischen Unternehmen nicht zu erwarten und auf Grund der traditionellen Eigentumsverhältnisse auch von geringerer Relevanz. Auch die Kommunikation der Höhe leistungsabhängiger Vergütung ist auf Grund der eingeschränkten Informationsbereitschaft nicht zu erwarten. In Summe lassen sich die Kommunikationsinhalte von KMU in folgender These zusammenfassen:

Anwendbarkeitsthese 6c: Die IR-Inhalte von KMU orientieren sich sehr stark an die Vorgaben des *Bankenratings*. Eine darüber hinausgehende Informationsversorgung findet nicht statt.

Als Kommunikationsinstrumente im Rahmen der Investor Relations bieten sich prinzipiell verschiedene Formen an. Typische Kommunikationsmedien sind dabei der Geschäftsbericht, die Website des Unternehmens, Investoren-Handbücher, Broschüren, Aktionärsbriefe, Analysten-Roadshows, (Bilanz-)Pressekonferenzen und Pressemitteilungen.[655] Im Rahmen wertorientiert ausgestalteter Investor Relations sollte eine Abstimmung zwischen Kommunikationsinstrument und -empfänger erfolgen, in der die verschiedenen Grundlagenkenntnisse der Zielgruppen Einklang finden.[656] Eng verbunden damit ist die Tatsache, dass sich gewisse Medien ausschließlich zur Nutzung bestimmter Inhalte eignen.[657] Zusammenfassend kann festgehalten werden, dass bei der *gezielten Ansprache* von Interessenten die *Änderungshäufigkeit* der übermittelten Information zu berücksichtigen und das am besten geeignetste Kommunikationsinstrument auszuwählen ist.

Um die Glaubwürdigkeit der übermittelten Information zu erhöhen, sollten sich Investor Relations durch eine hohe *personelle Kontinuität* der Kommunikationsträger auszeichnen. Dies kann damit begründet werden, dass Informationen einer bekannten und vertrauenswürdigen Quelle ein höherer Wahrheitsgehalt zugesprochen wird als solchen, die aus einer weniger bekannten Quelle stammen. Der Aufbau persönlicher Beziehungen und Erfahrungen ist dabei ein nicht

---

655 Vgl. Leven 1998, S. 51; Huchzermeier 2006, S. 80ff.

656 Während sich beispielsweise Investoren-Handbücher nicht als Medium für Privatanleger eignen, ist die Website des Unternehmens sehr gut geeignet, die unterschiedlichen Informationsbedürfnisse der Interessenten zu berücksichtigen. Vgl. Ebeling 2007, S. 140ff.

657 So sind z. B. Website und Pressemitteilungen für sich spontan ändernde wertrelevante Information (z. B. Aktienkurs, Monatsberichte) gut geeignet, während langfristig bestehende Kommunikationsinhalte auch im Rahmen von Geschäftsberichten und Investoren-Handbüchern übermittelt werden können.

zu unterschätzender Faktor. Da zudem die *Manager der oberen Führungsebenen* über einen höheren Wertschaffungshebel verfügen als Mitarbeiter der unteren Ebenen, sollten diese die zentralen Kommunikationsträger der externen Informationspolitik des Unternehmens sein. Mitarbeiter, die zwar Wertsteigerungspotenziale kommunizieren, jedoch nicht über notwendige Hebel der Umsetzung verfügen, tragen nicht ausreichend zu einer Erhöhung der Glaubwürdigkeit bei. Um die Manager jedoch von Ihren Investor Relations-Aufgaben zu entlasten und darüber hinaus eine professionelle Vorbereitung dieser wichtigen Funktion zu gewährleisten, sollte eine fest etablierte *Investor Relations-Abteilung* bzw. IR-Mitarbeiter im Unternehmen eingesetzt werden.[658]

Hinsichtlich Kommunikationsinstrument und Kommunikationsträger kann für mittelständische Unternehmen die vollständige Erfüllung der Anforderungen vermutet werden. Bei Finanzierungsgesprächen mit den Banken wird der Geschäftsführer persönlich die Gespräche führen und somit sowohl personelle Kontinuität als auch Entscheidungskompetenz sicherstellen.[659] Die explizite Unterstützung durch eine IR-Abteilung erscheint für KMU auf Grund der limitierten Größe und Komplexität nicht notwendig und ist vor dem Hintergrund der bestehenden Ressourcenrestriktionen vermutlich auch nicht realisierbar. An dieser Stelle wird auch deutlich, dass das persönliche Gespräch des Unternehmers unabhängig vom Adressatenkreis das effektivste Kommunikationsinstrument darstellt. Flankiert wird dies durch den zusätzlichen einmaligen Einsatz von Bankenspiegeln[660], Geschäftsberichten und Unternehmensbroschüren. Folgende These fasst diese Argumentation zusammen:

Anwendbarkeitsthese 6d: Das *Informationsgespräch* durch den *Unternehmer persönlich* stellt in KMU die wichtigste Kombination aus Kommunikationsinstrument und -träger dar.

5.4 Anwendbarkeit einer wertorientierten Unternehmenskultur

Implementierungsmaßnahmen können in **Umsetzungs- und Durchsetzungsmaßnahmen** unterteilt werden.[661] Während sich die Umsetzungsmaßnahmen primär mit den bereits beschriebenen strukturellen Themen und Voraussetzun-

658 Vgl. Leven 1998, S. 47ff.

659 Vgl. Lindemann et al. 1998, S. 65.

660 Vgl. Ebenda für eine Detaillierung des Bankenspiegels.

661 Vgl. Welge/Al-Laham 2008, S. 793; Kolks 1990, S. 114ff.

gen einer Implementierung auseinander setzen, zielen Durchsetzungsmaßnahmen v. a. auf die Akzeptanzsicherung der Mitarbeiter zur Implementierung des Konzeptes ab.[662] Als Grundgesamtheit gemeinsamer Werte, Normen und Einstellungen wird der Unternehmenskultur oft eine Verhaltenssteuerungsfunktion zugesprochen.[663] Daher kommt ihr im Rahmen einer wertorientierten Unternehmensführung eine herausragende Rolle zu und kann insbesondere im KMU-Kontext zum erfolgsentscheidenden Faktor werden.[664] Bei Maßnahmen, die auf eine Akzeptanzsicherung seitens der Mitarbeiter hinwirken sollen, ist zu berücksichtigen, dass Mitarbeiter tendenziell durch eine reservierte Aufgeschlossenheit gegenüber einem mit Unsicherheit verbundenen Wandel in der Unternehmenskultur charakterisiert sind und stattdessen lieber Altbewährtem vertrauen. Auch können konkurrierende Interessen der Mitarbeiter bzw. mangelnde Kenntnisse und Fähigkeiten Gründe für einen Widerstand sein.[665] Diese so genannten Wissens- und Willensbarrieren sind im Rahmen des Change Managements zu überbrücken, um zu einer Erhöhung der Akzeptanz beizutragen.[666] Die Mitarbeiter müssen die neue Kultur und Denkweise des Unternehmens kennen, verstehen, können und wollen.[667] Im Rahmen einer wertorientierten Unternehmenskultur gilt es daher, die existierende Kultur hin zu einer „value culture" bzw. quantitativ-objektivierten Kultur zu transformieren.[668] Dazu eignen sich prinzipiell verschiedene Instrumente der Strategiedurchsetzung wie z. B. die für die Einführung einer wertorientierten Unternehmensführung als relevant identifizierte **Top-Management-Unterstützung**, die **Personalführung**, die **Beteiligung der Mitarbeiter**, **Schulungen** und die **Interne Kommunikation**.[669] Diese Instru-

---

662 Vgl. Welge/Al-Laham 2008, S. 807; Kolks 1990, S. 111.

663 Vgl. Voigt 1996, S. 65ff.; Bleicher 1990, S. 853ff.; Pümpin/Geilinger 1988, S. 53.

664 Vgl. Reimann 1986, S. 6; Herter 1994, S. 78; Riedl 2000, S. 90 i. V. m. den Ausführungen in Abschnitt 2.2.4.

665 Vgl. Scapens/Roberts 1993, S. 1ff.

666 Vgl. Reiß 1997, S. 17. Während z. B. konkurrierende Ziele der Mitarbeiter und mangelnde Kenntnis spezifische Widerstände der Einführung einer wertorientierten Unternehmensführung darstellen, sind Ursachen, die durch eine „mentale Loyalität" hervorgerufen werden, tendenziell allgemeiner Natur. Vgl. Ebeling 2007, S. 56.

667 Vgl. Reiß 1997, S. 93; Kolks 1990, S. 110f.

668 Vgl. Fechtel 2001, S. 193. Dabei gilt es zunächst den Ist-Zustand der Unternehmenskultur aufzunehmen und mit dem anzustrebenden Soll-Zustand, der eine effektive Konzeptanwendung ermöglichen soll, zu vergleichen. Vgl. hinsichtlich der Analyse der Kultur Welge/Al-Laham 2008, S. 798ff.; Glodek 2002; Hinterhuber 1997, S. 239.

669 Vgl. Ebeling 2007, S. 55ff.; Kolks 1990, S. 114ff.; Schmidt 2000, S. 170f.; Perlitz et al. 1997, S. 36; Riedl 2000, S. 77f.; Fechtel 2001, S. 194ff. Für Erfolgsfaktoren eines

mente sind frühzeitig bei der Einführung eines wertorientierten Steuerungskonzeptes einzusetzen, um ggf. existierenden und schwer wahrnehmbaren Akzeptanzproblemen frühzeitig entgegenzuwirken und damit Widerständen vorzubeugen.

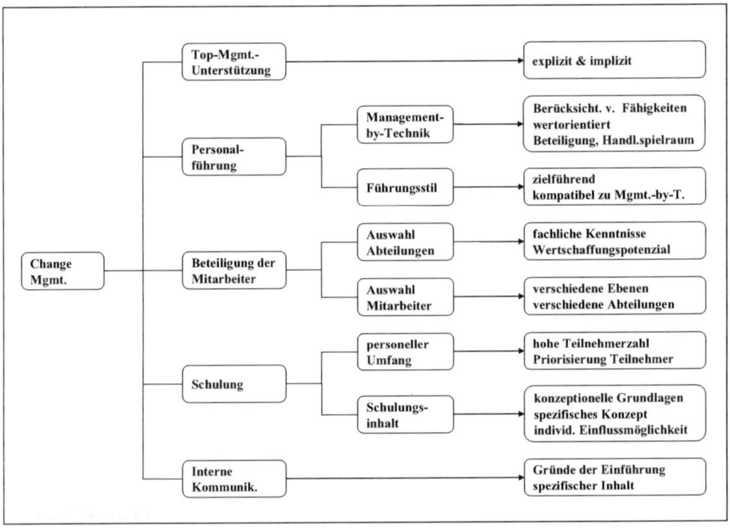

Abbildung 5-7: Anforderungen an eine wertorientierte Unternehmenskultur
Quelle: Eigene Darstellung

Den oberen Führungskräften eines Unternehmens wird i. d. R. eine besonders hohe Fachkenntnis und Kompetenz zugemessen, weshalb sie oftmals eine Vorbildfunktion für die Mitarbeiter der untergeordneten Unternehmensbereiche haben. Auch im Rahmen der Einführung einer wertorientierten Unternehmensführung ist die Einbindung des Top-Managements entscheidend.[670] Aussagen der oberen Führungskräfte erscheinen glaubwürdiger und können dazu beitragen, die dem Wandel zugesprochene Unsicherheit zu reduzieren. Ebenso können Vorgesetzte als so genannte **Fachpromotoren**[671] helfen, die mangelnde Kenntnis der Mitarbeiter hinsichtlich der Einführung von Wertmanagement zu reduzieren. Mittels ihrer Weisungsbefugnis und Autorität fungieren sie zudem als

Change-Management Prozesses vgl. Kotter 1995; Kostka/Mönch 2006.

670 Vgl. die empirischen Ergebnisse von Perlitz et al. 1997, die Top-Management-Committment als signifikanten Faktor einer erfolgreichen Einführung von Wertmanagement identifizieren.

671 Vgl. Krüger 2002, S. 127ff.; Kolks 1990, S. 122ff.; Reiß 1997, S. 104ff.

Machtpromotoren[672]. Unter der Annahme der Konfliktscheue der untergeordneten Mitarbeiter reduzieren sie in dieser Funktion die Wahrscheinlichkeit der Entstehung von auf konkurrierenden Zielen basierender Widerstände. Die Unterstützung des Top-Managements sollte dabei sowohl *explizit als auch implizit* erfolgen.[673] Empirische Untersuchungen zeigen, dass der expliziten Unterstützung eine stärkere Bedeutung zukommt als der impliziten.[674] Jedoch erscheint auch das „Vorleben" des Systems im Hinblick auf die Akzeptanzsicherung von entscheidender Rolle, weshalb sowohl explizite als auch implizite Unterstützung des Top-Managements die Umsetzung des Konzeptes begleiten sollten.

In mittelständischen Unternehmen ist auf Grund der bereits in Abschnitt 2.2.2 beschriebenen besonderen Bedeutung des Unternehmers von einer uneingeschränkten Top-Management-Unterstützung auszugehen. Der Unternehmer ist i. d. R. mit einem signifikanten Anteil seines Vermögens am Unternehmen beteiligt und durch hohes Engagement, Unternehmertum und Innovationskraft gekennzeichnet.[675] Ist die Entscheidung zur Einführung einer wertorientierten Unternehmensführung gefallen, so ist davon auszugehen, dass der Unternehmer diese Entscheidung in allen Belangen unterstützt. Ebenfalls kann vermutet werden, dass auf Grund der expliziten Vorbildfunktion des Unternehmers und der vermuteten höheren Motivation von KMU-Mitarbeitern die Initiativen eines Change Managements im Mittelstand von geringerer Bedeutung sind wie in einem Großunternehmen.[676] Wenn der Unternehmer entscheidet und voranschreitet, dann folgen ihm die Mitarbeiter und müssen nicht zusätzlich motiviert werden. Ist die Vorbildfunktion nicht so stark ausgeprägt (z. B. bei einem externen Manager) oder überschreitet die Organisation eine gewisse Größe, so

672 Vgl. Krüger 2002, S. 127ff.; Kolks 1990, S. 122ff.; Rappaport 1998, S. 164; Reiß 1997, S. 104ff.

673 Explizite Unterstützung erfährt das Konzept dadurch, dass z. B. der Geschäftsführer oder Vorstandsvorsitzende des Unternehmens im Rahmen der Gesellschafter- bzw. Hauptversammlung oder interner Betriebsversammlungen die Einführung von Wertmanagement propagiert und als Pate des Konzeptes einsteht, vgl. Haspeslagh et al. 2001, S. 67. Eine implizite Unterstützung erfolgt z. B. durch die intensive Einbindung der oberen Führungsebene bei der Ausgestaltung des Systems oder in der Ausübung von Schulungen, vgl. Morin/Jarrell 2001, S. 375f.

674 Vgl. Haspeslagh et al. 2001, S. 67.

675 Vgl. die Ausführungen in Kapitel 2.2.2.

676 Vgl. Kahle 1989, S. 91.

werden Change Management-Maßnahmen vermutlich wichtiger. Folgende Thesen sind daraus ableitbar:

Anwendbarkeitsthese 7a: Change Management-Aktivitäten sind in KMU auf Grund der besonderen Unternehmenskultur von *geringerer* Bedeutung als in Großunternehmen.

Anwendbarkeitsthese 7b: Je größer und fremdgeführter (externes Management oder Kapitalbeteiligung) ein KMU ist, desto *bedeutender* wird Change Management als Erfolgsfaktor.

Anwendbarkeitsthese 7c: In KMU ist auf Grund der besonderen Stellung des Unternehmers von einer besonders *hohen* Top-Management-Unterstützung auszugehen.

Eng mit der Funktion der oberen Führungsebenen verbunden, ist die Personalführung eines Unternehmens. Instrumente der Personalführung haben einen wesentlichen Einfluss auf die Motivation und das Verhalten der Mitarbeiter und daher auch auf deren Einstellungsakzeptanz gegenüber Änderungen. Wesentliche Elemente der Personalführung sind der im Unternehmen praktizierte **Führungsstil**[677] und die eingesetzten **Management-by-Techniken**.[678] Die Wahl und Ausgestaltung der eingesetzten Management-by-Technik sollten verschiedene Anforderungen erfüllen und v. a. *wertorientiert* sein. So sind z. B. die im Rahmen von Management-by-Objectives (MbO)[679] genutzten Mittel zur Zielerreichung derart einzusetzen, dass sie die Realisierung von Wertsteigerungspotenzialen erlauben. Die im Rahmen von Management-by-Decision Rules (MbDR)[680] genutzten Entscheidungsregeln sollten wiederum so definiert sein,

677 Vgl. grundlegend zu Führungsstilen Rumpf 1991, S. 109ff.; Rahn 2000, S. 57ff. So können Führungsstile generell autoritär, kooperativ und laissez-faire sein.

678 Prinzipiell kann zwischen organisatorischen und personalen Führungsinstrumenten unterschieden werden. Vgl. Drumm 2005, S. 548ff. Mit dem Anreizsystem wurde das zentrale personale Führungsinstrument bereits behandelt. Als wesentliche Varianten der Management-by-Techniken lassen sich das Management-by-Objectives (MbO), das Management-by-Decision Rules (MbDR), das Management-by-Exception (MbE), das Management-by-Results (MbR) und das Management-by-Delegation (MbD) klassifizieren. Für einen umfangreichen Überblick über diese Instrumente vgl. Jung 2005, S. 489ff.

679 Im Rahmen des MbO werden i. d. R. durch Vorgesetzten und Mitarbeiter gemeinsam Ziele definiert. Die Verantwortung der adäquaten Auswahl der zur Zielerreichung gewählten Maßnahmen und Mittel liegt jedoch alleine bei dem Mitarbeiter.

680 Im Rahmen des MbDR werden den Mitarbeiter durch die Vorgesetzten Entschei-

dass deren Befolgung ebenfalls zur Wertsteigerung des Unternehmens beiträgt. Bei der Wahl und Ausgestaltung der für die gewählte Technik relevanten Parameter sollten zwecks Motivationssteigerung die *Fähigkeiten und Kenntnisse* der Mitarbeiter berücksichtigt und diesen ein entsprechender *Handlungsfreiraum* eingeräumt werden. So müssen die Mitarbeiter z. B. im Rahmen von MbO zur Auswahl der zur Zielerreichung potenziell möglichen Maßnahmen über Grundkenntnisse und den nötigen Handlungsfreiraum verfügen, um die situativ geeignete Maßnahme auszuwählen.[681] Ist dies nicht gegeben, so wirkt sich dies negativ auf die Motivation und Akzeptanz der Mitarbeiter aus und kann zu Widerständen führen. Hinsichtlich des praktizierten Führungsstils sollte die Kompatibilität zu der eingesetzten Management-by-Technik, die Änderungsresistenz der Mitarbeiter und die Motivationswirkung verschiedener Führungsstile berücksichtigt werden. Dies ergibt sich z. B. aus der Überlegung, dass der im Rahmen eines MbO eingeräumte Handlungsspielraum seine Wirkung bei zu autoritärer Führung verfehlt. Anders verwässert ein zu kooperativer oder sogar „laissez-faire"-Führungsstil die Vorgabe von Entscheidungsregeln im Kontext eines MbDR. Der tatsächliche praktizierte Führungsstil sollte also insgesamt die Zielsetzung der Unternehmenswertsteigerung unterstützen und damit *zielorientiert* sein. Dabei zeichnet er sich sowohl durch kooperative als auch durch autoritäre Elemente aus.

Die Beteiligung der Mitarbeiter ist hinsichtlich ihrer motivatorischen Wirkung ebenfalls von großer Bedeutung. Die Einbindung der Mitarbeiter in die Ausgestaltung der wertorientierten Unternehmensführung führt zu einer Steigerung der Kenntnisse und Fähigkeiten. Dadurch werden Widerstände und Akzeptanzprobleme, die durch mangelnde Kenntnisse oder durch scheinbar konkurrierende Ziele begründet sind, abgebaut bzw. erheblich reduziert. Während im Idealfall alle Mitarbeiter des Unternehmens an der Ausgestaltung beteiligt werden, ist in der Praxis zwecks Komplexitätsreduktion eine **Auswahl der beteiligten Abteilungen und Mitarbeiter** zu treffen. Zur effektiven Ausgestaltung sollten Mitarbeiter aus denjenigen Abteilungen, die über den *größten Hebel zur Wertschaffung* verfügen, einbezogen werden.[682] Ebenfalls sollten diese bereits über

---

dungsregeln vorgegeben, mit deren Hilfe die möglichen Maßnahmen auszuwählen sind. Dem Handlungsspielraum der Mitarbeiter sind damit im Vergleich zum MbO engere Grenzen gesetzt.

681 Vgl. zu den bisher genannten Ausführungen der Personalführung Ebeling 2007, S. 65f.

682 Vgl. Lewis 1995, S. 186ff., der Vorschläge zur Aufnahme des Wertschaffungspotenzials einzelner Organisationseinheiten im IST-Zustand unterbreitet.

Grundkenntnisse des Konzeptes verfügen, um eine effektive Ausgestaltung aktiv zu fördern. Während z. B. das Controlling und die Finanzabteilung zur Mitarbeit prädestiniert sind[683], müssen die übrigen Abteilungen vor dem Hintergrund der jeweiligen unternehmensspezifischen Werttreiber eines Unternehmens selektiert werden. Sowohl zur Schaffung einer breiten Akzeptanzbasis als auch zur Sicherstellung einer sachlich richtigen, umfassenden und v. a. realisierbaren Ausprägung des Steuerungskonzeptes, sollte bei der Auswahl der Mitarbeiter darauf geachtet werden, dass möglichst viele *verschiedene* in dem Unternehmen existierende *Führungsebenen und Abteilungen* zur Ausgestaltung beitragen können.[684] Neben dem inhaltlichen Beitrag bei der Ausgestaltung des Systems kommt den beteiligten Mitarbeitern auch die Aufgabe zu, das verabschiedete Konzept in ihren Abteilungen zu verbreiten und dessen Akzeptanz zu fördern.

Ob mittelständische Unternehmen den Anforderungen an einen wertorientierten Führungsstil gerecht werden, kann nicht pauschal beantwortet werden. Zu viele verschiedene Führungsstile sind existent und können auf eine wertorientierte Verhaltensweise hinwirken. Entscheidend ist vielmehr die adäquate Ausgestaltung und Kompatibilität zu anderen Instrumenten der Personalführung. KMU-Unternehmern wird oftmals ein patriarchalischer Führungsstil nachgesagt[685], was darauf deuten könnte, dass die Mitarbeiter weniger in die Konzeptionierung eines Konzeptes eingebunden werden und stattdessen klare Vorgaben durch die Unternehmensleitung bekommen. BACKES-GELLNER (2005) stellt zwar fest, dass Mitarbeiter in KMU in unterschiedlicher Weise am unternehmerischen Geschehen partizipieren.[686] So finden in ca. 60% der „Best in Class“-Unternehmen der beteiligten Umfrage regelmäßige Mitarbeiterbesprechungen statt und jeweils in ca. 40% der Unternehmen wurden Qualitätszirkel und feste Teams etabliert. Dennoch kann in Summe vor dem Hintergrund der diskutierten Ressourcen- und Know-how-Restriktionen folgende These aufgestellt werden:

Anwendbarkeitsthese 7d: In KMU ist eine *geringere* Einbindung relevanter Mitarbeiter in die Konzeptionierung eines Steuerungssystems zu erwarten.

Schulungen des Unternehmens zielen im Rahmen der Einführung eines wertorientierten Steuerungskonzeptes v. a. darauf ab, die Kenntnisse und Fähigkeiten

---

683 Vgl. Perlitz et al. 1997, S. 36f.

684 Vgl. Greth 1998, S. 97.

685 Vgl. Hechtfischer 2004, S. 308.

686 Vgl. Backes-Gellner 2005, S. 28.

der Mitarbeiter zu verbessern, um auf Missverständnis basierende Widerstände zu vermeiden und die Auflösung scheinbar existierender konkurrierender Zielvorstellungen zu ermöglichen. Neben der konkreten Definition der Schulungsdidaktik sind vor allem die **Schulungsinhalte** und der **personelle Umfang** der Schulungen auszugestalten.[687] Da – ähnlich der Beteiligung der Mitarbeiter bei der Ausgestaltung – aus Budgetgründen (anfangs) nicht alle (wertschaffungsrelevanten) Mitarbeiter an intensiven Schulungsmaßnahmen teilnehmen können, ist im Hinblick auf den personellen Umfang der Schulungen eine Auswahl zu treffen. Dabei ist zwischen einer hohen Schulungstiefe und einer hohen Schulungsbreite zu unterscheiden. Während eine hohe Schulungstiefe das Training aller Ebenen des Unternehmens beinhaltet, zielt eine hohe Schulungsbreite auf das Training aller Mitarbeiter einer Ebene ab. Da Manager der oberen Führungsebenen einen stärkeren Einfluss auf die Wertschaffung haben und darüber hinaus als Fachpromotoren mit Vorbildfunktion fungieren, sollte mit einer breiten Schulung auf oberster Ebene begonnen und die Schulung anschließend Top-Down in den unteren Ebenen fortgesetzt werden. Dennoch sollte auch eine gewisse Schulungstiefe erreicht werden, verknüpft mit der Erwartung, dass Promotoren das fachliche Know-how innerhalb ihrer Organisationsebene multiplizieren. Festgehalten werden kann, dass eine möglichst *hohe Mitarbeiterzahl* an den Schulungen partizipieren soll und die Teilnahme der Mitarbeiter hinsichtlich ihres Werthebels und ihrer inhaltlichen und akzeptanzfördernden Multiplikatorwirkung *priorisiert* werden sollte. Hinsichtlich des Schulungsinhaltes ist neben konzeptionellen Grundlagen v. a. das unternehmensspezifisch ausgestaltete Konzept (z. B. Spitzenkennzahl, Bemessungsgrundlagen und Entlohnungsfunktion des Anreizsystems) zu vermitteln. Die Betreuung und Schulung hinsichtlich der individuellen Einflussmöglichkeiten der Mitarbeiter ist nicht zuletzt als Garant der Akzeptanzförderung ein wichtiger Baustein der Schulungsinhalte.[688]

Mittelständische Unternehmen sind auf Grund Ihrer begrenzten Ressourcen und finanziellen Mittel überwiegend durch sehr eingeschränkte Schulungsmaßnahmen und unzureichende Personalentwicklung gekennzeichnet. Der Weiterbildung von Mitarbeitern wird eine relativ geringe Bedeutung zugemessen, weshalb das Budget für solche Maßnahmen i. d. R. knapp bemessen ist.[689] Entweder

---

687 Auf die Schulungsdidaktik soll auf Grund ihres Umfangs i. V. m. ihrer Allgemeingültigkeit im weiteren Verlauf der Arbeit nicht näher eingegangen werden.

688 Vgl. Morin/Jarrell 2001, S. 376; Martin/Petty 2000, S. 213f.

689 Vgl. Pelz 2000, S. 24f.

sind die Personalentwicklungskonzepte mit erheblichen Defiziten belastet[690] oder sogar nicht existent.[691] Es ist zu vermuten, dass eine Schulung der Mitarbeiter in KMU nur sehr eingeschränkt stattfindet und vermutlich eher auf Learning-by-Doing basiert als auf systematischen Weiterbildungskonzepten. Folgende These lässt sich daher hinsichtlich der Anforderung an eine ausreichende Schulung der Mitarbeiter aufstellen:

Anwendbarkeitsthese 7e: Die bestehenden Defizite in der Personalentwicklung und die Ressourcenrestriktionen von KMU lassen eine nur *unzureichende* Schulung der Mitarbeiter in KMU erwarten.

Als letztes Element des Change Managements ist die interne Kommunikation zu adressieren. Hierbei stellen im Gegensatz zu den Investor Relations nicht Unternehmensexterne, sondern die eigenen Mitarbeiter die Adressaten der Kommunikation dar. Auch sie zielt auf Akzeptanzsteigerung und die Vermeidung von Widerständen ab. Wesentlich für die effektive interne Kommunikation sind dabei die Kommunikationsinhalte. Analog zur Schulung der Mitarbeiter dient die interne Kommunikation dazu, wesentliche Inhalte und Fortschritte der Integration zu übermitteln. Sie findet jedoch in einem regelmäßigen Rhythmus statt und beinhaltet ebenfalls die Übermittlung der *Gründe der Einführung* des Konzeptes und *spezifisch ausgestalteter Inhalte*. Neben der Regelmäßigkeit der Kommunikation sollte die Form eine Mischung aus schriftlicher und mündlicher Kommunikation darstellen.[692]

Die besondere Vorbild- und Bezugsfunktion des Unternehmers, die flachen Hierarchien und Organisationsstrukturen im Mittelstand und die besondere Fürsorge und Nähe des Unternehmers zu seinen Mitarbeiter lassen vermuten, dass in KMU eine ausreichende interne Kommunikation sichergestellt ist.[693] Folgende These schließt die Ableitung der Thesen zur Anwendbarkeit einer wertorientierten Unternehmensführung in KMU ab:

Anwendbarkeitsthese 7f: Die besondere Unternehmenskultur in KMU lässt eine *ausreichende* interne Kommunikation erwarten.

690 Vgl. Brustmann 2006, S. 61ff.

691 Vgl. Stiefel 2004, S. 1; Claaßen 2008, S. 20; Balbierz/Hoffmann 2000, S. 10.

692 Vgl. Schmidt 2000, S. 127ff.

693 Vgl. die Ausführungen in Unterkapitel 2.2.

5.5 Zusammenfassung der Anwendbarkeitsthesen

Die folgende Tabelle 5-1 fasst die entwickelten Thesen zur Anwendbarkeit einer wertorientierten Unternehmensführung in KMU nochmals in einer Übersicht zusammen.

Erfolgsfaktor	Thesen zur Anwendbarkeit
Zielsystem - Definition	1a. KMU verfolgen *nicht* das Ziel der (dieser Arbeit zu Grunde liegenden Definition einer) Unternehmenswertsteigerung, sondern vielmehr die langfristige Existenzsicherung des Unternehmens.
	1b. Das Wertmanagement-Charakteristikum der Langfristorientierung des unternehmerischen Handelns ist in KMU von hoher Bedeutung und *wird erfüllt.*
	1c. Das Wertmanagement-Charakteristikum der Cashflow-Orientierung des unternehmerischen Handelns ist in KMU *nicht erfüllt.*
	1d. Das Wertmanagement-Charakteristikum der Berücksichtigung von Kapitalkosten ist in KMU *nicht erfüllt.*
	1e. Je größer bzw. fremdgeführter (externes Management oder Kapitalbeteiligung) ein KMU, desto *aufgeschlossener* ist es gegenüber einer wertorientierten Unternehmensführung.
	1f. KMU sind in Zukunft einer wertorientierten Unternehmensführung gegenüber *aufgeschlossener,* da sie die gestiegene Notwendigkeit einer Kapitalmarktattraktivität erkennen.
- Einbettung	1g. In KMU ist ein hierarchisches Zielsystem mit klar definiertem, konkretem Oberziel und nicht konkurrierenden Unterzielen *nicht* durchgängig existent.
	1h. Spitzenkennzahlen in KMU stellen *nicht wertorientierte,* sondern ergebnisorientierte Größen dar.
	1i. Eine Operationalisierung der Ziele in KMU z. B. durch einen Werttreiberbaum findet *nicht* statt.
- Zielplanung	1j. Planung findet in KMU nur *eingeschränkt* statt und erfolgt eher intuitiv aus *Sicht des Unternehmers.*
	1k. Die Berücksichtigung von Kapitalgebern und Wettbewerbern in der Zielplanung findet in KMU nur *unzureichend* statt. Planung basiert überwiegend auf der Fortschreibung historischer Zahlen.
Planungssystem - Entscheidungsprozess	2a. Planung in KMU ist eher unkoordiniert und durch *wenig formalisierte* Entscheidungs- und Planungsprozesse charakterisiert. Eine systematische wertorientierte Identifikation, Analyse, Bewertung und Auswahl von Planungsalternativen findet *nicht* statt.

- Planungsinstrumente	2b. Entscheidungsunterstützende strategische Planungsinstrumente in KMU werden nur *unzureichend* eingesetzt.
- Allgemein	2c. Je größer und fremdgeführter (externes Management oder Kapitalbeteiligung) ein KMU, desto *stärker formalisiert* und institutionalisiert ist das Planungssystem.
Kontrollsystem - Kontrollinhalt	3a. In KMU sind *weder* wertorientierte Kennzahlen, *noch* finanzielle oder operative Werttreiber explizit Bestandteil der Kontrolle.
	3b. Je größer und fremdgeführter (externes Management oder Kapitalbeteiligung) ein KMU, desto *ausgeprägter* ist das Controllingsystem und desto eher werden Wertcharakteristika im Controlling berücksichtigt.
- Kontrollart	3c. Durchführungskontrollen werden in KMU *regelmäßig* durchgeführt, systematische Prämissenkontrollen, Konsistenzkontrollen und Ergebniskontrollen jedoch *nicht.*
Anreizsystem - Bedeutung	4a. Leistungsabhängige Anreizsysteme haben in KMU eine *geringere* Bedeutung, da Mitarbeiter per se stärker mit dem Unternehmen identifiziert sind.
	4b. Je größer und fremdgeführter (externes Management oder Kapitalbeteiligung) ein KMU ist, desto *stärker* werden leistungsorientierte Anreizsysteme eingesetzt.
- Bemessungsgrundlage	4c. Eine leistungsabhängige Anreizgestaltung basiert in KMU *nicht auf wertorientierten,* sondern überwiegend auf ergebnisorientierten Größen.
- Entlohnungsfunktion	4d. Eine leistungsabhängige Anreizgestaltung kommt in KMU nur ausgewählten Mitarbeitern der *Führungsebenen* zu Gute und basiert auf *kurzfristigen, individuellen* Einzelzielen.
Informationssystem - Inhalt	5a. Das Informationssystem in KMU versorgt die Unternehmensleitung nur *unzureichend* mit wertrelevanten, zukunftsorientierten Informationen.
- Technik	5b. Das Informationssystem in KMU besteht *nicht* aus einem integrierten Gesamtsystem, sondern ist durch historisch gewachsene Einzellösungen gekennzeichnet und weist daher eine geringere Flexibilität auf.
- Allgemein	5c. Je größer und fremdgeführter (externes Management oder Kapitalbeteiligung) ein KMU ist, desto zielgerichteter und *ausgeprägter* ist das Informationssystem.

Investor Relations - Bedeutung	6a. KMU messen Investor Relations eine *geringe* Bedeutung bei und zeichnen sich daher durch eine *eingeschränkte* Informationsbereitschaft aus, die allerdings umso *größer* ist, je größer und fremdbestimmter das Unternehmen und damit je stärker der zusätzliche Kapitalbedarf ist.
- Empfänger	6b. Die *Banken* stellen für den überwiegenden Teil der KMU im Kontext von Basel II die wichtigsten IR-Adressaten dar.
- Inhalte	6c. Die IR-Inhalte von KMU orientieren sich sehr stark an die Vorgaben des *Bankenratings*. Eine darüber hinausgehende Informationsversorgung findet nicht statt.
- Instrumente und Träger	6d. Das *Informationsgespräch* durch den *Unternehmer persönlich* stellt in KMU die wichtigste Kombination aus Kommunikationsinstrument und -träger dar.
Change Management - Bedeutung	7a. Change Management-Aktivitäten sind in KMU auf Grund der besonderen Unternehmenskultur von *geringerer* Bedeutung als in Großunternehmen.
	7b. Je größer und fremdgeführter (externes Management oder Kapitalbeteiligung) ein KMU ist, desto *bedeutender* wird Change Management als Erfolgsfaktor.
- Top-Mgmt.-Unterstützung	7c. In KMU ist auf Grund der besonderen Stellung des Unternehmers von einer besonders *hohen* Top-Management-Unterstützung auszugehen.
- Beteiligung	7d. In KMU ist eine *geringere* Einbindung relevanter Mitarbeiter in die Konzeptionierung eines Steuerungssystems zu erwarten.
- Schulung	7e. Die bestehenden Defizite in der Personalentwicklung und die Ressourcenrestriktionen von KMU lassen eine nur *unzureichende* Schulung der Mitarbeiter in KMU erwarten.
- Interne Kommunikation	7f. Die besondere Unternehmenskultur in KMU lässt eine *ausreichende* interne Kommunikation erwarten.

Tabelle 5-1: Zusammenfassende Darstellung der Anwendbarkeitsthesen
Quelle: Eigene Darstellung

Inwieweit die praktische Ausgestaltung der Erfolgsfaktoren bei KMU den theoretischen Anforderungen bzw. den abgeleiteten Thesen entspricht, ist Bestandteil der Ausführungen des Kapitels 7. Vorerst gilt es jedoch im Hinblick auf die Vorbereitung der empirischen Untersuchung in Kapitel 6 die grundlegenden Pfeiler des empirischen Forschungsdesigns festzulegen.

6 Empirisches Forschungsdesign

Nachdem im vorangegangenen Kapitel entlang des entwickelten theoretischen Bezugsrahmens die Anforderungen an eine wertorientierte Ausgestaltung der Erfolgsfaktoren und anschließend Thesen zur Anwendbarkeit des Konzeptes in mittelständischen Unternehmen hergeleitet wurden, soll im Rahmen des empirischen Teils dieser Arbeit der derzeitige kontextrelevante Status Quo im Mittelstand aufgenommen, beschrieben und hinsichtlich seiner derzeitigen Wertorientierung bewertet werden. Darüber hinaus dient das Ergebnis der empirischen Untersuchung der Identifikation weiterer wertorientierter Gestaltungsmöglichkeiten in mittelständischen Unternehmen. Vor Durchführung der empirischen Untersuchung muss jedoch zunächst das empirische Forschungsdesign festgelegt werden.

Das empirische Forschungsdesigns legt fest, „welche Größen, wie, wo und wann“[694] erfasst bzw. ausgewertet werden sollen, um die theoretisch-konzeptionellen Überlegungen durch praktische Erkenntnisse anzureichern. Diesbezüglich werden in den folgenden Unterkapiteln Möglichkeiten des globalen (Kap. 6.1) und des speziellen Forschungsdesigns (Kap. 6.2) vorgestellt und vor dem Hintergrund der in dieser Arbeit behandelten Fragestellung die geeignete Variante gewählt. Abschließend folgen Ausführungen zur konkreten Durchführung der empirischen Datenerhebung (Kap. 6.3) und der Datenauswertung (Kap. 6.4).

6.1 Globales Forschungsdesign

Mit der Festlegung des globalen Forschungsdesigns wird der methodische Rahmen der Datenerhebung eines empirischen Forschungsprojektes determiniert. Grundsätzliche Möglichkeiten sind dabei **Experimente**, **Einzelfallstudien** und **Feldstudien**.[695]

Das Experiment (Laborexperiment, Feldexperiment, Aktionsforschung) bietet dem Forscher die Möglichkeit, während der Datenerhebung aktiv in den Forschungsbereich einzugreifen und somit manipulierend tätig zu werden.[696] Die Komplexität einer Unternehmensführung als Untersuchungsgegenstand dieser Arbeit mit ihren umfangreichen Facetten und Zusammenhängen lassen eine Simulation im Rahmen eines Laborexperimentes als unmöglich erscheinen. Des

694 Vgl. Kubicek 1975, S. 35.

695 Vgl. Ebenda, S. 34ff.

696 Vgl. Roth 1995, S. 108ff.; Kubicek 1975, S. 67ff.

Weiteren ist angesichts des hohen Risikos und des persönlichen Verlustpotenzials die Bereitschaft von KMU-Unternehmern als sehr gering einzustufen, ihr Unternehmen im Rahmen von Feldexperimenten bzw. Aktionsforschungen zur Verfügung zu stellen, um z. B. die Auswirkungen alternativer Erfolgsfaktorenausgestaltungen auf den Unternehmenserfolg zu untersuchen.[697] Die Methode des Experimentes wird daher im Rahmen dieser Arbeit als ungeeignet eingestuft.

Bei der Anwendung einer Einzelfallstudie werden Daten einer einzelnen Erhebungseinheit gesammelt und ausgewertet, um eine möglichst umfassende Beschreibung des Untersuchungsgegenstandes zu erreichen.[698] Ist die Anwendung einer Einzelfallstudie im Rahmen der dieser Arbeit zu Grunde liegenden Fragestellung zwar theoretisch denkbar, besitzt sie jedoch den Nachteil, dass sie sich lediglich auf einen singulären Unternehmenskontext beschränkt. Der beabsichtigten Erfassung typischer Ausgestaltungsmerkmale bzw. -möglichkeiten als Basis zur Ableitung realisierbarer Ausgestaltungsmöglickeiten für mittelständische Unternehmen kann nur unzureichend Rechnung getragen werden.

Für die empirische Forschung dieser Arbeit bietet sich daher die Feldstudie an. Feldstudien können in **Längsschnitt- bzw. Querschnittsuntersuchungen und in komparativ-statische Untersuchungen** unterteilt werden.[699] Zur Durchführung von Längsschnittuntersuchungen und komparativ-statischen Untersuchungen ist die mehrmalige, intertemporale Erfassung von Sachverhalten erforderlich. Die Erfassung im Rahmen einer Querschnittsuntersuchung beschränkt sich auf einen einmaligen Zeitpunkt einer i. d. R. höheren Anzahl von Untersuchungsobjekten. Da im Rahmen dieser Arbeit der Status Quo der KMU-typischen und möglichen Ausgestaltungsvarianten erfasst werden soll, erscheint die breitere Querschnittsfeldstudie das geeignete globale Forschungsdesign für diese Arbeit zu sein.

6.2 Spezielles Forschungsdesign

Im Rahmen des speziellen Forschungsdesigns müssen Entscheidungen bzgl. geeigneter Methoden der Datenerhebung und -erfassung getroffen werden.

697 Vgl. Chmielewicz 1993, S. 148f.; Kubicek 1977, S. 11.

698 Vgl. Roth 1995, S. 267ff.

699 Vgl. Ebenda, S. 309ff.; Diekmann 2005, S. 266ff.

Dabei lassen sich die Verfahren der **Beobachtung**, der **Inhaltsanalyse** und der **Befragung** unterscheiden.[700]

Unter Beobachtung wird die Erfassung, Festhaltung und Deutung eines wahrnehmbaren Sachverhaltes zum Zeitpunkt des Geschehens verstanden.[701] Da nicht von der Bereitschaft eines KMU-Unternehmers zu langwierigen Forschungsaufenthalten auszugehen ist, scheidet die Beobachtung als Form der Datenerfassung für diese Arbeit aus.

Bei der Inhaltsanalyse werden dokumentierte Texte und sachverhaltsrelevante Informationen untersucht und ausgewertet.[702] Im vorliegenden Untersuchungskontext ist es unrealistisch, dass problemrelevante Informationen bzgl. einer wertorientierten Ausgestaltung der Erfolgsfaktoren in ausreichendem Detaillierungsgrad dokumentiert sind, weshalb der Befragung als Instrument der Datenerfassung der Vorzug eingeräumt wird.

Eine Befragung kann **schriftlich, telefonisch oder persönlich** durchgeführt werden.[703] Die schriftliche Befragung setzt die Verwendung eines standardisierten Fragebogens voraus und bietet wesentliche Kosten- bzw. Zeitvorteile gegenüber den beiden anderen Verfahren. Jedoch wird dem Forscher die Möglichkeit genommen, auf einige Sachverhalte und unerwartete Antworten tiefer einzugehen sowie situationsspezifische Deutungszusammenhänge zu entdecken.[704] Auch die Tatsache, dass die Erhebungssituation nicht kontrolliert werden kann und keine Erläuterungen zu den gestellten Fragen gegeben werden können, scheint dem explorativen Forschungscharakter dieser Arbeit nicht ausreichend Rechnung zu tragen.[705] Eine telefonische Befragung bietet gegenüber der persönlichen Befragung zwar zeitliche Vorteile, weist jedoch einen geringeren Intensitätsgrad der Auseinandersetzung auf. Die Diskussion komplexer, forschungsrelevanter Aspekte oder ggf. auch sensitiver Informationen ist bei dieser Befragungsform tendenziell nur eingeschränkt möglich.

---

700 Vgl. Schnell et al. 1992, S. 297ff.; Kubicek 1975, S. 36.

701 Vgl. Atteslander 1995, S. 87; Flick 2004, S. 199ff.; Diekmann 2005, S. 456ff.

702 Vgl. Lamnek 2005, S. 478ff.; Schnell et al. 1992, S. 372ff.

703 Vgl. detailliert zu den Möglichkeiten bzw. den Vor- und Nachteilen der Befragung Schnell et al. 1992, S. 299ff.; Laatz 1993, S. 103ff.; Diekmann 2005, S. 373ff.

704 Vgl. Berg 2003, S. 117.

705 Vgl. Diekmann 2005, S. 429ff.

Vor diesem Hintergrund wird im Rahmen dieser Arbeit das persönliche Interview favorisiert, da es zusätzlich zu den bereits angesprochenen Aspekten weitere wesentliche Vorteile hat, die zu erwartende Nachteile des erhöhten Reise-, Zeit-, Kosten- und Terminierungsaufwands überwiegen. Wesentlicher Vorteil der persönlichen Befragung ist dabei die tendenziell vertrauensvollere und kontextabhängige Diskussion relevanter Sachverhalte sowie die leichtere Identifikation und Beseitigung von Missverständnissen. Des Weiteren können v. a. im Vergleich zur schriftlichen Befragung Lerneffekte und Erfahrungen aus anfangs geführten Interviews zielgerichtet zur Fokussierung von Interviewinhalten und -prozessen im Verlauf der empirischen Erhebung genutzt werden.[706]

Vor dem Hintergrund der komplexen Untersuchungsproblematik und des besonderen Untersuchungskontextes scheint die persönliche Befragung von KMU-Unternehmern die geeignete Form der Datenerhebung zu sein. Ist eine persönliche Befragung seitens eines Interviewpartners nicht möglich, das Interview jedoch durch ein besonderes Erkenntnisinteresse charakterisiert, so soll im Ausnahmefall auch auf eine telefonische Befragung zurückgegriffen werden können.

Im Rahmen der persönlichen Befragung kann der Forscher zwischen einer **offenen** (wenig strukturierten) **und einer stark strukturierten** Form der Befragung unterscheiden.[707] Während stark strukturierte Interviews die Datenerhebung streng reglementieren (Wortlaut und Reihenfolge der Fragen, Antwortmöglichkeiten etc.) und Vorteile in Vergleichbarkeit und quantitativer Auswertung der Fragen bieten, ist es im Rahmen offener Befragungen eher möglich, kontextabhängige Problemfelder umfassender zu diskutieren und die Komplexität der Untersuchungssituation zu berücksichtigen.[708] Um nicht im Extremfall des freien Gespräches eine Strukturlosigkeit des Gespräches zu riskieren, werden im Rahmen dieser Arbeit mit Hilfe eines **Interviewleitfadens semistrukturierte Interviews** durchgeführt.[709] Damit wird sichergestellt, dass alle problemrelevanten Aspekte adressiert und erhoben werden. Die Nutzung offener Befragungsformen kann die Heterogenität von KMU-Strukturen und deren

706 Vgl. Laatz 1993, S. 108ff.

707 Vgl. Atteslander 1995, S. 129ff.

708 Vgl. zu den Ausprägungen und der Kritik an der offenen und strukturierten Befragung Lamnek 2005, S. 329ff.; Laatz 1993, S. 104ff.; Diekmann 2005, S. 443f.

709 Der im Rahmen der Interviews genutzte Leitfaden ist dem Anhang dieser Arbeit zu entnehmen.

Erfolgsfaktorenausgestaltung besser berücksichtigen als die Anwendung einer stark vereinheitlichten Befragungsform.

Die offene bzw. teilstrukturierte Befragung stellt dabei an den Interviewer bestimmte Anforderungen. So muss dieser neben der rein inhaltlichen Kenntnis des Untersuchungsgegenstandes ebenfalls über methodische Kompetenzen und Interviewtechniken verfügen, um den komplexen Untersuchungssachverhalt verständlich zu kommunizieren, eine persönliche und förderliche Gesprächsatmosphäre zu schaffen und individuell und zielgerichtet auf den Gesprächsverlauf reagieren zu können.[710]

6.3 Durchführung der Erhebung

Die folgenden Ausführungen beziehen sich auf die Identifikation relevanter Ansprechpartner (Kap. 6.3.1) sowie auf die Beschreibung des Ablaufes der durchgeführten Interviews (Kap. 6.3.2).

6.3.1 Identifikation relevanter Ansprechpartner

Ziel des empirischen Teils dieses Forschungsprojektes ist es, im Rahmen von sog. Experteninterviews[711] derzeit typische und angewandte Ausgestaltungen der Erfolgsfaktoren zu erfassen und dabei zu untersuchen, ob und in welchem Ausmaß mittelständische Unternehmen derzeit wertorientiert agieren. Als relevante Experten eignen sich in diesem Sinne die Eigentümer und/oder Manager von mittelständischen Unternehmen, da sie wesentlichen Einfluss auf die Zielsetzung des Unternehmens bzw. das unternehmerische Handeln ausüben und letztlich für die Ausgestaltung der Erfolgsfaktoren verantwortlich sind. So ist z. B. die Diskussion des Erfolgsfaktors „Zielsystem" ohne Befragung der Eigner bzw. des Managements nicht zielführend. Neben der Befragung der Eigentümer und Geschäftsführer bietet es sich je nach Gesprächskonstellation, Unternehmensstruktur bzw. Kompetenzverteilung bei Spezialthemen an, weitere Informationsträger des Unternehmens (z. B. Leiter Finanzen, Controlling, Personal etc.) selektiv mit in das Expertengespräch einzubinden.

710 Vgl. Lamnek 2005, S. 354; Atteslander 1995, S. 198; Trinczek 2005, S. 218f. Die umfangreiche theoretisch-konzeptionelle Erörterung des Themas sowie die berufliche Erfahrung des Autors bei der Durchführung leitfadengestützter Managerinterviews sprechen für eine Erfüllung dieser Anforderungen.

711 Zum Expertenbegriff vgl. Meuser/Nagel 1991, S. 442f.; Liebhold/Trinczek 2002, S. 35ff.; Bogner et al. 2005, S. 39ff.

Neben der Befragung **unternehmensinterner Experten** soll der Fokus um **unternehmensexterne Experten** erweitert werden. Zum einen sind dabei **Kapitalgeber** (sowohl in Form traditioneller Bankenfinanzierung als auch in Form der stärker werdenden Beteiligungsfinanzierung) relevant, um den Einfluss des Finanzierungs- und Kapitalmarktes auf die Unternehmensführung in KMU zu untersuchen und gleichzeitig den umfangreichen Erfahrungshorizont der Kapitalgeber zu nutzen. Zum anderen sind auf KMU **spezialisierte Unternehmensberater** auf Grund ihres breiten Erfahrungsschatzes für eine empirische Aufnahme der derzeitigen bzw. der Validierung potenzieller Erfolgsfaktorenausgestaltung geeignet.

Zur Identifikation relevanter Unternehmen wurden zwei wesentliche Kriterien herangezogen, die sich an einige bereits in Abschnitt 2.1.4 diskutierte Kriterien anlehnen. So haben die Unternehmen der Zielgruppe eine Beschäftigtenzahl von **150 bis maximal 1.000 Mitarbeitern** und darüber hinaus **rechtliche und überwiegend wirtschaftliche Selbständigkeit** aufzuweisen. Hinter diesen Kriterien steckt der Gedanke, dass lediglich Unternehmen einer gewissen Größenordnung über die erforderliche Mindestausstattung an Ressourcen verfügen, um eine wertorientierte Unternehmensführung implementieren zu können. Dies sollte jedoch durch eigene wirtschaftliche Stärke und Entscheidungsfreiheit möglich sein und nicht durch Verbundstrukturen bzw. Subventionen und Konventionen einer Muttergesellschaft determiniert werden. Wie bereits in Unterkapitel 2.1 besprochen, lässt sich die Obergrenze nicht streng mittels der Mitarbeiterzahl festlegen, sondern wird signifikant durch qualitative Kriterien bestimmt. Zur Operationalisierung der Unternehmensauswahl und Datenbankabfrage wurde dennoch eine quantitative Grenze von 1.000 Mitarbeitern bestimmt.

Über die genannten Kriterien hinaus wurde bei der Zusammensetzung des Befragungsportfolios darauf geachtet, dass der empirischen Erhebung eine relativ breite und repräsentative Stichprobe zu Grunde gelegt wird.[712] So wurden nicht nur Unternehmen aus dem kapitalintensiven verarbeitenden Gewerbe, sondern auch aus dem eher arbeitsintensiven Dienstleistungsbereich bzw. dem Handel befragt.[713] Ebenfalls wurde darauf Wert gelegt, sowohl eigentümergeführte als

712 Ohne damit eine statistische Signifikanz und Repräsentativität der Ergebnisse begründen zu wollen.

713 So sind über 60% aller Unternehmen mit mehr als 50 Beschäftigten bzw. über 85% aller Unternehmen mit mehr als € 10 Mio. Umsatz dem verarbeitenden Gewerbe, dem Handel bzw. zu geringem Anteil auch dem Grundstücks- und Wohnungswesen zugeordnet, vgl. Statistisches Bundesamt 2006.

auch fremdgeführte Unternehmen zu befragen, um ggf. differierende Relevanzstrukturen erfassen zu können.[714] Ziel war es weiterhin, im **Soll-Befragungsportfolio** auch ein börsennotiertes Unternehmens zu inkludieren.

Nach einer Auswertung der MARKUS-Datenbank des BUREAU VAN DIJK[715] Stand April 2007 konnten ca. 30.700 Unternehmen identifiziert werden, die beide oben genannten Kriterien erfüllen.[716] Das Kriterium der rechtlichen und wirtschaftlichen Selbständigkeit konnte jedoch auf Basis der Datenbank auf Grund auch im Mittelstand oftmals verschachtelter Unternehmensstrukturen nicht stichhaltig überprüft werden. Der Grad der Selbständigkeit wurde daher im Rahmen der konkreten Unternehmensselektion einer Prüfung unterzogen. Die Identifikation und Selektion der befragten Unternehmen erfolgte letztlich überwiegend durch eigene berufliche Kontakte bzw. durch persönliche Vermittlungen.[717] Wurde ein Unternehmen als potenziell relevant identifiziert, so wurde im Rahmen eines telefonischen Vorgesprächs mit dem möglichen Gesprächspartner das Forschungsprojekt und somit Ziel und Ablauf des Interviews erläutert und anschließend die Eignung des Interviewpartners hinsichtlich der erforderlichen „strategic awareness" und der Qualifizierung des Unternehmens entlang der definierten qualitativen und quantitativen Merkmale festgestellt.

Hinsichtlich der Identifikation der Kapitalgeber und Berater galt als wichtigstes Selektionskriterium der explizite Fokus unternehmerischer Tätigkeiten auf den deutschen Mittelstand in der dieser Arbeit zu Grunde liegenden Unternehmensgröße. Die Identifikation und Ansprache dieser Banken und Beteiligungsgesellschaften erfolgte ebenfalls auf Basis persönlicher Kontakte.[718] In zwei Fällen wurden nach Durchführung des Interviews auf Grund des besonderen Interesses

---

714 Vgl. zu der besonderen Bedeutung von Familienmitgliedern Mühlebach von Würenlingen und Tegerfelden 2004.

715 Der Verfasser dankt an dieser Stelle der THE BOSTON CONSULTING GROUP GMBH für den Zugriff auf die Datenbank.

716 Bei einer Mindest-Mitarbeiterzahl von 100 erfüllen ca. 39.400 die Anforderungen.

717 So waren zwei der Interviewpartner (jeweils angestellte Geschäftsführer) dem Autor bereits im Vorfeld persönlich bekannt, weitere sieben konnten durch persönliche Kontakte vermittelt werden. Lediglich ein Interviewpartner wurde über Kaltakquise für das Interview gewonnen.

718 Dabei konnten Gesprächspartner von Banken, die sich explizit auf den Mittelstand fokussieren, vermittelt werden. Auch die befragten Beteiligungsgesellschaften konzentrieren sich auf sog. Small-Cap-Transaktionen im deutschen Mittelstand. Insgesamt wurden acht Interviewpartner persönlich vermittelt und zwei über Kaltakquise für das Interview gewonnen.

des Untersuchungsobjektes zwei weitere Gesprächspartner anderer Unternehmen mit kontextrelevanten Kenntnissen bzw. praktischen Erfahrungen vermittelt. Die Ansprache und Selektion von auf mittelständische Unternehmen spezialisierten Beratern erfolgte, sofern nicht persönlich vermittelt, i. d. R. durch direkten Telefonanruf bzw. in seltenen Fällen durch E-Mail. Basis hierfür bildete die auf der Homepage des BUNDESVERBANDES DEUTSCHER UNTERNEHMENSBERATER BDU E.V. hinterlegte Datenbank seiner Mitglieder.[719]

Im Rahmen der empirischen Erhebung konnten insgesamt 20 Gesprächspartner befragt werden. Von den 20 Gesprächen wurden zehn Gespräche mit KMU-Unternehmensvertretern geführt, weitere fünf Gespräche mit auf den Mittelstand fokussierten Eigen- und Fremdkapitalgebern sowie fünf Gespräche mit auf den Mittelstand spezialisierten Unternehmensberatern, wobei sich ein Gesprächspartner durch zusätzliche, vielfältige Erfahrung als KMU-Senior Advisor, KMU Interims-Manager, KMU-Beiratsmitglied und als KMU fokussierter PE-Investor auszeichnete. Bzgl. der Zusammensetzung des befragten Unternehmensportfolios konnten alle gewünschten Sollvorgaben berücksichtigt werden. Der Heterogenität von mittelständischen Unternehmen bzgl. ihrer Inhaberstruktur, der operativen Geschäftsführungsverantwortung, der unterschiedlichen Sichtweisen handelnder Funktionsträger sowie der zu Grunde liegende Branche wurde ausreichend Rechnung getragen. Es kann daher davon ausgegangen werden, dass in die Bewertung der derzeitigen Wertorientierung von mittelständischen Unternehmen bzw. in die Ableitung möglicher Ausgestaltungen der Erfolgsfaktoren mehrere Perspektiven eingenommen und eine **ausreichend heterogene Gruppe berücksichtigt** wurde, ohne an dieser Stelle einen Anspruch auf statistische Signifikanz der Ergebnisse zu beanspruchen. Die folgende Abbildung 6-1 veranschaulicht die Zusammensetzung der durchgeführten Experteninterviews:

719 Siehe http://www.bdu.de

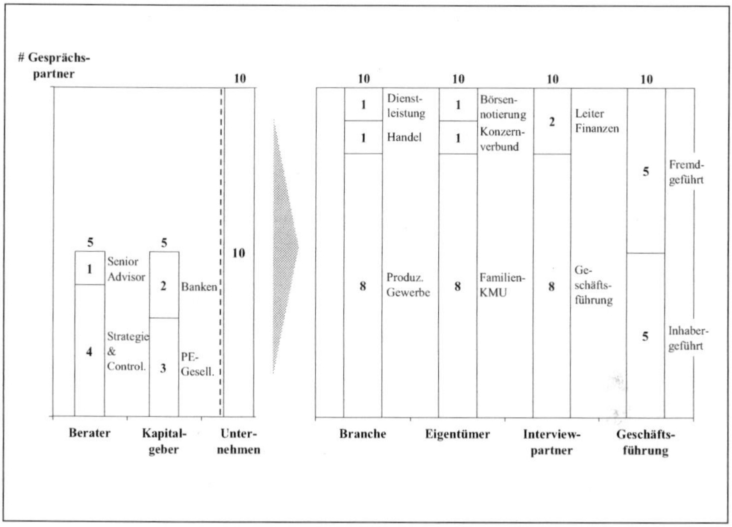

Abbildung 6-1: Beschreibung der Interviewpartner
Quelle: Eigene Darstellung

Die folgende Tabelle 6-1 spezifiziert weiterhin die befragten Unternehmen hinsichtlich ihrer Branchenzugehörigkeit, der Anzahl der Mitarbeiter, der Umsatzhöhe, der Eigentümerstruktur und der Geschäftsführung.

Nr.	Branche	# Mitar-beit.	Umsatz in €Mio.	Eigentümer-struktur	Geschäfts-führung
1	Ernährungsgewerbe	1000	350	Familie	Fremd
2	Holzgewerbe	1000	300	Familie	Inhaber
3	Groß- & Einzelhandel	750	250	Familie	Fremd
4	Dienstleistungen	550	50	Börsennotiert	Fremd
5	Metall-/Elektroindustr.	500	50	Familie	Inhaber
6	Ernährungsgewerbe	450	250	Konzernverbund	Fremd
7	Ernährungsgewerbe	300	370	Familie	Fremd
8	Metall-/Elektroindustr.	290	65	Familie	Inhaber
9	Chemie	280	65	Familie	Inhaber
10	Metall-/Elektroindustr.	240	34	Familie	Inhaber
	Durchschnitt	**~ 540**	**~ 180**		

Tabelle 6-1: Beschreibung der befragten Mittelständler
Quelle: Eigene Darstellung

6.3.2 Durchführung der Interviews

Die Interviews wurden von Anfang Mai bis Mitte Juni 2007, überwiegend am Standort der befragten Experten durchgeführt[720] und dauerten zwischen 45 und 150 Minuten bei einer durchschnittlichen Länge von 90 Minuten. Zur Vorbereitung der Gespräche bzw. der individuellen Unternehmens- und Expertensituation wurde jeweils eine **umfangreiche Dokumentenanalyse** durchgeführt. Neben der Sichtung des Internetauftritts des Unternehmens des Gesprächspartners und dem Studium von Geschäftsberichten bzw. Pressemitteilungen wurde darüber hinaus in (Zeitungs-)Datenbanken nach forschungsrelevanten Informationen recherchiert.[721] Das so gesammelte Wissen konnte neben der Validierung der Aussagen der Gesprächspartner für eine unternehmensspezifische Diskus-

720 Drei der 20 durchgeführten Interviews erfolgten, durch terminliche Restriktionen der Gesprächspartner begründet, telefonisch (mit einem Leiter Finanzen und zwei Investment Managern einer Beteiligungsgesellschaft)

721 Bei den Interviews mit Kapitalgebern und externen Beratern wurde auf diese Informationsquellen (z. B. Factiva-, Genios-Research) verzichtet.

sion komplexer Sachverhalte und möglicher Ausgestaltungs- und Alternativlösungen genutzt werden.

Im Anschluss an einleitende Bemerkungen zu Ziel und Inhalt des Forschungsprojektes wurden zu Beginn des Interviews, zwecks Schaffung einer vertrauensvollen Gesprächsatmosphäre, eher geschlossene Fragen gestellt, um anschließend auf einen diskursiv-argumentativen Gesprächsstil zu wechseln. Dabei wurden dem Befragten sowohl genügend Freiraum zur Entfaltung seiner Positionen eingeräumt als auch konträre Positionen gegenübergestellt, um dessen subjektive Relevanzstrukturen diskursiv entfalten zu können.[722]

Auf Grund der Sensibilität einiger zu diskutierender Sachverhalte und zur Förderung der Schaffung einer vertrauensvollen Gesprächsatmosphäre wurde auf den Mitschnitt des Gespräches mittels Tonband und Video verzichtet. Um das Risiko signifikanter Informationsverluste zu reduzieren, wurden während des Gespräches alle für die Interpretation wichtigen Aspekte durch eigene Notizen festgehalten. Unmittelbar im Anschluss an das Interview wurde durch ausführliche Protokollierung des Gespräches ein **Postskriptum** erstellt.

6.4 Datenauswertung

Die Analyse der im Rahmen der offenen Befragung erhobenen Daten hat zur Aufgabe, problemrelevante Aussagen und Interpretationen über Repräsentatives, Relevanzstrukturen und Deutungsmuster zu treffen.[723] Dabei müssen insbesondere bei der qualitativ-empirischen Forschung die Anforderungen der **Nachvollziehbarkeit der Analyse** und der **Kontrollierbarkeit gewonnener Aussagen** erfüllt sein. Um dies im Rahmen der empirischen Untersuchung zu gewährleisten, wird folgendes Verfahren zur Auswertung qualitativer Daten angewandt.

1. Erstellen eines ausführlichen Postskriptums mit allen für die Interpretation wichtigen und relevanten Aussagen unmittelbar im Anschluss an das Interview.
2. Inhaltliche Katalogisierung und Verschlagwortung durch Einfügen thematischer Überschriften.
3. Neugruppierung der erhobenen Daten entlang der eingefügten Überschriften.

---

722 Vgl. Trinczek 2005, S. 213ff.; Liebhold/Trinczek 2002, S. 43ff.

723 Vgl. Meuser/Nagel 1991, S. 452.

4. Systematischer Vergleich der Aussagen mit dem Ziel, Gemeinsamkeiten, Unterschiede, Abweichungen und Widersprüche herauszuarbeiten.
5. Empirische Generalisierung durch verallgemeinernde Aussagen, die aus den erhobenen empirischen Daten abgeleitet werden können.
6. Theoretische Generalisierung und Konfrontation der Ergebnisse mit den Anforderungen an die Ausgestaltung der Erfolgsfaktoren bzw. dem Bezugsrahmen. Je nach Ergebnis dieser Konfrontation können dabei Gestaltungslücken einer wertorientierten Ausprägung von Erfolgsfaktoren bei KMU identifiziert werden. Diese Lücken können Hinweise auf geeignete Gestaltungsmöglichkeiten der Erfolgsfaktoren geben.

Zur Auswertung der im Rahmen der Interviews erhobenen qualitativen Daten wurde auf die Spezialsoftware MAXqda-2 zurückgegriffen, die den Anwender bei der systematischen Aufbereitung bzw. Auswertung von Texten sowie bei der Ableitung von Schlussfolgerungen methodisch unterstützt.[724]

Um dabei dem weiter oben skizzierten Vorteil der kontinuierlichen Verbesserung und Fokussierung von Interviewinhalt und -prozess Rechnung zu tragen, erfolgte zusätzlich zu der gedanklichen Verankerung der Kernergebnisse der geführten Interviews nach zehn Interviews eine software-unterstützte **systematische Zwischenauswertung**. Mit deren Hilfe konnte anschließend die zweite Hälfte der Interviews zielgerichteter geführt werden, was insbesondere die Schließung bis dato noch bestehender Aufnahmelücken bzw. die weitere Validierung möglicher Ausgestaltungsmöglichkeiten ermöglichte.

724 Vgl. Kuckartz 2005 zur Anwendung computergestützter Analyse qualitativer Daten. Vgl. www.maxqda.de für allgemeine Informationen der genutzten Software.

7 EMPIRISCHE BEFUNDE

Nachdem in Kapitel 6 das empirische Forschungsdesign dieser Arbeit erläutert wurde, sollen im Folgenden die zentralen Ergebnisse der Experteninterviews dargestellt werden. Die entlang der sieben Erfolgsfaktoren beschriebenen Ergebnisse stellen dabei den Status Quo in den befragten mittelständischen Unternehmen bzw. in den durch die Kapitalgeber und Unternehmensberater charakterisierten Unternehmen dar. Anzumerken ist, dass die **Ergebnisse der empirischen Erhebung durch den bewussten Rückgriff auf ein exploratives Forschungsdesign**[725] **keine statistische Signifikanz aufweisen**. Sie können allerdings zur thesenartigen Ableitung von Aussagen über das Ausmaß der heutigen Wertorientierung im Mittelstand sowie zur Ableitung von Gestaltungsvorschlägen für eine stärkere Wertorientierung genutzt werden. Im weiteren Verlauf dieses Kapitels wird zunächst jeweils die in der Praxis anzutreffende Ausgestaltung der Erfolgsfaktoren bzw. der dazugehörigen Dimensionen geschildert und anschließend die Implikationen auf die abgeleiteten Anwendbarkeitsthesen diskutiert. Die Darstellung und Diskussion der aktuellen Ausgestaltung in der KMU-Praxis erfolgt entlang der in Kapitel 5 hergeleiteten Baumstruktur. Die Implikationen auf die Anwendbarkeitsthesen werden systematisch in der Reihenfolge ihrer Aufstellung erörtert. Nach der detaillierten Diskussion kontextrelevanter Erfolgsfaktoren und Anwendbarkeitsthesen (Kap. 7.1 bis 7.3), endet das Kapitel mit einer abschließenden Zusammenfassung und Bewertung der heutigen Anwendung und Anwendbarkeit des Konzeptes in mittelständischen Unternehmen (Kap. 7.4) und thesenartigen Handlungsansätzen für die Praxis (Kap.7.5).

7.1 Befunde zum Zielsystem

Bevor die folgenden Ausführungen die praktische Ausgestaltung der verschiedenen Dimensionen des Zielsystems beschreiben, soll vorerst ein kurzer Überblick über die Bedeutung von Strategie und Unternehmenszielen im Mittelstand gegeben werden. So gaben die im Rahmen der Experteninterviews befragten Unternehmen überwiegend an, dass die explizite **Auseinandersetzung mit strategischen Aspekten** der Unternehmensführung bzw. das Bewusstsein über die Vorteilhaftigkeit einer unternehmerischen Zielsetzung erst in den letzten Jahren eine **stärkere Bedeutung gewonnen** hat. Gründe dafür wurden von den Be-

725 Vgl. Unterkap. 1.3 dieser Arbeit.

fragten v. a. in der Entwicklung von sog. Verkäufermärkten zu Käufermärkten[726] und in der Einführung der Basel II-Richtlinien, die die Finanzierungskosten eines Unternehmens u. a. von der Existenz einer strategischen Planung abhängig machen, gesehen. Während der Grad der strategischen Auseinandersetzung in mittelständischen Unternehmen sehr unterschiedlich ist, kann überwiegend von einer Erfüllung der *strategic awareness* ausgegangen werden.[727] Ein Interviewpartner einer auf den Mittelstand spezialisierten Bank konnte im Rahmen der langjährigen Begleitung seiner Kunden bestätigen, „dass sich die Kunden heutzutage wesentlich intensiver mit strategischer Planung auseinander setzen und deren Vorteilhaftigkeit erkannt haben". Während in der Theorie die strategische Ausrichtung eines Unternehmens bzw. das **Zielsystem** für die erfolgreiche Einführung einer wertorientierten Unternehmensführung den kritischsten Erfolgsfaktor darstellt, ist dessen wahrgenommene **Bedeutung in KMU etwas schwächer** ausgeprägt. Die Definition und Verfolgung von Unternehmenszielen werden zwar als wichtig angesehen, jedoch lassen operative Probleme bzw. tägliche direkte Kundenkontakte des Unternehmers diese ggf. in den Hintergrund treten.

7.1.1 Zieldefinition

Die Zieldefinition eines Unternehmens erfüllt dann die theoretischen Anforderungen an eine wertorientierte Unternehmensführung, wenn deren Inhalt, Ausmaß und Zeitbezug auf eine langfristige Steigerung (bzw. Maximierung) des Unternehmenswertes gerichtet ist.[728] Im Folgenden soll daher die Berücksichtigung der wesentlichen Charakteristika einer Wertorientierung in mittelständischen Unternehmen diskutiert werden. Als die drei wesentlichen Charakteristika einer Wertorientierung wurde die Langfristigkeit des Untersuchungshorizontes,

---

726 Während in den Nachkriegsjahren der Zwang zu wirtschaftlichem Handeln nur schwach ausgeprägt war, sind die Unternehmen heute mit globalen Anbietern im Wettbewerb und zwingt diese nicht nur zu besserem Kostenmanagement und Produktinnovation, sondern auch zur langfristigen Planung und Strategieentwicklung.

727 Damit war bei den befragten Unternehmen das Selektionskriterium der *„strategic awareness"* erfüllt. Des Weiteren konnte interessanterweise festgestellt werden, dass die in Abschnitt 2.2.2 herausgearbeiteten betriebswirtschaftlichen Mängel der KMU-Strategie, v. a. das kurzfristige, intuitive Handeln, die fehlende Zielsetzung und existierende Planungslücke bzw. strategic awareness, in der Praxis nicht so stark ausgeprägt sind wie von der Literatur vermutet.

728 Vgl. Unterkap. 5.2.

die strikte Cashflow-Orientierung und die Berücksichtigung von Kapitaleinsatz und der Opportunitätskosten des Kapitals genannt.[729]

Die **Langfristigkeit des unternehmerischen Handelns** und der explizite Verzicht auf kurzfristige Optimierungsbemühungen konnte von allen befragten Unternehmern bestätigt werden. Der langfristige Fokus unternehmerischen Handelns war dabei unabhängig von Gesellschafterstruktur und Unternehmensgröße. Insbesondere in Familienunternehmen ist das Prinzip der lebenslangen Beschäftigung stark verankert, was im Vorfeld ein kurzfristig ausgerichtetes Handeln der Geschäftsführung ausschließt. „Der langfristige Fortbestand und die Fortführung des Unternehmens durch die nächste Generation" wurde dabei explizit durch einige Unternehmer als langfristiges Unternehmensziel genannt. Diese im Rahmen der Interviews festgestellte Beobachtung, dass der langfristige Erhalt und die Existenzsicherung des Unternehmens Maxime unternehmerischen Handelns sind, werden auch durch andere empirische Befunde z. B. von GÜNTHER/GONSCHOREK (2006) und BACKES-GELLNER (2005) gestützt.[730]

Anders als von HENSCHEL (2006) vermutet[731], konnte beobachtet werden, dass in allen befragten KMU auf Grund der Basel II Bestimmungen eine Liquiditätsplanung vorhanden ist. Jedoch konnte eine **explizite und regelmäßige Betrachtung der Cashflows** nur in 5 der 10 befragten Unternehmen festgestellt werden. Dabei konnte keine Abhängigkeit von der Gesellschafterstruktur oder der Art der Geschäftsführung beobachtet werden. Eine Cashflow-Betrachtung aus Wertgesichtspunkten wurde dabei in keinem der befragten Unternehmen festgestellt. So gaben sämtliche befragten Unternehmer zu Protokoll, dass „die Berücksichtigung von Zahlungsströmen **ausschließlich aus Liquiditätsgesichtspunkten** durchgeführt" wird. Die Aussage, dass „der werthaltige Charakter von Cashflows in KMU nicht bekannt ist", konnte von den befragten Unternehmensberatern bestätigt werden. Als Cashflow-nahe Größe spielten in der Praxis sowohl auf Unternehmens- als auch auf Kapitalgeberseite v. a. die EBITDA eine bedeutende Rolle (siehe Abbildung 7-2).

Die **Bedeutung der Kapitalbasis** wurde in den befragten Unternehmen sehr **unterschiedlich bewertet**. Ein Interviewpartner nannte explizit das Umsatzwachstum als alleinige Zielgröße unter vollständiger Vernachlässigung von

729 Vgl. Unterkap. 3.5.

730 Vgl. Günther/Gonschorek 2006, S. 7; Backes-Gellner 2005, S. 13.

731 Vgl. Henschel 2006, S. 261.

Rentabilitätsüberlegungen und Kapitalbasis. Anderen Unternehmern war durchaus bewusst, dass totes Kapital einen sehr teuren Finanzierungsbestandteil des Unternehmens darstellt, so dass auch „working capital“-Überlegungen einen Platz auf der Geschäftsführeragenda einnahmen. Neben Forderungsmanagement und der gezielten Ausnutzung von Zahlungszielen wurde auch auf der Aktivseite konsequent versucht, die „Lagermengen zu reduzieren bzw. Bestellmengen und -zeitpunkte zu optimieren“. Ein Einfluss der Gesellschafterstruktur konnte auch hier nicht erkannt werden. **Opportunitätskosten des Kapitals spielen** in nichtbörsennotierten mittelständischen Unternehmen **kaum eine Rolle**. Die Mehrheit der Gesprächspartner war der Auffassung, dass in Abhängigkeit der Markt- und Wettbewerbssituation „auch mal ein Tal durchschritten werden muss“ und kurzfristige Gewinn- und (Kapital-)Rentabilitätsprobleme die Existenzberechtigung des Unternehmens nicht in Frage stellen. In 9 von 10 Unternehmen spielen Kapitalkosten keine Rolle. Nur ein Unternehmen wurde im Rahmen seiner Konzernzugehörigkeit regelmäßig mit Kapitalkostenumlagen durch die Konzernmutter belastet. Dies widerspricht den Ergebnissen von GÜNTHER/GONSCHOREK (2006), die im Rahmen einer empirischen Untersuchung feststellen, dass mehr als die Hälfte der befragten Unternehmen Eigenkapitalkosten in ihren Investitionsentscheidungen berücksichtigen.[732] Hingegen stellen diese auch fest, dass wertorientierte Kennzahlen und damit die Berücksichtigung von Kapitalkosten in der laufenden Unternehmenssteuerung nur sehr wenig ausgeprägt ist. Dies wird durch eine Studie der FAS AG (2005) bestätigt.[733] Interessant zu beobachten war das Verhalten von Private Equity-Investoren, die sehr wohl nach dem Opportunitätskostenkalkül handeln, diese Forderung jedoch nicht explizit und transparent auf ihr Investment übertragen. „Der Abzug von Eigenkapital stellt nicht die unmittelbare Konsequenz einer Renditeverfehlung dar“, was mit Sicherheit auch in der geringeren Fungibilität der Anteile begründet liegt. Die befragten Mitarbeiter der Beteiligungsgesellschaften erklärten, dass „unter massiver Verstärkung von Governance-Maßnahmen eine kurzfristige Performanceschwäche in Kauf genommen wird“.

Obwohl Kapitalkosten in mittelständischen Unternehmen nicht explizit Einklang finden, waren in einigen Fällen sehr wohl **Portfolioüberlegungen** zu beobachten, wie die Aussage eines Interviewpartners anschaulich schildert: „Wenn die Chance besteht, in neue und vielversprechende Geschäftsfelder zu investieren

---

732 Vgl. Günther/Gonschorek 2006, S. 14.

733 Vgl. FAS AG 2005, S. 36.

und die dafür notwendigen liquiden Mittel fehlen, dann werden selbstverständlich auch bestehende Assets in Frage gestellt.“ Dabei wurden zur Bewertung solcher Chancen neben klassischen Kriterien wie Amortisationsdauer und EBIT bzw. EBITDA auch qualitative Einschätzungen zu Markttrends, technologischer Entwicklung oder schließlich das unternehmerische „gesunde Bauchgefühl“ genutzt. Dennoch ist die Möglichkeit, solche Chancen zu nutzen eingeschränkt, da KMU oftmals nur ein Kerngeschäft und somit nur **geringere Möglichkeiten zur Diversifikation** in andere Geschäftsfelder besitzen. Die Aufgabe des Kerngeschäftes ist auch bei mangelnder Eigenkapitalrentabilität für die Inhaber jedoch undenkbar. Folgende Abbildung 7-1[734] fasst die quantitativen Beobachtungen zur Integration einer Wertorientierung im Zielsystem zusammen.

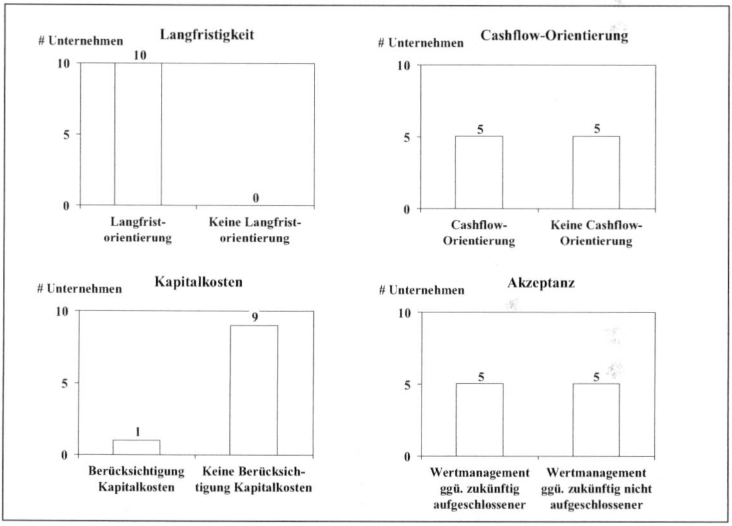

Abbildung 7-1: Wertorientierung der Zieldefinition
Quelle: Eigene Darstellung

Während im Rahmen der durchgeführten Gespräche der langfristige Zeitbezug des unternehmerischen Handelns in mittelständischen Unternehmen bestätigt

734 Die in diesem Kapitel dargelegten quantitativen Auswertungen (Abbildungen und Tabellen) basieren auf einer Stichprobe von n=10. Die im Rahmen der Befragung von Beratern und Kapitalgebern mittelbar erfassten Ausprägungen von KMU konnten offensichtlich in den Auswertungen nicht berücksichtigt werden. Wie bereits angedeutet, besteht bei einer Stichprobe von n=10 kein Anspruch auf statistische Signifikanz der Ergebnisse. Dennoch sollen ggf. Hinweise auf die Festigung oder Aufweichung einer aufgestellten These gegeben werden.

werden konnte, gilt dies für die wertorientierte Ausgestaltung des Inhaltes nicht bzw. nur implizit und unzureichend. So bestätigten die Interviewpartner, dass „primär **rentables Wachstum** und **Existenzsicherung"** bzw. das „Weiterleben des abstrakten Individuums Unternehmen" Kern mittelständischer Zielsetzung ist. Die Möglichkeit, „frei und selbstbestimmend zu sein" sowie „sich selbst zu verwirklichen" verdeutlichen die in Kapitel 2.2 aufgezeigte Persönlichkeit mittelständischer Unternehmer. Diese Auffassung stimmt mit den teilweise bereits genannten empirischen Untersuchungen überein.[735] Im Ergebnis lässt sich festhalten, dass mittelständische Unternehmen zwar langfristig agieren und den „Wert" des Unternehmens steigern wollen, jedoch unter dem Begriff Unternehmenswert ein anderes Konstrukt verstehen als das der Wertorientierung zu Grunde liegende Cashflow- und Kapitalkostenkonzept.

Die Hinweise der befragten Beteiligungsgesellschaften lassen jedoch vermuten, dass in deren Portfoliogesellschaften mit einem verstärkten Leistungsdruck und damit einer **höheren Rendite- und Wertorientierung** zu rechnen ist. Zwar weisen die Kapitalgeber darauf hin, dass sie die Portfoliogesellschaften „nicht an dem konkreten Wertschaffungsgrad messen", jedoch „eine signifikante Verbesserung der Cashflow-Situation" erwarten". Es ist daher zu vermuten, dass in solchen Unternehmen die Zielfunktion eher auf eine Wertorientierung hinwirkt.

Ist die aktuelle Zielsetzung in mittelständischen Unternehmen entsprechend nicht als wertorientiert zu bezeichnen, so konnte im Rahmen der durchgeführten Interviews eine gewisse **Aufgeschlossenheit gegenüber den Instrumenten und Methoden des Konzeptes** beobachtet werden. Dies wurde insbesondere durch eine Bestätigung der in Unterkapitel 2.3.1 beschriebenen Rahmenbedingungen begründet. Ein Eigentümer-Unternehmer ließ erkennen, dass in seinem Unternehmen „auf Grund von internationalen Expansionsbestrebungen, ein erheblicher Kapitalbedarf besteht und [für KMU, Anm. d. A.] modernen Finanzierungsinstrumenten wie Mezzanine-Kapital oder der Kapitalmarktplatzierung von Schuldverschreibungen in Zukunft eine stärkere Bedeutung zukommt." Ebenfalls wurde die Notwendigkeit „der Steigerung der Kapitalmarktattraktivität und der Beachtung von Kapitalrenditeüberlegungen" bestätigt. Dies entspricht den Ergebnissen von GÜNTHER/GONSCHOREK (2006). Diese stellen jedoch einschränkend fest, dass dies tendenziell nicht bei kleinen Unternehmen und ebenfalls weniger bei inhabergeführten KMU zu beobachten ist.[736] Diese

735 Vgl. Backes-Gellner 2005, S. 13; Günther/Gonschorek 2006, S. 7.

736 Vgl. Günther/Gonschorek 2006, S. 18f. (Aussage 3).

Einschränkung kann durch die Aussage eines weiteren Eigentümer- Unternehmers bestätigt werden, dessen Unternehmen sich durch eine vollständige Eigenkapitalfinanzierung auszeichnete und der auch in Zukunft einer wertorientierten Unternehmensführung gegenüber eher reserviert war.

Wie folgende Tabelle 7-1[737] veranschaulicht, konnte bei insgesamt 5 von 10 befragten KMU heutzutage eine Aufgeschlossenheit gegenüber einer wertorientierten Unternehmensführung bestätigt werden. 4 von 5 inhabergeführten KMU waren gegenüber diesem Konzept eher reserviert und betonten „die Fürsorge und die Verantwortung gegenüber den Mitarbeitern". Dies lässt ggf. auch eine unzureichende Auseinandersetzung mit den Vorteilen der Konzeption erkennen, da empirische Studien einen positiven Zusammenhang zwischen Wertmanagement und Arbeitsplatzschaffung belegen.[738] So waren die drei betriebswirtschaftlich ausgebildeten Geschäftsführer der jüngeren Generation[739] den Methoden einer wertorientierten Unternehmensführung gegenüber aufgeschlossener als die der älteren Generation. In Summe ist zu vermuten, dass ein mittelständisches Unternehmen umso aufgeschlossener gegenüber modernen Methoden der Unternehmensführung zu sein scheint, je fremdbestimmter dieses ist. Diese Beobachtung entspricht dabei den Untersuchungen von GÜNTHER/GONSCHOREK (2006) und SCHACHNER et al. (2006).[740] Eine Korrelation zwischen der Aufgeschlossenheit und der Unternehmensgröße kann hingegen nicht vermutet werden, wie folgende Tabelle 7-1 veranschaulicht.[741]

---

737 In den folgenden Tabellen des Kapitels wurde unter „Familien" die fünf inhabergeführten KMU und unter „Fremdgeführt" die fünf durch einen externen Geschäftsführer fremdgeführten KMU subsumiert. Unter „Kleine" wurden die fünf kleineren (< 500 Mitarbeiter), unter „Große" die fünf größeren KMU (> 500 Mitarbeiter) der Stichprobe subsumiert. Vgl. Tabelle 6-1.

738 Vgl. FN 257 bis 259.

739 Diese drei Interviewpartner zeichneten sich durch ein abgeschlossenes Hochschulstudium aus und haben ihren Abschluss innerhalb der letzten 10 Jahre erlangt.

740 Vgl. Günther/Gonschorek 2006, S. 7 und S. 20; Schachner et al. 2006, S. 592ff. Siehe auch Perlitz et al. 1997, S. 28, der eine höhere Aufgeschlossenheit bei Großunternehmen feststellt, je institutioneller die Eigentümerstruktur ausgeprägt ist.

741 Auch diese Beobachtung kann durch die Untersuchungen von Schachner et al. 2006, S. 598ff. gestützt werden.

	Familien	Fremd-geführt	Summe
Eher aufge-schlossen	1	4	5
Nicht aufge-schlossen	4	1	5
Summe	5	5	10

	Kleine	Große	Summe
Eher aufge-schlossen	3	2	5
Nicht aufge-schlossen	2	3	5
Summe	5	5	10

Tabelle 7-1: Aufgeschlossenheit ggü. Wertorientierung in Abhängigkeit von Führungsstruktur und Unternehmensgröße
Quelle: Eigene Darstellung

Nach erfolgter Darstellung der aus den Experteninterviews gewonnenen empirischen Befunde zur wertorientierten Zieldefinition mittelständischer Unternehmen sollen jetzt die sich hieraus ergebenden Implikationen auf die im theoretischen Teil dieser Arbeit entwickelten Anwendbarkeitsthesen herausgearbeitet werden.

Implikationen auf Anwendbarkeitsthese 1a: KMU verfolgen *nicht* das Ziel der (dieser Arbeit zu Grunde liegenden Definition einer) Unternehmenswertsteigerung, sondern vielmehr die langfristige Existenzsicherung des Unternehmens.

Die aufgestellte Anwendbarkeitsthese kann auf Basis der Ergebnisse der Experteninterviews als vorläufig bestätigt gelten. Sie wird daher unverändert beibehalten. Die **Anforderung** an eine wertorientierte Ausgestaltung ist somit **nicht erfüllt**.

Implikationen auf Anwendbarkeitsthese 1b: Das Wertmanagement-Charakteristikum der Langfristorientierung des unternehmerischen Handelns ist in KMU von hoher Bedeutung und *wird erfüllt.*

Die aufgestellte Anwendbarkeitsthese kann auf Basis der Ergebnisse der Experteninterviews als vorläufig bestätigt gelten. Sie wird daher unverändert beibehalten. Die **Anforderung** an eine wertorientierte Ausgestaltung ist somit **erfüllt**.

Implikationen auf Anwendbarkeitsthese 1c: Das Wertmanagement-Charakteristikum der Cashflow-Orientierung des unternehmerischen Handelns ist in KMU *nicht erfüllt.*

Zwar konnte im Rahmen der durchgeführten Untersuchung beobachtet werden, dass in den Unternehmen eine Liquiditätsplanung vorhanden ist und damit Cashflows berücksichtigt werden. Jedoch dienen diese Cashflow-Betrachtungen lediglich der Liquiditätssicherung und nicht der systematischen Steigerung des Unternehmenswertes. Es konnte nicht festgestellt werden, dass das unternehmerische Handeln in mittelständischen Unternehmen auf eine *Steigerung* der Cashflows ausgerichtet ist. Da keine gegenteiligen Aussagen gewonnen werden konnten, die für eine Betrachtung von Cashflows unter Wertgesichtspunkten sprechen, wird die aufgestellte Anwendbarkeitsthese als vorläufig bestätigt angesehen und daher unverändert beibehalten. Die **Anforderung** an eine wertorientierte Ausgestaltung ist somit **nicht erfüllt**.

Implikationen auf Anwendbarkeitsthese 1d: Das Wertmanagement-Charakteristikum der Berücksichtigung von Kapitalkosten ist in KMU *nicht erfüllt.*

Die aufgestellte Anwendbarkeitsthese kann auf Basis der Ergebnisse der Experteninterviews als vorläufig bestätigt gelten. Sie wird daher unverändert beibehalten. Die **Anforderung** an eine wertorientierte Ausgestaltung ist somit **nicht erfüllt**.

Implikationen auf Anwendbarkeitsthese 1e: Je größer bzw. fremdgeführter (externes Management oder Kapitalbeteiligung) ein KMU, desto *aufgeschlossener* ist es gegenüber einer wertorientierten Unternehmensführung.

Auf Basis der durchgeführten Experteninterviews kann die **aufgestellte Anwendbarkeitsthese nicht umfassend bestätigt** werden. Wie Tabelle 7-1 zu entnehmen, lässt sich der vermutete Zusammenhang zwischen der Aufgeschlossenheit gegenüber einer wertorientierten Unternehmensführung und der Art der Geschäftsführung bestätigen und durch weitere empirische Studien stützen. Der Einfluss der Unternehmensgröße hingegen konnte nicht bestätigt werden und ebenfalls nicht durch weitere Studien gestützt werden. Als möglicher Erklärungsansatz kann hierbei dienen, dass die persönliche Einstellung und das Unabhängigkeitsstreben des Unternehmers einen stärkeren Einfluss besitzt als die mit der Unternehmensgröße zunehmende Notwendigkeit einer gestiegenen Kapitalgeberattraktivität. Diese Vermutung kann auch durch Beobachtung gestützt werden, dass die drei befragten Geschäftsführer der jüngeren Generation tendenziell einer wertorientierten Unternehmensführung gegenüber aufgeschlossen waren. Die reservierte Einstellung der älteren Generation kann in der mangelnden Kenntnis des Konzeptes begründet liegen. Die aufgestellte Anwendbarkeitsthese wird schließlich auf Basis der Experteninterviews und der Erklärungsansätze modifiziert.

Neue Anwendbarkeitsthese 1e: Je *fremdgeführter* (externes Mgmt. oder Kapitalbeteiligung) ein KMU, desto *aufgeschlossener* ist das KMU gegenüber einer wertorientierten Unternehmensführung.

Implikationen auf Anwendbarkeitsthese 1f: KMU sind in Zukunft einer wertorientierten Unternehmensführung gegenüber *aufgeschlossener,* da sie die gestiegene Notwendigkeit einer Kapitalmarktattraktivität erkennen.

Die soeben diskutierten Beobachtungen zur Aufgeschlossenheit von mittelständischen Unternehmen gegenüber einer wertorientierten Unternehmensführung gelten sowohl für die aktuelle als auch für die zukünftig zu erwartende Aufgeschlossenheit. Das Unabhängigkeitsstreben eines dominanten Eigentümer-Unternehmers lässt unabhängig von der Unternehmensgröße eine gewisse Reserviertheit gegenüber diesem Konzept begründen. Die aufgestellte Anwendbarkeitsthese wird schließlich auf Basis der Ergebnisse der Experteninterviews wie folgt modifiziert.

Neue Anwendbarkeitsthese 1f: *Fremdbestimmte* KMU sind in Zukunft einer wertorientierten Unternehmensführung gegenüber *aufgeschlossener*, da sie die gestiegene Notwendigkeit einer Kapitalmarktattraktivität erkennen.

7.1.2 Einbettung in das Zielsystem

Hinsichtlich der Einbettung wertorientierter Ziele in das Zielsystems eines Unternehmens wurde die Anforderung aufgestellt, dass Wertsteigerung als konkurrenzloses Oberziel eines konsistenten Zielsystems zu definieren ist und durch wertorientierte Spitzenkennzahlen und Treiberbäume zu operationalisieren ist.[742]

Wie bereits beschrieben, wird der langfristigen Existenzsicherung des Unternehmens in der Regel eine höhere Bedeutung beigemessen als der risikoadäquaten Eigenkapitalverzinsung. In mittelständischen Unternehmen wird daher die **Wertsteigerung nicht als finanzwirtschaftlich oberstes Ziel** angesehen. So konnte im Rahmen der empirischen Untersuchung festgestellt werden, dass bei der Mehrheit der befragten Unternehmen dieses abstrakte Ziel der Existenzsicherung nicht in konkrete Subziele heruntergebrochen wurde. Vielmehr bezog sich das konkrete Subziel oftmals auf „eine Umsatzsteigerung zum Vorjahr“ von x Prozent. Ein Interviewpartner formulierte plakativ, dass „die Erzielung eines entsprechenden Umsatzes und Gewinns der langfristigen Existenzsicherung förderlich ist“ und „die systematische Ableitung von Subzielen und operativen Vorgaben nicht erforderlich“ sei, sondern vielmehr „die unternehmerische Flexibilität des Unternehmens einschränke“. Die Unternehmer sind sich zwar

742 Vgl. Unterkap. 5.2.

des multiplen, teils konträren Zielsystems bewusst, messen diesem Sachverhalt aber keine kritische Bedeutung zu.[743] Auch die Verankerung des Oberziels in eine schriftlich fixierte Unternehmensvision wird in der Mehrheit der KMU als „nicht existent und nicht erforderlich" betrachtet.[744] Diese Beobachtung konnte durch die Aussagen der befragten Unternehmensberater bestätigt werden. Im Ergebnis mangelt es dem Mittelstand an konkreten und dauerhaft konstanten Zielvorgaben bzw. Handlungsmaximen und klar abgestimmten Unterzielen.

Hinsichtlich der Anwendung und Ausgestaltung der Spitzenkennzahl ist in der mittelständischen Praxis ein **breites Spektrum an Ausprägungen** zu verzeichnen. Wie folgende Abbildung 7-2 veranschaulicht, wurden neben Umsatz (2x), Jahresüberschuss (1x) und EBITDA (5x) auch der Cashflow-Return-on-Sales (CFRoS) (1x) und ein Capital Charged EBIT (CEBIT) (1x) als zentrale Steuerungsgröße angewandt.

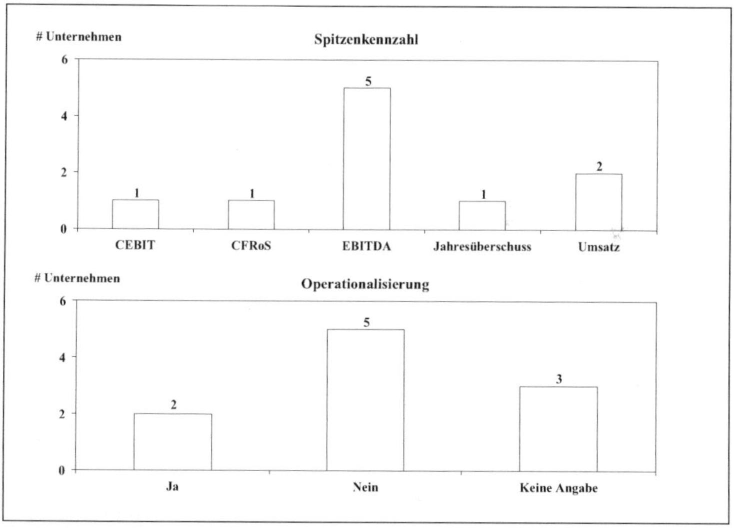

Abbildung 7-2: Einbettung von Wertorientierung im Zielsystem
Quelle: Eigene Darstellung

Die Anwendung des Cashflow-ähnlichen EBITDA konnte dabei unabhängig von der Art der Geschäftsführung und der Inhaberstruktur festgestellt werden.

743 Auch dieser empirische Befund entspricht den theoretischen Erkenntnissen des Abschnitts 2.2.2.

744 Dies entspricht der Beschreibung der Strategie in KMU in Abschnitt 2.2.2.

Dies ist intuitiv nachvollziehbar, da das Reporting der EBITDA von den Banken im Rahmen der Basel II-Richtlinien als ein zentrales Erfolgskriterium verlangt wird. Eine Berücksichtigung von Kapitalkosten erfolgt hierbei jedoch nicht. Dies konnte nur bei einem befragten Unternehmen beobachtet werden, welches im Rahmen seiner Konzernzugehörigkeit von der Konzernmutter regelmäßig mit Kapitalkosten belastet wurde (CEBIT). Vereinzelt wurden auch der Return on Equity (RoE) bzw. der Return on Capital Employed (RoCE) zur ex post Leistungsmessung berechnet, was jedoch nicht der unterjährigen Steuerung des Unternehmens, sondern der Profitabilitätskontrolle einzelner Investitionsprojekte diente. Eine weitergehende **Berücksichtigung der Opportunitätskosten** des Kapitals in der Spitzenkennzahl z. B. im Sinne eines EVA fand **in keinem der befragten Unternehmen** Anwendung, da diese Größen als „zu komplex und auf Grund der mangelnden Nähe zum Unternehmensziel als uninteressante Größe" betrachtet wurden.[745] Diese Meinung wurde dabei unabhängig von der Gesellschafterstruktur des Unternehmens vertreten. So beziehen zwar Beteiligungsgesellschaften intern Opportunitätskosten des Kapitals in ihr Kalkül mit ein, übertragen dies jedoch nicht explizit auf ihre Investments, sondern wenden dort als wesentliche Zielgröße den Freien Cashflow bzw. approximativ die „EBITDA abzüglich der getätigten Investitionen" an. Obwohl die Verzerrungen der buchhalterischen Kennzahlen wie des EBIT oder des RoS den Unternehmen bewusst sind, spielen Cashflow-basierte Größen in der Praxis als Steuerungsgröße keine Rolle. Nur in einem Fall wurde ein Cashflow Return on Sales (CFRoS) als unterjährige Performancegröße genutzt. Dieses Familienunternehmen zeichnete sich durch einen gerade vollzogenen Übergang der Unternehmensführung auf die nachrückende und betriebswirtschaftlich gut ausgebildete Generation aus.

Bezüglich der genutzten Spitzenkennzahl lässt sich zusammenfassend festhalten, dass in mittelständischen Unternehmen derzeit immer noch die **Steuerung mit traditionellen Kennzahlen vorherrschend** ist und die Sinnhaftigkeit bzw. Notwendigkeit einer wertorientierten Kennzahl nicht gesehen wird. Diese Beobachtung wird ebenfalls unterstützt durch empirische Untersuchungen von GÜNTHER/GONSCHOREK (2006) und der FAS AG (2005) nach der jeweils die Anwendung traditioneller und ergebnisorientierter Kennzahlen vorherrschen.[746] Potenzieller externer Druck seitens der Kapitalgeber erscheint diesbezüglich

745 So wurde lediglich in einem Interview der EVA als relevante Größe im Rahmen von Portfolioüberlegungen des Unternehmens als praktisch vorstellbar genannt.

746 Vgl. Günther/Gonschorek 2006, S. 12; FAS AG 2005, S. 36.

zum heutigen Zeitpunkt noch tendenziell schwach ausgeprägt. Mehrere Gesprächpartner konnten jedoch bestätigen, dass die rechentechnische Ermittlung einer einfachen Wertkennzahl relativ unproblematisch ist.[747]

Auch die Anforderungen an die Kaskadierung des wertorientierten Unternehmenszieles in Form eines Werttreiberbaumes sind überwiegend nicht erfüllt.[748] Zwar sind den Unternehmern oftmals die operativen Werttreiber bekannt, jedoch basiert diese Erkenntnis eher auf der langjährigen Erfahrung der Unternehmer und **weniger auf einer systematischen Ursache-Wirkungs-Analyse eines Werttreiberbaumes**. Die Stellgrößen sind intuitiv bekannt, aber nicht direkt mit dem Unternehmensziel verknüpft, was sowohl hinsichtlich der Steuerungs- als auch der Motivationsfunktion von Zielen einen Effektivitätsverlust darstellt und der Anforderung der Konsistenz von Zielgrößen widerspricht, unabhängig davon, ob die definierten Größen beeinflussbar und ermittelbar sind.

In lediglich 2 von 7 der zu diesem Thema befragten Unternehmen werden Umsatz- und Auftragseingangsziele festgelegt und ggf. in weitere finanzielle Werthebel im Rahmen von GuV- sowie Profit Center-Planungen für das nächste Jahr heruntergebrochen.[749] Die systematische Ableitung zu Grunde liegender konsistenter nicht-finanzieller bzw. operativer Werttreiber findet in der Regel nicht statt. Operative Treiber und somit Zielgrößen wie z. B. Refa-basierte Maschinenproduktionszeiten oder working capital-Treiber sind zwar regelmäßig vorhanden und auch durch die einzelnen Mitarbeiter beeinflussbar und ermittelbar, werden jedoch lediglich losgelöst in der jeweiligen Einheit und **ohne kausalen Zusammenhang zum Unternehmensziel** betrachtet.

Dabei konnte ein Geschäftsführer einer auf den Mittelstand fokussierten Beteiligungsgesellschaft von der Erfahrung berichten, dass „ein Basistreiberbaum durchaus in KMU als Grundlage der Operationalisierung von Zielen erfolgreich verwendet werden kann“. Dieser zunächst generische Treiberbaum ist auf die jeweiligen spezifischen Branchen- und Unternehmenssituationen anzupassen. Zwar wird die Ermittlung und Anpassung eines solchen Treiberbaumes als ein-

---

747 So lag in einem Fall eine Kapitalkostenermittlung nach dem WACC-Ansatz auf Basis von Peer Group Betas und persönlicher Renditevorstellung des Inhabers vor. Inwieweit diese methodisch korrekt ermittelt wurden, konnte im Rahmen der Interviews nicht überprüft werden.

748 Vgl. Unterkap. 5.2.

749 In einem dieser Unternehmen war dies eine Vorgabe der Konzernmutter. Das andere Unternehmen wurde durch einen jungen und gut ausgebildeten Geschäftsführer geführt.

malig sehr aufwändig eingestuft, jedoch auch bei entsprechend übersichtlicher Ausgestaltung in den Augen der Kapitalgeber als möglich und vorteilhaft gesehen. Diese Einschätzung wurde jedoch von den befragten Unternehmern nicht geteilt. So machte ein Unternehmer die Meinung der Mehrheit der befragten Unternehmensführer mit der Formulierung deutlich, dass „Werttreiberbäume im Mittelstand nicht erforderlich" seien, da den Unternehmern die „relevanten operativen Treiber bekannt" und zudem die „Ressourcen im Unternehmen für solche Aufgaben nicht vorhanden" wären. Diese Beobachtung der Auffassung der Unternehmer wird ebenfalls durch empirische Arbeiten von GÜNTHER/GONSCHOREK (2006) und BACKES-GELLNER (2005) bestätigt.[750] Erstere stellen des Weiteren fest, dass bei größeren und börsennotierten KMU der Grad der Operationalisierung mittels eines Treiberbaumes zunimmt.

Die diskutierten empirischen Beobachtungen haben folgende Implikationen auf die aufgestellten Anwendbarkeitsthesen.

Implikationen auf Anwendbarkeitsthese 1g: In KMU ist ein hierarchisches Zielsystem mit klar definiertem, konkretem Oberziel und nicht konkurrierenden Unterzielen *nicht* durchgängig existent.

Die aufgestellte Anwendbarkeitsthese kann auf Basis der Ergebnisse der Experteninterviews als vorläufig bestätigt gelten. Sie wird daher unverändert beibehalten. Die **Anforderung** an eine wertorientierte Ausgestaltung ist somit **nicht erfüllt**.

Implikationen auf Anwendbarkeitsthese 1h: Spitzenkennzahlen in KMU stellen *nicht wertorientierte,* sondern ergebnisorientierte Größen dar.

Die aufgestellte Anwendbarkeitsthese kann auf Basis der Ergebnisse der Experteninterviews als vorläufig bestätigt gelten. Sie wird daher unverändert beibehalten. Die **Anforderung** an eine wertorientierte Ausgestaltung ist somit **nicht erfüllt**.

Implikationen auf Anwendbarkeitsthese 1i: Eine Operationalisierung der Ziele in KMU z. B. durch einen Werttreiberbaum findet *nicht* statt.

Die aufgestellte Anwendbarkeitsthese kann auf Basis der Ergebnisse der Experteninterviews als vorläufig bestätigt gelten. Sie wird daher unverändert beibe-

750 Vgl. Günther/Gonschorek 2006, S. 13; Backes-Gellner 2005, S. 19.

halten. Die **Anforderung** an eine wertorientierte Ausgestaltung ist somit **nicht erfüllt**.

7.1.3 Zielprozess und -basis

Hinsichtlich der wertorientierten Ausgestaltung von Zielprozess und Deduktionsbasis wurde die Anforderung aufgestellt, dass im Rahmen eines Gegenstromverfahrens sämtliche Anforderungen aller relevanten Kapitalgeber zu berücksichtigen sind.[751]

Der aktuelle Planungsprozess der Ziele in mittelständischen Unternehmen entspricht in den Grundzügen diesen Anforderungen. Zum einen wird überhaupt geplant und somit der konstatierten Planungslücke widersprochen. Zum anderen wird im Rahmen des Gegenstromverfahrens sowohl die Sichtweise des Managements als auch der operativen Einheiten miteinbezogen. Während strategische Zielsetzung und oberstes Unternehmensziel durch die Geschäftsführung definiert werden, **erfolgt die Kurz- bis Mittelfristplanung** in 10 von 10 der befragten Unternehmen unabhängig von der zu Grunde liegenden Gesellschafterstruktur **im Gegenstromverfahren** wie folgender Abbildung 7-3 zu entnehmen ist.

751 Vgl. Unterkap. 5.2.

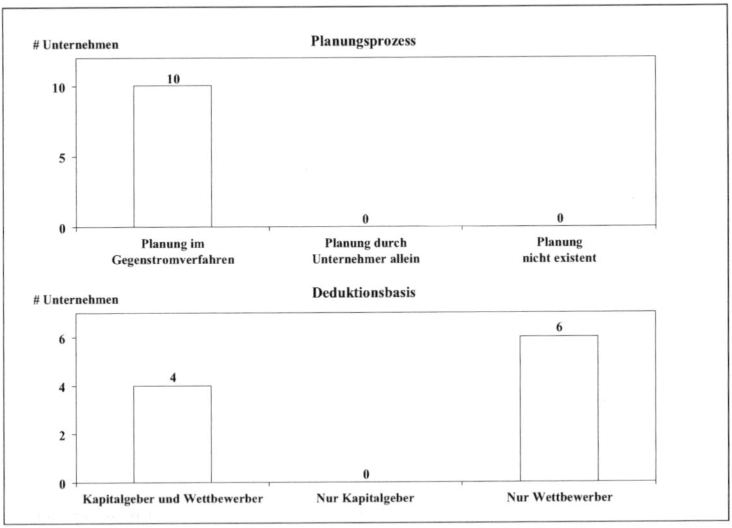

Abbildung 7-3: Wertorientierung im Zielplanungsprozess
Quelle: Eigene Darstellung

In den Top Down-Vorgaben der Geschäftsführung fließen dabei Zielgrößen ein, die zur strategischen Zielerreichung notwendig sind (z. B. ein bestimmtes Umsatzwachstum für Marktanteilssteigerungen) bzw. von den Kapitalgebern gefordert werden (z. B. Gewinngrößen). Der **Ausgangspunkt konkreter Planungsdaten** liegt jedoch überwiegend **in den operativen Einheiten**, weshalb in der Regel die verantwortlichen Sparten-, Bereichs-, Produkt- und v. a. Vertriebsleiter aufgefordert werden, die Planung ihres Bereiches für das nächste Jahr einzureichen. Wesentliche Parameter bilden dabei operative Produktions-, Kunden- oder Marketingbesonderheiten (z. B. Auslastung der Maschinen, Kundenausschöpfung, Neuprodukteinführung, Marketingaktionen etc.). Die eingereichten Vorschläge werden anschließend im Rahmen von Planungssitzungen mit bzw. der Geschäftsführung diskutiert und unter Berücksichtigung des allgemeinen Marktverständnisses (Markttrends, Wachstum, Wettbewerbsverhalten etc.) und unternehmensinterner Faktoren (neue Produktreihen, besondere Marketingkampagnen, Markteintritt Ausland etc.) validiert und ggf. variiert. Die Planung in mittelständischen Unternehmen erfolgt demnach unter Einbezug der im Rahmen des Gegenstromverfahrens beteiligten Personen, vornehmlich der (erweiterten) Geschäftsführung, der zuständigen Abteilungsleiter und Vertriebsmitarbeiter. Ein Unternehmer betonte explizit die Wichtigkeit der Einbindung von Mitar beitern der unteren Organisationseinheiten, um „die Planung nicht an der mangelnden Realisierbarkeit der Vorgaben scheitern zu lassen."

In die Deduktionsbasis fließt ein **breites Spektrum an Inputparametern** ein und entspricht überwiegend den definierten Anforderungen einer wertorientierten Unternehmensführung.[752] 10 der 10 befragten Unternehmen nutzen ihre historischen Unternehmensleistungen überwiegend als Ausgangspunkt der Planung. Anschließend erfahren diese Basisdaten eine Anpassung an besondere Markt- und Wettbewerbssituationen. Wie der Abbildung 7-3 zu entnehmen ist, passen 6 der befragten Unternehmen ihre Planung auf die vermutete Markt- und Wettbewerbsentwicklung an. 4 weitere Unternehmen integrieren darüber hinaus die Vorstellungen der Kapitalgeber. Bei der Integration der Kapitalgebersicht handelt es sich im Wesentlichen um eine bewusste Ausrichtung der Planung auf den Basel II-Ratingkatalog der Banken, um „in Zukunft von einem verbesserten Rating zu profitieren." Diese Berücksichtigung ist jedoch stark abhängig von dem Verschuldungsgrad bei den Banken bzw. der Persönlichkeit des Unternehmers. Zwar ist das Ratingergebnis als wesentlicher Kostenhebel der Fremdfinanzierung bekannt, erscheint jedoch auch einigen KMU als zu berücksichtigende Zielgröße der Unternehmensplanung als zu komplex. Während demnach historische Daten und Markt- und Wettbewerberentwicklung regelmäßig in die Deduktionsbasis einfließen, findet der **Einbezug von Kapitalgeberanforderungen nur eingeschränkt Anwendung**. Diese untergeordnete Priorisierung von Kapitalgeberanforderungen bei KMU wird im Rahmen der empirischen Untersuchung von GÜNTHER/GONSCHOREK (2006) bestätigt.[753]

Als Fazit kann dem Mittelstand überwiegend ein wertorientiertes Planen im Gegenstromverfahren unter Berücksichtigung multidimensionaler Sichtweisen zugesprochen werden. Eine kleine Einschränkung erfolgt durch die tlw. nur geringe Berücksichtigung der Kapitalgeberinteressen, was jedoch je nach Branche und Geschäftsmodell gerechtfertigt erscheint. Die diskutierten empirischen Beobachtungen haben folgende Implikationen auf die aufgestellten Anwendbarkeitsthesen.

Implikationen auf Anwendbarkeitsthese 1j: Planung findet in KMU nur *eingeschränkt* statt und erfolgt eher intuitiv aus *Sicht des Unternehmers.*

752 Vgl. Unterkap. 5.2.

753 Vgl. Günther/Gonschorek 2006, S. 8.

Die empirischen Befunde lassen erkennen, dass Planung mittlerweile Einzug in KMU erhalten hat, da alle befragten mittelständischen Unternehmen über eine regelmäßige Planung verfügten. Auch die befragten Unternehmensberater und Kapitalgeber konnten dies auf Grundlage ihrer Erfahrungen bestätigen. Die Diskrepanz zu der in dem theoretischen Teil dieser Arbeit aufgestellten These lässt sich durch die Beobachtung eines Bankenvertreters erklären, der feststellt, dass „die Einsicht bzgl. der Vorteilhaftigkeit einer Planung und auch Umfang und Qualität der Planung seit Einführung der Basel II-Bestimmungen erheblich zugenommen haben". Den KMU ist der starke Einfluss einer systematischen Planung auf das Ratingergebnis sehr bewusst. Der postulierte Einfluss des dominanten Führungsstils eines Eigentümer-Unternehmers auf den Planungsprozess scheint in der Praxis nicht bestätigt zu werden. Die finalen Plangrößen werden zwar letztlich durch den Unternehmer verabschiedet, doch werden zunächst die am Leistungsprozess betroffenen Mitarbeiter mit eingebunden. Die Omnipotenz und –präsenz des Unternehmers scheint der Versicherung einer realistischen und marktnahen Planung gewichen. Die **Anforderung** an eine wertorientierte Ausgestaltung **scheint erfüllt**. Die aufgestellte Anwendbarkeitsthese wird daher auf Basis der Ergebnisse der Experteninterviews modifiziert.

Neue Anwendbarkeitsthese 1j: Planung findet in KMU *überwiegend statt* und bezieht die Sicht *mehrerer Mitarbeiter* ein.

Implikationen auf Anwendbarkeitsthese 1k: Die Berücksichtigung von Kapitalgebern und Wettbewerbern in der Zielplanung findet in KMU nur *unzureichend* statt. Planung basiert überwiegend auf der Fortschreibung historischer Zahlen.

Auch hinsichtlich der Deduktionsbasis ist eine Anpassung der Anwendbarkeitsthese erforderlich. So bezieht die Mehrheit der befragten Unternehmen markt- und wettbewerbsbezogene Daten in die Unternehmensplanung mit ein. Die Interessen der Kapitalgeber werden nicht durchgängig integriert, wobei dies unter Berücksichtigung der Gesellschafts- und Finanzierungsstruktur der mittelständischen Unternehmen auch nicht immer notwendig erscheint. Die **Anforderung** an eine wertorientierte Ausgestaltung **scheint überwiegend erfüllt**. Die aufgestellte Anwendbarkeitsthese wird schließlich auf Basis der Ergebnisse der Experteninterviews wie folgt modifiziert.

Neue Anwendbarkeitsthese 1k: Die Berücksichtigung von Kapitalgebern in der Zielplanung findet in KMU nur *unzureichend* statt. Markt- bzw. Wettbewerberverhalten *werden* in der Planung berücksichtigt.

In einer Gesamtbeurteilung zur Ausgestaltung des Zielsystems bei mittelständischen Unternehmen und der Berücksichtigung der Anforderungen muss den KMU attestiert werden, dass die **wesentlichen Charakteristika** und Elemente einer wertorientierten Unternehmensführung **nicht berücksichtigt** und angewandt werden. So erfolgt weder eine explizite Ausrichtung unternehmerischer Tätigkeit auf eine Wertsteigerung im Sinne des besprochenen Konzeptes, noch eine systematische Kaskadierung und Einbettung des Konzeptes in die unteren Ebenen der Organisation. Da die wertorientierte Zieldefinition jedoch zwingende Voraussetzung für ein Wertmanagement darstellt, kann an dieser Stelle bereits die vorsichtige Behauptung aufgestellt werden, dass **KMU heutzutage nur in Ausnahmefällen ihr Unternehmen wertorientiert führen**. Ob für den unterstellten Fall einer wertorientierten Zieldefinition die erforderlichen Strukturen, Prozesse und Instrumente den Anforderungen gerecht werden, wird in den folgenden Abschnitten behandelt.

7.2 Befunde zur Struktur

Die folgenden Ausführungen beschreiben entlang der bekannten Erfolgsfaktoren die derzeitige Ausgestaltung einer wertorientierten Struktur in mittelständischen Unternehmen. So werden im Rahmen dieses Abschnitts die empirischen Befunde zum Planungssystem (Kap. 7.2.1), zum Kontrollsystem (Kap. 7.2.2), zum Anreizsystem (Kap. 7.2.3), zum Informationssystem (Kap. 7.2.4) und abschließend zu den Investor Relations (Kap. 7.2.5) vorgestellt.

7.2.1 Befunde zum Planungssystem

Wie bereits angedeutet, konnte im Rahmen der Experteninterviews hinsichtlich des Planungssystems beobachtet werden, dass unternehmerische **Planung in KMU erst in den letzten Jahren eine stärkere Bedeutung** gewonnen hat. So war bis in jüngster Vergangenheit im Mittelstand Planung nicht übergreifend vorhanden. Einer der befragten Unternehmer stellte auch heute noch die Unmöglichkeit („Woher soll ich denn heute wissen, was in 2 Jahren ist“) bzw. den Nutzen von Planung in Frage („Unser Geschäft ist so dynamisch, das kann man gar nicht planen. Sie müssen immer flexibel bleiben“). Die Vorteile einer Planung, sich systematisch und umfassend mit der eigenen Organisation und dem externen Umfeld auseinander zu setzen und zielgerichtet adäquate Maßnahmen abzuleiten, wird jedoch insgesamt heutzutage erkannt. Auch hier fungieren die Banken als Botschafter. So wurde im Rahmen einer empirischen Studie eines an der Befragung beteiligten Kreditinstituts ermittelt, dass die mittels eines internen Kriterienkatalogs bewertete Planungsqualität der Unternehmen einen signifikanten Indikator für deren Kreditausfallwahrscheinlichkeit darstellt. Dieser offensichtliche Zusammenhang von Planung und Unternehmenserfolg wird ebenfalls durch weitere empirische Studien bestätigt.[754]

Allerdings ist die **Planungsqualität in KMU sehr unterschiedlich**. Während sich die Planung bei einigen Unternehmen lediglich auf das laufende Geschäftsjahr bzw. maximal auf das Folgejahr bezieht, ist an anderer Stelle bereits ein fester mittelfristiger Planungsprozess institutionalisiert, der u. U. auch rollierende 18-Monatsplanungen beinhaltet. Die unterschiedliche Planungsqualität und -quantität macht sich dabei nicht nur im Planungshorizont, sondern auch im Planungsinhalt bemerkbar. Das Planungsspektrum der befragten Unternehmen reicht von bloßen Absatz- und Umsatzgrößenplanungen (ggf. noch Planung des Investitions- und Personalbedarfs) bis hin zu einer detaillierten Planung von BWA-Größen[755], Kostenstellen, Deckungsbeiträgen, der Kaskadierung auf Materialeinkaufs-, Personal-, Investitions-, Finanz- und Liquiditätspläne sowie der Erarbeitung von Szenario- bzw. Sensitivitätsanalysen. Bemerkenswert war die Beobachtung, dass die in den Unternehmen relevante und interessierende Zielgröße oder Spitzenkennzahl (z. B. der EBITDA, RoS), sofern diese nicht dem Umsatz entsprach, oftmals nicht explizit als Zielvorgabe geplant wird, sondern lediglich als unterjährige Kontrollgröße erfasst wird. Dies lässt vermuten, dass die **Bedeutung des Planungssystems in der KMU-Praxis geringer ist** als theoretisch für die Anwendung einer wertorientierten Unternehmensführung postuliert.

7.2.1.1 Entscheidungsprozess

Im theoretischen Teil dieser Arbeit wurde die wertorientiert ausgestaltete und formalisierte Planungsabfolge der *Anregung*, *Alternativengenerierung*, *Bewertung* und *Auswahl* als zentrale Eigenschaften des Entscheidungsprozesses herausgearbeitet.[756]

---

754 Vgl. FN 217.

755 BWA steht hierbei für Betriebswirtschaftliche Auswertung.

756 Vgl. Abschnitt 5.3.1.

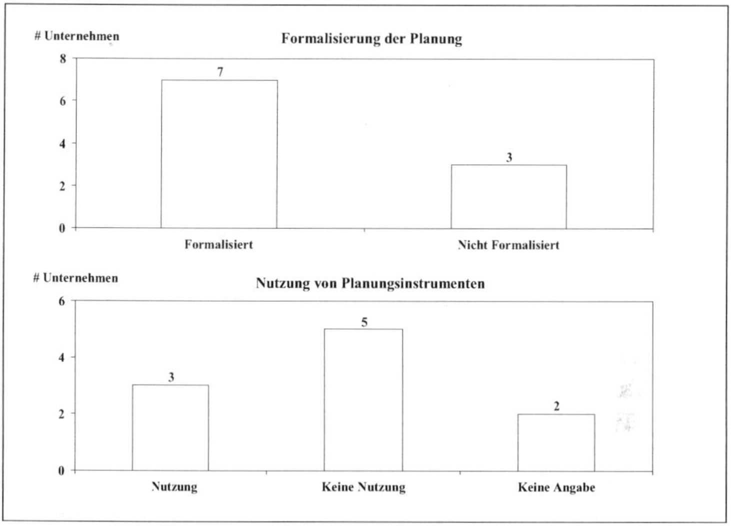

Abbildung 7-4: Formalisierungsgrad und Instrumente der Planung[757]
Quelle: Eigene Darstellung

Wie Abbildung 7-4 zu entnehmen ist, konnte im Rahmen der Experteninterviews die Beobachtung gemacht werden, dass der **Planungsprozess** sehr wohl einer **regelmäßigen und formalisierten Reihenfolge** nachkommt. In 7 der 10 Unternehmen wurde ein klar definierter Planungs- und Entscheidungsprozess aufgezeigt, der im Wesentlichen die theoretisch beschriebenen Phasen der Planung berücksichtigte. Neben „fest terminierten Planungszyklen" bildete auch die anlassbezogene „Analyse und Bewertung von Optionen eines Investitionsvorhabens" Bestandteile unternehmerischer Planung. Ein Geschäftsführer der drei Unternehmen, die über keine formalisierte Planung verfügen, schilderte die Vorgehensweise unternehmerischer Planung in der Art, dass „zwar Bottom-Up Vorschläge hinsichtlich Planungsalternativen unterbreitet werden, jedoch die Bewertung und ggf. Auswahl derselben durch mich aus dem Bauch heraus" geschieht. Diese durchaus noch vorhandene hohe Bedeutung unternehmerischer Erfahrung entspricht dabei auch den Ergebnissen der empirischen Untersuchung von BERENS et al. (2005).[758]

---

757 Der Formalisierungsgrad der Planung wurde an Hand der Existenz von definierten Planungsprozessen, Planungsträgern und Planungsinstrumenten bewertet.

758 Vgl. Berens et al. 2005, S. 189.

Insgesamt konnte jedoch bei den befragten Unternehmen im Rahmen der Anregungsphase eine sowohl anlassbezogene als auch nicht-anlassbezogene Planung beobachtet werden. Neben im Geschäftsjahr fest etablierten Planungsterminen für das Folgejahr (nicht-anlassbezogene Routineplanung) findet naturgemäß bei situationsbezogenen Entscheidungserfordernissen (Kundengroßauftrag, kurzfristige Investitionsbedarf etc.) eine anlassbezogene Planung statt. Jedoch ist im Rahmen der Anregungsphase der Planung die grundlegende umfassende Zustandsanalyse nicht auf wertorientierte Aspekte ausgerichtet, sondern bezieht sich überwiegend auf **klassische und traditionelle Planungs- und Steuerungsgrößen**.

Bezüglich der Alternativengenerierung und deren Bewertung erfolgt eine **Vermischung der** in der Literatur **vorgeschlagenen Reihenfolge**. So wird in den befragten Unternehmen ein gesunder Pragmatismus an den Tag gelegt und sich auf die Generierung grundlegender Alternativen beschränkt, indem Alternativen verworfen werden, die bereits auf den ersten Blick durch unternehmensspezifische Restriktionen als nicht realisierbar klassifiziert werden („Auf Grund unserer eingeschränkten Liquiditätssituation lassen sich oftmals theoretisch sinnvolle Lösungen im Vorhinein ausschließen „). Sowohl diese Vermischung von Bewertung und sachlicher Problemdefinition als auch der frühzeitige Rückkoppelungsprozess erscheinen jedoch unter Beachtung bestehender Ressourcenrestriktionen in mittelständischen Unternehmen sinnvoll. Die Bewertung der generierten Alternativen erfolgt anschließend unter Verwendung sowohl formeller qualitativer und quantitativer (Kosten-Nutzen-Analysen, RoI, Amortisationsdauer) Kriterien als auch auf Basis einer nicht greifbaren unternehmerischen Einschätzung.

Bezüglich der Auswahl der bewerteten Handlungsalternativen ist gemäß der Theorie eine eindeutige Präferenzordnung festzulegen und diejenige auszusuchen, die die korrespondierende Zielgröße maximiert.[759] Trotz prinzipieller Zielorientierung der Alternativenauswahl ist hierbei das **zu Grunde gelegte Kalkül nicht wertorientierter Natur** („Prinzipiell wählen wir die Alternative aus, die das beste Umsatz-Kosten-Verhältnis aufweist“). Auch wird qualitativen oder strategischen Kriterien eine besondere Bedeutung zugemessen, weshalb das Kriterium des quantifizierbaren Zielerreichungsgrads einer Maßnahme nicht als alleiniges Auswahlkriterium dient.

759 Vgl. Abschnitt 5.3.1.

Wie folgender Tabelle 7-2 zu entnehmen ist, kann vermutet werden, dass Unternehmen über eine stärkere Formalisierung der Planung verfügen, je größer bzw. fremdgeführter diese sind. Die Befunde entsprechen daher den Ergebnissen von SCHACHNER et al. (2006). Diese stellen im Rahmen ihrer Untersuchung fest, dass fremdgeführte Unternehmen und große *Familienunternehmen* einen höheren Formalisierungsgrad aufweisen.[760]

	Familien	Fremd-geführt	Summe
Stärker formalisiert	3	4	7
Geringer formalisiert	2	1	3
Summe	5	5	10

	Kleine	Große	Summe
Stärker formalisiert	3	4	7
Geringer formalisiert	2	1	3
Summe	5	5	10

Tabelle 7-2: Formalisierungsgrad des Planungssystems in Abhängigkeit der Führungsstruktur und Unternehmensgröße
Quelle: Eigene Darstellung

Auch lässt sich der Zusammenhang durch die Aussagen der befragten Experten stützen. Während Eigentümer-Unternehmer oftmals auf die Anwendung von Planungsprozessen verzichten, schilderten Fremdgeschäftsführer „die positiven Erfahrungen“ und „die Vorteile systematischer und institutionalisierter Planverfahren“. Auch die befragten Unternehmensberater konnten im Kontext ihres jeweiligen Mandantenkreises einen Zusammenhang zwischen der Unternehmensgröße und dem Formalisierungsgrad der Planung feststellen.

Zusammenfassend kann die Vermutung aufgestellt werden, dass zwar die Entscheidungsprozesse in mittelständischen Unternehmen einen gewissen Formalisierungsgrad aufweisen, jedoch nicht wertorientiert ausgestaltet sind. Die Anforderungen an eine wertorientierte Unternehmensführung scheinen nicht erfüllt.[761] Die fehlende Wertorientierung des Entscheidungsprozesses kann dabei als **Folgefehler der mangelnden wertorientierten Zieldefinition** interpretiert werden. Die diskutierten empirischen Beobachtungen haben folgende Implikationen auf die aufgestellten Anwendbarkeitsthesen.

Implikationen auf Anwendbarkeitsthese 2a: Planung in KMU ist eher unkoordiniert und durch *wenig formalisierte* Entscheidungs- und Planungsprozesse

760 Vgl. Schachner et al. 2006, S. 605ff.

761 Vgl. Abschnitt 5.3.1.

charakterisiert. Eine systematische wertorientierte Identifikation, Analyse, Bewertung und Auswahl von Planungsalternativen findet *nicht* statt.

Die Ergebnisse der empirischen Untersuchung lassen vermuten, dass die Entscheidungsprozesse in mittelständischen Unternehmen sehr wohl über formalisierte Aspekte verfügen. So werden anlass- und nicht-anlassbezogene Analysen durchgeführt und die Maßnahmen hinsichtlich ihres Zielerreichungsgrads bewertet. Die beobachtete Vermischung von Alternativengenerierung und –bewertung entspricht zwar nicht der theoretisch vorgeschlagenen Reihenfolge, erscheint jedoch unter praktischen Gesichtspunkten akzeptabel und sinnvoll. Eine mögliche Erklärung der Diskrepanz zwischen ursprünglich aufgestellter These und empirischer Beobachtung ist laut Ansicht der Kapitalgeber und befragten Unternehmensberater in dem Einfluss der Basel II-Richtlinien zu sehen. So wird von Bankenseite die Vorlage regelmäßiger und systematischer Planung der Unternehmen verlangt. Wertorientierung jedoch findet in den Entscheidungsprozessen keine Berücksichtigung. Die **Anforderung** an eine wertorientierte Ausgestaltung **scheint teilweise erfüllt**. Die Anwendbarkeitsthese wird daher wie folgt adaptiert:

Neue Anwendbarkeitsthese 2a: Planung in KMU weist durchaus *formalisierte* Entscheidungs- und Planungsprozesse auf. Eine Wertorientierung in der Planung ist jedoch *nicht* vorhanden.

7.2.1.2 Planungsinstrumente und Planungsabstimmung

Ein wertorientiertes Planungssystem ist derart ausgestaltet, dass es wertorientierte Planungsinstrumente quantitativer und qualitativer Art einsetzt, um eine methodische und systematische Planung sicherzustellen.[762] Inwieweit einzelne Planungsinstrumente (z. B. Strategie-Performance-Matrix, Lebenszykluskonzept, Benchmarking, SWOT-Analysen, Wertsteigerungsanalysen, Sensitivitäts- und Szenario-Analysen) wertorientiert ausgestaltet sind, kann pauschal nicht bewertet werden, sondern muss im Einzelfall geprüft werden, was im Rahmen der durchgeführten Befragung auf Grund der limitierten Interviewzeit nur ansatzweise möglich war.[763]

762 Vgl. Abschnitt 5.3.1.

763 Vgl. Ebeling 2007, S. 223ff. zur Analyse der Wertorientierung gängiger Planungsinstrumente.

Aus Abbildung 7-4 geht zunächst hervor, inwieweit überhaupt Planungsinstrumente in den befragten Unternehmen Anwendung finden. So wurde lediglich in 3 von 8 Unternehmen, mit denen der Einsatz von Planungsinstrumenten diskutiert wurde, eine systematische Anwendung strategischer Planungsinstrumente im Planungsprozess genannt. Zwei dieser Unternehmen gehörten zu den 3 größten KMU der befragten Stichprobe. Das dritte Unternehmen konnte im Rahmen seiner Konzernzugehörigkeit auf die definierten Planungsinstrumente der Konzernmutter zurückgreifen. Typische Planungsinstrumente waren hierbei der systematische Einsatz einer Stärken-Schwächen-Analyse, von Szenariotechnik oder Lebenszyklusmodellen. In den übrigen Fällen war die Planung eher operativ charakterisiert und erfolgte intuitiv ohne (bewusste) Anwendung von Planungsinstrumenten. Insgesamt waren die beobachteten Planungen überwiegend qualitativer Natur, da quantifizierte Planungen „als mit hoher Unsicherheit behaftet und wenig realistisch" angesehen werden. Für wirtschaftlich eigenständige und lediglich mittelgroße KMU kann daher zusammengefasst werden, dass **Planungsinstrumente nicht systematisch genutzt** werden. Diese Beobachtung entspricht dabei den empirischen Befunden von OSSADNIK/VAN LENGERICH (2003).[764] Die diskutierten empirischen Beobachtungen haben folgende Implikationen auf die aufgestellte Anwendbarkeitsthese.

Implikationen auf Anwendbarkeitsthese 2b: Entscheidungsunterstützende strategische Planungsinstrumente in KMU werden nur *unzureichend* eingesetzt.

Die aufgestellte Anwendbarkeitsthese kann auf Basis der Ergebnisse der Experteninterviews als vorläufig bestätigt gelten. Sie wird daher unverändert beibehalten. Die **Anforderung** an eine wertorientierte Ausgestaltung ist somit **nicht erfüllt**.

Als letzte Anforderung an die wertorientierte Ausgestaltung des Planungssystems ist die Abstimmung der Teilpläne zu einem konsistenten Gesamtplan zu nennen.[765] Auch wenn die Planung in mittelständischen Unternehmen nicht als wertorientiert zu charakterisieren ist, so lassen die Gespräche mit Unternehmern und Unternehmensberatern vermuten, dass bestehende Pläne des Unternehmens zumindest **zu einem konsistenten Gesamtplan verdichtet** werden. Laut Aussagen eines Unternehmers „findet auf Grund des geringen Detaillierungsgrads der Planung, der Überschaubarkeit der Geschäftsfelder und der engen Verknüp-

764 Vgl. Ossadnik/van Lengerich 2003, S. 60ff.

765 Vgl. Abschnitt 5.3.1.

fung mit dem operativen Geschäft" eine Abstimmung der vorhandenen Pläne statt. Dennoch kann der zum Teil noch wenig ausgeprägte Detaillierungsgrad mittelständischer Planung auch die Feststellung von HENSCHEL (2006) stützen, dass eine tiefgehende Konsistenzprüfung mittelständischer Planung nicht erfolgt.[766] Die **Anforderung** an eine wertorientierte Ausgestaltung **scheint daher nur teilweise erfüllt**.

Die diskutierten empirischen Beobachtungen zum Planungssystem haben weitere Implikationen auf die aufgestellten Anwendbarkeitsthesen.

Implikationen auf Anwendbarkeitsthese 2c: Je größer und fremdgeführter (externes Management oder Kapitalbeteiligung) ein KMU, desto *stärker formalisiert* und institutionalisiert ist das Planungssystem.

Hinsichtlich der Anwendung von Planungsinstrumenten wurde festgestellt, dass zwei größere und ein fremdbestimmtes Unternehmen explizite Planungsinstrumente anwenden. Jedoch ist dies kein hinreichender Hinweis zur Stärkung der aufgestellten These, da die Nicht-Existenz eines Instrumenteneinsatzes in diesen Gruppen ebenso ausgeprägt war. Jedoch wird aus Tabelle 7-2 ersichtlich, dass ein Zusammenhang zwischen Unternehmensgröße bzw. Art der Geschäftsführung und Formalisierungsgrad der Planung vermutet werden kann. SCHACHNER et al. (2006) bestätigen diese Vermutung. Die aufgestellte Anwendbarkeitsthese wird daher auf Basis der Ergebnisse der Experteninterviews unverändert beibehalten.

In einer Gesamtbewertung der wertorientierten Ausgestaltung von Planungssystemen bei KMU muss festgehalten werden, dass die definierten **Anforderungen im Sinne des Konzeptes im Wesentlichen nicht erfüllt** sind. Zwar existieren im Mittelstand durchaus formalisierte Entscheidungsprozesse, diese sind aber nicht wertorientiert ausgestaltet. Auch die Anwendung strategischer Planungsinstrumente findet nur unzureichend statt.

7.2.2 Befunde zum Kontrollsystem

Analog der positiven Entwicklung der Planungssysteme in mittelständischen Unternehmen hat sich auch das **Kontrollsystem** als weiterer Bestandteil eines übergreifenden Controllings **in den letzten Jahren stark verändert**. So konnte die im Rahmen der Ausführungen zum Planungssystem erwähnte interne Erhe-

766 Vgl. Henschel 2006, S. 261.

bung eines Kreditinstitutes laut Aussage des befragten Mitarbeiters feststellen, dass neben „verbesserten Prozessen und Instrumenten“ v. a. auch „das Bewusstsein für die Notwendigkeit einer frühzeitigen Kontrolle gestiegen“ ist. Die Unternehmer erkennen den Vorteil, „etwaige Abweichungen früher identifizieren und korrigierende Maßnahmen ableiten zu können“.[767] Die Befragung der Unternehmer und Unternehmensberater lässt die Annahme zu, dass die Kontrollfunktion überwiegend direkt durch den Unternehmer bzw. Geschäftsführer durchgeführt wird.[768] Dies ist im Hinblick auf die im Vergleich zu Großunternehmen übersichtliche Unternehmensstruktur und die besondere Bedeutung des Unternehmers zu erwarten gewesen. Der **theoretischen Bedeutung** dieses Erfolgsfaktors **scheint** auch in der Wahrnehmung der Unternehmer **entsprochen zu werden**.

7.2.2.1 Kontrollinhalte

Die Anforderung an die wertorientierte Ausgestaltung der Kontrollinhalte liegt in der regelmäßigen Überprüfung des wertorientiert definierten Unternehmensszieles und der operationalisierten Wertschaffungsgrößen.[769] Als wertorientierte Größen sind dabei v. a. die Spitzenkennzahl und die finanziellen bzw. operativen Werttreiber zu nennen. Die Beschreibung der empirischen Befunde zum Zielsystem lässt erkennen, dass in KMU weder Spitzenkennzahl noch ggf. vorhandene finanzielle Werttreiber einen Wertbezug aufweisen. Folglich ist stark zu vermuten, dass auch **die Kontrollinhalte keine Wertorientierung aufweisen**.

Unabhängig von der Wertorientierung der Kontrollgrößen wurde sogar im Rahmen der Expertengespräche festgestellt, dass in einigen Fällen selbst die jeweilige ergebnisorientierte **Spitzenkennzahl** des Unternehmens (vgl. Abbildung 7-2) **nicht Bestandteil der regelmäßigen Kontrolle** war. Vielmehr wurde sie lediglich als ex-post Informationsgröße am Ende des Planungszeitraumes berichtet.[770] Nach Konfrontation der Gesprächspartner mit dieser Beobachtung wurde das Verhalten mit der wenig stichhaltigen Argumentation der „besonderen Zielsetzung des Unternehmens“ und der „in der Vergangenheit

767 Auch sind insbesondere die Eigen- und Fremdkapitalgeber (Basel II) als wesentliche Initiatoren einer verbesserten Kontrollfunktion in KMU zu nennen.

768 Dies deckt sich mit den empirischen Ergebnissen von Berens et al. 2005, S. 187.

769 Vgl. Abschnitt 5.3.2.

770 Diese mangelnde Kontrolle spiegelt sich bereits in der oben angedeuteten fehlenden Planung dieser Kontrollgröße wider.

bewährten Kontrollpraxis“ begründet. Auch finanzielle Werttreiber wie Cashflows, Kapitalbasis und -kosten werden gar nicht bzw. nicht auf Grund wertorientierter Aspekte kontrolliert. Hingegen findet eine Kontrolle operativer Werttreiber (z. B. Maschinenauslastung, Kundenzufriedenheit) statt. Diese Kontrollgrößen sind jedoch **mit dem Unternehmensziel nicht kausal verknüpft**. Auch sind sie nicht im Fokus der Unternehmensführung, sondern werden durch Abteilungs- und Produktionsleiter kontrolliert. Offensichtlich findet daher auf der Ebene der Geschäftsführung eine, wie in der Literatur vorgeschlagene, intensivere Kontrolle operativer Werttreiber nicht statt. Begründet wird dies durch die „Verlagerung der operativen Produktionsverantwortung und –kontrolle auf die jeweiligen Abteilungsleiter“.

Wie folgende Abbildung 7-5 veranschaulicht, sind in allen Unternehmen ausschließlich nicht wertorientierte Kennzahlen Inhalt der Kontrolle. Vorherrschend ist dabei die **Kontrolle einzelner vergangenheitsorientierter Größen** bzw. Kennzahlen wie z. B. Umsatz und Auftragseingang. Dieser Befund stützt die Ergebnisse der empirischen Studie von BERENS et al. (2005).[771] Auch eine BWA-Zwischenauswertung bzw. die Kontrolle weiterer im Rahmen einer Deckungsbeitragsrechnung ermittelten Kosten- und Ergebnisgrößen wird durchgeführt. Die beobachtete mangelnde Kontrolle wertorientierter Kennzahlen ist dabei konsistent mit den empirischen Ergebnisse der FAS AG (2005).[772]

771 Vgl. Berens et al. 2005, S. 189.

772 Vgl. FAS AG 2005, S. 36.

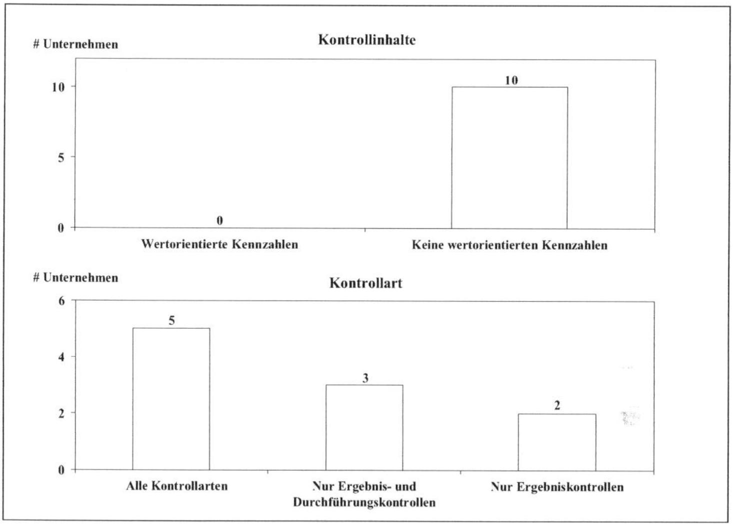

Abbildung 7-5: Kontrollinhalte und Kontrollart
Quelle: Eigene Darstellung

Die zur Kontrolle eingesetzten **Kontrollinstrumente sind ebenfalls wenig ausgeprägt**. So wurden in einigen der befragten Unternehmen mehrere Kennzahlen zu einem individualisierten Kennzahlenordnungssystem[773] verdichtet, um „unmittelbar die interessierenden Kontrollgrößen erfassen zu können".[774] Die Balanced Scorecard (BSC) als Kontrollinstrument[775] wurde jedoch in keinem der befragten Unternehmen angewandt. Ein Unternehmer bezeichnete die BSC „trotz ihrer konzeptionellen Stärken als zu komplex" und erachtete diese auch „vor dem Hintergrund des zu investierenden Zeitaufwands als nicht notwendig". Diese im Rahmen der Experteninterviews **beobachtete Reserviertheit gegenüber einer BSC** ist dabei konform mit den empirischen Ergebnissen von RAUTENSTRAUCH (2006), BERENS et al. (2005), GÜNTHER/GONSCHOREK (2006)

773 Während in Rechensystemen die Kennzahlen in mathematischer und sachlogischer Beziehung zueinander stehen, sind sie im Rahmen von Ordnungssystemen lediglich sachlogisch verknüpft, vgl. Staudt et al. 1985, S. 33.

774 Dies ist insbesondere bei KMU mit einem starken Eigenkapitalanteil zu verzeichnen, da entweder das Aktiengesetz börsennotierte Unternehmen zur Publizität wesentlicher Kennzahlen verpflichtet oder aber der Beteiligungsinvestor das Reporting eines in der Regel auf das Unternehmen angepasste und vordefinierte Kennzahlen-Set vorgibt.

775 Vgl. zur umfassenden Beschreibung des Balanced Scorecard-Konzeptes Kaplan/Norton 2001; Schäffer 2001; Weber/Schäffer 2000; Schlüchtermann et al. 1999; Jürgen 2000 Biedermann et al. 2000; Kaufmann 1997; Horváth 2001.

und der FAS AG (2005).[776] Anders wurde dies hingegen von den befragten Unternehmensberatern gesehen, die „den Vorteil der BSC insbesondere in der detaillierten Auseinandersetzung mit dem Unternehmen" und in der „systematischen und kontinuierlichen Umsetzungskontrolle definierter Maßnahmen" sehen und den „einmaligen Implementierungsaufwand als vertretbar" einschätzen.

Wie folgende Tabelle 7-3 veranschaulicht, konnte im Rahmen der durchgeführten Interviews kein Hinweis auf einen Zusammenhang zwischen Unternehmensgröße bzw. Art der Geschäftsführung und dem Grad der Ausprägung des Kontrollsystems festgestellt werden. Somit konnten die von SCHACHNER et al. (2006) und HENSCHEL (2006) festgestellten Befunde, dass inhabergeführte Unternehmen und kleinere Unternehmen über geringer ausgeprägte Kontrollsysteme verfügen, weder bestätigt noch widerlegt werden.[777]

	Familien	Fremd-geführt	Summe
Stärker ausgeprägt	2	3	5
Geringer ausgeprägt	3	2	5
Summe	5	5	10

	Kleine	Große	Summe
Stärker ausgeprägt	3	2	5
Geringer ausgeprägt	2	3	5
Summe	5	5	10

Tabelle 7-3: Ausprägung des Kontrollsystems in Abhängigkeit von Führungsstruktur und Unternehmensgröße[778]
Quelle: Eigene Darstellung

Zusammenfassend lässt sich festhalten, dass sich die **Kontrolle in KMU** mangels geeigneter Zieldefinition **nicht auf wertorientierte Zielgrößen** erstrecken kann und überwiegend geplante Größen der GuV zum Inhalt hat. Insbesondere die Tatsache, dass bei den befragten Unternehmen überwiegend sogar die Spitzenkennzahl nicht kontrolliert (geschweige denn geplant) wird, weist **zusätzlich erhebliche Mängel in der zu Grunde liegenden Kontrollsystematik** auf. Die diskutierten empirischen Beobachtungen haben folgende Implikationen auf die aufgestellte Anwendbarkeitsthese.

776 Vgl. Rautenstrauch 2006, S. 12f.; Berens et al. 2005, S. 191; Günther/Gonschorek 2006, S. 12; FAS AG 2005, S. 36.

777 Vgl. Schachner et al. 2006, S. 605ff.; Henschel 2006, S. 262.

778 Die Ausprägung des Kontrollsystems wurde an Hand der Anwendung von Kontrollinstrumenten und Kontrollarten bewertet.

Implikationen auf Anwendbarkeitsthese 3a: In KMU sind *weder* wertorientierte Kennzahlen, *noch* finanzielle oder operative Werttreiber explizit Bestandteil der Kontrolle.

Die aufgestellte Anwendbarkeitsthese kann auf Basis der Ergebnisse der Experteninterviews als vorläufig bestätigt gelten. Sie wird daher unverändert beibehalten. Die **Anforderung** an eine wertorientierte Ausgestaltung ist somit **nicht erfüllt**.

Implikationen auf Anwendbarkeitsthese 3b: Je größer und fremdgeführter (externes Management oder Kapitalbeteiligung) ein KMU, desto *ausgeprägter* ist das Controllingsystem und desto eher werden Wertcharakteristika im Controlling berücksichtigt.

Im Rahmen der Experteninterviews konnten keine Hinweise gewonnen werden, die für eine Widerlegung der aufgestellten Anwendbarkeitsthese sprechen. In Verbindung mit den Ergebnissen weiterer empirischer Arbeiten wird die These daher unverändert beibehalten.

7.2.2.2 Kontrollart

Im Rahmen der Kontrollarten wurde zwischen Prämissen-, Konsistenz-, Durchführungs- und Ergebniskontrollen unterschieden.[779] Während sich die ersten beiden Kontrollen vorwiegend auf die zukunftsgerichtete Planungsvalidierung beziehen, haben die letzten beiden Kontrollarten die ex-post Betrachtung bereits getätigter Unternehmensleistung zum Fokus.

Im Rahmen der durchgeführten Expertengespräche konnte beobachtet werden, dass mittelständische Unternehmen durchaus über etablierte rollierende 18-Monatsplanungen verfügen, im Rahmen derer die Planung des vergangenen Monats durch die verantwortlichen Abteilungsleiter bzw. die Geschäftsführung validiert und ggf. angepasst wird. Darüber hinaus wurde in einigen Fällen auch ein ¼-jährlicher Planungsreview im Rahmen von Beiratssitzungen durchgeführt, der ebenfalls die Anpassung der Mittelfristplanung beinhalten kann. Da hierbei eine kontinuierliche Überprüfung der zentralen Planungsprämissen erfolgt, kann in diesen Unternehmen von der **Erfüllung der Prämissenkontrolle** ausgegangen werden. Die von den Banken regelmäßig eingeforderte Planungsaktualisierung ist dabei als wesentlicher Erklärungsfaktor für die Diskrepanz zwischen KMU-Praxis und

---

779 Vgl. Abschnitt 5.3.2.

der im theoretischen Teil dieser Arbeit aufgestellten Vermutung einer fehlenden Prämissenkontrolle zu sehen.

Einen ebenfalls positiven Einfluss besitzt die rollierende Planung auf die **implizite Durchführung von Konsistenzkontrollen**. Ein Gesprächspartner erkannte in diesem Zusammenhang den klaren Vorteil einer rollierenden Planung, da nicht nur „inhaltliche und methodische Fehler[780] der Planung identifiziert und korrigiert werden können", sondern auch „Inkonsistenzen und Anpassungsbedarf mit anderen Teilplänen des Unternehmens zu Tage kommen". HENSCHEL (2006) stellt in diesem Zusammenhang fest, dass mittelständische Unternehmen in der Tat über nur unzureichend abgestimmte Teilpläne verfügen.[781] Wie Abbildung 7-5 zu entnehmen, führen nur 5 von 10 Unternehmen umfassend Prämissen- und Konsistenzkontrollen durch. Während 2 Unternehmen lediglich ex-post Ergebniskontrollen zur Wirtschaftlichkeitsüberwachung durchführen, informieren sich 3 Unternehmen zusätzlich im Rahmen von Durchführungskontrollen über den aktuellen Stand der Maßnahmenumsetzung.

In dem überwiegenden Anteil der befragten Unternehmen **wurden sowohl Ergebnis- als auch Durchführungskontrollen durchgeführt**, um bisherige unternehmerische Leistungen mit den gesetzten Zielvorgaben vergleichen zu können. In der empirischen Untersuchung von BERENS et al. (2005) jedoch wurde in nur ca. 40% der befragten Unternehmen regelmäßig Ergebniskontrollen und in nur ca. 60% der befragten Unternehmen Abweichungskontrollen durchgeführt.[782] DINTNER (1999) bestätigt die im Rahmen dieser Befragung festgestellten Befunde und bescheinigt den KMU in einer bereits zeitlich vorgelagerten Untersuchung sehr ausgeprägte Ergebnis- und Durchführungskontrollen.

Der **Kontrollturnus** von Ergebnis- und Durchführungskontrollen ist je nach interessierender Größe und Unternehmerpersönlichkeit **sehr unterschiedlich** ausgestaltet. So werden in fast allen befragten Unternehmen „zentrale Größen wie der Auftragseingang und der Umsatz täglich aktiv kontrolliert" und tagesgenau von dem zu Grunde liegenden Informationssystem zur Verfügung gestellt. Wesentliche Ergebnisgrößen der GuV oder des BWA wie z. B. Rohertrag, EBIT, EBITDA oder auch Profit Center-Profitabilitäten und Deckungsbeitragsrechnungen werden in der Regel auf monatlicher Basis kontrolliert. Im Ergebnis

---

780 Zu den inhaltlichen und methodischen Planungsfehlern siehe Abschnitt 5.3.1.

781 Vgl. Henschel 2006, S. 261.

782 Vgl. Berens et al. 2005, S. 189.

kann den mittelständischen Unternehmen **teilweise** die **Existenz aller** für eine wertorientierte Unternehmensführung **relevanten Kontrollarten** bestätigt werden. Die **Anforderungen** gelten somit **teilweise als erfüllt**. Die diskutierten empirischen Beobachtungen haben folgende Implikationen auf die aufgestellte Anwendbarkeitsthese.

Implikationen auf Anwendbarkeitsthese 3c: Durchführungskontrollen werden in KMU *regelmäßig* durchgeführt, systematische Prämissenkontrollen, Konsistenzkontrollen und Ergebniskontrollen jedoch *nicht*.

Die empirischen Befunde zeigen auf, dass neben den Durchführungskontrollen auch Ergebniskontrollen umfassend in KMU verwendet werden. Diese Beobachtung kann durch weitere empirische Ergebnisse gestützt werden. Prämissen- und Konsistenzkontrollen werden im Mittelstand zwar teilweise genutzt, jedoch nicht systematisch und umfassend. Die Anwendbarkeitsthese wird daher wie folgt adaptiert:

Neue Anwendbarkeitsthese 3c: Durchführungskontrollen und Ergebniskontrollen werden in KMU *regelmäßig* durchgeführt, systematische Prämissenkontrollen und Konsistenzkontrollen jedoch *nicht*.

In einem Gesamtfazit zur Ausgestaltung des Kontrollsystems in KMU muss festgestellt werden, dass die **Anforderungen insgesamt nicht erfüllt** sind. Dies liegt im Wesentlichen in der Wahl nicht-wertorientierter Kontrollinhalte als **Folgefehler einer nicht-wertorientierten Zieldefinition** begründet.

7.2.3 Befunde zum Anreizsystem

Bevor die folgenden Ausführungen detailliert die Erfüllung der Anforderungen an ein wertorientiert ausgestaltetes Anreiz- bzw. Vergütungssystem diskutieren, soll vorerst eine kurzer Überblick über die Form der in mittelständischen Unternehmen beobachteten Anreizgestaltung gegeben werden. Bei der Untersuchung der verwendeten Anreizsysteme konnte im Rahmen der Expertengespräche ein **breites Ausgestaltungsspektrum** identifiziert werden. Wesentlich für die Entscheidung zur Nutzung eines Anreizsystems ist laut Aussage der befragten Experten neben unternehmensspezifischen Besonderheiten[783] v. a. die individuelle

783 So wurde z. B. in einem der befragten Unternehmen keine Provision bzw. kein Bonus an Vertriebsmitarbeiter gezahlt, da es sich bei den Kundenaufträgen um sehr große Paketgeschäfte handelte, deren Abschluss und Konditionierung ausnahmslos in den Händen der Geschäftsführung lag.

Einschätzung des Unternehmers und Inhabers bzgl. der grundsätzlichen Wirksamkeit einer leistungsabhängigen Vergütung.

Dem in Abschnitt 2.2.4 aufgezeigten Argument, dass Mitarbeiter mittelständischer Unternehmen auf Grund der besonderen Unternehmensverbundenheit und -kultur stärker intrinsisch motiviert sind und daher weniger Anreize zur Leistungserbringung benötigen, wurde im Rahmen der Experteninterviews widersprochen. Nach Aussagen der Interviewpartner hängt „die Arbeitsplatzwahl vielmehr von dem persönlichen und geografischen Umfeld des Mitarbeiters ab" und ist „nicht das Ergebnis der gezielten Suche einer dem eigenen Menschenbild[784] bzw. der eigenen Motivation korrespondierenden Unternehmenskultur".

Dennoch wird in einigen Fällen den Mitarbeitern der befragten Unternehmen durch deren Geschäftsführer eine tiefere Verbundenheit attestiert, da diese „in Krisensituationen auch mal auf vertraglich geregelte Vergütungsbestandteile verzichten". Die für KMU spezielle Beziehung zu den Mitarbeitern lässt hierbei einen **Einfluss der Unternehmenskultur und Unternehmerpersönlichkeit** vermuten. Dabei ist laut Aussage eines Interviewpartners ein solches Verhalten auch sehr stark von der Kooperationsbereitschaft des Betriebsrates abhängig.[785] Insgesamt ist nach Durchführung der Gespräche zu vermuten, dass Mitarbeiter in mittelständischen Unternehmen nicht über eine wesentlich höhere intrinsische Motivation verfügen und demnach **leistungsabhängige Anreizsysteme durchaus ihre Berechtigung in KMU** finden.[786] So stellt auch eine Studie der KIENBAUM VERGÜTUNGSBERATUNG (1999) fest, dass bereits zum Ende des

---

784 Vgl. McGregor 1960; Freese 1992; Kasper/Mayerhofer 2002 zu dem Menschenbild X (angeborene Abneigung gegen Arbeit) und Menschenbild Y (angeborene Leistungsbereitschaft und Schöpfung von Zufriedenheit aus der Arbeit). Vgl. auch Eigler 2004, S. 680ff., zur Bedeutung der Menschbilder bei der Ausgestaltung eines Anreizsystems.

785 So schilderte ein Gesprächspartner die mühsamen Abstimmungsschleifen mit dem Betriebsrat. Zur Finanzierung des Vergütungssystems wurde den Mitarbeitern, vertreten durch den Betriebsrat, u. a. vorgeschlagen, auf einen relativ geringen Gehaltsbestandteil zu verzichten, um gleichzeitig bei entsprechender Leistung eine zum Gehaltsverzicht überproportionale zusätzliche variable Vergütung zu erlangen. Der Verzicht auf den relativ kleinen Gehaltsbestandteil jedoch war nicht kompatibel mit den sozialen Zielen und der Fürsorgefunktion des Betriebsrates, weshalb mangels Finanzierbarkeit auf die Einführung eines solchen Systems verzichtet werden musste.

786 Vgl. auch Günther/Gonschorek 2006, S. 20 (Aussage 6).

letzten Jahrzehnts ca. 85% der Geschäftsführer in den von ihnen befragten Unternehmen erfolgsabhängig entlohnt wurden.[787]

Wie folgender Tabelle 7-4 zu entnehmen ist, wurde auch im Rahmen dieser Befragung deutlich, dass 6 von 10 Unternehmen leistungsabhängige Anreizsysteme anwenden. Hinweise auf einen Zusammenhang zwischen der Unternehmensgröße und dem Grad der Anwendung von Anreizsystemen konnten dabei nicht erhoben werden. Jedoch nutzten 4 der 5 fremdgeführten Unternehmen Anreizsysteme zur besonderen Motivation der Mitarbeiter. Dies könnte einen Hinweis auf einen **Zusammenhang zwischen der Art der Geschäftsführung und dem Grad der Anwendung von Anreizsystemen** geben. Das fünfte Unternehmen zeichnete sich dadurch aus, dass lediglich der Geschäftsführer durch eine vorher festgelegte Tantieme besonders incentiviert wurde und auf eine zusätzliche Incentivierung weiterer Mitarbeiter verzichtet wurde. Die im Rahmen dieser empirischen Befragung beobachteten Befunde werden dabei teilweise durch die Ergebnisse von GÜNTHER/GONSCHOREK (2006) gestützt, die einen verstärkten Einsatz von Vergütungssystemen bei größeren und fremdgeführten Unternehmen feststellen.[788]

	Familien	Fremd-geführt	Summe
Ausgeprägte Nutzung	2	4	6
Geringe Nutzung	3	1	4
Summe	5	5	10

	Kleine	Große	Summe
Ausgeprägte Nutzung	4	2	6
Geringe Nutzung	1	3	4
Summe	5	5	10

Tabelle 7-4: Nutzung eines Anreizsystems in Abhängigkeit von Führungsstruktur und Unternehmensgröße[789]
Quelle: Eigene Darstellung

Hinsichtlich der Form der Anreizgestaltung wird der **monetären Vergütung als wirksamste Form der Anreizgestaltung** auch im Mittelstand zugestimmt („Nur Bares ist Wahres"). So wurden i. d. R. die Geschäftsführung mittels einer Beteiligung am unternehmerischen Erfolg in Form einer Tantieme und die Mitarbeiter der unteren Ebenen durch klassische Bonuszahlungen incentiviert.

---

787 Vgl. Kienbaum Vergütungsberatung 1999; Evers 2001, S. 228.

788 Vgl. Günther/Gonschorek 2006, S. 14ff.

789 Ein Anreizsystem galt dann als ausgeprägt genutzt, wenn sich die Incentivierung der Mitarbeiter nicht auf den Geschäftsführer beschränkte, sondern auch Mitarbeiter der unteren Ebenen mit einbezog.

Aktienoptionsprogramme bzw. sog. „Phantom Stocks" spielten keine Rolle[790], was den Ergebnissen der empirischen Untersuchung von BACKES-GELLNER (2005) entspricht.[791]

Nicht-monetäre, materielle Anreize (z. B. Restaurantgutschein, Ballonfahrt) wurden im Rahmen des betrieblichen Vorschlagswesens als ein Instrument des kontinuierlichen Verbesserungsprozesses (KVP), nicht jedoch zur leistungsabhängigen variablen Entlohnung eingesetzt. Nicht-materielle Anreize z. B. in Form der bevorzugten Wahl des Büros bzw. eines günstig gelegenen Firmenparkplatzes spielten prinzipiell keine Rolle. Als Ausnahme hiervon wurde die Androhung von Sanktionen (z. B. Versetzung in eine schlechtere Vertriebsregion) bzw. die Perspektive auf eine potenzielle Belohnung (z. B. Versetzung in eine gute Vertriebsregion) erwähnt, welche von einem Geschäftsführer auch systematisch eingesetzt wurde.[792]

Die Bedeutung des Erfolgsfaktors Anreizsystem scheint in mittelständischen Unternehmen stärker ausgeprägt als vermutet. **Der Bedeutung**, wie sie in der wissenschaftlichen Literatur hervorgehoben wird, scheint **in der KMU-Praxis daher entsprochen** zu werden. Die diskutierten empirischen Beobachtungen haben folgende Implikationen auf die aufgestellte Anwendbarkeitsthese.

Implikation auf Anwendbarkeitsthese 4a: Leistungsabhängige Anreizsysteme haben in KMU eine *geringere* Bedeutung, da Mitarbeiter per se stärker mit dem Unternehmen identifiziert sind.

Die befragten Experten waren überwiegend der Auffassung, dass Mitarbeiter in mittelständischen Unternehmen nicht wesentlich motivierter sind als Mitarbeiter in Großunternehmen. Die eigenen empirischen Befunde, die eine verbreitete Nutzung leistungsabhängiger Anreizsysteme in KMU vermuten lassen, werden durch die Ergebnisse weiterer empirischer Arbeiten gestützt. Die Anwendbarkeitsthese wird daher wie folgt adaptiert:

---

790 Vgl. Langemeyer 1999; Höhner 1999, S. 16ff.; Imberger 2003, S. 165ff.; Evers 2001, S. 227ff.; Evers 2001, S. 27ff., zu den möglichen Formen der Anreizgestaltung durch Cafeteria-Systeme und Phantom Stocks.

791 Vgl. Backes-Gellner 2005, S. 28.

792 Streng genommen sind Lob und Tadel als Instrumente der Mitarbeiterführung zu klassifizieren und demnach eher der Ausgestaltung der Personalführung bzw. im Rahmen dieser Arbeit dem Erfolgsfaktor Change Management zuzuordnen. Zum besseren Verständnis genutzter Anreize in KMU soll jedoch an dieser Stelle der Beschreibung der Mitarbeiterführung teilweise vorgegriffen werden.

Neue Anwendbarkeitsthese 4a: Leistungsabhängige Anreizsysteme sind *auch* in KMU von Bedeutung.

Implikation auf Anwendbarkeitsthese 4b: Je größer und fremdgeführter (externes Management oder Kapitalbeteiligung) ein KMU ist, desto *stärker* werden leistungsorientierte Anreizsysteme eingesetzt.

Auch hier lassen sowohl die eigenen Befunde als auch weitere empirische Ergebnisse vermuten, dass fremdgeführte Unternehmen Anreizsysteme ausgeprägter anwenden. Hinsichtlich des Zusammenhangs zwischen der Unternehmensgröße und dem Grad der Anwendung von Anreizsystemen konnten im Rahmen der Expertenbefragung keine Hinweise darauf gewonnen werden. Analog der Diskussion zur Anwendbarkeitsthese 1e scheint dafür nicht die absolute Größe des Unternehmens, sondern vielmehr die persönliche Einstellung des Unternehmers entscheidend zu sein. Da jedoch auf der anderen Seite auch keine Hinweise gewonnen werden konnten, die gegen einen solchen Zusammenhang sprechen und zudem weitere empirische Ergebnisse einen Zusammenhang zwischen der Unternehmensgröße und dem Grad der Anwendung eines Anreizsystems erkennen lassen, wird die aufgestellte Anwendbarkeitsthese unverändert beibehalten.

7.2.3.1 Bemessungsgrundlage

Bezüglich der konkreten Anforderungen an die Definition der Bemessungsgrundlagen wurde theoretisch abgeleitet, dass diese sowohl der Akzeptanzsicherung dienen als auch einen direkten Wertschaffungsbezug, idealerweise zu den Größen des Werttreiberbaumes, aufweisen sollen.[793] Der Akzeptanz förderlich sind Bemessungsgrundlagen dann, wenn sie beeinflussbar, verständlich, manipulationsfrei und verzerrungsfrei sind. Inwieweit die von den befragten Unternehmen bzw. die typischerweise von mittelständischen Unternehmen genutzten Bemessungsgrundlagen diesen Kriterien entsprechen, konnte aus zeitlichen Gründen im Rahmen der Interviewreihe nicht aufgenommen werden, da diesbezüglich ein eigenständiges, rein auf Vergütungssysteme fokussiertes Interview hatte durchgeführt werden müssen. Als Proxy zur Beurteilung der Erfüllung dieser Kriterien wurde der jeweilige Prozess zur Bestimmung der Bemessungsgrundlagen aufgenommen. So sind im Regelfall bei den befragten Unternehmen „die Zielgrößen im Rahmen von MbO-Gesprächen zwischen den betroffenen

793 Vgl. Abschnitt 5.3.3.

Mitarbeitern und den jeweiligen Vorgesetzten diskutiert und vereinbart" worden.[794] Da hierbei sowohl die subjektive Beurteilung bzgl. der Beeinflussbarkeit und der Verständlichkeit seitens der Mitarbeiter als auch die Beurteilung von Manipulationsfreiheit und Verzerrungsfreiheit seitens der Vorgesetzten einfließen, kann tendenziell von einer **Erfüllung der Anforderungen ausgegangen werden**. Jedoch ist zu erwähnen, dass eine umfassende Beseitigung der Manipulationsmöglichkeiten schwierig ist. So ist z. B. das Unternehmensergebnis als Zielgröße durch den Geschäftsführer auf Grund bilanzpolitischer Gestaltungsfreiräume manipulierbar und verzerrbar.

Hinsichtlich des Wertschaffungsbezugs der Bemessungsgrundlagen und der Orientierung an Größen des Treiberbaumes ist wiederum die, sich auf die Ausgestaltung sämtlicher Erfolgsfaktoren auswirkende, fehlende Wertorientierung des Zielsystems von KMU zu nennen. In Abbildung 7-6 sind die innerhalb der befragten Unternehmen genutzten Bemessungsgrundlagen dargestellt. So bildet die Mehrheit der Bemessungsgrundlagen **traditionelle, ergebnisorientierte Kennzahlen** wie den Gewinn und den Umsatz. 9 der 10 befragten Geschäftsführer wurden auf Basis des Unternehmensgewinns incentiviert. Nur in dem zu einem Konzernverbund zugehörigen Unternehmen basierte die variable Entlohnung des Fremdgeschäftsführers auf dem bereits vorgestellten CEBIT. Auch Vertriebsmitarbeiter wurden in 6 von 10 Fällen systematisch auf Basis ihrer erreichten Umsatzziele erfolgsabhängig entlohnt, da diesen in den Augen der Unternehmer „ein beträchtlicher Anteil am Unternehmenserfolg zukommt". Auch in den Augen der Unternehmensberater wurde den Vertriebsmitarbeitern eine besondere Stellung zugesprochen. In 3 von 10 Fällen wurden des Weiteren operative Mitarbeiter auf Basis von Refa-basierten Maschinenproduktionszeiten incentiviert. Da Umsatz und Gewinn oftmals die Spitzenkennzahlen im Mittelstand darstellen, verwundert die Anwendung dieser Bemessungsgrundlagen insgesamt nicht. Die Beobachtung, dass die leistungsabhängige Belohnung von KMU-Mitarbeitern auf Basis von ergebnisorientierten Kennzahlen beruht und

---

794 Als Bemessungsgrundlagen und Zielvorgaben wurden z. B. für operative Mitarbeiter Soll-Refa-Zeiten vorgegeben. Vertriebsmitarbeiter wurden an Hand ihrer umsatzbezogenen Zielerreichungsquote bewertet, in die etwaige Besonderheiten der Vertriebsregion eingeflossen sind. Auch für die (Fremd-)Geschäftsführung bestand oftmals eine vertraglich fixierte Vereinbarung mit den Gesellschaftern, an dem Unternehmenserfolg in Form einer Tantieme beteiligt zu werden.

eine Wertorientierung vermissen lässt, entspricht dabei den Befunden der empirischen Ergebnisse von BACKES-GELLNER (2005) und der FAS AG (2005).[795]

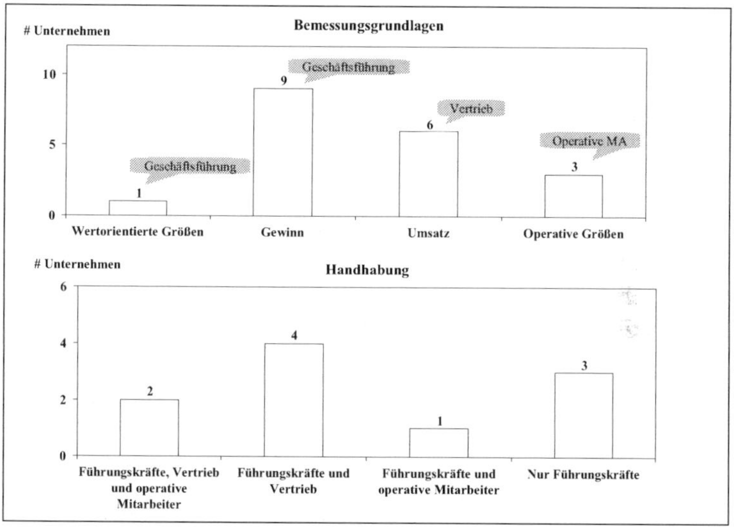

Abbildung 7-6: Bemessungsgrundlagen & Handhabung von Anreizsystemen
Quelle: Eigene Darstellung

Zusammenfassend lässt sich festhalten, dass eine Akzeptanzsicherung der Bemessungsgrundlagen durch die Beteiligung der Mitarbeiter in den Zielvereinbarungsprozessen vermutet werden kann, die definierten Bemessungsgrundlagen jedoch keine Wertorientierung aufweisen. Während die **Voraussetzungen erfüllt scheinen,** sind es **die festgelegten Bemessungsgrundlagen tendenziell nicht**. Die diskutierten empirischen Beobachtungen haben folgende Implikationen auf die aufgestellte Anwendbarkeitsthese.

Implikation auf Anwendbarkeitsthese 4c: Eine leistungsabhängige Anreizgestaltung basiert in KMU *nicht auf wertorientierten,* sondern überwiegend auf ergebnisorientierten Größen.

Die aufgestellte Anwendbarkeitsthese kann auf Basis der Ergebnisse der Experteninterviews als vorläufig bestätigt gelten. Sie wird daher unverändert beibehalten. Die **Anforderung** an eine wertorientierte Ausgestaltung ist somit **nicht erfüllt**.

795 Vgl. Backes-Gellner 2005, S. 28; FAS AG 2005, S. 41.

7.2.3.2 Entlohnungsfunktion

Wesentliche Anforderungen an die Ausgestaltung der Entlohnungsfunktion beziehen sich neben dem Umfang der Bemessungsgrundlagen v. a. auf die Funktionsstruktur der Entlohnung.[796] Im Rahmen der Expertenbefragung konnte die Erfüllung der Anforderungen an den Umfang der Bemessungsgrundlagen nur eingeschränkt bestätigt werden. Die überwiegende Zahl der befragten Unternehmen stellte die leistungsabhängige Vergütung der Mitarbeiter ausschließlich auf eine **einzelne, quantitative Bemessungsgrundlage** ab, die i. d. R. im Rahmen von Zielvereinbarungsgesprächen festgelegt wurde. In einem der befragten Unternehmen wurden auch finanzielle und nicht-finanzielle Zielgrößen (z. B. Erfüllung der Anforderungen an den Bau eines Hochregallagers) kombiniert. Auch wurde in einigen Fällen Einzel- und Teamleistungen gekoppelt, um „den Team- und Gruppencharakter bei der Erbringung der Arbeitsleistung zu betonen". So war in einem der befragten Unternehmen die Höhe des Bonus sehr stark von der eigenen Vertriebsleistung als auch der Vertriebsleistung aller einer Region zugehörigen Mitarbeiter abhängig. Die **Erfüllung der Anforderungen** an den Umfang der Bemessungsgrundlage kann **im Einzelfall vermutet** werden, ist jedoch pauschal nicht zu beurteilen.

Bezüglich der Funktionsstruktur der Entlohnungsfunktion lässt sich ebenfalls ein differenziertes Bild skizzieren. So konnte bei den befragten Unternehmen, die eine leistungsabhängige Vergütung eingeführt haben, ein **mit der Hierarchieebene ansteigender variabler Vergütungsanteil** beobachtet werden. Der Anteil der variablen Vergütung an der Gesamtvergütung lag hierbei zwischen 10% (für operative Mitarbeiter) und 35% (für Geschäftsführer), was durchaus als signifikanter Entlohnungsbestandteil zu charakterisieren ist. Die Steigerung des leistungsbezogenen Vergütungsanteils von höheren Führungsebenen ist ebenfalls das empirische Ergebnis von GÜNTHER/GONSCHOREK (2006), die diesen Zusammenhang ebenfalls im Rahmen ihrer Untersuchung diagnostizieren.[797] KMU scheinen daher dem mit der Führungsebene ansteigenden Wertschaffungshebel Rechnung zu tragen. Jedoch konnte bei den befragten Unternehmen hinsichtlich des Zeitbezugs sowohl in der Leistungsbemessung als auch in der Auszahlung ausschließlich ein **kurzfristiger Horizont des Anreizsystems** beobachtet werden, was nicht der Berücksichtigung des Wertcharakteristikums der Langfristigkeit entspricht. So schilderte ein Geschäftsführer die für die

---

796 Vgl. Abschnitt 5.3.3.

797 Vgl. Günther/Gonschorek 2006, S. 14f.

befragten Unternehmen typische Vorgehensweise, dass am „Jahresende ein Bonus für die Leistung des abgelaufenen Jahres im Rahmen einer gesamthaften Zahlung ausgeschüttet wird". Die Streckung in mehrere Auszahlungstranchen bzw. die Erfüllung langfristiger Ziele als Bemessungsgrundlage konnte weder bei den befragten Unternehmen verzeichnet noch durch die Unternehmensberater bestätigt werden. Auch dieser Befund wird durch die Ergebnisse von GÜNTHER/GONSCHOREK (2006) gestützt.[798] Als Folgefehler eines fehlenden wertorientierten Zielsystems wies die **Funktionsstruktur ebenfalls keinen Bezug zu wertorientierten Größen** auf.

Die Beobachtung und Bewertung bzgl. Transparenz, Gerechtigkeit, Objektivität und Leistungsorientierung war im Rahmen der durchgeführten Gespräche nur begrenzt möglich. Zumindest in den Augen der Geschäftsführung und Unternehmer wurde der Prozess der Anreizgestaltung als „sehr objektiv, transparent und fair" bezeichnet. Oftmals qualifizierten sich die Mitarbeiter bereits für einen variablen Bonus, wenn lediglich 70% der persönlichen Zielvorgabe realisiert wurde. Dies widerspricht dem oftmals in der Literatur genannten Zweck des Bonus, lediglich für die über ein festgelegtes Ziel hinausgehende Leistung gewährt zu werden.[799] Des Weiteren war sowohl die Auszahlung einer vorab definierten Pauschale bei Zielerreichung als auch ein linearer Anstieg des Bonus mit im Verhältnis zum Sollwert steigender Überperformance zu beobachten. In einem der befragten Unternehmen floss zusätzlich in die Funktionsstruktur die Incentivierung der Planungsgenauigkeit (ähnlich dem sog. Weitzman-Schema[800]) mit ein.

Als ein wesentliches Erfolgskriterium wurde von einem Gesprächspartner zusätzlich zu den in der Theorie abgeleiteten Anforderungen, die **hohe Bedeutung der gleichgerichteten Ausrichtung** der variablen Belohnung für alle Ebenen der Organisation genannt. Wenn die Geschäftsführung auf Grund des erreichten guten Jahresergebnisses einen starken Bonus erhält, „sollen die operativen Mitarbeiter ebenfalls an diesem Erfolg beteiligt werden", um den Aspekt der gemeinsamen unternehmerischen Zielsetzung zu betonen. Wenn hingegen ope-

798 Vgl. Ebenda, S. 14f.

799 Vgl. Imberger 2003, S. 186; Höhner 1999, S. 16f.

800 Vgl. Weitzman 1976, S. 251ff. Hierbei steigt die Bonuszahlung bei gleicher Zielerreichungsquote mit dem Anstieg der geplanten Zielvorgabe, weshalb es seitens der Mitarbeiter diesbezüglich keinen Anreiz gibt, die Planzahlen im Zielvereinbarungsprozess zu reduzieren.

rative Mitarbeiter keinen Bonus zugesprochen bekommen, kann eine hohe Tantieme der Geschäftsführung eine stark dysfunktionale Wirkung besitzen.

Das Fazit zur Entlohnungsfunktion in mittelständischen Unternehmen lässt **nur teilweise eine Erfüllung der Anforderungen** vermuten. Langfristkomponenten und Wertorientierung der Entlohnungsfunktion sind in den befragten Unternehmen nicht vorhanden, was u. a. in dem fehlenden wertorientierten Zielsystem begründet liegt.

7.2.3.3 Gesamtsystem

Anforderungen an das Gesamtsystem umfassen Vorgaben zur Flexibilität im Sinne einer Anpassungs- und Lernfähigkeit des Systems und im Sinne einer unternehmensumfassenden und wirtschaftlichen Nutzung (Handhabung) des Vergütungssystems.[801] Bezüglich der Flexibilität des Systems können keine detaillierten Aussagen zu den genutzten Systemen der KMU getroffen werden. Die kontinuierliche Überprüfung der Zielerreichung und die Festlegung neuer Jahresziele im Rahmen der skizzierten MbO-Gespräche sowie die für mittelständische Unternehmen typischen flachen und schnellen Kommunikations- und Entscheidungswege **lassen vermuten**, dass **eine Anpassungs- und Lernfähigkeit des Systems gegeben ist**. Dies ist insbesondere für sehr übersichtlich ausgestaltete Vergütungssysteme der Fall.

Hinsichtlich der Handhabung des Systems können KMU **weder bzgl. der umfassenden Anwendung noch bzgl. der Wirtschaftlichkeit überzeugen**. Wie Abbildung 7-6 zu entnehmen ist, werden nur in 3 der 10 befragten Unternehmen explizit operative Mitarbeiter an Hand individueller Bemessungsgrundlagen incentiviert. Insgesamt erfolgt nur in 2 der 10 Unternehmen eine alle Mitarbeiter berücksichtigende Incentivierung. Auch die Mehrheit der befragten Unternehmensberater konnte die beobachtete Tatsache bestätigen, dass sich „die leistungsabhängige Vergütung im Mittelstand oftmals auf den Geschäftsführer beschränkt". Lediglich den Vertriebsmitarbeitern kommt die beschriebene Sonderstellung in der leistungsabhängigen Vergütung zu.

Auch die oftmals **fehlende Verbindung zwischen leistungsabhängiger Vergütungshöhe und erreichter Wertschaffung** lässt keine klare Transparenz bzgl. der Finanzierung der Anreizgestaltung zu. Zwar ist davon auszugehen, dass bei richtiger Zielsetzung das Erreichen der jeweiligen Ziele den Wert des Unter-

---

801 Vgl. Abschnitt 5.3.3.

nehmens positiv beeinflusst. Jedoch kann im Einzelfall ein auf Grund guter Leistung erworbener Vergütungsanspruch entstehen, ohne dass adäquate Einkommensströme bei dem Unternehmen zu verzeichnen sind. Insgesamt kann von einer **teilweisen Erfüllung der Anforderungen an das Gesamtsystem** ausgegangen werden, muss aber letztlich **im Einzelfall sehr differenziert beurteilt werden**. Die diskutierten empirischen Beobachtungen haben folgende Implikationen auf die aufgestellte Anwendbarkeitsthese.

Implikation auf Anwendbarkeitsthese 4d: Eine leistungsabhängige Anreizgestaltung kommt in KMU nur ausgewählten Mitarbeitern der *Führungsebenen* zu Gute und basiert auf *kurzfristigen, individuellen* Einzelzielen.

Die Ergebnisse der Expertenbefragung bestätigen im Grunde die aufgestellte Anwendbarkeitsthese. Dennoch wurde ebenfalls die besondere Bedeutung der Vertriebsmitarbeiter deutlich. Die Vertriebsmitarbeiter werden dabei oftmals in Abhängigkeit des generierten Umsatzes incentiviert, was durch die besondere Bedeutung dieser Ergebnisgröße in der mittelständischen Unternehmenspraxis erklärt werden kann. Die aufgestellte These wird im Ergebnis wie folgt angepasst:

Neue Anwendbarkeitsthese 4d: Eine leistungsabhängige Anreizgestaltung kommt in KMU überwiegend der Führungsebene *und* den Vertriebsmitarbeitern zu Gute und basiert auf kurzfristigen, individuellen Einzelzielen.

In einem Gesamtfazit zur Ausgestaltung des Anreizsystems sind als wesentliche Kritikpunkte die **mangelnde Wertorientierung der Bemessungsgrundlagen**, die zu **kurzfristige Ausrichtung** der Entlohnungsfunktion sowie der teilweise eingeschränkte Einsatz einer leistungsabhängigen Vergütung zu sehen. Positiv hervorzuheben ist, dass KMU-Unternehmer die Vorteile einer Leistungsincentivierung prinzipiell erkannt haben und entsprechend anwenden.

7.2.4 Befunde zum Informationssystem

Die Möglichkeiten zur Ausgestaltung eines Informationssystems haben in den letzten Jahren erheblich zugenommen. Die Entwicklung moderner Hard- und Software-Informationstechnologien wie z. B. Datamining, Datawarehouses oder Online-Analytical-Processing (OLAP) und deren Integration in eine Vielzahl existierender Softwareangebote (z. B. mySAP2004, MS Navision) haben darüber hinaus auch die Art und Weise der zur Entscheidungsfindung benötigten Informationsbereitstellung in mittelständischen Unternehmen erheblich verändert. War in der Vergangenheit das zu Grunde liegende Informationssystem überwiegend Excel-, Access- oder DATEV-basiert, so finden heute oftmals auf den Mittelstand maßgeschneiderte Produkte und Lösungen Anwendung. Auch die **Bedeutung und der wahrgenommene Nutzen eines Informationssystems** haben sich parallel zu der Entwicklung der Planungs- und Kontrollprozesse in den Augen der Unternehmer **massiv geändert**. Galt früher das IT-System als Besonderheit für technisch orientierte Unternehmer, so wird heute der Vorteil einer integrierten ERP-Steuerung[802] von allen befragten Unternehmen gesehen und steht relativ weit oben auf der Prioritätenliste der Unternehmer. Des Weiteren gaben insbesondere die Gesprächspartner der Beteiligungsgesellschaften an, eine „wesentliche Wertschaffung in den Unternehmen allein dadurch zu initiieren, dass im Rahmen eines 100-Tage-Plans ein besonderer Fokus auf den Aufbau eines zielgerichteten Informationssystems zur Bereitstellung solider Planungs- und Kontrolldaten gelegt wird". Der Detaillierungsgrad der Ausgestaltung von Informationssystemen ist jedoch, wie für den Mittelstand charakteristisch, sehr unterschiedlich. Aus den obigen Ausführungen geht bereits hervor, dass ein **auf die individuelle Unternehmenssituation angepasstes Informationssystem für mittelständische Unternehmen eine große Bedeutung** hat.[803]

7.2.4.1 IT-Inhalt und -Format

Die zentrale Anforderung, die an wertorientiert ausgestaltete Informationsinhalte gestellt wird, ist, dass wertschaffungsbezogene, historische und zukünftige sowie nützliche Informationen bei Bedarf zur Verfügung gestellt werden.[804] Bezüglich des Wertschaffungsbezugs der Daten muss die Beobachtung gemacht werden, dass zwar vereinzelt Cashflow-Größen, Kapitalbasis und operative Werttreiber gespeichert und verarbeitet werden, deren **Auswertung jedoch nicht auf wertorientierte Analysen gerichtet** ist, sondern sich überwiegend an BWA- oder GuV-Strukturen anlehnt. Hinsichtlich der technischen Machbarkeit bestätigten sowohl Unternehmer als auch Berater, dass mit Ausnahme von Kapitalkosten „wertrelevante Informationen theoretisch zur Verfügung gestellt

---

802 Eine Enterprise Resource Planning Software hat zur Aufgabe, die in einem Unternehmen vorhandenen Ressourcen wie zum Beispiel Finanzkapital, Betriebsmittel oder Personal möglichst effizient für den betrieblichen Ablauf einzuplanen und untereinander zu koordinieren.

803 Hiermit relativieren die Ergebnisse der empirischen Untersuchung die in Abschnitt 2.2.3 aufgestellte These der mangelnden Ausgestaltung und Bedeutung von IT-System in KMU.

804 Vgl. Abschnitt 5.3.4.

werden können". So wurde sogar von einem Geschäftsführer berichtet, „Kapitalkosten im Rahmen einer einmaligen Erhebung ermittelt zu haben".

Auch die Anforderung an den Zeitbezug der Daten wurde dabei von der Mehrheit der befragten Unternehmen erfüllt. So konnten 7 von 8 Unternehmen, mit denen Informationsinhalte explizit diskutiert wurden, bestätigen, „entscheidungsrelevante historische und zukünftige Daten auf Knopfdruck" generieren zu lassen. Bezieht sich zwar der größte Anteil der berichteten Informationen auf die unmittelbare Leistung des vergangenen bzw. laufenden Geschäftsjahres (Soll/Ist-Vergleiche) bzw. die Planzahlen künftiger Monate und Jahre (Auftragseingang, geplanter Umsatz etc.), so kann dennoch mittels moderner Datenbanktechnologien auf die Ausprägung gespeicherter Daten der letzten Jahre zurückgegriffen werden.

Die Bewertung der Nützlichkeit der bereitgestellten Daten konnte im Rahmen der durchgeführten Interviews nicht überprüft werden. Jedoch lassen die Aussagen der Unternehmer darauf schließen, dass die verwendeten und in den Gesprächen skizzierten Technologien die benutzerdefinierte Extraktion von für die Entscheidungsfindung benötigten aktuellen Daten erlauben.

Auch die Anforderungen an ein einheitliches Reporting mit hohem Wiedererkennungseffekt und die strukturierte Darstellung der interessierenden Informationen kann durch die Aussagen der Experten bestätigt werden. Entweder bieten die genutzten Softwarelösungen Auswertungen mit einheitlichem Format und benutzerindividueller Priorisierung an oder aber der Unternehmer selbst hat bei der Gestaltung eigener Datenbanken und Auswertungstools auf diese Aspekte viel Wert gelegt. Der Vorteil der Fokussierung auf wesentliche Fakten bzw. der Wiedererkennung und Vergleichbarkeit wird erkannt und ebenso durch die zeitlichen Restriktionen des Tagesgeschäftes gefordert. Dabei finden sowohl einheitlich aufgebaute Tabellen als auch Grafiken Anwendung. In einem Fall wurde jedoch bei einem Unternehmen mit mehreren Tochtergesellschaften und Geschäftsfeldern auf eine Vereinheitlichung des historisch bedingten differierenden Reportings und Informationssystems der akquirierten Tochter verzichtet. In diesem Spezialfall waren die zu Grunde liegenden Unternehmensprozesse (z. B. die Fertigungsplanung) derart komplex, dass die angestrebte System- und Reportingvereinheitlichung nicht kompatibel mit den Unternehmensprozessen war und daher von dem ursprünglichen Vorhaben abgesehen wurde. Auch dieses Beispiel belegt, wie sehr sich die Unternehmer **mit der Ausgestaltung ihrer Informationssysteme auseinander setzen**. Insgesamt kann hinsichtlich der Inhalte und der Form von einer **tendenziellen Erfüllung der Anforderungen** ausgegangen werden. Die diskutierten empirischen Beobachtungen haben folgende Implikationen auf die aufgestellte Anwendbarkeitsthese.

Implikationen auf Anwendbarkeitsthese 5a: Das Informationssystem in KMU versorgt die Unternehmensleitung nur *unzureichend* mit wertrelevanten, zukunftsorientierten Informationen.

Die Ergebnisse der Experteninterviews lassen erkennen, dass mit Ausnahme der Berechnung von Kapitalkosten wertrelevante Informationen wie Cashflow, Kapitalbasis und auch operative Werttreiber generiert werden können. Dies wurde insbesondere durch die Aussage eines auf den Mittelstand spezialisierten IT-Beraters bestätigt. Auch scheinen die Anforderungen an Zeitbezug und Nützlichkeit der Information erfüllt. Da jedoch das den Informationssystemen inhärente Potenzial wertorientierter Datenbereitstellung nicht ausgeschöpft wird, wird die aufgestellte Anwendbarkeitsthese wie folgt adaptiert:

Neue Anwendbarkeitsthese 5a: *KMU nutzen* ihre Informationssysteme nur unzureichend für die Versorgung der Unternehmensleitung mit wertrelevanten, zukunftsorientierten Informationen.

7.2.4.2 Technik der Informationsbereitstellung

Wesentliche Anforderungen an die genutzte Technik der Informationsbereitstellung ist die Flexibilität des Systems.[805] Eine detaillierte Analyse der Flexibilität der in den befragten Unternehmen verwendeten IT-Systeme war im Rahmen der Experteninterviews nicht möglich. Die geforderte Flexibilität ist stark abhängig von dem zu Grunde liegenden Informationssystem. Insgesamt sind die **genutzten IT-Systeme sehr heterogen** und decken eine große Bandbreite an Möglichkeiten ab. Die Spanne kann von Excel- und Access-basierten Systemen über für die Buchhaltung und Rechnungswesen genutztes DATEV (tlw. intern, tlw. externe Auslagerung an Steuerberater), unternehmensindividuell programmierte Systemen und Eingabemasken mit Access-Anbindung (Auftragsprogrammierung), Data Warehouses bis zu ausgereiften ERP-Systemen wie mySAP2004 reichen. Folgende Abbildung 7-7 gibt einen Überblick über den Grad der Ausprägung der Informationssysteme in den befragten Unternehmen.

805 Vgl. Abschnitt 5.3.4.

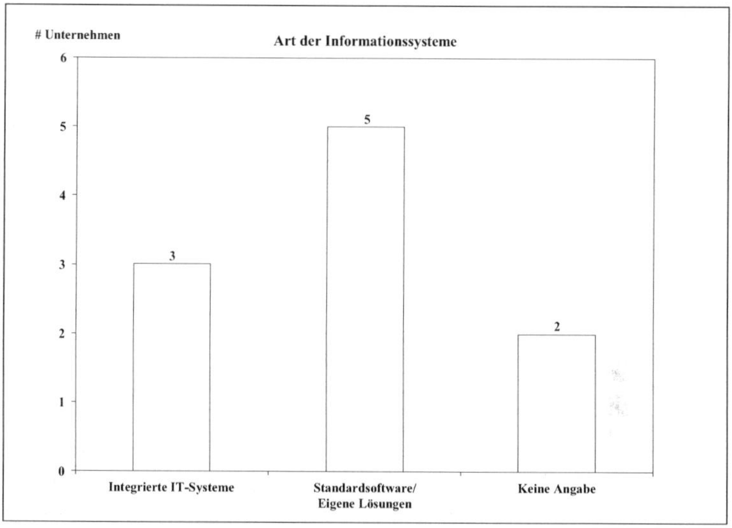

Abbildung 7-7: Art der Informationssysteme
Quelle: Eigene Darstellung

In 5 von den 8 zu diesem Thema befragten Unternehmen basiert das Informationssystem auf eigenen IT-Lösungen bzw. auf Basis nicht-integrierter Standardsoftware. Nur 3 Unternehmen wenden integrierte Informationssysteme wie mySAP2004 an. Die im Rahmen der Befragung festgestellte **starke Bedeutung eigener IT-Lösungen** wird durch die empirische Studie der FAS AG (2005) gestützt, die sogar bei etwas größeren Unternehmen zu der gleichen Schlussfolgerung kommen.[806] Auch die befragten Unternehmensberater bestätigten tendenziell, dass „eigene IT-Lösungen im Mittelstand eine stärkere Bedeutung haben". Wie folgende **Tabelle 7-5** andeutet, könnte ein Zusammenhang zwischen der Art der Geschäftsführung und dem Ausprägungsgrad existieren, da den 3 Unternehmen, die ein integriertes IT-System nutzen, ein externer Geschäftsführer vorsteht. Ähnlich der Diskussion zur Anwendung formalisierter Planungsprozesse und –instrumente könnte hierfür die positive Erfahrung der Geschäftsführer mit solchen integrierten Informationssystemen in anderen Unternehmen eine Erklärung für diese Beobachtung darstellen. Hinweise auf einen Zusammenhang zwischen der Unternehmensgröße und dem Ausprägungsgrad des IT-Systems hingegen konnten nicht gewonnen werden. Demnach scheint auch hier die

806 Vgl. FAS AG 2005, S. 38ff.

Persönlichkeit des Unternehmers stärker zu wirken als größenspezifische Erfordernisse.

	Familien	Fremd-geführt	Summe
Stärker ausgeprägt	0	3	3
Geringer ausgeprägt	4	1	5
Summe	4	4	8

	Kleine	Große	Summe
Stärker ausgeprägt	2	1	3
Geringer ausgeprägt	3	2	5
Summe	5	3	8

Tabelle 7-5: Ausprägung des Informationssystems in Abhängigkeit von Führungsstruktur und Unternehmensgröße[807]
Quelle: Eigene Darstellung

Die Anpassung an neue Datenaufnahme- bzw. Ausgabeanforderungen wird bei Nutzung eines für die spezifischen Unternehmenszwecke selbst programmierten Systems komplexer und zeitaufwändiger und damit tendenziell teurer. Jedoch sind auf der anderen Seite auch die einmaligen Anlaufkosten der Einführung eines ERP-Systems nicht zu unterschätzen. Ein Gesprächspartner bezifferte die Gesamtkosten für Software, Lizenzen, Beratung, Einführung und Schulung von mySAP2004 in einem ca. 300 Mitarbeiter großen Unternehmen auf ca. €1,5 Mio. Auch bezeichneten einige der befragten Unternehmen neben diesen Kosteneffekten die Anwendung von SAP-Systemen als „zu komplex". Ihre etwas übersichtlicheren und weniger integrierten IT-Systeme bieten den Unternehmern in ihren Augen ein ausreichendes Instrumentarium.[808] In Summe scheinen beide Ausgestaltungen **die Anforderungen** an eine wertorientierte Ausgestaltung des Informationssystems **erfüllen zu können**. Flexibilität eigener Systeme scheint ebenfalls gewährleistet, wenn auch zu höheren Kosten.

Da wertschaffungsbezogene Daten theoretisch in strukturierter Weise und individuell durch die Informationssysteme zur Verfügung gestellt werden können, sind **insgesamt die Anforderungen** an Informationsinhalt, -form und -system **erfüllt**. Der Ausgestaltung von Informationssystemen in mittelständischen Unternehmen kann daher eine gewisse Wertorientierung bescheinigt werden. Die diskutierten empirischen Beobachtungen haben folgende Implikationen auf die aufgestellte Anwendbarkeitsthese.

807 Das Informationssystem galt dann als ausgeprägt, wenn ein integriertes Gesamtsystem vorlag.

808 Z. B. den Corporate Planner.

Implikationen auf Anwendbarkeitsthese 5b: Das Informationssystem in KMU besteht *nicht* aus einem integrierten Gesamtsystem, sondern ist durch historisch gewachsene Einzellösungen gekennzeichnet und weist daher eine geringere Flexibilität auf.

Die aufgestellte Anwendbarkeitsthese kann auf Basis der Ergebnisse der Experteninterviews prinzipiell als bestätigt gelten. So existieren zwar teilweise KMU mit integrierten Gesamtsystemen, diese sind jedoch noch als Ausnahme zu werten. Da auch weitere empirische Ergebnisse die stärkere Verbreitung eigener IT-Systeme belegen und diese an sich ändernde Anforderungen angepasst werden können, wird die aufgestellte These unverändert beibehalten.

Implikationen auf Anwendbarkeitsthese 5c: Je größer und fremdgeführter (externes Management oder Kapitalbeteiligung) ein KMU ist, desto zielgerichteter und *ausgeprägter* ist das Informationssystem.

Die empirischen Befunde der Befragung haben ergeben, dass Hinweise für einen Zusammenhang zwischen der Art der Geschäftsführung und dem Ausprägungsgrad existieren. Hinsichtlich des Zusammenhanges zwischen der Unternehmensgröße und dem Ausprägungsgrad des IT-Systems konnten weder im Rahmen dieser Befragung noch durch andere empirische Arbeiten Hinweise erhoben werden. Da jedoch auch keine anderweitigen Hinweise vorliegen, wird die aufgestellte Anwendbarkeitsthese unverändert beibehalten.

In einem Gesamtfazit zur Ausgestaltung der Informationssysteme ist festzuhalten, dass diese **überwiegend die Anforderungen an eine Wertorientierung erfüllen**, jedoch von den Unternehmen nicht in dieser Weise genutzt werden.

7.2.5 Befunde zu Investor Relations

Investor Relations haben zur Aufgabe, bestehende Informationsasymmetrien zwischen dem Unternehmen und den bestehenden bzw. potenziellen Investoren zu reduzieren, um einer Steigerung des Unternehmenswertes beizutragen und neue Investoren zu gewinnen.[809] Im Rahmen der durchgeführten Interviews konnte die Einschätzung der prinzipiell **geringeren Bedeutung von Investor Relations** in KMU **bestätigt** werden. Überwiegend verbreitet war die Einstellung einer sehr restriktiven Informationsweitergabe, um die strategische und finanzielle Situation des Unternehmens nicht an eine zu große Gruppe von

809 Vgl. Abschnitt 5.3.5.

Stakeholdern zu kommunizieren. Wie folgende Tabelle 7-6 veranschaulicht, war lediglich eines der 10 befragten Unternehmen bereit, regelmäßig Informationen an bestimmte Adressaten zu berichten. Jedoch lag bei diesem Unternehmen auf Grund der Börsennotierung eine Informationspflicht vor. Die anderen Unternehmen, die überwiegend dadurch charakterisiert sind, dass sich Kapitalanteile vollständig oder überwiegend im Besitz von Familie und Management befinden, sind nur sehr eingeschränkt informationsbereit. Die **eingeschränkte Informationsbereitschaft** („So wenig wie nötig"), war dabei unabhängig von der adressierten Empfängergruppe (Banken, Mitarbeiter etc.). Diese Sicht der Unternehmer konnte von einem Großkundenbetreuer eines auf den Mittelstand spezialisierten Kreditinstituts bestätigt werden, da „nur etwa 10% der Kunden mehr Informationen zur Verfügung stellen als von uns gefordert". Der befragte Experte konnte jedoch auf Basis seiner Erfahrung auch bestätigen, dass „bei fremdgeführten Familienunternehmen, die Bereitschaft zur Informationsweitergabe ausgeprägter ist als bei inhabergeführten Unternehmen". Wie bereits in der Diskussion anderer Erfolgsfaktoren angedeutet, scheint jedoch auch im Rahmen der Investor Relations zu vermuten, dass die Unternehmerpersönlichkeit und Eigentümerstruktur einen stärkeren Einfluss auf die Informationsbereitschaft besitzen als die Unternehmensgröße. Ein direkter Hinweis auf einen Zusammenhang zwischen Unternehmensgröße und Informationsbereitschaft konnte jedoch nicht beobachtet werden.

	Familien	Fremd-geführt	Summe		Kleine	Große	Summe
Informations-bereit	0	1	1	Informations-bereit	0	1	1
Weniger Informations-bereit	5	4	9	Weniger Informations-bereit	5	4	9
Summe	5	5	10	Summe	5	5	10

Tabelle 7-6: Informationsbereitschaft in Abhängigkeit von Führungsstruktur und Unternehmensgröße
Quelle: Eigene Darstellung

Ein Ansprechpartner nannte „die zukünftig steigende Bedeutung moderner Finanzierungsinstrumente" (z. B. von Schuldverschreibungen) als möglichen Treiber dafür, „Investor Relations auf Grund der erforderlichen Kapitalmarktattraktivität in Zukunft eine stärkere Beachtung zuzumessen".

Den Interviewpartnern war die **Bedeutung einer gezielten Bankenkommunikation** als Hebel zur Reduzierung der Finanzierungskosten prinzipiell bewusst, was den Ergebnissen der empirischen Untersuchung von GÜNTHER/GONSCHOREK (2006) entspricht.[810] In Abhängigkeit von Fremdfinanzierungsquote und Bankenseite wurden auch die Planung bzw. das unternehmerische Handeln in gewissem Maß auf die Ratinganforderungen ausgerichtet und die wirtschaftlichen Erfolge sorgfältig kommuniziert. Andere Unternehmen hingegen sehen das Bankenreporting eher als unangenehme Unternehmenspflicht an und lassen ihr operatives Handeln davon unberührt. Wie Abbildung 7-8 darstellt, stufen in Summe wiederum (die gleichen) 9 von 10 Unternehmen gezielte Investor Relations-Maßnahmen insgesamt als unbedeutend ein. Dies kann dadurch begründet werden, dass die Gesellschafter und Banken im Rahmen der Beiratssitzungen und Bankenreports regelmäßig detaillierte Informationen über das Unternehmen erlangen. Eine Versorgung von weiteren Adressaten mit Informationen erscheint nicht erforderlich.

Als Fazit zur Bedeutung der Investor Relations kann festgehalten werden, dass der aus der Literatur abgeleiteten **Bedeutung in der KMU-Praxis nicht entsprochen** wird. Das Bewusstsein für Basel II scheint bei den befragten Unternehmen prinzipiell vorhanden. Je stärker die Fremdbestimmung und der externe Kapitalanteil, desto höher ist (zwangsweise) die Bedeutung der Investor Relations. Die diskutierten empirischen Beobachtungen haben folgende Implikationen auf die aufgestellte Anwendbarkeitsthese.

Implikationen auf Anwendbarkeitsthese 6a: KMU messen Investor Relations eine *geringe* Bedeutung bei und zeichnen sich daher durch eine *eingeschränkte* Informationsbereitschaft aus, die allerdings umso *größer* ist, je größer und fremdbestimmter das Unternehmen und damit je stärker der zusätzliche Kapitalbedarf ist.

Die aufgestellte These kann hinsichtlich der Bedeutung und der Informationsbereitschaft für mittelständische Unternehmen bestätigt werden. Auch lassen sich Hinweise beobachten, dass fremdgeführte KMU eher für Investor Relations empfänglich sind. Die bisherigen Diskussionen im Rahmen der empirischen Befunde haben jedoch gezeigt, dass der Person des Unternehmers gegenüber der Unternehmensgröße eine gewisse Dominanz eingeräumt wird. Dieser Vermutung wird auch hier gefolgt und die aufgestellte These daher wie folgt angepasst:

810 Vgl. Günther/Gonschorek 2006, S. 8 i. V. m. S. 19 (Aussage 4).

Neue Anwendbarkeitsthese 6a: KMU messen Investor Relations eine geringe Bedeutung bei und zeichnen sich daher durch eine eingeschränkte Informationsbereitschaft aus, die allerdings umso größer ist, je *fremdbestimmter* das Unternehmen ist.

7.2.5.1 IR-Empfänger

Die einleitenden Bemerkungen zur Bedeutung von Investor Relations haben die für KMU relevanten Adressaten bereits angedeutet. Folgende Abbildung 7-8 verdeutlicht, dass die **Banken** im Rahmen des bei fremdfinanzierten Unternehmen üblichen Basel II-Ratings für 8 von 10 befragten Unternehmen (neben den Gesellschaftern) **die wichtigste Empfängergruppe** darstellen.

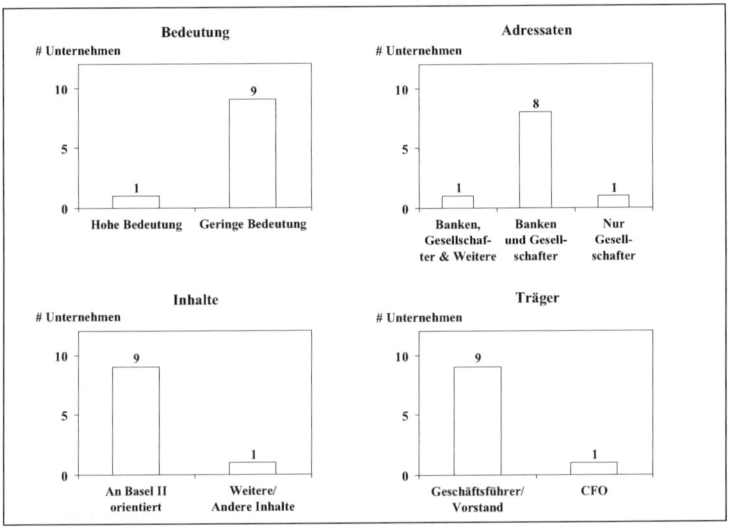

Abbildung 7-8: Ausgestaltung von Investor Relations
Quelle: Eigene Darstellung

Dieser Befund ist vor dem Hintergrund der im Mittelstand vorherrschenden, klassischen Fremdfinanzierung nicht erstaunlich.[811] Ein Unternehmen, welches sich durch eine 100%ige Eigenfinanzierung auszeichnete, hatte sogar ausschließlich die eigenen Gesellschafter im Fokus seiner Investor Relations. Auf eine darüber hinausgehende Informationsversorgung weiterer Stakeholder wurde komplett verzichtet. Die bei der Ableitung der theoretischen Anforderungen

811 Vgl. auch die Ausführungen in Abschnitt 2.3.1.

herausgearbeitete Bedeutung der Journalisten und Analysten konnte nur für das börsennotierte Unternehmen der Stichprobe bestätigt werden, was darin zum Ausdruck kam, dass dieses „regelmäßig am Kapitalmarkt übliche Analystenkonferenzen“ durchführte. Die Durchführung einer derartigen Konferenz ist in den Augen der übrigen Unternehmen „auf Grund des privaten Charakters unseres Unternehmens“ nicht vorstellbar. Bestätigten zwar die Unternehmer die „steigende Bedeutung von Private Equity“, so waren diese dennoch auf Grund des derzeit fehlenden Interesses einer externen Kapitalbeteiligung hinsichtlich der Informationsversorgung dieser Gruppe sehr zurückhaltend. Beteiligungsgesellschaften, die Interesse an einer Investitionsprüfung bekundet hatten, wurden höflich zurückgewiesen und nicht mit weiteren Informationen versorgt.

Zusammenfassend können die **Anforderungen als weitestgehend erfüllt** angesehen werden, da jeweils die für das Unternehmen relevanten Informationsempfänger und Kapitalgeber adressiert wurden. Die diskutierten empirischen Beobachtungen haben folgende Implikationen auf die aufgestellte Anwendbarkeitsthese.

Implikationen auf Anwendbarkeitsthese 6b: Die *Banken* stellen für den überwiegenden Teil der KMU im Kontext von Basel II die wichtigsten IR-Adressaten dar.

Wird von der Bedeutung und Informationsversorgung der Eigentümer und Gesellschafter abstrahiert, so kann die aufgestellte These im Rahmen der Expertenbefragung vollends bestätigt und damit unverändert beibehalten werden.

7.2.5.2 IR-Inhalte

Wesentliche Kommunikationsinhalte wertorientierter Investor Relations liegen im Total Return Reporting, im Value Added Reporting, im Strategic Advantage Reporting sowie in dem Reporting weiterer nützlicher Informationen begründet.[812] Total Return Reportinginhalte stellen dabei auf die historische Leistung der Kurs-, Dividenden- und Aktienkennzahlen ab. Da der überwiegende Anteil der mittelständischen Unternehmen in Deutschland nicht börsennotiert ist, können die Anforderungen hieran demnach nicht erfüllt sein. Daher ist es sinnvoll, die Inhalte des Total Reportings auf wesentliche, die Kapitalgeber interessierende Größen der Bilanz, GuV, BWA sowie weitere Kernkennzahlen (z. B Netto-Neuverschuldung, Liquiditätsmaße) anzupassen. Da Banken die Hauptfi-

812 Vgl. Abschnitt 5.3.5.

nanzierungsquelle von KMU darstellen, bietet sich die Anlehnung an die im Rahmen des Basel II-Ratings zu berichtenden Kenngrößen wie Umsatz, Umsatzwachstum, EBIT, EBITDA und Cashflow an. Wie der Abbildung 7-8 zu entnehmen, ist dies bei 9 der 10 befragten und hierbei allen inhabergeführten Unternehmen der Fall. Das übrige Unternehmen lehnt seine IR-Inhalte an die Publizitätsverpflichtungen börsennotierter Unternehmen an und bezeichnet das Bankenrating als „für uns nicht sehr wichtig". Wichtig sind den Banken v. a. die **Nachvollziehbarkeit und Validität der Angaben**. Treten z. B. Planverfehlungen auf, so legen die Kapitalgeber größten Wert auf „eine frühzeitige und umfassende Information inklusive einer zu Grunde liegenden Abweichungsanalyse". Während sich der Interviewpartner des auf mittelständische Unternehmen spezialisierten Kreditinstitutes „mit den primären Kommunikationsinhalten der Kunden zufrieden" zeigt[813], lässt die frühzeitige Kommunikation von Planverfehlungen bei etwa zwei Drittel der Kunden zu Wünschen übrig.

Das Value Added Reporting scheint bei mangelnder Einführung einer wertorientierten Steuerungskonzeption obsolet. So können weder Einzelheiten zur konzeptionellen Ausgestaltung des Wertmanagementkonzeptes noch die erzielte Wertschaffung an die Kapitalgeber kommuniziert werden. Die Kommunikation der erzielten Wertschaffung bzw. leistungsabhängiger Vergütungen und Vergütungssysteme wäre auf Grund der eingeschränkten Informationsbereitschaft der Unternehmen auch nicht zu erwarten.

Angaben zum zukunftsorientierten Strategic Advantage Reporting werden ebenfalls im Rahmen der durch Basel II-vorgegebenen qualitativen Ratingkriterien erhoben und berichtet. So sind Angaben zur unternehmerischen Ausrichtung, der aktuellen Markt- und Wettbewerbsposition sowie der kritischen Erfolgsfaktoren Grundbestandteil eines Reportings, weshalb die **Anforderungen tendenziell als erfüllt angesehen** werden können.[814] Wie ebenfalls Abbildung 7-8 entnommen werden kann, ist die Versorgung externer Adressaten mit Informationen, die über die Basel II-Inhalte hinaus gehen, in mittelständischen Unternehmen nicht verbreitet.

---

813 Fast alle Kunden dieser auf den Mittelstand spezialisierten Bank entsprechen dabei den Anforderungen an die Bankenkommunikation. Ein kleiner Teil der Kunden übertrifft sogar die im Vergleich zur Branche sehr hohen Anforderungen des Hauses.

814 Diese von den Unternehmen zu reportenden qualitativen Faktoren werden durch eine Einschätzung der Kundenbetreuer validiert und z. B. hinsichtlich Managementqualitäten und SWOT-Analysen ergänzt.

Die **Anforderungen an** die Kommunikationsinhalte des Total Return- und Strategic Advantage-Reporting erscheinen, bezogen auf für KMU relevante **Informationsinhalte,** in dem überwiegenden Anteil der KMU **erfüllt**. Die diskutierten empirischen Beobachtungen haben folgende Implikationen auf die aufgestellte Anwendbarkeitsthese.

Implikationen auf Anwendbarkeitsthese 6c: Die IR-Inhalte von KMU orientieren sich sehr stark an die Vorgaben des *Bankenratings*. Eine darüber hinausgehende Informationsversorgung findet nicht statt.

Die aufgestellte Anwendbarkeitsthese kann auf Basis der Ergebnisse der Experteninterviews als vorläufig bestätigt gelten. Sie wird daher unverändert beibehalten.

7.2.5.3 IR-Instrumente und IR-Träger

Wesentliche Anforderung an wertorientiert ausgestaltete Investor Relation-Instrumente war die im Hinblick auf den Kommunikationsempfänger zielgerichtete Auswahl und Nutzung dieser Instrumente. Die Anforderung an die Kommunikationsträger war die intensive Einbindung der Unternehmensleitung, um Glaubwürdigkeit und personelle Kontinuität der Kommunikation zu erhöhen.[815]

Vor dem Hintergrund der zielgerichteten Ansprache der wichtigsten Adressatengruppen, den Banken, kann von einer **Erfüllung der Anforderungen ausgegangen** werden. Dies ist dadurch begründet, dass die Inhalte der von den Banken geforderten Informationen im Rahmen der Basel II-Richtlinie konkret definiert sind. Wesentliche Investor Relation-Instrumente der Bankenkommunikation sind neben dem jährlichen offiziellen Jahresabschlussbericht, weitere persönliche Gespräche mit dem Kundenbetreuer und v. a. ein so genannter **Bankenspiegel**.[816] Der Bankenspiegel beinhaltet neben den Basisangaben der BWA, GuV und Bilanz im Wesentlichen weitere durch Basel II geforderte Kriterien und wird in Absprache mit dem jeweiligen Bankenbetreuer unternehmensindividuell definiert. Teilweise wurde von den befragten Unternehmen „eine aktive und regelmäßige Bankenkommunikation“ beschrieben, um „weiterhin das Vertrauen der Banken zu stärken und ein besseres Rating zu bekommen“. In anderen Fällen beschränkte sich das Bankenreporting auf die Bereit-

---

815 Vgl. Abschnitt 5.3.5.

816 Vgl. Lindemann et al. 1998 für ausführliche Informationen zu einem Bankenspiegel.

stellung von Mindestinformationen zu den im Vorfeld definierten Terminen. Laut Aussage eines Firmenkundenbetreuers ist der Bankenspiegel in der Regel vierteljährlich vorzulegen, während die persönlichen Reviewgespräche jährlich oder im Einzelfall halbjährlich stattfinden. Besteht kurzfristiger Informations- bzw. Entscheidungsbedarf, so wird dieser spontan im Rahmen eines Telefonates geklärt bzw. die rasche Klärung initiiert.

Als generelles Kommunikationsmedium für die verschiedenen Stakeholder des Unternehmens bzw. im Rahmen von Public Relations Maßnahmen ist die Gestaltung und Nutzung einer Firmen-Homepage in allen befragten Unternehmen vorhanden. In einigen Fällen war zudem ein eigenes Firmen-Intranet zur gezielten Informationsbereitstellung für die Mitarbeiter des Unternehmens existent.

Hinsichtlich des vorgeschlagenen Kommunikationsträgers kann bei starker zeitlicher Belastung des Unternehmers eine IR -Abteilung die Unternehmensführung bei der Vorbereitung und tlw. Ausführung ihrer Kommunikationsaufgaben unterstützen.[817] Wie Abbildung 7-8 zu entnehmen, stellt in 9 von 10 Unternehmen der Geschäftsführer den zentralen Kommunikationsträger dar. Dies überrascht nicht, da der Unternehmer im Mittelstand als Gallions- und Leitfigur gilt.[818] Die **zentrale Kommunikation durch den Geschäftsführer** wurde insbesondere auch von Bankenseite als „erfolgsentscheidend und ratingrelevant" eingestuft. In dem zu dem Konzernverbund zugehörigen Unternehmen wurde die Kommunikation oftmals durch die Position des CFO durchgeführt. Eine fest etablierte IR-Abteilung lag in keinem der Unternehmen vor. In einem der befragten Unternehmen wurde auf Grund der hohen Kapitalintensität des Geschäftsmodells und der hohen Fremdkapitalquote ein Mitarbeiter zu 50% seiner Arbeitszeit abgestellt. Interessant zu erwähnen ist jedoch, dass in den Augen der Bankenvertreter auch „die Mitarbeiter der 2. Führungsebene heutzutage über sehr gute Detailkenntnisse über das Unternehmen verfügen". Entscheidend bleibt jedoch das persönliche Engagement des Unternehmers.

Als Fazit kann festgehalten werden, dass die **Anforderungen** an eine zielgerichtete Nutzung von Kommunikationsinstrumenten und an den Kommunikationsträger **weitestgehend erfüllt** sind. Die diskutierten empirischen Beobachtungen haben folgende Implikationen auf die aufgestellte Anwendbarkeitsthese.

---

817 Vgl. Abschnitt 5.3.5.

818 Vgl. die Ausführungen in Abschnitt 2.2.2.

Implikationen auf Anwendbarkeitsthese 6d: Das *Informationsgespräch* durch den *Unternehmer persönlich* stellt in KMU die wichtigste Kombination aus Kommunikationsinstrument und -träger dar.

Die aufgestellte Anwendbarkeitsthese kann auf Basis der Ergebnisse der Experteninterviews als vorläufig bestätigt gelten. Sie wird daher unverändert beibehalten.

Als Gesamtfazit zu der Ausgestaltung von Investor Relations scheinen vor dem Hintergrund der besonderen Kommunikationsempfänger die **Anforderungen an wertorientierte Unternehmensführung weitestgehend erfüllt**. Relevante Empfänger wurden identifiziert, die adäquaten Informationsinhalte spezifiziert und mittels auf die Zielgruppe abgestimmter Instrumente durch die Unternehmensführung übermittelt.

In einer Gesamtbeurteilung zur wertorientierten Ausgestaltung der Unternehmensstruktur muss festgehalten werden, dass die **definierten Anforderungen überwiegend nicht erfüllt sind** und somit **KMU** auch in dieser Perspektive des *Zürcher Ansatzes* **keine Wertorientierung aufweisen**. Jedoch zog sich die fehlende Wertorientierung des Zielsystems als eine Art Folgefehler durch die verschiedenen Ausgestaltungsanforderungen der strukturellen Erfolgsfaktoren (z. B. fehlende wertorientierte Bemessungsgrundlage im Vergütungssystem) durch. So entsprechen die beobachteten Prozesse und Strukturen von Investor Relations, Informationssystem und Kontrollsystem prinzipiell den Anforderungen an eine wertorientierte Ausgestaltung. Jedoch bestehen insbesondere im Planungssystem (z. B. unzureichender Planungshorizont, mangelnde Nutzung von Planungsinstrumenten) und im Vergütungssystem (z. B. tlw. keine Nutzung leistungsabhängiger Vergütung) noch Mängel in der wertorientierten Ausgestaltung. Inwieweit die Anforderungen an die Ausgestaltung der Unternehmenskultur erfüllt sind, wird im folgenden Unterkapitel behandelt.

7.3 Befunde zur Unternehmenskultur

Bereits in den Ausführungen des Abschnitts 2.2.4 zu den betriebswirtschaftlichen Besonderheiten von mittelständischen Unternehmen wurde herausgestellt, dass sich die Unternehmenskultur in mittelständischen Unternehmen von der in Großunternehmen unterscheidet, was v. a. mit der besonderen Rolle des Unternehmers, den flachen Hierarchien, schnellen Kommunikations- und Entscheidungswegen und der besonderen familiären Fürsorge des Unternehmens begründet wurde. Verallgemeinernde Beschreibungen einer typischen KMU-Unternehmenskultur können nicht getroffen werden, da die Kultur ein Ergebnis sehr stark personenbezogener Denkhaltungen ist und damit in der Regel eines sich über mehrere Jahre entwickelnden Miteinanders.

Bezüglich der Änderung einer KMU-Unternehmenskultur (also Change Management-Vorhaben) wurde in Abschnitt 2.2.4 die besondere Rolle des Unternehmers und dessen Vorbildfunktion als wesentliche Einflussgröße genannt. Dies konnte im Rahmen der durchgeführten Gespräche bestätigt werden. So hob z. B. ein angestellter Geschäftsführer die starke Rolle seines Partners, des geschäftsführenden Inhabers hervor („Wenn Herr X sagt, wir machen das so, dann wird das im Unternehmen auch so gemacht"). In einem anderen Interview wurde deutlich, dass je nach Situation und Unternehmenskonstellation die Vorbildfunktion des Geschäftsführers alleine jedoch kein Garant erfolgreicher Veränderungsvorhaben ist. So beschrieb ein Gesprächspartner „die mühsame Entwicklung einer nach der Unternehmensnachfolge auf die Nachfolgegeneration gewollten Änderung von einer autoritären und patriarchalischen hin zu einer kooperativen bzw. selbstverantwortlichen Unternehmensführung". Dieses Beispiel lässt vermuten, dass auch in mittelständischen Unternehmen der **Einsatz gezielter Change Management-Instrumente sinnvoll** sein kann. Diese Vermutung wird gestützt durch die Argumentation von WALDMANN/WAGNER (2004), die feststellen, dass Mitarbeiter im Mittelstand doch nicht so veränderungsbereit und auch –fähig sind, wie allgemein vermutet.[819] GÜNTHER/GONSCHOREK (2006) stellen zwar fest, dass in kleinen KMU und in Familienunternehmen die Mitarbeiterorientierung des unternehmerischen Handels (im Status Quo) stärker ist.[820] Jedoch ist nicht davon auszugehen, dass Change Management damit obsolet wird, da die prinzipielle Herausforderung von Veränderungsprozessen bleibt.

Die überwiegende Zahl der Gesprächspartner konnte des Weiteren die in der Literatur identifizierten und in dieser Arbeit diskutierten fünf Erfolgsfaktoren des Kulturwandels in ihrer Relevanz auch in der KMU-Praxis bestätigen. Diese Erfolgsfaktoren besitzen demnach sowohl „auf die aktuelle Unternehmenskultur als auch auf anstehende Veränderungsprozesse einen wichtigen Einfluss". Der **Rolle des Unternehmers als Vorbild und Machtpromotor** wurde dabei über-

819 Vgl. Waldmann/Wagner 2004, S. 107f.
820 Vgl. Günther/Gonschorek 2006, S. 10.

wiegend die **stärkste Bedeutung** zugemessen.[821] Die theoretische **Bedeutung des Erfolgsfaktors** kann daher auch in mittelständischen Unternehmen als **bestätigt** angesehen werden. Die diskutierten empirischen Beobachtungen haben folgende Implikationen auf die aufgestellte Anwendbarkeitsthese.

Implikationen auf Anwendbarkeitsthese 7a: Change Management-Aktivitäten sind in KMU auf Grund der besonderen Unternehmenskultur von *geringerer* Bedeutung als in Großunternehmen.

Die obigen Ausführungen machen deutlich, dass in mittelständischen Unternehmen eine besondere Beziehung zwischen Unternehmer und Mitarbeitern existiert. Jedoch sind auch KMU-Mitarbeiter teilweise von der „Macht der Gewohnheit" betroffen und haben ggf. bisher nicht erfahren, sich auf neue Umweltsituationen einzustellen. Dementsprechend gilt es auch im KMU-Kontext, die Mitarbeiter in den Veränderungsprozessen gezielt zu unterstützen. Die aufgestellte Anwendbarkeitsthese wird daher wie folgt angepasst.

Neue Anwendbarkeitsthese 7a: Change Management-Aktivitäten sind auch in KMU *erfolgskritisch.*

Implikationen auf Anwendbarkeitsthese 7b: Je größer und fremdgeführter (externes Management oder Kapitalbeteiligung) ein KMU ist, desto *bedeutender* wird Change Management als Erfolgsfaktor.

Die Ergebnisse von GÜNTHER/GONSCHOREK (2006) weisen darauf hin, dass kleinere und inhabergeführte KMU stärker mitarbeiterorientiert sind als große und fremdgeführte Unternehmen. Ist dies zwar ein Indiz für eine stark ausgeprägte Unternehmenskultur (im Status Quo), so kommt Change Management-Aktivitäten bei diesen Unternehmen im Falle einer kulturellen *Veränderung* ggf. eine sogar noch stärkere Bedeutung zu, da tradierte Verhaltensweisen im Unternehmen fest verankert sind. Die aufgezeigten Beispiele zeigen, dass die Veränderungsbereitschaft von KMU-Mitarbeitern völlig unabhängig von der Größe des Unternehmens bzw. dessen Art der Geschäftsführung erscheint. Die aufgestellte Anwendbarkeitsthese wird auf Basis der Ergebnisse der Experteninterviews abgelehnt und stattdessen ersatzlos gestrichen.

Während die Anforderungen an eine wertorientierte Strategie bzw. Struktur eines Unternehmens relativ klar der aktuellen Ausgestaltung gegenüber gestellt

---

821 Dies entspricht den bereits in Abschnitt 2.2.4 aufgezeigten Charakteristika von KMU.

werden können, so ist dies bei der Beurteilung der verhaltensbezogenen Einführung (Durchsetzung) eines unternehmensweiten Steuerungskonzeptes schwieriger. Die folgenden Ausführungen treffen daher auch keine Aussagen darüber, ob die Anforderungen aktuell erfüllt sind, sondern stellen Vermutungen darüber an, inwieweit bei einer Einführung des Konzeptes von der Erfüllung der Anforderungen ausgegangen werden kann.

7.3.1 Top-Management-Unterstützung

Die Rolle des Unternehmers ist sehr operativ geprägt. Der Unternehmer ist auch auf Grund der Überschaubarkeit der Organisation sehr stark in alle Unternehmensprozesse eingebunden und pflegt regelmäßig persönlichen Kontakt zu den Mitarbeitern. In seiner Funktion als Vorgesetzter und teilweise sogar Eigentümer fungiert er als Machtpromotor und teilweise auch durch seine langjährige Erfahrung und Ausbildung als Fachpromotor. Auch die durchgeführten Expertengespräche lassen die besondere Funktion des Unternehmers im Kontext von Change Management-Prozessen erkennen, da „nur diesem die Entscheidung und die konsequente Einführung" neuer Ideen und Vorhaben zukommt. Als wichtigste Voraussetzung dafür wurden „**Glaubwürdigkeit und Authentizität des Unternehmers**" genannt. Auch die Unternehmer selber verdeutlichten in den Interviews ihr besonderes Engagement für alle denkbaren Themen, „seien es operative Produktionsprobleme oder soziale Belange der Mitarbeiter". Die Einführung einer wertorientierten Unternehmensführung wird das Unternehmen in seinen Strukturen und Prozessen signifikant verändern. Dies erfordert eine klare Entscheidung seitens des Unternehmers, weshalb in diesem Fall von der in der Theorie geforderten expliziten und impliziten Unterstützung ausgegangen werden kann.[822]

Als Fazit lässt sich festhalten, dass die konkrete Ausprägung der **Top-Management-Unterstützung sehr stark vom jeweiligen Unternehmertyp abhängig** ist, tendenziell jedoch von einer hinreichenden Erfüllung der Anforderungen ausgegangen werden kann. Die diskutierten empirischen Beobachtungen haben folgende Implikationen auf die aufgestellte Anwendbarkeitsthese.

Implikationen auf Anwendbarkeitsthese 7c: In KMU ist auf Grund der besonderen Stellung des Unternehmers von einer besonders *hohen* Top-Management-Unterstützung auszugehen.

---

822 Vgl. Unterkap. 5.4.

Die aufgestellte Anwendbarkeitsthese kann auf Basis der Ergebnisse der Experteninterviews als **vorläufig bestätigt** gelten. Sie wird daher unverändert beibehalten.

Im Rahmen der durchgeführten Gespräche konnte des Weiteren der Betriebsrat als zentraler Erfolgsfaktor von Change-Vorhaben identifiziert werden. So wurden Situationen einer äußerst harmonischen und vertrauensvollen Zusammenarbeit geschildert, die sowohl sozial geprägt war, jedoch auch ökonomische Notwendigkeiten nie außer Acht ließ. In einem anderen Fall hingegen wurden laut Aussage des Interviewpartners „klare ökonomische Fakten bei der Bewertung von Entscheidungen vernachlässigt, was zu einer eingeschränkten Flexibilität des Unternehmens führte und diesem dadurch mittelfristig geschadet hat“. Bei Change Management-Vorhaben scheinen daher insbesondere die **frühzeitige und umfassende Einbindung des Betriebsrates** und die Förderung einer vertrauensvollen Zusammenarbeit sinnvoll. Mittelständische Unternehmen sind auf Grund ihrer finanziellen Restriktionen bei der Einführung und Konzeptionierung einer wertorientierten Unternehmensführung auf das Verständnis und die Unterstützung durch die Mitarbeiter (und in Vertretung dieser auf den Betriebsrat) angewiesen. So müssen ggf. zur Finanzierung eines leistungsabhängigen Vergütungssystems die Mitarbeiter zunächst auf einen geringen Gehaltsbestandteil zu verzichten, um bei entsprechender Leistung auch eine zum Gehaltsverzicht überproportionale zusätzliche variable Vergütung erlangen zu können. In einem der befragten Unternehmen wurde dabei diese „Finanzierung durch mangelnde Kooperation und Einsicht des Betriebsrates erheblich erschwert“. In Folge konnten wertorientierte Anreize in den unteren Ebenen des Unternehmens nur sehr eingeschränkt eingesetzt werden, da der finanzielle Spielraum im Gegensatz zu einem Großunternehmen limitiert war. Aus diesen Überlegungen lässt sich eine neue Anwendbarkeitsthese ableiten:

Neue Anwendbarkeitsthese 7g: Neben der Top-Management-Unterstützung ist in KMU insbesondere die Unterstützung durch den *Betriebsrat* von Bedeutung.

7.3.2 Personalführung und Beteiligung der Mitarbeiter

Die Anforderungen im Rahmen der Personalführung beziehen sich zum einen auf die angewandte Management-by-Technik (v. a. Berücksichtigung von Fähigkeiten der Mitarbeiter, Einräumen von Handlungsfreiräumen) und zum anderen auf den praktizierten Führungsstil (Kompatibilität zur gewählten Management-by-Technik).[823] Eine pauschale Bewertung hinsichtlich der Erfüllung dieser Anforderungen kann im Rahmen der durchgeführten Untersuchung nicht vorgenommen werden.

Die durchgeführten Expertengespräche lassen jedoch vermuten, dass heute überwiegend ein „Management-by-Objectives“ Platz in der Personalführung von mittelständischen Unternehmen eingenommen hat. Die Mitarbeiter vereinbaren dabei mit ihren Vorgesetzten individuelle, leistungsadäquate Ziele und bleiben in der Wahl ihrer Maßnahmen zur Zielerreichung relativ frei.[824] Am Ende der Zielperiode werden die Mitarbeiter an ihrem Zielerreichungsgrad gemessen. Das „Management-by-Decision Rules“ scheint heute nur gering verbreitet zu sein, da die Mitarbeiter in KMU laut einiger Unternehmer „oftmals nur über unzureichende Fähigkeiten verfügen, Entscheidungen selbständig und eigenverantwortlich zu treffen“.[825] Diese Unfähigkeit wurde in der Vergangenheit oftmals durch einen patriarchalischen Führungsstil des Unternehmers gefördert. Nach Aussagen eines Gesprächspartners kann ein patriarchalischer Führungsstil jedoch auch Vorteile haben, z. B. dann „wenn unbequeme Entscheidungen entschieden und anschließend auch konsequent durchgesetzt werden müssen“. Mühsame Abstimmungen mit den Mitarbeitern werden vermieden. Ein offener und fairer Führungsstil kann dabei gleichzeitig für Verständnis hinsichtlich der unbequemen Entscheidungen sorgen. **Führungsstil und eingesetzte Management-by-Technik scheinen abhängig von der Persönlichkeit des Unternehmers** und von dessen Alter und Bildungshintergrund zu sein. Die durchgeführten Gespräche lassen vermuten, dass die nachrückende Generation in KMU ggü. MbO und einem kooperativen Führungsstil tendenziell aufgeschlossener ist.

Die Anforderungen, die an die Beteiligung der Mitarbeiter gestellt werden, zielen auf eine breite Einbindung wertschaffungskritischer Mitarbeiter ab, die idealerweise über Vorkenntnisse bzgl. des einzuführenden Konzeptes verfügen und anschließend das erworbene Wissen in der Organisation verbreiten.[826] Die übersichtliche Organisationsstruktur lässt eine einfache Erfüllung der Anforde-

823 Vgl. Unterkap. 5.4.

824 In der Vergangenheit wurde in KMU oftmals das „Management-by-wandering-around“ mit einem patriarchalischen Führungsstil kombiniert.

825 In diesem Zusammenhang erwähnten mehrere Gesprächspartner die Problematik, gute Mitarbeiter zu finden, da Großkonzerne Höherqualifizierten i. d. R. bessere Entwicklungschancen und höhere Gehälter garantieren.

826 Vgl. Unterkap. 5.4.

rung vermuten. Jedoch verfügen KMU-Mitarbeiter i. d. R. nicht über grundlegende Kenntnisse eines Wertmanagementkonzeptes. Auch im Rahmen der Expertengespräche konnten keine Hinweise gewonnen werden, dass eine breite Mitarbeiterschicht systematisch bei der Gestaltung neuer konzeptioneller Überlegungen einbezogen wird.

Ein Interviewpartner berichtete jedoch davon, dass „die Vertriebsmitarbeiter bei der Einführung eines deckungsbeitragsbasierten Provisionssystems explizit in den Gestaltungsprozess eingebunden waren". Ein Unternehmensberater schilderte „die Einbindung operativer Mitarbeiter bei der Erstellung des Werttreiberbaumes", welcher im Rahmen der erfolgreichen Einführung einer wertorientierten Unternehmensführung in einem mittelständischen Unternehmen implementiert wurde. Die beiden Beispiele sind dabei eher als Ausnahme zu charakterisieren. Sie lassen jedoch erkennen, dass die Anforderung an die Beteiligung der Mitarbeiter erfüllbar ist und beibehalten werden sollte. In der Praxis scheint diese hingegen nicht erfüllt, da die Einbindung von Mitarbeitern in Veränderungs- und Entscheidungsprozessen nicht immer von Vorteil gesehen wird, da „ggf. mühsame Abstimmungsprozesse resultieren, ohne die Qualität des Ergebnisses zu erhöhen". Die **Einbindung der Mitarbeiter stellt in den Augen einiger Unternehmer demnach keinen zusätzlichen Nutzen** dar. Die diskutierten empirischen Beobachtungen haben folgende Implikationen auf die aufgestellte Anwendbarkeitsthese.

Implikationen auf Anwendbarkeitsthese 7d: In KMU ist eine *geringere* Einbindung relevanter Mitarbeiter in die Konzeptionierung eines Steuerungssystems zu erwarten.

Die aufgestellte Anwendbarkeitsthese kann auf Basis der Ergebnisse der Experteninterviews als vorläufig bestätigt gelten. Sie wird daher unverändert beibehalten.

Zusammenfassend lässt sich tendenziell eine **unzureichende Erfüllung der Anforderungen** vermuten. Bereits vorhandenes Fachwissen auf Mitarbeiterseite ist nicht zu erwarten, weshalb der Schulung der Mitarbeiter eine besondere Rolle zukommt.

7.3.3 Schulung

Die Anforderungen an die Ausgestaltung einer adäquaten Schulung im Rahmen der Einführung einer wertorientierten Unternehmensführung beinhalten v. a. die

Schulung einer hohen Teilnehmerzahl und die Vermittlung wesentlicher Grundlagen.[827] Wie die empirischen Befunden von GÜNTHER/GONSCHOREK (2006) zeigen, kommt der Schulung bei kleineren und inhabergeführten KMU eine besondere Bedeutung zu, da diese hinsichtlich einer wertorientierten Unternehmensführung über Wissensdefizite verfügen.[828] Bei den befragten Unternehmen werden derzeit **Schulungsmaßnahmen** auf Grund eingeschränkter finanzieller Mittel **nur eingeschränkt durchgeführt**. Mit Ausnahme spezieller IT-Schulungen für die Mitarbeiter, erfolgt „die Weiterbildung eher dem Prinzip learning-by-doing". Nur in Einzelfällen wurden für Spezial- oder „Soft Skills"-Trainings externe Trainer engagiert. Auf Grund der limitierten Finanzmittel und der restriktiven „Schulungsmentalität" ist vermuten, dass insgesamt keine ausreichenden Schulungsmaßnahmen in mittelständischen Unternehmen zur Verfügung stehen.[829] Dennoch kann nicht pauschal bewertet werden, dass solche Mittel nicht nach der Entscheidung zur Einführung einer wertorientierten Unternehmensführung freigestellt werden können. Laut Meinung eines Unternehmensberaters müssten Schulungen jedoch in jedem Fall „auf Grund der im Mittelstand wenig verbreiteten akademischen Ausbildung hinsichtlich Schulungsdidaktik und –inhalt angepasst werden". Die diskutierten empirischen Beobachtungen haben folgende Implikationen auf die aufgestellte Anwendbarkeitsthese.

Implikationen auf Anwendbarkeitsthese 7e: Die bestehenden Defizite in der Personalentwicklung und die Ressourcenrestriktionen von KMU lassen eine nur *unzureichende* Schulung der Mitarbeiter in KMU erwarten.

Die aufgestellte Anwendbarkeitsthese kann auf Basis der Ergebnisse der Experteninterviews als vorläufig bestätigt gelten. Sie wird daher unverändert beibehalten.

Die **Erfüllung der Anforderungen erscheint möglich**. Jedoch bedarf die Schulungskonzeption einer besonderen Aufmerksamkeit und muss auf die Bedürfnisse der Zielgruppe zugeschnitten werden.

7.3.4 Interne Kommunikation

Die konkrete Begründung der Einführung einer wertorientierten Unternehmensführung sowie die Übermittlung wesentlicher Ausgestaltungsmerkmale sind die

827 Vgl. Unterkap. 5.4.

828 Vgl. Günther/Gonschorek 2006, S. 20.

829 Vgl. Pelz 2000, S. 24.

Anforderungen, die an eine mündliche und schriftliche interne Kommunikation gestellt werden.[830] Im Rahmen der durchgeführten Interviews konnten **unterschiedlich praktizierte interne Kommunikationsmaßnahmen beobachtet** werden. Während in einem Unternehmen die interne Kommunikation auf ein Minimum beschränkt war (Rede im Rahmen einer durch den Betriebsrat initiierten Betriebsversammlung), nutzten andere Unternehmen ein vielfältiges Spektrum an Kommunikationsmöglichkeiten. So wurden Sommerfeste, Betriebs- und Weihnachtsfeiern als Medium genutzt, um über die aktuelle Situation und die künftige Entwicklung des Unternehmens zu berichten, die Mitarbeiter auf gemeinsame Ziele einzuschwören und die Motivation derselben zu erhöhen. Die Nutzung von Mitarbeiterzeitschriften und von firmeneigenen Intranets konnte ebenfalls in einigen Unternehmen festgestellt werden.

Dabei wurde von einem Gesprächspartner die „Offenheit, Ehrlichkeit und Authentizität als die erfolgskritischen Attribute unternehmerischen Denkens, Handelns und Kommunizierens" betrachtet. So schilderte er seine Erfahrung, „starken Vorbehalten gegenüber einem vermeintlichen Gewinnstreben durch eine offene und ehrliche Kommunikation und Einbindung der Mitarbeiter" begegnet zu haben. Diese **persönliche und regelmäßige Kommunikation** stellt dabei auch den in den befragten Unternehmen **dominierenden Kommunikationsstil** dar. Auch die Omnipräsenz des Unternehmers, die flachen Hierarchien und Entscheidungsstrukturen sprechen für eine Erfüllung der Anforderung. Die Kommunikation an die Mitarbeiter beinhaltet dabei laut Unternehmer im Wesentlichen „Erklärungen zu der derzeitigen Situation des Unternehmens und bevorstehenden Zielen und Herausforderungen". Quantitative Ergebnisse werden i. d. R. nicht kommuniziert. Diese Beobachtung entspricht dabei den Befunden von GÜNTHER/GONSCHOREK (2006).[831] Die diskutierten empirischen Beobachtungen haben folgende Implikationen auf die aufgestellte Anwendbarkeitsthese.

Implikationen auf Anwendbarkeitsthese 7f: Die besondere Unternehmenskultur in KMU lässt eine *ausreichende* interne Kommunikation erwarten.

Die aufgestellte Anwendbarkeitsthese kann auf Basis der Ergebnisse der Experteninterviews als vorläufig bestätigt gelten. Sie wird daher unverändert beibehalten.

---

830 Vgl. Unterkap. 5.4.

831 Vgl. Günther/Gonschorek 2006, S. 8.

Es kann davon ausgegangen werden, dass eine ausreichende Kommunikation an die internen Mitarbeiter stattfindet und bei der Einführung einer wertorientierten Unternehmensführung die wesentlichen Inhalte und Beweggründe kommuniziert werden. Die **Anforderungen scheinen** daher **tendenziell erfüllt**.

Bezüglich der gesamthaften Bewertung der Erfüllung der Anforderungen an eine wertorientierte Durchsetzung des Konzeptes kann attestiert werden, dass die Erfüllung der Anforderungen sehr stark von der Person des Unternehmers, dessen Rolle und Führungsstils abhängig ist. Ist jedoch die Entscheidung zur Einführung eines solchen Konzeptes einmal gefallen, so kann von ausreichender Unterstützung des Unternehmers, adäquater Personalführung, einer hinreichenden Beteiligung der Mitarbeiter und von umfassender interner Kommunikation ausgegangen werden. Einschränkungen sind lediglich in der Erfüllung der Schulungsanforderungen zu vermuten, da mittelständische Unternehmen nur über eingeschränkte finanzielle Mittel verfügen. Dass die geschilderten Maßnahmen dem Kennen, Verstehen und Können[832] des Konzeptes förderlich sind, ist intuitiv eingängig. Inwieweit diese auch das Wollen der Mitarbeiter fördern, kann pauschal nicht beurteilt werden, sondern hängt neben der konkreten Umsetzung dieser akzeptanzsichernden Maßnahmen auch von der Gestaltung des Vergütungssystems ab.

7.4 Zusammenfassung

Im folgenden Unterkapitel werden die modifizierten Anwendbarkeitsthesen zusammenfassend dargestellt (Abschnitt 7.4.1) und weitere Kernergebnisse der empirischen Befunde veranschaulicht (Abschnitt 7.4.2).

7.4.1 Zusammenfassung modifizierter Anwendbarkeitsthesen

In Tabelle 7-7 werden zusammenfassend die ursprünglichen Anwendbarkeitsthesen jeweils ihrer ggf. modifizierten Form, die sich aus der Diskussion der empirischen Befunde ergeben hat, gegenübergestellt.

832 Vgl. Unterkap. 5.4.

Ursprüngliche Anwendbarkeitsthesen	Neue Anwendbarkeitsthesen
Zielsystem	
1a. KMU verfolgen *nicht* das Ziel der (dieser Arbeit zu Grunde liegenden Definition einer) Unternehmenswertsteigerung, sondern vielmehr die langfristige Existenzsicherung des Unternehmens.	1a. (beibehalten).
1b. Das Wertmanagement-Charakteristikum der Langfristorientierung des unternehmerischen Handelns ist in KMU von hoher Bedeutung und *wird erfüllt.*	1b. (beibehalten)
1c. Das Wertmanagement-Charakteristikum der Cashflow-Orientierung des unternehmerischen Handelns ist in KMU *nicht erfüllt.*	1c. (beibehalten)
1d. Das Wertmanagement-Charakteristikum der Berücksichtigung von Kapitalkosten ist in KMU *nicht erfüllt.*	1d. (beibehalten)
1e. Je größer bzw. fremdgeführter (externes Management oder Kapitalbeteiligung) ein KMU, desto *aufgeschlossener* ist es gegenüber einer wertorientierten Unternehmensführung.	1e. Je *fremdgeführter* (externes Mgmt. oder Kapitalbeteiligung) ein KMU, desto *aufgeschlossener* ist das KMU gegenüber einer wertorientierten Unternehmensführung. (***modifiziert***)
1f. KMU sind in Zukunft einer wertorientierten Unternehmensführung gegenüber *aufgeschlossener,* da sie die gestiegene Notwendigkeit einer Kapitalmarktattraktivität erkennen.	1f. Fremdbestimmte KMU sind in Zukunft einer wertorientierten Unternehmensführung gegenüber aufgeschlossener, da sie die gestiegene Notwendigkeit einer Kapitalmarktattraktivität erkennen. (***modifiziert***)
1g. In KMU ist ein hierarchisches Zielsystem mit klar definiertem, konkretem Oberziel und nicht konkurrierenden Unterzielen *nicht* durchgängig existent.	1g. (beibehalten)
1h. Spitzenkennzahlen in KMU stellen *nicht wertorientierte,* sondern ergebnisorientierte Größen dar.	1h. (beibehalten)
1i. Eine Operationalisierung der Ziele in KMU z. B. durch einen Werttreiberbaum findet *nicht* statt.	1i. (beibehalten)
1j. Planung findet in KMU nur *eingeschränkt* statt und erfolgt eher intuitiv aus *Sicht des Unternehmers.*	1j. Planung findet in KMU *überwiegend* statt und bezieht die *Sicht mehrerer Mitarbeiter* ein. (***modifiziert***)

1k. Die Berücksichtigung von Kapitalgebern und Wettbewerbern in der Zielplanung findet in KMU nur *unzureichend* statt. Planung basiert überwiegend auf der Fortschreibung historischer Zahlen.	1k. Die Berücksichtigung von Kapitalgebern in der Zielplanung findet in KMU nur *unzureichend* statt. Markt- bzw. Wettbewerberverhalten *werden* in der Planung berücksichtigt. (***modifiziert***)
Planungssystem	
2a. Planung in KMU ist eher unkoordiniert und durch *wenig formalisierte* Entscheidungs- und Planungsprozesse charakterisiert. Eine systematische wertorientierte Identifikation, Analyse, Bewertung und Auswahl von Planungsalternativen findet *nicht* statt.	2a. Planung in KMU weist durchaus *formalisierte* Entscheidungs- und Planungsprozesse auf. Eine Wertorientierung in der Planung ist jedoch *nicht* vorhanden. (***modifiziert***)
2b. Entscheidungsunterstützende strategische Planungsinstrumente in KMU werden nur *unzureichend* eingesetzt.	2b. (beibehalten)
2c. Je größer und fremdgeführter (externes Management oder Kapitalbeteiligung) ein KMU, desto *stärker formalisiert* und institutionalisiert ist das Planungssystem.	2c. (beibehalten)
Kontrollsystem	
3a. In KMU sind *weder* wertorientierte Kennzahlen, *noch* finanzielle oder operative Werttreiber explizit Bestandteil der Kontrolle.	3a. (beibehalten)
3b. Je größer und fremdgeführter (externes Management oder Kapitalbeteiligung) ein KMU, desto *ausgeprägter* ist das Controllingsystem und desto eher werden Wertcharakteristika im Controlling berücksichtigt.	3b. (beibehalten)
3c. Durchführungskontrollen werden in KMU *regelmäßig* durchgeführt, systematische Prämissenkontrollen, Konsistenzkontrollen und Ergebniskontrollen jedoch *nicht.*	3c. Durchführungskontrollen und Ergebniskontrollen werden in KMU *regelmäßig* durchgeführt, systematische Prämissenkontrollen und Konsistenzkontrollen jedoch *nicht.* (***modifiziert***)
Anreizsystem	
4a. Leistungsabhängige Anreizsysteme haben in KMU eine *geringere* Bedeutung, da Mitarbeiter per se stärker mit dem Unternehmen identifiziert sind.	4a. Leistungsabhängige Anreizsysteme sind *auch* in KMU von Bedeutung. (***modifiziert***)

4b. Je größer und fremdgeführter (externes Management oder Kapitalbeteiligung) ein KMU ist, desto *stärker* werden leistungsorientierte Anreizsysteme eingesetzt.	4b. (beibehalten)
4c. Eine leistungsabhängige Anreizgestaltung basiert in KMU *nicht auf wertorientierten,* sondern überwiegend auf ergebnisorientierten Größen.	4c. (beibehalten)
4d. Eine leistungsabhängige Anreizgestaltung kommt in KMU nur ausgewählten Mitarbeitern der *Führungsebenen* zu Gute und basiert auf *kurzfristigen, individuellen* Einzelzielen.	4d. Eine leistungsabhängige Anreizgestaltung kommt in KMU überwiegend der Führungsebene und den Vertriebsmitarbeitern zu Gute *und* basiert auf kurzfristigen, individuellen Einzelzielen. (***modifiziert***)

Informationssystem

5a. Das Informationssystem in KMU versorgt die Unternehmensleitung nur *unzureichend* mit wertrelevanten, zukunftsorientierten Informationen.	5a. KMU *nutzen* ihre Informationssysteme nur unzureichend für die Versorgung der Unternehmensleitung mit wertrelevanten, zukunftsorientierten Informationen. (***modifiziert***)
5b. Das Informationssystem in KMU besteht *nicht* aus einem integrierten Gesamtsystem, sondern ist durch historisch gewachsene Einzellösungen gekennzeichnet und weist daher eine geringere Flexibilität auf.	5b. (beibehalten)
5c. Je größer und fremdgeführter (externes Management oder Kapitalbeteiligung) ein KMU ist, desto zielgerichteter und *ausgeprägter* ist das Informationssystem.	5c. (beibehalten)

Investor Relations

6a. KMU messen Investor Relations eine *geringe* Bedeutung bei und zeichnen sich daher durch eine *eingeschränkte* Informationsbereitschaft aus, die allerdings umso *größer* ist, je größer und fremdbestimmter das Unternehmen und damit je stärker der zusätzliche Kapitalbedarf ist.	6a. KMU messen Investor Relations eine geringe Bedeutung bei und zeichnen sich daher durch eine eingeschränkte Informationsbereitschaft aus, die allerdings umso größer ist, je *fremdbestimmter* das Unternehmen ist. (***modifiziert***)
6b. Die *Banken* stellen für den überwiegenden Teil der KMU im Kontext von Basel II die wichtigsten IR-Adressaten dar.	6b. (beibehalten)
6c. Die IR-Inhalte von KMU orientieren sich sehr stark an die Vorgaben des *Bankenratings.* Eine darüber hinausgehende Informationsversorgung findet nicht statt.	6c. (beibehalten)

6d. Das *Informationsgespräch* durch den *Unternehmer persönlich* stellt in KMU die wichtigste Kombination aus Kommunikationsinstrument und -träger dar.	6d. (beibehalten)
Change Management	
7a. Change Management-Aktivitäten sind in KMU auf Grund der besonderen Unternehmenskultur von *geringerer* Bedeutung als in Großunternehmen.	7a. Change Management-Aktivitäten sind auch in KMU *erfolgskritisch.* ***(modifiziert)***
7b. Je größer und fremdgeführter (externes Management oder Kapitalbeteiligung) ein KMU ist, desto *bedeutender* wird Change Management als Erfolgsfaktor.	7b. (gestrichen)
7c. In KMU ist auf Grund der besonderen Stellung des Unternehmers von einer besonders *hohen* Top-Management-Unterstützung auszugehen.	7c. (beibehalten)
7d. In KMU ist eine *geringere* Einbindung relevanter Mitarbeiter in die Konzeptionierung eines Steuerungssystems zu erwarten.	7d. (beibehalten)
7e. Die bestehenden Defizite in der Personalentwicklung und die Ressourcenrestriktionen von KMU lassen eine nur *unzureichende* Schulung der Mitarbeiter in KMU erwarten.	7e. (beibehalten)
7f. Die besondere Unternehmenskultur in KMU lässt eine *ausreichende* interne Kommunikation erwarten.	7f. (beibehalten)
	7g. Neben der Top-Management-Unterstützung ist in KMU insbesondere die Unterstützung durch den *Betriebsrat* von Bedeutung.

Tabelle 7-7: Zusammenfassende Darstellung ursprünglicher und neuer Anwendbarkeitsthesen
Quelle: Eigene Darstellung

7.4.2 Zusammenfassung der Ausgestaltung in der Praxis

Folgende Tabelle 7-8 fasst nochmals die wesentlichen empirischen Beobachtungen hinsichtlich der aktuellen Ausgestaltung der Erfolgsfaktoren in mittelständischen Unternehmen zusammen und bewertet diese vor dem Hintergrund der definierten Anforderungen. Ein „+“ deutet dabei auf eine Erfüllung der Anforderungen hin, ein „-" eher auf eine fehlende Erfüllung der Anforderungen. „o" beschreibt die teilweise Erfüllung der Anforderungen.

Empirische Befunde	Bewertung
Zielsystem	
• KMU haben Wertorientierung nicht in ihrem Zielsystem verankert.	-
• KMU besitzen überwiegend langfristige Ziele.	+
• KMU beachten Cashflows nur im Rahmen der Liquiditätssicherung.	-
• KMU berücksichtigen keine Opportunitätskosten des Kapitals.	-
• KMU besitzen kein hierarchisches Zielsystem mit klar definiertem, konkretem Oberziel und nicht konkurrierenden Unterzielen.	-
• KMU verfügen nicht über wertorientierte Spitzenkennzahlen.	-
• KMU verfügen über keine systematische Operationalisierung ihrer Ziele.	-
• KMU planen und binden dabei verschiedene Unternehmensfunktionen ein.	+
• KMU berücksichtigen die Anforderungen der Kapitalgeber nur unzureichend.	o
Planungssystem	
• KMU verfügen über formalisierte Entscheidungs- und Planungsprozesse. Diese sind jedoch nicht wertorientiert ausgestaltet.	+ / -
• KMU nutzen *wertorientierte*, entscheidungsunterstützende strategische Planungsinstrumente nur unzureichend.	-
Kontrollsystem	
• KMU kontrollieren weder wertorientierte Inhalte, noch finanzielle oder operative Werttreiber.	-
• KMU führen relevante Durchführungs- und Ergebniskontrollen regelmäßig durch. Prämissen- und Konsistenzkontrollen spielen hingegen nur eine untergeordnete Rolle.	o
Anreizsystem	
• KMU greifen in ihrer Anreizgestaltung nicht auf wertorientierte Größen zurück.	-
• KMU basieren ihre leistungsabhängige Vergütung lediglich auf kurzfristigen, individuellen Einzelziele.	-
• KMU nutzen eine leistungsabhängige Anreizgestaltung lediglich für ausgewählte Mitarbeiter.	-

Informationssystem	
• KMU nutzen ihre Informationssysteme nur unzureichend für die Versorgung der Unternehmensleitung mit wertrelevanten Informationen.	-
• KMU verfügen zwar überwiegend über historisch gewachsene Einzellösungen, erfüllen jedoch die Anforderungen an die Flexibilität.	+
Investor Relations	
• KMU fokussieren im Rahmen ihrer Investor Relations auf die für sie wichtigsten IR-Adressaten, die Banken.	+
• KMU orientieren sich mit den IR-Inhalten sehr stark an die für sie relevanten Vorgaben des Bankenratings.	+
• KMU wählen mit dem persönlichen Informationsgespräch durch den Unternehmer eine geeignete Kombination aus Kommunikationsinstrument und –träger aus.	+
Change Management	
• KMU zeichnen sich durch eine hohe Top-Management-Unterstützung aus.	+
• KMU binden relevante Mitarbeiter in die Konzeptionierung eines Steuerungssystems nur unzureichend ein.	-
• KMU können ihre Mitarbeiter nur eingeschränkt bzw. unzureichend schulen.	-
• KMU sind durch eine ausgeprägte interne Kommunikation gekennzeichnet.	+

Tabelle 7-8: Zusammenfassende Darstellung empirischer Befunde
Quelle: Eigene Darstellung

Zu beachten ist, dass die oben dargestellte Bewertung der aktuellen Ausgestaltung der Erfolgsfaktoren nicht nur auf Grund der geringen Stichprobe, sondern auch auf Grund der Heterogenität der befragten Unternehmen lediglich als erste Indikation zu verstehen ist. Die empirischen Befunde lassen vermuten, dass die **Notwendigkeit einer Wertschaffung bzw. Wertsteigerung in mittelständischen Unternehmen generell nicht gesehen** wird, sondern vielmehr die langfristige Existenzsicherung des abstrakten Individuums Unternehmen das Hauptziel unternehmerischen Handelns ist. Die ggf. unwirtschaftliche bzw. unter Wertgesichtspunkten suboptimale Steuerung des Unternehmens wird erkannt, jedoch auch bewusst akzeptiert und teilweise sogar gewollt.

Das **Zielsystem** stellt jedoch den für eine wertorientierte Unternehmensführung mit Abstand wichtigsten Erfolgsfaktor dar, da hier offensichtlich das Ziel unternehmerischen Handelns festgelegt wird, an dem sich sämtliche im

Unternehmen vorhandene Strukturen, Prozesse und auch Personen orientieren müssen. Sind im Sinne der Wertorientierung **wesentliche Mängel in der Definition des Zielsystems** zu verzeichnen, so ist davon auszugehen, dass sich diese auf die Ausgestaltung der anderen Erfolgsfaktoren auswirken. Ein solches Phänomen ist auch im Rahmen der befragten Unternehmen und nach Einschätzung der befragten unternehmensexternen Experten zu beobachten. So war das dem Wertmanagement inhärente Prinzip der Erwirtschaftung einer cashflowbasierten Kapitalkostenüberrendite weder die oberste Zielsetzung der KMU, noch wurde es als solches akzeptiert. Dementsprechend erfüllen die befragten KMU die Anforderungen an eine wertorientierte Zieldefinition, -integration und -operationalisierung nicht. Während Zielableitungsprozesse und Deduktionsbasis die Voraussetzungen überwiegend erfüllen, können auch sie den Mangel der Zieldefinition nicht kompensieren. Ähnliches gilt für das **Planungs- und Anreizsystem**. Sind in diesen Systemen prinzipielle Anforderungen an die Ausgestaltung des jeweiligen Erfolgsfaktors erfüllt, so lassen sie dennoch eine Wertorientierung vermissen. Zwar kann den mittelständischen Unternehmen eine generelle Erfüllung der prozessualen und strukturellen Anforderungen attestiert werden, jedoch nicht die wertorientierte Ausgestaltung der Faktoren insgesamt.[833] Die, aus Wertsicht, **mangelhafte Zieldefinition in KMU wirkt sich entsprechend auf die mangelnde Erfüllung der Anforderungen anderer Erfolgsfaktoren aus**.

Dabei ist die Planung unternehmerischer Tätigkeiten in mittelständischen Unternehmen in der letzten Zeit erheblich verbessert worden. Ein Mangel besteht heutzutage noch in der unzureichenden Nutzung strategischer Planungsinstrumente. Der Planungs- und Entscheidungsprozess hingegen scheint durchaus formalisiert. Das **Kontrollsystem** besitzt offensichtlich neben der **fehlenden Fokussierung wertorientierter Aspekte** hinaus weitere Mängel. So sind oftmals die im Unternehmen definierten nicht-wertorientierten Spitzenkennzahlen nicht einmal Fokus unternehmerischer Kontrolle. Bezüglich der drei restlichen Erfolgsfaktoren, des **IT-Systems,** der **Investor Relations** und des **Change Managements**, kann dem Mittelstand tendenziell eine **gute Erfüllung der Voraussetzungen** attestiert werden, insbesondere da sich hier die Mängel des Zielsystems am Geringsten durchschlagen. Die Unternehmen scheinen die richtige Art der Informationsversorgung anzuwenden und ebenfalls die relevan-

833 So sind einzelne Dimensionen dieser beiden Faktoren im zusammenfassenden Schaubild mit einem (+) bewertet, was bei Vorgabe nicht wertorientierter Ziele, letztlich die Erfüllung der prozessualen Anforderungen darstellen soll.

ten Informationsempfänger mit verdichteten Informationen zielgerichtet zu versorgen. Auf Grund der besonderen mittelständischen Kultur und der Rolle des Unternehmers sind die Voraussetzungen für Change Management-Vorhaben in KMU tendenziell gut erfüllt.

Als Ergebnis der Überprüfung der Anwendbarkeit einer wertorientierten Unternehmensführung in mittelständischen Unternehmen lässt sich zusammenfassen, dass KMU generell über gute und **aufbaufähige Grundlagen in den relevanten Erfolgsfaktoren** verfügen. Jedoch zeigen mittelständische Unternehmen auch in einigen Bereichen gewisse Defizite auf, was oftmals in der mangelnden Integration einer Wertorientierung im Zielsystem begründet ist. Eine Anwendbarkeit des Konzeptes ohne Anpassung von Unternehmenskontext oder Konzept ist jedoch nicht möglich.[834] Folgende Abbildung 7-9 veranschaulicht zusammenfassend die Erfüllung der Anforderungen einer wertorientierten Unternehmensführung.

Zielsystem		Planungssystem		Kontrollsystem		Anreizsystem		Informationssystem		Investor Relations		Change Mgmt.	
Definition & Integration	-	Prozess	(+)	Inhalt	-	Bemessungsgrundlage	(+)	Inhalt	(+)	Empfänger	+	Top-Mgmt.	+
Operationalisierung	-	Instrumente	-	Art	o	Entlohnungsfunktion	-	Form	+	Inhalt	(+)	Pers.-führung	+
Prozess & Basis	+	Abstimmung	-			Gesamtsystem	-	System	+	Instrumente	+	Beteilig. Mitarb.	-
										Träger	+	Schulung	-
												Interne Kommunikation	+

+ **Anforderungen erfüllt**
(+) **Anforderungen prinzipiell erfüllt, jedoch mangelnde Wertorientierung im Zielsystem**
o **Anforderungen teilweise erfüllt**
\- **Anforderungen nicht erfüllt**

Abbildung 7-9: Zusammenfassung empirischer Befunde
Quelle: Eigene Darstellung

Teilweise konnte im Rahmen der Interviews auch die Beobachtung gemacht werden, dass einige Unternehmen durchaus eher der Konzeption einer wert-

834 Zu der Systematik der Kontext- und Konzeptanpassung bei der Implementierung vgl. Reiß 1997.

orientierten Unternehmensführung zugetan waren bzw. über bereits besser ausgeprägte Strukturen verfügten als andere KMU. Im Folgenden wird daher der Versuch einer **Typisierung** der im Rahmen der Experteninterviews beobachtbaren Denkhaltungen, Strukturen und Verhaltensweisen vorgenommen. Diese Typisierung ist dabei als Indikation und Ergebnis einer ersten Beobachtung zu verstehen und kann keine Allgemeingültigkeit besitzen. Sie dient jedoch einer möglichen Eingrenzung der für Wertmanagement relevanten Zielgruppe.

Nach der kontextbezogenen Analyse der Interviewergebnisse lassen sich drei verschiedene KMU-Typen beschreiben: KMU mit signifikantem externen Eigenkapitalanteil (Typ 1), KMU mit neuer Managergeneration und/oder mit unharmonischer Gesellschafterstruktur (Typ 2), klassische KMU mit harmonischer Gesellschafterstruktur (Typ 3).[835] Diese Typen decken dabei nicht das komplette und komplexe Spektrum möglicher KMU-Gesellschafterstrukturen und Denkhaltungen ab. Jedoch ist davon auszugehen, dass hiermit insgesamt ein Großteil der mittelständischen Unternehmen erfasst wird.

Den ersten Typus stellen **KMU mit einem signifikanten externen Eigenkapitalanteil** (Kapitalmarktnotierung, Private Equity-Beteiligung) dar. Hier stehen dem Unternehmen **rendite- und wertsteigerungsorientierte** Kapitalgeber gegenüber, die für ihren Kapitaleinsatz eine risikoadäquate Verzinsung erwarten. Dieser Renditeanspruch orientiert sich dabei entweder an den Renditevorgaben des anonymen Kapitalmarktes oder ist abhängig von den konkreten Erwartungen der Beteiligungsgesellschaft. Kommt das Management den Renditeanforderungen nicht durch entsprechende Performance nach, so hat es Restriktionen bei erneuter Kapitalbeschaffung bzw. ggf. erhebliche persönliche Sanktionen zu fürchten. Es ist zu vermuten, dass diese Unternehmen einer wertorientierten Unternehmensführung gegenüber relativ aufgeschlossen sind.

Den zweiten Typus bilden **KMU** mit einem in der jüngeren Vergangenheit vollzogenem **Generationswechsel** und/oder mit **unharmonischen Gesellschafterstrukturen**.[836] Dieser Typus sieht sich zwar nicht in voller Stärke dem Renditeanspruch des Kapitalmarktes ausgesetzt, weist aber dennoch in abge-

835 Von den zehn im Rahmen der empirischen Stichprobe befragten Unternehmen sind zwei dem Typ 1, drei dem Typ 2 und fünf dem Typ 3 zuzuordnen.

836 Wird Typus 2 überwiegend bei Familienunternehmen zu finden sein, kann er auch Unternehmen einschließen, bei denen das Management – im Sinne eines Generationswechsels - einen signifikanten Anteil am Unternehmen erworben hat (z. B. im Rahmen eines Management-Buy-Outs erworbene Anteile).

schwächter Form eine Leistungs- oder (Rendite-)orientierung auf. Diese **Leistungsorientierung** kann dabei zwei unterschiedliche Ursachen haben. Zum einen ist bei einem Generationswechsel im Unternehmen davon auszugehen, dass die Nachfolgegeneration in Vorbereitung auf die Übernahme der Geschäftsführung eine fundierte, oftmals betriebswirtschaftliche Ausbildung genossen hat. Die dabei erworbenen theoretischen Kenntnisse führen zu einer Modernisierung der Denkweise mit neuer Offenheit für Wettbewerbsmentalität und Leistungsmessung. Zum anderen mag die stärkere Leistungsorientierung darin begründet liegen, dass eine zerstrittene oder unharmonische Gesellschafterstruktur dem Unternehmen und der Unternehmensführung eine objektive und kritischere Sichtweise entgegenbringt und die emotionale Verbundenheit mit dem Unternehmen geringer ausfällt.[837] Diese Unternehmen werden einigen Aspekten einer wertorientierten Unternehmensführung gegenüber tendenziell aufgeschlossen sein.

Der dritte Typus beinhaltet die klassischen **Familien-KMU mit harmonischer Gesellschafterstruktur** in erster oder zweiter Generation, bei denen oftmals der Unternehmensgründer noch aktiv an der Geschäftsführung beteiligt ist und wesentliche Anteile am Unternehmen hält. Bei diesen Unternehmen ist davon auszugehen, dass traditionelle mittelständische Denkhaltungen, wie z. B. die besondere Verbundenheit gegenüber den Mitarbeitern und Kunden bzw. die Orientierung an Kenngrößen wie Umsatz oder Jahresüberschuss überwiegen. Über die **langfristige Sicherstellung der Überlebensfähigkeit** als Primärziel des Unternehmens und der Vermeidung von Verlusten hinaus, bestehen keine weiteren monetären Ansprüche an das Unternehmen. Es ist zu vermuten, dass diese Unternehmen einer wertorientierten Unternehmensführung gegenüber ablehnend eingestellt sind.

Während die durchgeführten Experteninterviews einen Versuch der beschriebenen Typisierung ermöglichte, konnten keine hinreichenden Hinweise bezüglich eines Einflusses der Unternehmensgröße gewonnen werden. Vielmehr war die Erfüllung der Anforderungen von der persönlichen Einstellung des Unternehmers abhängig und weniger von der Unternehmensgröße. Auch die Existenz einer Fremdgeschäftsführung war kein Garant einer professionellen Unternehmensführung. So konnte in einem der befragten Unternehmen beobachtet wer-

837 Im Extremfall wird es auf Grund der geringeren Fungibilität tendenziell nicht zu einer Veräußerung der Gesellschafteranteile an eine externe Person kommen, jedoch erhöht sich die Forderung nach einer risikoadäquaten Verzinsung der eigenen Anteile.

den, dass eine starke Ausrichtung des Unternehmens auf nicht-wertorientierte Vorgaben der Gesellschafter erfolgte. Dies erscheint intuitiv erklärbar, da eine stark wert- und leistungsorientierte Geschäftsführung bei fehlendem Druck des Prinzipals insbesondere in mittelständischen Unternehmen nicht zu erwarten ist. Auch konnte kein Einfluss der Branche auf eine derzeitige Wertorientierung bzw. deren Akzeptanz festgestellt werden, ein Ergebnis, welches auch dem generischen Charakter einer wertorientierten Unternehmensführung entspricht.

Die befragten Experten waren einstimmiger Meinung, dass im Rahmen von Expansionsbestrebungen und Nachfolgeregelungen in Zukunft die Bedeutung externer Kapitalgeber zunehmen wird und die Qualifizierung für neue Finanzierungsinstrumente eine gewisse Kapitalmarktattraktivität voraussetzt. Dies lässt eine **Verschiebung der KMU von Typ 3 zu Typ 1 und Typ 2** vermuten, weshalb die Anzahl der KMU, für die eine wertorientierte Unternehmensführung adäquat erscheint, vermutlich steigt. Die dieser Arbeit zu Grunde liegende Zielgruppe wird daher in Zukunft größer. Die Aufgeschlossenheit der neuen Managergeneration kann zusätzlich zu diesem externen Treiber einen weiteren, internen Treiber hin zu einer stärkeren Professionalisierung und sogar wertorientierten Unternehmensführung darstellen. Die Banken als Fremdkapitalgeber haben dabei nur mittelbar ein Interesse an einer professionellen Unternehmensführung, da in der Konsequenz das Ausfallrisiko minimiert und die Einhaltung der Zins- bzw. Tilgungsverpflichtungen des Unternehmens sichergestellt werden können. Dennoch sehen mittelständische Unternehmen bereits heute den durch die Einführung der Basel II-Richtlinien steuerbaren Kostenhebel und richten ihr unternehmerisches Handeln teilweise danach aus, was weiterhin zu einem professionellen und aufgeschlossenen Management beiträgt.

Als Fazit kann festgehalten werden, dass **KMU heute nicht wertorientiert agieren**. Unabhängig davon ist bei allen befragten Experten unbestritten, dass im Rahmen der Globalisierung und erforderlichen Expansion in Zukunft der Zugang zu externen Finanzierungsquellen, sei es im Rahmen eines IPO oder eines Private Equity-Investments, für eine langfristige Existenzsicherung des Unternehmens von großem Wettbewerbsvorteil ist. Zur Vorbereitung darauf und zur Steigerung der Attraktivität kann eine stärker wertorientierte Ausgestaltung der Erfolgsfaktoren und damit Professionalisierung des Unternehmens einen komparativen Wettbewerbsvorteil generieren.

7.5 Thesenartige Handlungsansätze für die Praxis

Die explorative Forschungsstrategie dieser Arbeit hat zur Konsequenz, dass die in ihrem Rahmen abgeleiteten Anwendbarkeitsthesen einer wertorientierten Unternehmensführung nicht im POPPER'schen Sinn als geprüft gelten können.[838] Dennoch sollen die empirischen Befunde und die (teilweise modifizierten) Anwendbarkeitsthesen genutzt werden, um der KMU-Praxis **thesenartige Handlungsansätze** hinsichtlich der Anwendung und Einführung einer wertorientierten Unternehmensführung zur Verfügung zu stellen.

Die Handlungsansätze zur stärkeren Erfüllung der Anforderungen an die Ausgestaltung der Erfolgsfaktoren einer wertorientierten Unternehmensführung ergeben sich dabei im Wesentlichen aus einer Differenzbetrachtung zwischen den abgeleiteten Anforderungen und den (neuen) Anwendbarkeitsthesen bzw. der Bewertung der aktuellen Erfüllung dieser Anforderungen durch die mittelständischen Unternehmen.

Wie der Bewertung in Abbildung 7-9 zu entnehmen ist, werden die Anforderungen an die Ausgestaltung des Informationssystems, der Investor Relations und überwiegend des Change Managements im Wesentlichen erfüllt. Mängel in der Ausgestaltung sind hierbei überwiegend als Folgefehler einer fehlenden Integration des Wertgedankens in das Zielsystem des Unternehmens anzusehen. Im Rahmen des Change Managements muss jedoch die ausreichende Beteiligung und Schulung der Mitarbeiter sichergestellt werden. Hinsichtlich des Ziel-, Planungs-, Kontroll- und Anreizsystems konnten im Rahmen der empirischen Untersuchung ebenfalls ein Verbesserungsbedarf identifiziert werden.

Folgende Aspekte bilden daher den Kern der thesenartigen Gestaltungsvorschläge:

1. Berücksichtigung der Wertcharakteristika in der Zieldefinition
2. Operationalisierung wertorientierter Ziele
3. Nutzung strategischer Planungsinstrumente
4. Nutzung wertorientierter Kontrolle
5. Nutzung leistungsabhängiger Anreizsysteme
6. Maßnahmen des Change Managements

838 Vgl. Kubicek 1977, S. 12f.; Wollnik 1977, S. 42f. sowie grundlegend Popper 1978.

Im Folgenden werden für die sechs Aspekte jeweils Hinweise zu einer besseren Erfüllung der Erfolgsfaktoren gegeben. Die umfassende Diskussion einer KMU-adäquaten Ausgestaltung in jedem dieser sechs Bereiche würde jedoch den Umfang dieser Arbeit bei Weitem sprengen. Ziel der Arbeit ist es vielmehr, die relevanten Erfolgsfaktoren einer wertorientierten Unternehmensführung für mittelständische Unternehmen abzuleiten und anschließend aufzuzeigen, *wo* Ansatzpunkte einer stärkeren Wertorientierung zu finden sind. Dabei soll durchaus bewusst auf bereits diskutierte Konzepte und Instrumente zurückgegriffen werden können.

Ad 1.)

Wesentliche Voraussetzung der stärkeren Integration einer Wertorientierung in die Unternehmensführung von mittelständischen Unternehmen ist die prinzipielle Bereitschaft der Unternehmer und Eigentümer, die Implikationen dieses Konzeptes zu akzeptieren und zu verfolgen. Die Experteninterviews haben gezeigt, dass KMU derzeit nicht wertorientiert geführt werden und auch Vorbehalte gegenüber diesem Konzept haben. Jedoch lassen die durchgeführten Gespräche auch vermuten, dass wertorientierte Unternehmensführung in Zukunft auch für den Mittelstand bedeutender wird und bereits heute einige Unternehmer diesem Konzept gegenüber relativ aufgeschlossen sind. Die aufgebrachten Vorbehalte basieren dabei jedoch überwiegend auf konzeptionellen Wissenslücken und Missverständnissen. Insbesondere das Wertcharakteristikum der Langfristorientierung wertorientierten Handelns lässt gerade KMU als Zielgruppe prädestiniert erscheinen.[839] Eine stärkere Verankerung einer Wertorientierung im Zielsystem des Unternehmens muss daher primär an der Überzeugung der Unternehmer und Eigentümer ansetzen. Dabei gilt es zum einen den Unternehmern deutlich zu machen, dass in einem globalen Markt die Notwendigkeit einer Wertorientierung unabhängig von der Gesellschafter- und Finanzierungsstruktur besteht. **Wertorientierte Unternehmensführung ist eine notwendige Bedingung der Wettbewerbsfähigkeit und Existenzsicherung** des Unternehmens.[840] Zum anderen müssen die konkreten Vorteile eines Wertmanagements wie z. B.

839 Diese Ansicht wird teilweise bereits von KMU vertreten vgl. Keppler 2004, S. 99. Vgl. auch AK „Wertorientierte Führung in mittelständischen Unternehmen" der Schmalenbach-Gesellschaft für Betriebswirtschaft e.V. 2003, S. 527.

840 Vgl. Männel 2002, S. 6.

die nachhaltige Schaffung zusätzlicher Arbeitsplätze oder die Förderung von Intrapreneurship stärker verdeutlicht werden.[841]

Während die Langfristorientierung den mittelständischen Unternehmen inhärent ist, wurde im Rahmen der Experteninterviews eine nur unzureichende Berücksichtigung von Cashflows und Kapitalkosten festgestellt. Die explizite Betrachtung und Fokussierung auf Cashflows scheint ohne große Anpassungen möglich, da diese bereits heute im Rahmen von Liquiditätsplanungen erhoben werden. Das auf KMU angepasste Schema der Cashflow-Ermittlung wurde ausführlich in Abschnitt 3.2.2.2 behandelt. Kapitalkosten hingegen spielen bisher in mittelständischen Unternehmen keine Rolle. Eine stärkere Verankerung von Wertmanagement im Zielsystem wird daher an der **Einführung einer Opportunitätskostenbetrachtung des Kapitals** ansetzen müssen. Der Wert des Unternehmens kann laut den grundlegenden Ausführungen des Kapitels 3 nur dann gesteigert werden, wenn eine Kapitalüberrendite erzielt wird, also entweder der Value Spread erhöht wird oder das Unternehmen ein rentables Wachstum aufweist (vgl. Abbildung 3-9: Systematik des Übergewinnkonzeptes). Vor diesem Hintergrund sind anstehende Investitionsentscheidungen zu analysieren und nur im Fall einer zusätzlichen Wertsteigerung des Unternehmens durchzuführen.

Die Berechnung der unternehmensspezifischen Kapitalkosten kann dabei ebenfalls den in Abschnitt 3.2.2.2.3 dargelegten Überlegungen folgen. Wenn möglich sollten bei der Berechnung des Eigenkapitalkostensatzes neben der Befragung der Eigentümer auch Wettbewerber-Benchmarks integriert werden, um über die Renditeanforderungen der Kapitalgeber hinaus auch die zur Erhaltung der nachhaltigen Wettbewerbsfähigkeit notwendige Marktsicht zu integrieren.

In einer praktischen Betrachtung kann auch von dem in der Theorie postulierten Ziel der Unternehmenswertmaximierung abgewichen werden und stattdessen eine etwas leichtere Form der Wertsatisfizierung oder Wertkonservation angestrebt werden.[842] Hierbei sind nicht mehr unbedingt die Investitionsprojekte mit der *höchsten* Überrendite durchzuführen, sondern Investitionsprojekte mit einer *positiven* Überrendite (Wertsatisfizierung) oder einer Überrendite von *Null* (Wertkonservation).

---

841 Vgl. die Ausführungen und Quellen in Abschnitt 3.1.1.

842 Vgl. Khadjavi 2005, S. 238ff.

Ad 2.)

Analog der Wahl des angestrebten Wertschaffungsmaßes (Maximierung, Satisfizierung, Konservation) sind auch hinsichtlich der Operationalisierung des Wertgedankens verschiedene Stärkegrade denkbar. In Abschnitt 3.1.2 wurden bereits die verschiedenen Ausprägungen einer wertorientierten Unternehmensführung entlang einer horizontalen Dimension beschrieben. So kann eine Wertorientierung als Wertrechnung, als oberstes finanzwirtschaftliches Unternehmensziel, als Instrument der strategischen Planung, als wertorientiertes Performance Management oder als umfassendes Führungskonzept verstanden werden. Im Rahmen dieser Arbeit wurde Wertorientierung als umfassendes Führungskonzept verstanden, bei der sämtliche für eine Unternehmensführung notwendigen Elemente und Teilsysteme in allen Ebenen der Organisation wertorientiert ausgestaltet wurden. Hierin könnte insbesondere ein Ansatz für mittelständische Unternehmen liegen, indem zunächst in der vertikalen Dimension eine **wertorientierte Steuerung nur auf oberster Unternehmensebene** erfolgt und nicht umfassend bis in die unterste Unternehmensebene kaskadiert wird. Dies würde die anfängliche Komplexität der neuen Unternehmenssteuerung erheblich reduzieren.

Offensichtlich gilt es jedoch, auch in dieser „einfachen" Form des Wertmanagements eine Spitzenkennzahl festzulegen und Werttreiber zu identifizieren. Ein Unterschied besteht jedoch darin, dass diese nicht in die unteren Ebenen des Unternehmens kommuniziert werden, sondern der Führungsebene zur Steuerung vorbehalten bleiben. Diese steuert dann, unter Kenntnis der operativen Treiber, die unteren Einheiten an Hand klassischer Ergebnis- oder Leistungskennzahlen. Die explizite und auch transparente Steuerung mittels wertorientierter operativer Treiber erfolgt erst zu einem späteren Zeitpunkt.

Hinsichtlich der Wahl der Spitzenkennzahl wurde bereits in den Ausführungen in Unterkapitel 3.3 angedeutet, dass es verschiedene Kennzahlen gibt, die einen Trade-off zwischen Wertschaffungsmessung und Komplexität darstellen. Wichtig bei der Ausgestaltung ist jedoch, dass periodische Erfolgsgröße, Kapitalkosten und Kapitaleinsatz konsistent definiert sind.[843] Bei konsistenter Anwendung der Bewertungsparameter ergibt sich dann der gleiche Unternehmenswert.[844] In

843 Vgl. die Parameter in Formel 3-6.

844 Vgl. AK „Wertorientierte Führung in mittelständischen Unternehmen" der Schmalenbach-Gesellschaft für Betriebswirtschaft e.V. 2004, S. 242ff.

der Literatur sind in der Zwischenzeit verschiedene Kennzahlen diskutiert worden, deren Eignung auch für mittelständische Unternehmen propagiert wird.[845] Auf eine umfassende Erörterung der Literatur bzw. der Diskussion von Vor- und Nachteilen einzelner Kennzahlen soll an dieser Stelle verzichtet werden. Wichtig ist vielmehr, dass sich die **Auswahl der Kennzahl zunächst an die aus dem Rechnungswesen verfügbaren Daten orientiert**, Kapitalkosten berücksichtigt und die in der Kennzahl verwendeten Parameter in sich konsistent sind.

Basisvariante könnte in KMU die Ermittlung des Economic Value Added (EVA) darstellen. Der EVA ergibt sich aus der Differenz des Net Operating Profit After Taxes (NOPAT) und den Kapitalkosten. Zur Berechnung des NOPAT können KMU auf die in Abbildung 3-6 dargestellte Form der Cashflow-Ermittlung zurückgreifen. Ausgehend vom Jahresüberschuss wird der reale Zinsaufwand addiert (Gesamtkapitalbetrachtung) und zusätzlich um außerordentliche Ergebnisse bereinigt (indirekte Ermittlung: bereinigtes operatives Ergebnis nach Steuern und vor Zinsen). Eine alternative Vorgehensweise stellt der Abzug des Steueraufwands von den EBIT (direkte Ermittlung: Brutto Cashflow nach Steuern und vor Zinsen) dar. Werden die NOPAT mit dem zinstragenden Kapital in Verhältnis gesetzt, so erhält man die buchhalterische Größe des Return on Capital Employed (RoCE). Übersteigt der RoCE die Kapitalkostenhürde, so wird bei Durchführung eines Projektes Wert geschaffen. Die Ermittlung des absoluten Wertbeitrags erfolgt durch die Multiplikation mit dem eingesetzten Kapital (siehe Formel 3-6). Für eine stärkere Approximation an reale Cashflow-Größen, könnte der oben genannte Abzug des fiktiven Steueraufwands nicht von den EBIT, sondern von den auch im Mittelstand geläufigen EBITDA vorgenommen werden.

Auch wenn wertorientierte Kontrolle und Steuerung vorerst auf der obersten Unternehmensebene erfolgen, so müssen dieser die zentralen finanziellen und operativen Werttreiber bekannt sein, um die nachgelagerten Einheiten entlang traditioneller Steuerungsgrößen lenken zu können. Die Ableitung dieser Werttreiber entlang eines Werttreiberbaumes erscheint dabei unabdingbar. Sind die finanziellen Werttreiber offensichtlich (z. B. Umsatz, Kosten), so sind die operativen Treiber individuell auf die spezifischen Charakteristika des Unternehmens anzupassen. Die Identifikation und Wahl der Treiber sollten sich überwie-

845 Für eine Übersicht siehe Vogelsang 2008, S. 26ff.

gend an den **erfolgskritischen Ressourcen des Unternehmens** orientieren.[846] So können je nach Bedeutung von Kapital, Kunden, Mitarbeitern oder sogar Lieferanten operative Werttreiber im Anlage- und Umlaufvermögen, in der Liefertreue oder Kundenservice, im Krankenstand und Neueinstellungskosten von Mitarbeitern oder in der Lieferqualität der Lieferanten liegen. Da diese Treiber den Unternehmern bereits implizit bekannt sein dürften, ist die systematische Durchdringung des Unternehmens mit diesen zu Grunde liegenden Treibern im Rahmen eines vertretbaren Aufwands realisierbar. Es ist daher auch davon auszugehen, dass die Anforderungen an die Einfachheit, Wirtschaftlichkeit, Flexibilität und Akzeptanz einer Steuerungskonzeption erfüllt sind.[847]

Ad 3.)

Als wesentlicher Kritikpunkt bei der Ausgestaltung des Planungssystems von mittelständischen Unternehmen wurde die unzureichende Nutzung strategischer und wertorientierter Planungsinstrumente identifiziert. Solche Instrumente dienen der Unternehmensführung bei der Planung von Maßnahmen zur Zielerreichung. Im Rahmen einer wertorientierten Unternehmensführung impliziert dies, dass Planungsinstrumente die Prognose, Analyse und Bewertung von Maßnahmen hinsichtlich ihrer Wertorientierung ermöglichen müssen. Eine einfache Bilanz- und GuV-Planung, eine Kostenarten- und Kostenstellenrechnung oder Deckungsbeitragsrechnungen sind dabei nicht ausreichend. Vielmehr müssen KMU weitere quantitative und qualitative Planungsinstrumente anwenden. Beispiele für quantitative Planungsinstrumente sind dabei **Szenario- und Sensibilitätsrechnungen** hinsichtlich von Cashflow-Prognosen. Als qualitative Planungsinstrumente seien exemplarisch die **Stärken-Schwächen-Analyse** und **Benchmarking** genannt.[848] Diese Instrumente zeichnen sich dabei prinzipiell durch eine konzeptionelle Einfachheit aus und sind demnach auch für mittelständische Unternehmen leicht anwendbar. Bei Anwendung dieser Planungsinstrumente gelingt es dem Unternehmen, existierende Verbesserungspotenziale und Wertlücken zu identifizieren und zu definierende Maßnahmen hinsichtlich ihrer Auswirkung auf Cashflows und Unternehmenswert zu analysieren.

---

846 Vgl. Khadjavi 2005, S. 210ff; Strack/Villis 2001, S. 67ff.

847 Vgl. die Ausführungen in Abschnitt 2.3.2.

848 Vgl. Ebeling 2007, S. 223ff. zur Analyse der Wertorientierung dieser und anderer Planungsinstrumente.

Ad 4.)

Eine Verbesserung der wertorientierten Kontrolle erlangen KMU durch eine Fokussierung ihrer Kontrollinhalte auf wertorientierte Elemente. Hierzu zählen im Wesentlichen die Spitzenkennzahl sowie die finanziellen und operativen Werttreiber. Dabei sollten mittelständische Unternehmen auf die **Balanced Scorecard** zurückgreifen, welche als geeignetes Kontrollinstrument die Größen des Werttreiberbaumes abbilden kann. Die Balanced Scorecard vereint typischerweise vier Dimensionen der Unternehmenssteuerung: die Finanz-, Kunden-, Prozess- und Lernperspektive. Sie kann und sollte jedoch unternehmensindividuell angepasst und ergänzt werden. Bei Anlehnung an die definierten Größen des entwickelten Treiberbaums erscheint der Umfang der Gestaltung einer solchen Scorecard vertretbar. Während bereits wesentliche finanzielle und operative Treiber durch Dimensionen der Scorecard abgebildet scheinen, können weitere Ressourcenschwerpunkte des Unternehmens (z. B. Lieferantenperspektive) ergänzt werden. Aspekten des im Rahmen dieser Arbeit als relevant erachteten Change Managements wird durch die Lernperspektive sogar bereits Rechnung getragen.

Ad 5.)

Wesentliche Mängel in der Ausgestaltung der Anreizsysteme waren die fehlende Nutzung wertorientierter Bemessungsgrundlagen, die Kurzfristorientierung der Anreizsetzung sowie die Beschränkung auf die oberste Führungsebene. Es ist daher zu empfehlen, dass mittelständische Unternehmen alle wertschaffungsrelevanten Mitarbeiter in die Incentivierung miteinbeziehen. Dabei können den Mitarbeitern der unteren Ebenen in einem ersten Schritt durchaus klassische und traditionelle Steuerungsgrößen als Zielvorgabe gegeben werden, solange die Unternehmensführung den kausalen Zusammenhang zwischen diesen traditionellen Kennzahlen und der Wertschaffung sicherstellt. Jedoch sollte die Incentivierung der Mitarbeiter langfristiger gestaltet werden. Dies kann durch die Anwendung einer so genannten **Bonusbank** gelingen. Das Konzept der Bonusbank sieht vor, dass der Bonus eines Mitarbeiters nur teilweise ausbezahlt wird und der Restbetrag auf das Konto des Mitarbeiters in die Bonusbank einbezahlt wird. Der Restbonus wird dann in weiteren Tranchen in den nächsten (ein, zwei) Jahren ausgezahlt. Ist der Bonus des nächsten Jahres jedoch (fiktiv) negativ, z. B. wenn Ziele deutlich nicht erreicht wurden, so werden bestehende Guthaben verrechnet. Ziel ist es, die langfristorientierte und damit wertorientierte Denkweise der Mitarbeiter zu fördern.[849]

Ad 6.)

Im Kontext möglicher Change Management-Maßnahmen wird bei KMU insbesondere hinsichtlich der Beteiligung und der Schulung der Mitarbeiter ein Verbesserungspotenzial vermutet. Wird die Entscheidung zur Einführung einer wertorientierten Unternehmensführung getroffen, so muss das Unternehmen die **Erhöhung des Schulungsbudgets** sicherstellen. Empfehlenswert ist hierbei die Einführung eines **Schulungsbeauftragten**, der systematisch Schulungsbedarf und –methodik sowie geeignete Trainer identifiziert. Dieser kann unterstützt werden durch einen so genannten Personalentwicklungsbeirat, der sich aus verschiedenen Führungskräften des Unternehmens zusammensetzt. Hinsichtlich der Beteiligung der Mitarbeiter können spezielle Projektteams und Zirkel gebildet werden, die im Rahmen der Konzeptionierung und Implementierung bestimmte Aufgaben übernehmen, wie z. B. Vorschläge zur Definition operativer Werttreiber. Im Rahmen der Interviews wurde die Rolle des **Betriebsrats** als erfolgskritischer Faktor identifiziert. Mittelständische Unternehmen sollten daher bei Einführung eines solchen Konzeptes den Betriebsrat frühzeitig und explizit einbinden, um die Akzeptanz und Unterstützung einer breiten Mitarbeiterbasis sicherzustellen.

Die bisherigen Ausführungen haben thesenartige Handlungsempfehlungen und Ansatzpunkte aufgezeigt, wie mittelständische Unternehmen ihre vermutete unzureichende Erfüllung einer wertorientierten Ausgestaltung reduzieren können. Diese Ansätze greifen dabei i. d. R. auf bereits existente Konzepte und Instrumente zurück, die ggf. in ihrer Komplexität für KMU vereinfacht werden müssen bzw. in ihrem Umsetzungs- und Anwendungsgrad weniger weitreichend zum Einsatz kommen. Es lässt sich vermuten, dass mittelständische Unternehmen bereits mit der Anwendung bekannter Instrumente ihr Unternehmen heute wertorientierter führen können. Wichtigste Voraussetzung dafür jedoch ist die **Integration einer Wertorientierung in die Zielfunktion** des Unternehmens. Je nach Ressourcenverfügbarkeit und Unternehmenskomplexität kann dabei der Ausprägungsgrad der Ausgestaltung variieren (z. B. Grad der Wertabbildung in der Spitzenkennzahl). Um ein mittelständisches Unternehmen nicht mit Komplexität zu überladen, können zunächst in einem ersten Implementierungsschritt

849 Vgl. Witzemann/Currle 2004, S. 631.

selektive Erfolgsfaktoren eines Wertmanagements ausgeklammert werden. Während Zielsetzung, Planung und Kontrolle sowie die dafür notwendige Informationsbereitstellung unerlässlich erscheinen, kommen den Investor Relations im Mittelstand nur eine geringere Bedeutung zu. Auch die umfangreiche Anwendung von Anreizsystemen und Change Management-Maßnahmen kann bei ausschließlich wertorientierter Steuerung auf oberster Unternehmensebene zunächst von geringerer Bedeutung sein. KMU sollten demnach in der Lage sein, wertorientierte Unternehmensführung in einer abgeschwächten Form ohne unüberwindbare Investitionshürden anzuwenden und dabei trotzdem den Wert ihres Unternehmens nachhaltig zu steigern.

8 Zusammenfassung und Ausblick

Im Folgenden werden die Ergebnisse der Arbeit kurz zusammengefasst (Kap. 8.1) und daran anschließend ein Ausblick auf weitere Forschungsfelder gegeben (Kap. 8.2).

8.1 Zusammenfassung

Ziel der vorliegenden Arbeit war es, die bestehende Forschungslücke im Bereich der Anwendung einer wertorientierten Unternehmensführung in mittelständischen Unternehmen zu reduzieren. Die Forschungslücke bestand darin, dass zwar in wissenschaftlichen Beiträgen die Vorteilhaftigkeit und Akzeptanz des Wertmanagementkonzeptes für KMU bestätigt und in einzelnen Beiträgen konzeptionell angepasst werden konnten, jedoch die systematische Auseinandersetzung mit den Erfolgsfaktoren und den Anforderungen einer Implementierung nur unzureichend war. Das Globalziel dieser Arbeit bestand daher in der Bewertung der KMU-spezifischen Ausgestaltung kritischer Erfolgsfaktoren zur Anwendung wertorientierter Unternehmensführung und in der Ableitung von Gestaltungshinweisen. Dieses übergeordnete Ziel ließ sich in drei weitere Teilziele unterteilen:

- **Theoretisches Ziel:** Identifikation von für den Mittelstand kritischen Erfolgsfaktoren einer wertorientierten Unternehmensführung und Ableitung von theoriegeleiteten Anforderungen an deren Ausgestaltung. Diskussion dieser Anforderungen vor dem Hintergrund bestehender KMU-Spezifika sowie Ableitung von Thesen zur Anwendbarkeit des Konzeptes im Mittelstand.
- **Empirisches Ziel:** Erfassung der praktischen Ausgestaltung relevanter Erfolgsfaktoren im Mittelstand sowie Gewinnung von Hinweisen und Einschätzungen zur Akzeptanz und Realisierbarkeit wertorientierter Steuerungskonzeptionen für mittelständische Unternehmen aus Sicht der Praxis.
- **Praxeologisches Ziel:** Ableitung thesenartiger Gestaltungshinweise zur stärkeren Integration einer wertorientierten Unternehmensführung im Mittelstand.

Das theoretische Ziel dieser Arbeit wurde dadurch erfüllt, dass zunächst die in der Literatur diskutierten **Erfolgsfaktoren auf ihre Relevanz für mittelständische Unternehmen** untersucht und anschließend in den *Zürcher Ansatz zu einer Führungslehre* integriert wurden. Als für die erfolgreiche Implementierung relevant identifiziert wurden dabei: das Zielsystem, das Planungssystem, das Kontrollsystem, das Anreizsystem, das Informationssystem, die Investor Relations und das Change Management. In einem weiteren Schritt wurden die bereits in der Literatur identifizierten **Anforderungen an die Ausgestaltung** der relevanten Erfolgsfaktoren einer erfolgreichen Wertmanagementimplementierung zusammengetragen und systematisch für KMU aufbereitet. Abschließend wurden **Anwendbarkeitsthesen** als Folge der Diskussion zur Erfüllung der Anforderungen vor dem Hintergrund bestehender Ressourcenrestriktionen von mittelständischen Unternehmen abgeleitet.

Dem empirischen Teil dieser Arbeit lag eine **explorative Forschungsstrategie** zu Grunde, die in der Ausrichtung der Arbeit auf den **Entdeckungszusammenhang** begründet lag. Im Rahmen von **semistrukturierten Interviews** mit Unternehmern, Kapitalgebern und auf den Mittelstand spezialisierten Unternehmensberatern wurde entlang verschiedener Gestaltungsdimensionen die derzeitige praktische Ausgestaltung der Erfolgsfaktoren im Mittelstand aufgenommen und systematisiert. Wesentliches Ergebnis war dabei zum einen die Bewertung hinsichtlich der Erfüllung der Anforderungen durch die KMU und zum anderen die **Prüfung und ggf. Modifikation** der aufgestellten Anwendbarkeitsthesen.

Die **Notwendigkeit einer Wertsteigerung** im Sinne der zu Grunde liegenden Konzeption **wird in KMU generell nicht geteilt**. Vielmehr zielen mittelständische Unternehmen auf ein gesundes Wachstum als Hauptziel unternehmerischen Handelns ab, so dass eine unter Wertgesichtspunkten suboptimale Ausrichtung des Zielsystems auch bewusst akzeptiert wird. Dennoch handeln KMU bereits heute tlw. im Rahmen von Portfolioüberlegungen oder working capital-Optimierungen in gewisser Weise wertorientiert. Auch weisen die Mehrzahl der Strukturen und Prozesse einen relativ guten theoretischen Erfüllungsgrad der Anforderungen auf. Die befragten Experten waren einstimmiger Meinung, dass im Rahmen von Expansionsbestrebungen und Nachfolgeregelungen in Zukunft die Bedeutung externer Kapitalgeber zunehmen wird und die Qualifizierung für neue Finanzierungsinstrumente eine gewisse (Kapitalmarkt-)Attraktivität voraussetzt. Es ist daher zu vermuten, dass die **Anzahl der KMU, für die eine wertorientierte Unternehmensführung adäquat erscheint, steigen wird**.

In einer Synthese aus theoretischen Anforderungen und praktischer Ausgestaltung wurden **thesenartig Handlungsansätze zur stärkeren Integration einer wertorientierten Unternehmensführung in mittelständischen Unternehmen** diskutiert. Dabei beschränkten sich die Ausführungen auf die Bereiche, in denen die Anforderungen am wenigsten erfüllt waren. Diese waren im Einzelnen: die Berücksichtigung von Wertcharakteristika in der Zieldefinition des Unternehmens, die Operationalisierung wertorientierter Ziele, die Nutzung strategischer Planungsinstrumente, wertorientierter Kontrollen und leistungsabhängiger Anreizsysteme.

Mit dieser Arbeit wurde damit erstmalig eine gesamthafte Diskussion KMU-relevanter Erfolgsfaktoren für eine Implementierung von Wertmanagement durchgeführt, indem systematisch die relevanten Anforderungen zusammengetragen und nach Spiegelung mit der heutigen praktischen Ausgestaltung konkrete Handlungsansätze für die Praxis abgeleitet wurden.

8.2 Ausblick

Auf Grundlage der in dieser Arbeit identifizierten Forschungslücke und den erarbeiteten Ergebnissen lassen sich mehrere Ansatzpunkte für weitere Forschungsarbeiten identifizieren. Diese können dabei in eine theoretisch-konzeptionelle und in eine empirische Komponente unterteilt werden.

Im Rahmen der **theoretisch-konzeptionellen Betrachtung** sollte der Kreis des Untersuchungsobjektes insofern erweitert werden, als mittelständische Unternehmen mit **mehreren Geschäftsfeldern** in der Betrachtung inkludiert werden. In der vorliegenden Arbeit wurden KMU aus Vereinfachungsgründen lediglich als Ein-Geschäftsfeldunternehmen betrachtet, weshalb Aspekte der organisatorischen Aufstellung (z. B. interne Leistungsverrechnung und Kapitalallokation) bzw. von Portfolioüberlegungen nicht betrachtet wurden.

Hinsichtlich der zu Grunde liegenden Bewertungssystematik kann eine wertorientierte Unternehmensführung für mittelständische Unternehmen auch auf Basis bestehender **Realoptionen** diskutiert werden. Die oftmals in KMU auf Grund der Flexibilität bestehenden inhärenten diskretionären Handlungsspielräume stellen ebenfalls eine Unternehmenswertkomponente dar. Es bleibt zu untersuchen, ob und wie dieses zusätzliche Potenzial durch eine eigene, zu entwickelnde Steuerungskonzeption zielgerichtet zur Wertsteigerung eingesetzt werden kann.

In der vorliegenden Arbeit wurde von der Prämisse ausgegangen, dass zur Anwendung einer wertorientierten Unternehmensführung die Steigerung des Unternehmenswertes als oberstes finanzwirtschaftliches Ziel eine notwendige

Bedingung darstellt. Wie jedoch in den durchgeführten Experteninterviews beobachtet werden konnte, sind in mittelständischen Unternehmen durchaus auch multiple Zieldimensionen denkbar. Liegt ein solches **mehrdimensionales Zielsystem** vor, erscheint die Konzeptionierung eines adäquaten Wertsteigerungssystems wünschenswert.

Im Rahmen der **empirischen Betrachtung** kann die vorliegende Forschungsarbeit auf zwei verschiedene Weisen erweitert und ergänzt werden. Im Rahmen einer umfassenden **quantitativen empirischen Erhebung** können zum einen die finalen Anwendbarkeitsthesen validiert werden. Dabei können auch ggf. mittels Identifikation signifikanter Cluster weitere zielgruppenspezifische Thesen entwickelt und geprüft werden. Zum anderen können die aufgezeigten, thesenartigen Handlungsansätze hinsichtlich ihrer praktischen Eignung und Umsetzbarkeit verifiziert werden.

Eine weitere empirische Validierung der bisherigen Ergebnisse würde die vorliegende Arbeit mit der Durchführung einer **Intensivfallstudie** erfahren. Hierbei wäre es möglich entlang der sieben relevanten Erfolgsfaktoren intensiv die aktuelle Unternehmenssituation aufzunehmen und mit den Anforderungen an die Ausgestaltung zu spiegeln. Im Rahmen einer solchen unternehmensbezogenen Analyse wäre es möglich, die für das Unternehmen optimale Form der wertorientierten Ausgestaltung zu bestimmen. Im Ergebnis könnten Methodik und Prozess zur individuellen Analyse, Bewertung, Auswahl und Implementierung wertorientierter Gestaltungsmöglichkeiten entwickelt werden.

Angesichts der Vorteilhaftigkeit einer wertorientierten Steuerung für mittelständische Unternehmen und der in Theorie und Praxis vermuteten Professionalisierungszwänge, ist eine weitere wissenschaftliche Auseinandersetzung mit diesem Thema erstrebenswert. Der Unternehmenspraxis sei mit Hilfe der vorliegenden Arbeit ein Instrumentarium in die Hand gegeben, das zu einer stärkeren Professionalisierung, wenn nicht sogar Wertorientierung, beiträgt. Dies wiederum kann in einem Zirkelschluss zu weiteren Forschungsbemühungen in diesem Feld anregen.

ANHANG – INTERVIEWLEITDFADEN

Erfolgsfaktor	Anforderungen an	Mögliche Ausgestaltung
Allgemeine Fragen	Umsatz, Mitarbeiter, Bilanz, Rechtsform, Wirtschaftszweig, Gründungsjahr, Eigentümerstruktur, Notierung, Geschäftsführung, Finanzierung, Organigramm	
Zielsystem	• Inhalt	- Eigner vs. Stakeholder / Konflikte - ein- vs. mehrdimensional - monetär vs. nicht-monetär
	• Ausmaß	Maximierung, Satisfizierung, Konservation
	• Zeitbezug	kurz-, mittel-, langfristig
	• Einbettung Zielsystem	Interdependenz, Rangordnung
	• Spitzenkennzahl	- Existenz - statisch vs. dynamisch - Berücksichtigung v. Kapitalkosten/ Cashflow - Kenntnis über Verzerrungen
	• Operationalisierung durch Treiberbaum	- Existenz - finanziell vs. nicht-finanziell - Werttreiberbäume
	• Zielableitungsprozess	Top-Down, Bottom-Up, Gegenstromverfahren
	• Deduktionsbasis	Anforderungen Kapitalgeber, Wettbewerb, Historie
Planungs-system	• Planungsinhalt	Welche Größen
	• Planungsanregung	- regelmäßig vs. unregelmäßig - aktiv vs. reaktiv
	• Alternativen-generierung	Prozess, Sachlichkeit
	• Bewertung/Auswahl Alternativen	Bewertungs- und Auswahlprozess; Kriterien
	• Eingesetzte Instrumente	- unstrukturiert, strukturiert - wertorientiert/nicht wertorientiert - qualitativ / quantitativ
	• Beteiligte Personen	Unternehmer, Abteilungsleiter, Mitarbeiter
	• Abstimmung	Konsistenz
Kontrollsystem	• Kontrollinhalte	- systematisch geplante Größen - finanziell vs. nicht finanzielle Größen - Spitzenkennzahl, finanzielle & operative Treiber
	• Kontrollturnus	- aktiv vs. reaktiv - regelmäßig, unregelmäßig

	• Kontrollart	Ergebnis-, Durchführungs-, Prämissen-, Konsistenzkontrolle
	• Eingesetzte Instrumente	Kennzahlen, K&L-Rechnung, KZ-Systeme, BSC
	• Beteiligte Personen	Unternehmer, Controller etc.
Anreizsystem	• Art des Anreizes	- Intrinsisch vs. extrinsisch - monetär vs. nicht-monetär
	• Anreizgestaltung	- Cafeteria, Bonus, Tantieme, Bonus Bank etc. - kurz- und/oder langfristig
	• Personenumfang	Nur GF, Führungskräfte, alle Mitarbeiter
	• Bemessungsgrundlage	- Akzeptanzsicherung - Wertschaffungsbezug
	• Einbindung Mitarbeiter	keine, Info bzgl. Zielgröße, Zielvereinbarung
	• Entlohnungsfunktion	- Umfang BMG, Funktionsstruktur - subjektive vs. objektive Bewertung - Pauschalleistung vs. konkrete Zielerreichung
	• Gesamtsystem	Flexibilität: anpassungsfähig, lernfähig Handhabung: umfassend, wirtschaftlich
Informations-system	• Inhalt	Daten, Zeitbezug, Nützlichkeit
	• Format	- standardisiert vs. nicht-standardisiert - Struktur
	• System	Hardware, Software, Flexibilität
Investor Relations	• Kommunikationsempfänger	Kapitalgeber, Multiplikatoren, Stakeholder etc.
	• Kommunikationsturnus	- aktiv vs. reaktiv - regelmäßig vs. unregelmäßig
	• Informationsinhalt	- Grundlagen, Details - Total Return, Value Added, Strategic Advantage, Sonstiges
	• Kommunikationsinstrumente	- GB, Presse, Konferenzen, Investorengespräche, Fokus, Änderungshäufigkeit
	• Kommunikationsträger	Unternehmer, IR-Abteilung, IR-Agentur
Change Mgmt.	• Rolle des Unternehmers	- implizit, explizit - Fach- und Machtpromotor
	• Personalführung	Führungsstil, MbX-Technik
	• Beteiligung der Mitarbeiter	- Führungskräfte, operative Ebenen - Anlässe
	• Schulung	Umfang, Inhalt, Detaillierung, Adressaten
	• Interne Kommunikation	- Möglichkeiten, Informationstiefe - einmalig vs. fortlaufend

LITERATURVERZEICHNIS

ACHLEITNER, A.-K./BASSEN, A. (2000): Entwicklungsstand des Shareholder Value Ansatzes in Deutschland. Working Paper Series der ebs finance group – Report-Nr. 00-02. 2000.

ACHLEITNER, A.-K./BASSEN, A. (2000): Shareholder Value in klein- und mittelständischen Unternehmen (KMU). In: Siegwart, H. (Hrsg.), Jahrbuch zum Finanz- und Rechnungswesen. Zürich 2000, S. 145-173.

ACHLEITNER, A.-K./BASSEN, A. (2002): Entwicklungsstand des Shareholder-Value-Ansatzes in Deutschland – Empirische Befunde. In: Siegwart, H./Mahari, J. (Hrsg.), Corporate Governance, Shareholder Value & Finance. Basel et al. 2002, S. 611-635.

ACHLEITNER, A.-K. et al. (2001): Kapitalmarktkommunikation von Wachstumsunternehmen. Stuttgart 2001.

ACHTENHAGEN, L./NALDI, L. (2004): The Role of Resource Practices for the Value Creation of SME´s. Value Creation in Entrepreneurship and SMEs / Wertsteigerung durch Unternehmertum und KMU, Rencontres de St. Gall 2004. St. Gallen 2004.

ACKELSBERG, R./ARLOW, P. (1985): Small Businesses do plan and it pays off. In: Long Range Planning, Vol. 18 (1985), No. 5, S. 61-67.

ACS, Z. J. (1999): The new American Evolution. In: Acs, Z. J. (Hrsg.), Are Small Firms Important? Their Role and Impact. Boston et al. 1999, S. 1-20.

ACTETSME (2005): Heruntergeladen von http://www.actetsme.org am 26.10.2005.

ADAM, D. (1996): Planung und Entscheidung: Modelle-Ziele-Methoden mit Fallstudien und Lösungen. 4. Auflage, Wiesbaden 1996.

ADERS, C. et al. (2000): Unternehmenswerte auf Basis der Multiplikatormethode. In: Finanz Betrieb, 2. Jg. (2000), Heft 4, S. 197-204.

AFRA, S./ADERS, C. (2001): Den Firmenwert dauerhaft steigern. In: Harvard Business Manager, 23. Jg. (2001), Heft 3, S. 98-106.

AK „EXTERNE UNTERNEHMENSRECHNUNG“ DER SCHMALENBACH-GESELLSCHAFT FÜR BETRIEBSWIRTSCHAFT E.V. (2002): Grundsätze für das Value Reporting. In: Der Betrieb, 55. Jg. (2002), Heft 1, S. 2337-2340.

AK „Finanzierung" der Schmalenbach-Gesellschaft für Betriebswirtschaft e.V. (1996): Wertorientierte Unternehmenssteuerung mit differenzierten Kapitalkosten. In: Zeitschrift für betriebswirtschaftliche Forschung, 48. Jg. (1996), Heft 1, S. 543-578.

AK „Integrierte Unternehmensplanung" der Schmalenbach-Gesellschaft für Betriebswirtschaft e.V. (1991): Grenzen der Planung – Herausforderungen an das Management. In: Zeitschrift für betriebswirtschaftliche Forschung, 43. Jg. (1991), Heft 1, S. 811-829.

AK „Wertorientierte Führung in mittelständischen Unternehmen" der Schmalenbach-Gesellschaft für Betriebswirtschaft e.V. (2003): Wertorientierte Führung in mittelständischen Unternehmen. In: Finanz Betrieb, 5. Jg. (2003), Heft 1, S. 525-533.

AK „Wertorientierte Führung in mittelständischen Unternehmen" der Schmalenbach-Gesellschaft für Betriebswirtschaft e.V. (2004): Möglichkeiten zur Ermittlung periodiger Erfolgsgrößen in Kompatibilität zum Unternehmenswert. In: Finanz Betrieb, 6. Jg. (2004), Heft 4, S. 241-253.

AK „Wertorientierte Führung in mittelständischen Unternehmen" der Schmalenbach-Gesellschaft für Betriebswirtschaft e.V. (2006): Gestaltung wertorientierter Vergütungssysteme für mittelständische Unternehmen. In: Betriebs-Berater, 61. Jg. (2006), Heft 38, S. 2066-2076.

Albach, H. (1983): Die Bedeutung mittelständischer Unternehmen in der Marktwirtschaft In: Zeitschrift für Betriebswirtschaft, 53. Jg. (1983), Heft 9, S. 870-887.

Albach, H. (2001): Shareholder Value und Unternehmenswert – Theoretische Anmerkungen zu einem aktuellen Thema. In: Zeitschrift für Betriebswirtschaft, 71. Jg. (2001), Heft 6, S. 643-674.

Amram, M./Kulatilaka, N. (1999): Real Options. 1. Auflage, Boston 1999.

Ang, J. S. (1991): Small Business Uniqueness and the Theory of Financial Management. In: Journal of Small Business Finance, Vol. 1 (1991/92), S. 1-13.

Angst, R./Hasenfratz, M. (1997): Entwicklung eines prozess- und wertorientierten Informationssystems. Stuttgart, Wien 1997.

ANLEGER ZIRKEL (2008): Warren Buffett flirtet mit deutschem Mittelstand. Heruntergeladen von http://www.anleger-ziel.de/tipps/investment_gurus /warren _buffett_in_deutschland_deutscher_mittelstand.html am 10.06.2008.

ARGENTI, J. (1997): Stakeholders: the Case Against. In: Longe Range Planning, Vol. 30 (1997), No. 3, S. 442-445.

ATTESLANDER, P. (1995): Methoden der empirischen Sozialforschung. 8. Auflage, Berlin 1995.

AUDRETSCH, D. B. (1999): Small Firms And Efficiency. In: Acs, Z. J. (Hrsg.), Are Small Firms Important? Their Role and Impact. Boston et al. 1999, S. 21-37.

BACKES-GELLNER, U. (2005): Strategische Planung und mittelständische Unternehmen – Grundlage unternehmerischer Erfolge. Forum Mittelstand an der WHU. Heruntergeladen von http://www.isu.unizh.ch/emap/docs/2005 /research/IfMBN99UBGWHU05.pdf am 05.10.2006.

BACKES-GELLNER, U./PULL, K. (1999): Betriebliche Sozialpolitik und Maximierung des Shareholder Value: ein Widerspruch? Eine empirische Analyse alternativer Erklärungsansätze. In: Zeitschrift für Betriebswirtschaft, 69. Jg. (1999), Heft 1, S. 51-70.

BAETGE, J./KRAUSE, C. (1994): Die Berücksichtigung des Risikos bei der Unternehmensbewertung: Eine empirisch gestützte Betrachtung des Kalkulationszinses. In: Betriebswirtschaftliche Forschung und Praxis, 46. Jg. (1994), Heft 5, S. 433-456.

BAETGE, J. et al. (2001): Darstellung des Discounted-Cashflow-Verfahren (DCF-Verfahren) mit Beispiel. In: Peemöller, V. H. (Hrsg.), Praxishandbuch der Unternehmensbewertung. Herne/Berlin 2001, S. 263-360.

BAETGE, J./NOELLE, J. (2001): Shareholder-Value-Reporting sowie Prognose- und Performancepublizität. In: KoR : Zeitschrift für internationale und kapitalmarktorientierte Rechnungslegung, 1. Jg. (2001), Heft 4, S. 174-180.

BALBIERZ, S./HOFFMANN, T. (2000): Personalentwicklung in kleinen Unternehmen. Eschborn 2000.

BALLWIESER, W. (1998): Unternehmensbewertung mit Discounted Cash Flow-Verfahren. In: Die Wirtschaftsprüfung, 51. Jg. (1998), Heft 3, S. 81-92.

BAMBERGER, I./PLEITNER, H.-J. (1988): Strategische Ausrichtung kleiner und mittlerer Unternehmen. Berlin 1988.

Barthel, C. W. (1996): Unternehmenswert: Die vergleichsorientierten Bewertungsverfahren – Vergleichswert schlägt Ertragswert. In: Der Betrieb, 49. Jg. (1996), Heft 4, S. 149-163.

Baseler Ausschuss für Bankenaufsicht (1999): Neuregelung der angemessenen Eigenkapitalausstattung. Basel 1999.

Baseler Ausschuss für Bankenaufsicht (2001): Konsultationspapier – Überblick über die Neue Basler Eigenkapitalverordnung. Übersetzung der Deutschen Bundesbank, Bank für Internationalen Zahlungsausgleich. Basel 2001.

BDI-Mittelstandspanel (2005): Executive Summary der Online-Mittelstandsbefragung. Bonn/Bielefeld 2005.

Bea, F. X./Haas, J. (2001): Strategisches Management. Stuttgart 2001.

Bea, F. X./Thissen, S. (1997): Institutionalisierung des Shareholder-Value-Konzeptes bei der GmbH. In: Die Betriebswirtschaft, 57. Jg. (1997), Heft 16, S. 787-792.

Becker, W. (2000): Wertorientierte Unternehmensführung. Bamberger Betriebswirtschaftliche Beiträge Nr. 125. Bamberg 2000.

Beckmann, C. et al. (2002): Bewertung von Unternehmen: Strategie-Markt-Risiko. In: Steuer und Bilanzen, 24. Jg. (2002), Heft 4, S. 1213-1217.

Behrens, G. (1993): Wissenschaftstheorie und Betriebswirtschaftslehre. In: Wittmann, W. (Hrsg.), Handwörterbuch der Betriebswirtschaft. 5. Auflage, Stuttgart 1993, S. 4763-4772.

Behringer, S. (1999): Unternehmensbewertung der Mittel- und Kleinbetriebe: betriebswirtschaftliche Verfahrensweisen. Flensburg 1999. Zugl. Dissertation an der Universität Flensburg.

Belak, J./Duh, M. (2000): Management und Entwicklung von Familienunternehmen. In: Brauchlin, H./Pichler, J. H. (Hrsg.), Unternehmer und Unternehmensperspektiven für Klein- und Mittelunternehmen – Festschrift für Hans Jobst Pleitner. Berlin 2000, S. 350-360.

Berens, W. et al. (2005): Ausgestaltung der Controllingsysteme im Mittelstand – Ergebnisse einer Untersuchung. In: Controlling & Management, 49. Jg (2005), Heft 3, S. 186-191.

BERG, N. (2003): Public Affairs Management. Wiesbaden 2003. Zugl. Dissertation an der Universität Dortmund.

BERTLET, K. R./CRAVENS, D. M. (1991): Performance Pay as a Competitive Weapon. New York et al. 1991.

BEUTEL, R. (1988): Unternehmensstrategien international tätiger mittelständischer Unternehmen. Frankfurt a. M. et al. 1988.

BIEDERMANN et al. (2000): Strategie-Umsetzung mittels Balanced Scorecard. Bern 2000.

BILMES, L. et al. (1997): Value in Human Resources. Financial Times Deutschland, 10.02.1997, 1997.

BIRCHER, B. (1989): Planungssystem. In: Szyperski, N. (Hrsg.), Handwörterbuch der Planung. Stuttgart 1989, S. 1505-1515.

BISCHOFF, J. (1994): Das Shareholder Value-Konzept: Darstellung-Probleme-Handhabungsmöglichkeiten. Wiesbaden 1994. Zugl. Dissertation an der Universität München.

BLEICHER, K. (1990): Unternehmenskultur und strategische Unternehmensführung. In: Hahn, D./Taylor, B. (Hrsg.), Strategische Unternehmensplanung. 5. Auflage, Heidelberg 1990, S. 852-903.

BLEICHER, K. (1995): Das Konzept Integriertes Management. 3. Auflage, Frankfurt a. M. 1995.

BLESSIN, B. (1998): Innovations- und Umweltmanagement in kleinen und mittleren Unternehmen. Frankfurt a. M. 1998. Zugl. Dissertation an der Universität Hohenheim.

BÖCKING, H. J./NOWAK, K. (2000): Marktorientierte Unternehmensbewertung: Darstellung und Würdigung der marktorientierten Vergleichsverfahren vor dem Hintergrund der deutschen Kapitalmarktverhältnisse. In: Finanz Betrieb, 1. Jg. (1999), Heft 8, S. 169-176.

BÖCKING, J./NOWAK, K. (2000): Die Bedeutung des Börsenkurses bei der Unternehmensbewertung. In: Arnold, H. e. a. (Hrsg.), Werte messen – Werte schaffen: Von der Unternehmensbewertung zum Shareholder-Value-Management. Wiesbaden 2000, S. 129-157.

BOGNER, A. et al. (2005): Das Experteninterview – Theorie, Methode, Anwendung. 2. Auflage, Wiesbaden 2005.

BÖHI, D. M. (1995): Wettbewerbsvorteile durch die Berücksichtigung der strategisch relevanten gesellschaftlichen Anspruchsgruppen. Stuttgart 1995.

BONN, H. P./MOSCH, T. (2003): Basel II – Neue Anforderungen an das Berichtswesen im Mittelstand. In: Praxis der Wirtschaftsinformatik, 40. Jg. (2003), Heft 233, S. 21-31.

BORN, K. (1995): Unternehmensanalyse und Unternehmensbewertung. 1. Auflage, Stuttgart 1995.

BÖRSTLER, B. (1982): Zur Personalsituation in mittelständischen Betrieben des Produzierenden Gewerbes: Ergebnisse einer empirischen Untersuchung. Göttingen 1982.

BÖTZEL, S./SCHWILLING, A. (1998): Erfolgsfaktor Wertmanagement: Unternehmen wert- und wachstumsorientiert steuern. 1. Auflage, München 1998.

BRACKER, J. S./PEARSON, J. N. (1986): Planning and Financial Performance of Small Mature Firms. In: Strategic Management Journal, Vol. 7 (1986), S. 503-522.

BRAMSEMANN, R. (1997): Ein Erfolgssteuerungssystem für Kleinbetriebe. In: Bührens, J. (Hrsg.), Management im Mittelstand – Erfolgsorientierte Ansätze und Perspektiven. Berlin 1997, S. 29-54.

BRAUNSCHWEIG, C. et al. (2001): Grundlagen der Managementlehre. München 2001.

BREALEY, R. A./MYERS, S. S. (2000): Principles of Corporate Finance. 6. Auflage, Boston et al. 2000.

BREMER, J. G. (1996): Die schematisierte Unternehmensbewertung von mittelständischen Unternehmen. In: Rieper, B. et al. (Hrsg.), Betriebswirtschaftliches Controlling – Planung, Entscheidung, Organisation. Festschrift für Dietrich Adam. Wiesbaden 1996, S. 49-76.

BROCK, W. A./EVANS, D. S. (1989): Small Business Economics. In: Small Business Economics, Vol. 1 (1989), S. 7-20.

BRODBECK, H. (1995): Strategie. In: Sattes, I. et al. (Hrsg.), Erfolg in kleinen und mittleren Unternehmen – Ein Leitfaden für die Führung und Organisation in KMU. Zürich 1995, S. 30-48.

BRUNER, R. E. A. (1998): Best Practices in Estimating the Cost of Capital: Survey and Synthesis. In: Financial Practice and Education, Vol. 8 (1998), S. 13-28.

BRUSTMANN, E. (2006): Personalmanagement und Personalentwicklung in KMU – Zum Stand der Forschung. Diplomarbeit an der Universität Erlangen-Nürnberg 2006.

BUCHNER, R./ENGLERT, J. (1994): Die Bewertung von Unternehmen auf der Basis des Unternehmensvergleiches. In: Betriebs-Berater, Nr. 23 (1994), S. 1573-1580.

BUGHIN, J./COPELAND, T. E. (1997): The virtuous cycle of shareholder value creation. In: The McKinsey Quarterly, No. 2 (1997), S. 156-167.

BÜHLER, R. (1998): Adjusted Present Value zur Messung von Shareholder Value. In: Bruhn, M. et al. (Hrsg.), Wertorientierte Unternehmensführung. Wiesbaden 1998, S. 413-430.

BÜHNER, R. (1990): Das Management – Wert – Konzept. Strategien zur Schaffung von mehr Wert im Unternehmen. 1. Auflage, Stuttgart et al. 1990.

BÜHNER, R. (1994): Unternehmerische Führung mit Shareholder Value. In: Bühner, R. (Hrsg.), Der Shareholder Value Report: Erfahrungen, Ergebnisse, Entwicklungen. Landsberg/Lech 1994, S. 9-75.

BÜHNER, R./TUSCHKE, A. (1997): Zur Kritik am Shareholder Value – eine ökonomische Analyse. In: Betriebswirtschaftliche Forschung und Praxis, Heft 5 (1997), S. 499-516.

BÜHNER, R./TUSCHKE, A. (1999): Wertmanagement – Rechnen wie ein Unternehmer. In: Bühner, R./Sulzbach, K. (Hrsg.), Wertorientierte Steuerungs- und Führungssysteme – Shareholder Value in der Praxis. Stuttgart 1999, S. 3-41.

BUNDESWIRTSCHAFTSMINISTERIUM (2006): Mittelstandspolitik. Heruntergeladen von http://www.bmwi.de/Navigation/Wirtschaft/mittelstandspolitik.html am 12.12.2006.

BUSSE VON COLBE, W. (1997): Was ist und was bedeutet Shareholder Value aus betriebswirtschaftlicher Sicht? In: Zeitschrift für Gesellschaftsrecht Jg. 26 (1997), Heft 2, S. 271-290.

BUSSIEK, J. (1994): Anwendungsorientierte Betriebswirtschaftslehre für Klein- und Mittelunternehmen. 1. Auflage, München et al. 1994.

Caballero, R. J./Hammour, L. (1996): On the Timing and Efficiency of Creative Destruction. In: Quarterly Journal of Economics, Vol. 111 (1996), No. 3, S. 805-852.

Campbell, A. (1997): Stakeholders: the Case In Favour. In: Long Range Planning, Vol. 30 (1997), No. 3, S. 446-449.

Camphausen, B. (2003): Strategisches Management. München/Wien 2003.

Capaldo, G. et al. (2004): Value Creation in Small Firms – A Competence-Based Approach. Value Creation in Entrepreneurship and SMEs / Wertsteigerung durch Unternehmertum und KMU, Rencontres de St. Gall 2004. St. Gallen 2004.

Carlsson, B. (1999): Small Business, Entrepeneurship and Industrial Dynamics. In: Acs, Z. J. (Hrsg.), Are Small Firms Important? Their Role and Impact. Boston et al. 1999, S. 99-110.

Chandler, A. D. (1962): Strategy and Structure. Massachusetts 1962.

Chmielewicz, K. (1993): Forschungskonzeptionen der Wirtschaftswissenschaft. 3. Auflage, Stuttgart 1993.

Claaßen, N. (2008): Handbuch des Personalmanagements in kleinen und mittleren Unternehmen. 1. Auflage, Bremen 2008.

Clarke, T. (1998): The Stakeholder Corporation: A Business Philosophy for the Information Age. In: Long Range Planning, Vol. 31 (1998), No. 2, S. 182-194.

Coenenberg, A. G./Salfeld, R. (2003): Wertorientierte Unternehmensführung: vom Strategieentwurf zur Implementierung. 1. Auflage, Stuttgart 2003.

Conrad, H./Lang, H. C. (1998): Unternehmensstruktur und Organisation. In: Sattes et al. (Hrsg.), Erfolg in kleinen und mittleren Unternehmen. Zürich 1998, S. 19-30.

Copeland, T. et al. (1991): Valuation: Measuring and Managing the Value of Companies. 1. Auflage, New York 1991.

Copeland, T. et al. (1993): Unternehmenswert – Methoden und Strategien für eine wertorientierte Unternehmensführung. 1. Auflage, Frankfurt et al. 1993.

Copeland, T. et al. (1996): Valuation: Measuring and Managing the Value of Companies. 2. Auflage, New York 1996.

Copeland, T. et al. (1998): Unternehmenswert – Methoden und Strategien für eine wertorientierte Unternehmensführung. 2. Auflage, Frankfurt et al. 1998.

Copeland, T. et al. (2000): Valuation: Measuring and Managing the Value of Companies. 3. Auflage, New York 2000.

Copeland, T. et al. (2002): Unternehmenswert – Methoden und Strategien für eine wertorientierte Unternehmensführung. 3. Auflage, Frankfurt et al. 2002.

Copeland, T./Weston, J. F. (1992): Financial Theory and Corporate Policy. 3. Auflage, Reading 1992.

D`Amboise, G. (1985): A Survey of Strategic Planning Models for Small Business. In: Journal of Small Business and Entrepreneurship, Vol. 3 (1985), S. 6-17.

Dana, P. et al. (2004): Networking as a Means to Value creation. Value Creation in Entrepreneurship and SMEs / Wertsteigerung durch Unternehmertum und KMU, Rencontres de St. Gall 2004. St. Gallen 2004.

Davis, S./Albright, T. (2001): An Empirical Investigation of the Relationship Between Balanced Scorecard Implementation and Improved Financial Performance. SSRN Working Paper. 2001.

De Visscher, F. et al. (1995): Financing Transitions: Managing Capital and Liquidity in the Family Business. Marieta 1995.

Dethlefs, L. (1997): Kennzahlencontrolling in kleinen und mittleren Unternehmen (KMU). Frankfurt a. M. et al. 1997. Zugl. Dissertation an der Universität TU Ilmenau.

Deutsche Börse AG (2004): GEX – Der neue Mittelstandsindex. Deutsche Börse AG. Frankfurt a. M. 2004.

Deutsche Börse AG (2006): Die Indexwelt der Deutsche Börse AG. Deutsche Börse AG. Frankfurt a. M. 2006.

Diekmann, A. (2005): Empirische Sozialforschung. 12. Auflage, Reibeck bei Hamburg 2005.

DILL, P. (1987): Unternehmenskultur. Bonn 1987.

DIMMA, W. A. (1997): Putting Shareholders First. In: Ivey Business Quarterly, Autumn 1997, S. 33-35.

DINTNER, R. (1999): Controlling in kleinen und mittelgroßen Unternehmen. 1. Auflage, Frankfurt am Main et al. 1999.

DONALDSON, T./PRESTON, L. E. (1995): The Stakeholder Theory of the Corporation: Concepts, Evidence, and Implications. In: Academy of Management Review, Vol. 20 (1995), No. 1, S. 65-91.

DORNIER, C./TIEFENTHALER-DORNIER, M. (1991): Nachfolgeregelung zur Zukunftssicherung von Familienunternehmen. In: Droege & Comp. (Hrsg.), Zukunftssicherung durch Strategische Unternehmensführung. Düsseldorf 1991, S. 519-525.

DRUKARCZYK, J. (1993): Theorie und Politik der Finanzierung. 3. Auflage, München 1993.

DRUKARCZYK, J. (2001): Unternehmensbewertung. 3. Auflage, München 2001.

DRUMM, H.-J. (2005): Personalwirtschaft. 5. Auflage, Berlin 2005.

DÜRR, M. (1995): Investor Relations: Handbuch für Finanzmarketing und Unternehmenskommunikation. 2. Auflage, München 1995.

EBELING, C. (2007): Erfolgsfaktoren einer Wertorientierten Unternehmensführung. Wiesbaden 2007. Zugl. Dissertation an der Universität zu Köln.

EDVISSON, L./BRÜNING, G. (2000): Aktivposten Wissenskapital: Unsichtbare Werte bilanzierbar machen. Wiesbaden 2000.

EIDEL, U. (2000): Moderne Verfahren der Unternehmensbewertung und Performance-Messung. 2. Auflage, Herne/Berlin 2000.

EIGLER, J. (2004): Controlling, Anreizsysteme und Verhaltenswissenschaften. In: Scherm, E./Pietsch, G. (Hrsg.), Controlling – Theorien und Konzeptionen. München 2004, S. 665-690.

ELM, W. (1972): Das Management-Informationssystem als Mittel der Unternehmensführung. Berlin/New York 1972.

ERHARDT, M. C./BHAGWAT, Y. N. (1991): A Full-Information Approach for Estimating Divisional Betas. In: Financial Management, Vol. 20 (1999), S. 60-69.

EU KOMMISSION (2003): Empfehlung der EU-Kommission vom 6. Mai 2003 betreffend die Definition der Kleinstunternehmen sowie der kleinen und mittleren Unternehmen. EU-Kommission – Amtsblatt L124/36. Brüssel 2003.

EUROPEAN COMMISSION (2003): The new SME definition – User guide and model decleration. Heruntergeladen von http://europa.eu.int/comm/enterprise/enterprise_policy/sme_definition/sme_user_guide.pdf am 21.09.2005.

EVERS, H. (1998): Variable Bezüge für Führungskräfte: Wertorientierung als Herausforderung. In: Pellens, B. (Hrsg.), Unternehmenswertorientierte Entlohnungssysteme. Stuttgart 1998, S. 53-67.

EVERS, H. (2001): Stand und Entwicklung variabler Vergütungssysteme für Führungskräfte in Deutschland. In: von Eckardstein, D. (Hrsg.), Handbuch Variable Vergütung für Führungskräfte. München 2001, S. 27-46.

EVERS, H. (2001): Variable Vergütung von Geschäftsführern mittelständischer GmbHs. In: von Eckardstein, D. (Hrsg.), Handbuch Variable Vergütung für Führungskräfte. München 2001, S. 227-238.

EVERS, M. (1998): Strategische Führung mittelständischer Unternehmensnetzwerke. München 1998. Zugl. Dissertation an der Universität Essen.

EWERT, R./WAGENHOFER, A. (1997): Interne Unternehmensrechnung. 3. Auflage, Berlin 1997.

FAMA, E. F./MILLER, M. H. (1972): The Theory of Finance. 1. Auflage, New York 1972.

FAS AG (2005): Mittelstandstudie 2004/2005 – Finanzierung, Controlling und Bilanzierung. FAS AG. Stuttgart 2005.

FECHTEL, A. (2001): Wertorientiertes, strategisches Management von Mehrgeschäfts-Unternehmungen. Wiesbaden 2001. Zugl. Dissertation an der Universität Zürich.

FECHTEL, A./STELTER, D. (1997): Umsetzung eines wertorientierten Managements. In: Technologie & Management, 46. Jg. (1997), Nr. 2, S. 30-33.

Feldhoff, P. (2000): Der neue IDW Standard zur Unternehmensbewertung: Ein Fortschritt? In: Der Betrieb, 53. Jg. (2000), Heft 25, S. 1237-1240.

Fickert, R. (1992): Shareholder Value – Ansatz zur Bewertung von Strategien. In: Weilenmann, P./Fickert, K. (Hrsg.), Strategie-Controlling in Theorie und Praxis, Band 2. Bern 1992, S. 47-92.

Finance (2004): Finance-Studien: Unabhängig erfolgreich – Wachstums- und Finanzierungsstrategien von großen Familienunternehmen. In Zusammenarbeit mit Apax Partners, KPMG, WestLB, F.A.Z.-Institut für Management-, Markt- und Medieninformation GmbH. München 2004.

Fischer, T. M. et al. (2002): Wertorientierte Berichterstattung – Ein empirischer Vergleich der internetbasierten Geschäftsberichte von DAX 30- und Nemax 50-Unternehmen. In: Kapitalmarktorientierte Rechnungslegung, Heft 2 (2002), S. 14-25.

Fisher, I. (1930): The Theory of Interest. 1. Auflage, New York 1930.

Flick, U. (2004): Qualitative Sozialforschung – Eine Einführung. 2. Auflage, Reinbeck bei Hamburg 2004.

Franke, G./Hax, H. (1990): Finanzwirtschaft des Unternehmens und Kapitalmarkt. 2. Auflage, Berlin 1990.

Franke, G./Hax, H. (1994): Finanzwirtschaft des Unternehmens und Kapitalmarkt. 3. Auflage, Berlin 1994.

Freeman, R. E. (1983): Strategic Management: A Stakeholder Approach. In: Advances in Strategic Management, Vol. 1 (1983), S. 31-60.

Freeman, R. E. (1984): Strategic Management: A Stakeholder Approach. Boston 1984.

Freeman, R. E./Reed, D. L. (1983): Stockholders and Stakeholders: A New Perspective on Corporate Governance. In: California Management Review, Vol. 25 (1983), No.3, S. 88-106.

Freese, E. (1992): Handwörterbuch der Organisation. 3. Auflage, Stuttgart 1992.

Freygang, W. (1993): Kapitalallokation in diversifizierten Unternehmen: Ermittlung divisionaler Eigenkapitalkosten. Wiesbaden 1993.

FRÖHLING, O. et al. (1999): DV-gestütztes Value Management: Beyond Decision Support? Analytische Informationssyteme für das wertorientierte Controlling und Reporting. In: Controlling, 11. Jg. (1999), S. 333-341.

FRUHAN, W. E. J. (1979): Financial Strategy – Studies in the creation, transfer, and destruction of shareholder value. Homewood 1979.

FUEGLISTALLER, U. et al. (2004): Wertsteigerung von Klein- und Mittelunternehmen durch Mitarbeiterloyalität – ein handlungsorientiertes Modell. Value Creation in Entrepreneurship and SMEs / Wertsteigerung durch Unternehmertum und KMU, Rencontres de St. Gall 2004. St. Gallen 2004.

FÜGLISTALLER, U. (2004): Charakteristik und Entwicklung von Klein- und Mittelunternehmen (KMU). 1. Auflage, St. Gallen 2004.

FÜGLISTALLER, U. et al. (2003): Strategisches Management für KMU – Eine praxisorientierte Anleitung. St. Gallen 2003.

GABELE, E. (1989): Die Rolle der Werthaltung von Führungskräften mittelständischer Unternehmen bei der Erringung strategischer Wettbewerbsvorteile. In: Die Betriebswirtschaft, 49. Jg. (1989), Nr. 5, S. 623-637.

GABLER WIRTSCHAFTSLEXIKON (1997): Gabler Wirtschaftslexikon. 14. Auflage, Wiesbaden 1997.

GÄLWEILER, A. (1981): Zur Kontrolle strategischer Pläne. In: Steinmann, H. (Hrsg.), Planung und Kontrolle: Probleme der strategischen Unternehmensführung. München 1981, S. 383-399.

GANTZEL, K. J. (1962): Wesen und Begriff der mittelständischen Unternehmung. Köln/Opladen 1962.

GELSHORN, T. (1993): Strategische Handlungsperspektiven für mittelständische Unternehmen und Unternehmer im EG-Binnenmarkt – Dargestellt am Beispiel des Maschinenbaus. Göttingen 1993.

GIBB, A./SCOTT, M. (1985): Strategic Awareness, Personal Commitment and the Process of Planning in the Small Business. In: Journal of Management Studies, Vol. 22 (1985), S. 597-625.

GIBSON, B. (2004): The Value of Intangibles in Privately Held Firms. Value Creation in Entrepreneurship and SMEs / Wertsteigerung durch Unternehmertum und KMU, Rencontres de St. Gall 2004. St. Gallen 2004.

GLEIßNER, W. (2002): Leitfaden Rating, Basel II – Rating Strategien für den Mittelstand. In: DSWR, Heft 1/2, S. 40-47.

GLEIßNER, W./FÜSER, K. (2002): Leitfaden Rating, Basel II – Rating Strategien für den Mittelstand. München 2002.

GLEIßNER, W./WEISSMANN, A. (2001): Wertorientiertes Management: Auch für den Mittelstand sinnvoll? In: WINFORMATION, o. Jg., Heft 5, S. 2-4.

GLODEK, R. (2002): Strategiegeleitete Operationalisierung und Messung der Unternehmenskultur am Beispiel der Implementierung eines Qualitätsmanagementsystems in einem mittelständischen Dienstleistungsunternehmen. Mainz 2002. Zugl. Dissertation an der Universität Mainz.

GOMEZ, P. (1990): Wertorientierte Strategieplanung. In: Der Schweizer Treuhänder, Heft 11 (1990), S. 557-562.

GOMEZ, P. (1998): Stakeholder Value schlägt Shareholder Value ... nach Punkten! In: Thexis, Nr. 2 (1998), S. 62-63.

GORDON, M. J. (1962): The Investment, Financing, and Valuation of the Corporation. 1. Auflage, Westport 1962.

GRETH, M. (1998): Managemententlohnung aufgrund des Economic Value Added (EVA). In: Pellens, B. (Hrsg.), Unternehmenswertorientierte Entlohnungssysteme. Stuttgart 1998, S. 69-100.

GREWE, A. (2003): Implementierung neuer Anreizsysteme. 2. Auflage, München/Mering 2003.

GROB, H. L. et al. (1999): Unternehmensbewertung mit VOFI. In: Zeitschrift für betriebswirtschaftliche Forschung, 51. Jg. (1999), S. 454-479.

GROCHLA, E. (1978): Einführung in die Organisationstheorie. Stuttgart 1978.

GUATRI, L. (1994): Theorie der Unternehmenswertsteigerung: Ein europäischer Ansatz. Wiesbaden 1994.

GÜNTERBERG, B./KAYSER, G. (2004): SMEs in Germany – Facts and Figures 2004. Institut für Mittelstandsforschung Bonn – IfM-Materialien Nr. 161. Bonn 2004.

GÜNTERBERG, B./WOLTER, H. J. (2002): Mittelstand in der Gesamtwirtschaft – Anstelle einer Definition. Institut für Mittelstandsforschung Bonn – Unternehmensgrößenstatistik 2001/2002 – Daten und Fakten. Bonn 2002.

GÜNTHER, T. (1997): Unternehmenswertorientiertes Controlling. 1. Auflage, München 1997.

GÜNTHER, T. (2002): Wertorientierte Kennzahlen zur Steuerung mittelständischer Unternehmen. In: Kostenrechnungspraxis, 46. Jg. (2002), Sonderheft 1, S. 89-97.

GÜNTHER, T./BEYER, D. (2001): Value Based Reporting – Entwicklungspotenziale der externen Unternehmensberichterstattung. In: Der Betriebs-Berater, 56. Jg. (2001), S. 1623-1630.

GÜNTHER, T./GONSCHOREK, T. (2006): Wert(e)orientierte Unternehmensführung im Mittelstand – Erste Ergebnisse einer empirischen Untersuchung. Dresdner Beiträge zur Betriebswirtschaftslehre, Report-Nr. 114/06. Dresden 2006.

GÜNTHER, T./GONSCHOREK, T. (2008): Wert(e)orientierte Unternehmensführung im Mittelstand – Ausgewählte Ergebnisse einer empirischen Untersuchung. In: Lingnau, V. (Hrsg.), Die Rolle des Controllers im Mittelstand: funktionale, institutionale und instrumentale Ausgestaltung. Lohmar/Köln 2008, S. 49-70.

HAAKE, K. (1987): Strategisches Verhalten in europäischen Klein- und Mittelbetrieben. Berlin 1987. Zugl. Dissertation an der Universität St. Gallen.

HACHMEISTER, D. (1995): Der Discounted Cash Flow als Maß der Unternehmenswertsteigerung. Frankfurt a. M. et al. 1995.

HACHMEISTER, D. (2000): Der Discounted Cash Flow als Maß der Unternehmenswertsteigerung. 4. Auflage, Frankfurt a. M. et al. 2000.

HÄCKER, J. (2000): Bewertung von Start-Up-Unternehmen im Bereich E-Commerce. In: M&A Review, Nr. 3 (2000), S. 111-115.

HÄCKER, J. (2000): New Economy – Quo Vadis (2). In: Finanz Betrieb, 2.Jg. (2002), S. 812-815.

HAEUSSLEIN, R. (1993): Strategisches Denken, Entscheiden und Handeln in kleinen und mittleren Industrieunternehmungen. Regensburg 1993.

HAHN, D. (1988): Führung und Führungsorganisation, Gestaltungsmöglichkeiten bei veränderten Rahmenbedingungen in der heutigen Industriegesellschaft. In: Zeitschrift für betriebswirtschaftliche Forschung, 40. Jg. (1988), S. 112-137.

Hahn, D. (1996): PuK, Controllingkonzepte: Planung und Kontrolle. 5. Auflage, Wiesbaden 1996.

Hahn, D. (1999): Planungs- und Kontrollsysteme als Gegenstand strategischer Planung. In: Hahn, D./Taylor, B. (Hrsg.), Strategische Unternehmensplanung – Strategische Unternehmensführung: Stand und Entwicklungstendenzen. 8. Auflage, Heidelberg 1999, S. 664-681.

Hahn, D. (1999): Strategische Kontrolle. In: Hahn, D./Taylor, B. (Hrsg.), Strategische Unternehmensplanung – Strategische Unternehmensführung: Stand und Entwicklungstendenzen. 8. Auflage, Heidelberg 1999, S. 892-908.

Hahn, D./Hungenberg, H. (2001): PuK. Planung und Kontrolle, Planungs- und Kontrollsysteme, Planungs- und Kontrollrechnung. 6. Auflage, Wiesbaden 2001.

Hamel, G./Prahalad, C. K. (1994): Competing for the Future. Boston 1994.

Hamel, W. (1997): Personalwesen. In: Pfohl, H.-C. (Hrsg.), Betriebswirtschaftslehre der Mittel- und Kleinbetriebe – Größenspezifische Probleme und Möglichkeiten zu ihrer Lösung. 3. Auflage, Berlin 1997, S. 225-254.

Hamer, E. (1987): Das mittelständische Unternehmen. Stuttgart 1987.

Hamer, E. (1997): Volkswirtschaftliche Bedeutung von Klein- und Mittelbetrieben – Größenspezifische Probleme und Möglichkeiten zu ihrer Lösung. In: Pfohl, H.-C. (Hrsg.), Betriebswirtschaftslehre der Mittel- und Kleinbetriebe. 3. Auflage, Berlin 1997, S. 27-49.

Happel, M. (2002): Shareholder-Value-Ansatz: Implementierungslücke im Controlling deutscher Unternehmen? Ergebnisse einer empirischen Untersuchung. In: Controlling, 14 Jg. (2002), Heft 4/5, S. 275-282.

Hardtmann, G. (1996): Die Wertsteigerungsanalyse im Managementprozeß. Wiesbaden 1996.

Hartmann, U. (1992): Generelle Rahmenbedingungen für Unternehmensakquisitionen in Deutschland. In: Sieben, G./Stein, H.-G. (Hrsg.), Unternehmensakquisitionen – Strategien und Abwehrstrategien. Stuttgart 1992, S. 21-37.

Haspeslagh, P. et al. (2001): Managing For Value: It's Not Just About the Numbers. In: Harvard Business Review, Vol. 79 (2001), No. 7, S. 64-73.

HAUSCH, K. T. (2004): Corporate Governance im deutschen Mittelstand. Wiesbaden 2004.

HAUSSCHILDT, J. (1980): Zielsysteme. In: (Hrsg.), Handwörterbuch der Organisation. 2. Auflage, Stuttgart 1980, S. 2419-2430.

HAX, H. (1985): Investitionstheorie. 5. Auflage, Würzburg/Wien 1985.

HAYN, M. (2000): Unternehmensbewertung: Die funktionalen Wertkonzeptionen. In: Der Betrieb, 53. Jg. (2000), Heft 27/28, S. 1346-1353.

HECHTFISCHER, R. (2004): Führung im Mittelstand. In: Schlüchtermann, J./Tebroke, H.-J. (Hrsg.), Mittelstand im Fokus. Wiesbaden 2004, S. 307-335.

HEINEN, E. (1962): Die Zielfunktion der Unternehmung. In: Albach, H. e. a. (Hrsg.), Die Theorie der Unternehmung. Wiesbaden 1962, S. 9-71.

HEINEN, E. (1966): Das Zielsystem der Unternehmung. Grundlagen betriebswirtschaftlicher Entscheidungen. Wiesbaden 1966.

HELBLING, C. (1993): DCF-Methode und Kapitalkostensatz in der Unternehmensbewertung. In: Der Schweizer Treuhänder, Nr. 4 (1993), S. 157-164.

HENSCHEL, T. (2006): Unternehmensplanung im Mittelstand: State of the art. Eine empirische Untersuchung. In: Horst, K.-H./Schindler, U. (Hrsg.), Recht-Personal-Ökologie-Unternehmung: Festschrift für Prof. Dr. Manfred Kohler zum 65. Geburtstag. Aachen 2006, S. 257-265.

HENSELMANN, K. (2001): Das Mischen von Unternehmenswerten: Eine theoretische Erklärung gängiger Praxis. In: Finanz Betrieb, 2.Jg. (2001), S. 413-417.

HERMANN, H. E. et al. (1999): Integriertes Wertmanagement bei der Bayer AG. In: Controlling, Heft 8-9 (1999), S. 399-406.

HERTER, R. N. (1994): Unternehmenswertorientiertes Management. München 1994.

HESSE, T. (1996): Periodischer Unternehmenserfolg zwischen Realisations- und Antizipationsprinzip: Vergleich von Aktienrendite, Cash-Flow und Economic Added-Value. Bern 1996.

HEYKEN, A. (2001): Informationsstand und erwartete Auswirkungen von Basel II im Mittelstand. Rating-Chance für den Mittelstand nach Basel II. Frankfurt a. M. 2001.

HGB (2005): Handelsgesetzbuch. 43. Auflage, Berlin 2005.

HILL, W. (1996): Der Shareholder Value und die Stakeholder. In: Die Unternehmung, Heft 6 (1996), S. 411-420.

HINTERHUBER, H. H. (1997): Strategische Unternehmensführung, Band I: Strategisches Denken. Berlin/New York 1997.

HINZ, H./BEHRINGER, S. (2000): Unternehmensbewertung – Anlässe, Funktionen, Instrumente. In: Wirtschaftswissenschaftliches Studium, 29. Jg. (2000), Nr. 1, S. 21-27.

HOBI, A. et al. (1999): Balanced Scorecard – ein Führungssystem auch für KMU. In: io Management, Heft 12 (1999), S. 58-65.

HÖHNER, M. (1999): Anreizkompatible Entlohnungssysteme für Führungskräfte in KMU – Eine Annäherung über die Principal-Agent-Theorie. Schriften zu Management und KMU der Universität Flensburg. Flensburg 1999.

HOMBURG, C. (1999): Structure and dynamics of the German Mittelstand. Heidelberg/New York 1999.

HOMMEL, U./MÜLLER, J. (2000): Tauschoptionen: Kernbausteine realoptionsbasierter Investitionsrechnung. In: Finanz Betrieb, 2.Jg. (2000), S. 72–77.

HORVATH, P. (2006): Controlling. 10. Auflage, München 2006.

HORVÁTH, P. (1998): Controlling. 7. Auflage, München 1998.

HORVÁTH, P. (2001): Balanced Scorecard umsetzen. 2. Auflage, Stuttgart 2001.

HORVÁTH, P./MINNING, F. (2001): Wertorientiertes Management in Deutschland, Großbritannien, Italien und Frankreich: Eine empirische Analyse. In: Controlling, Heft 6 (2001), S. 273-282.

HORVATH, P./WEBER, J. (1997): Controlling. In: Pfohl, H.-C. (Hrsg.), Betriebswirtschaftslehre der Mittel- und Kleinbetriebe – Größenspezifische Probleme und Möglichkeiten zu ihrer Lösung. 3. Auflage, Berlin 1997, S. 335-376.

HOSTETTLER, S. (1997): Economic Value Added (EVA). Bern et al. 1997.

HUCHZERMEIER, M. (2006): Investor Relations beim Börsengang – Konzept für mittelständische Unternehmen. Wiesbaden 2006. Zugl. Dissertation an der Universität Ilmenau.

Iber, B. (1985): Zur Entwicklung der Aktionärsstruktur in der Bundesrepublik Deutschland. In: Zeitschrift für Betriebswirtschaft, Bd. 55 (1985), S. 1101-1119.

Ihring, H. C. (1986): Einführung in das Controlling von Mittelstandsunternehmen. Wien 1986.

Imberger, K. (2003): Wertorientierte Anreizgestaltung. Lohmar 2003. Zugl. Dissertation an der Technische Universität Dresden.

Institut für Mittelstandsforschung Bonn (2003): Arbeitsbericht. Bonn 2003.

Institut für Mittelstandsforschung der Universität Mannheim (2004): Profil der Institutstätigkeit. Heruntergeladen von http://www.ifm .uni -mannheim.de am 27.4.2005.

Janisch, M. (1993): Das strategische Anspruchsgruppenmanagement: Vom Shareholder Value zum Stakeholder Value. Bern 1993. Zugl. Dissertation an der Universität St. Gallen.

Jansche, R. (1998): Shareholder Value oder Stakeholder Value? Globalisierung und unternehmerische Verantwortung. Büdingen 1998.

Julien, P. A. (1993): Small Businesses as a Research Subject: Some Reflections in Knowledge of Small Business and its Effect on Economic Theory. In: Small Business Economics, Nr. 5, 1993, S. 157-166.

Jung, H. (2005): Personalwirtschaft. 6. Auflage, München/Oldenbourg 2005.

Jung, H. (2006): Personalwirtschaft. 7. Auflage, München/Oldenbourg 2006.

Jürgen, W. (2000): Balanced Scorecard und Controlling. 3. Auflage, Wiesbaden 2000.

Kahle, E. (1989): Unternehmenskultur als Erfolgsfaktor in mittelständischen Unternehmen. In: Albers, S. et al. (Hrsg.), Elemente erfolgreicher Unternehmenspolitik in mittelständischen Unternehmen: Unternehmenskultur, Kundennähe, Quasi-Eigenkapital – Ergebnis des Lüneburger Mittelstands-Symposiums. Stuttgart 1989.

Kaplan, R. S./Norton, D. (2001): Balanced Scorecard – Strategien erfolgreich umsetzen. Stuttgart 2001.

KARTSCHER, R./ROCKHOLTZ, C. (2002): Wertorientiertes Management im Mittelstand – Wie mittelständische, nicht-börsennotierte Unternehmen vom Shareholder-Value-Konzept profitieren können. In: Betrieb + Personal, 33. Jg. (2002), S. 175-177.

KASPER, H./MAYERHOFER, W. (2002): Personalmanagement, Führung, Organisation. 3. Auflage, Wien 2002.

KÄSSER, W. et al. (2000): Wertmanagement im VEW-Konzern – trotz oder wegen einer kommunalen Mehrheit. In: Zeitschrift für betriebswirtschaftliche Forschung, 52. Jg. (2000), S. 495-504.

KAUFMANN, L. (1997): Balanced Scorecard. In: Zeitschrift fur Planung, 4. Jg. (1997), S. 4-11.

KAYSER, G. (1986): Definitorische Ansätze zur Klärung des Begriffes „KMU". In: Bundesministerium für Wirtschaft (Hrsg.), Unternehmensgrößenstatistik. Bonn 1986.

KAYSER, G. (1997): Unternehmensführung. In: Pfohl, H.-C. (Hrsg.), Betriebswirtschaftslehre der Mittel- und Kleinbetriebe – Größenspezifische Probleme und Möglichkeiten zu ihrer Lösung. 3. Auflage, Berlin 1997, S. 81-102.

KAYSER, G. (2003): Was sind eigentlich kleine und mittlere Unternehmen? Diskussionsbeitrag zur Kuratoriumssitzung der Arbeitsgemeinschaft industrieller Forschungsvereinigungen „Otto von Guerike" e.V. 2003.

KAYSER, G. (2006): Daten und Fakten – Wie ist der Mittelstand strukturiert. In: Krüger, W. et al. (Hrsg.), Praxishandbuch des Mittelstands – Leitfaden für das Management mittelständischer Unternehmen. Wiesbaden 2006, S. 33-48.

KAYSER, G. (2006): Der Mittelstand in Deutschland. Lingen 2006.

KAYSER, G./WALLAU, F. (2003): Der industrielle Mittelstand – ein Erfolgsmodell, Untersuchung im Auftrag des Bundesverbandes der Deutschen Industrie e.V. und der Ernst&Young AG. Berlin 2003.

KELLER-PFRUNDER, A./TREICHLER, C. (1993): Unternehmungskulturstrategien im Zürcher Ansatz. In: Die Unternehmung, 1. Jg. (1993), S. 55-66.

KENGELBACH, J./ROOS, A. (2006): Entflechtung der Deutschland AG – Eine empirische Untersuchung der Reduktion von Kapital- und Personalverflechtungen zwischen deutschen börsennotierten Gesellschaften. In: M&A Review, Heft 1 (2006), S. 12-21.

KEPPLER, V. (2004): Controlling Mehrwert – Wertorientiertes Management für den Mittelstand. Finance Magazin, September 2004 (Heft 9), 2004.

KFW BANKENGRUPPE (2005): Mittelstandsmonitor 2005. Frankfurt a. M. 2005.

KFW BANKENGRUPPE (2006): Mittelstandsmonitor 2006. Frankfurt a. M. 2006.

KFW BANKENGRUPPE (2007): Mittelstandsmonitor 2007. Frankfurt a. M. 2007.

KHADJAVI, K. (2005): Wertmanagement im Mittelstand. Wiesbaden 2005. Zugl. Dissertation an der Universität St. Gallen.

KIENBAUM VERGÜTUNGSBERATUNG (1999): Vergütung 1999 – Geschäftsführer der kleinen GmbH. Gummersbach 1999.

KILKA, M. (1995): Realoptionen – Optionspreistheoretische Ansätze bei Investitionsentscheidungen unter Unsicherheit. 1. Auflage, Frankfurt a. M. 1995.

KIRSCH, W. (1983): Fingerspitzengefühl und Hemdsärmeligkeit bei der Planung im Mittelstand. In: Kirsch, W./Roventa, P. (Hrsg.), Bausteine eines strategischen Managements. Berlin/New York 1983, S. 399-422.

KIRSCHBAUM, G./NAUJOKS, W. (1989): Planung im Kleinbetrieb. In: Szyperski, N. (Hrsg.), Handwörterbuch der Planung. Stuttgart 1989, S. 828-834.

KLETT, C. (2003): Wertorientierte Unternehmensführung in kleinen und mittleren Betrieben. In: Unternehmensbewertung & Management, 1. Jg. (2003), Heft 4, S. 135-140.

KLETT, C. (2004): Vollständige Finanzpläne als Instrumente wertorientierter Unternehmensführung in KMU. In: Unternehmensbewertung & Management, 2. Jg. (2004), Heft 4, S. 152-159.

KLETT, C./PIVERNETZ, M. (2004): Controlling in kleinen und mittleren Unternehmen – Ein Handbuch mit Auswertungen auf der Basis der Finanzbuchhaltung. 3. stark überarbeitete Auflage, Herne/Berlin 2004.

KLETT, C. et al. (1996): Controlling Praxis für kleine und mittlere Unternehmen. 1. Auflage, Herne/Berlin 1996.

KLIEN, W. (1995): Wertsteigerungsanalyse und Messung von Managementleistungen. Wiesbaden 1995. Zugl. Dissertation an der Universität Bern.

KNORREN, N. (1997c): Unterstützung der Wertsteigerung durch wertorientiertes Controlling. In: Controlling, 41. Jg. (1997), S. 203-210.

KNORREN, N. (1998): Wertorientierte Gestaltung der Unternehmensführung. Wiesbaden 1998. Zugl. Dissertation der Wissenschaftlichen Hochschule für Unternehmensführung.

KNORREN, N./WEBER, J. (1997a): Shareholder Value – Eine Controlling Perspektive. Vallendar 1997a.

KNORREN, N./WEBER, J. (1997b): Implementierung Shareholder Value. Vallendar 1997b.

KOEPLIN, J. et al. (2000): The Private Company Discount. In: Journal of Applied Corporate Finance, 12. Jg. (2000), Winter 2000, S. 94-101.

KOLKS, U. (1990): Strategieimplementierung: Ein anwenderorientiertes Konzept. Wiesbaden 1990. Zugl. Dissertation an der Universität Gießen.

KOLLER, T. et al. (2005): Valuation – measuring and managing the value of companies. 4. Auflage, Hoboken, NJ 2005.

KOSMIDER, A. (1994): Controlling im Mittelstand. 2. Auflage, Stuttgart 1994.

KOSSBIEL, H. (1994): Überlegungen zur Effizienz betrieblicher Anreizsysteme. In: Die Betriebswirtschaft, 54. Jg. (1994), Heft 1, S. 75-93.

KOSTKA, C./MÖNCH, A. (2006): Change Management. 3. Auflage, München 2006.

KOTTER, J. P. (1995): Leading Change: Why Transformation Efforts Fail. In: Harvard Business Review, No. 2 (1995), S. 59-70.

KPMG (2000): Stock Options für Führungskräfte. Frankfurt a. M. 2000.

KRÄMER, W. (2006): Personalführung und Organisation im Wandel. In: Schauf, M. (Hrsg.), Unternehmensführung im Mittelstand – Rollenwandel kleiner und mittlerer Unternehmen in der Globalisierung. München/Mering 2006, S. 205-244.

KREIKEBAUM, H. (1993): Strategische Unternehmensplanung. 5. Auflage, Stuttgart et al. 1993.

KRETSCHMANN, J. (1990): Die Diffusion des Kritischen Rationalismus in der Betriebswirtschaftslehre. Stuttgart 1990.

KROLLE, S. (2001): Unsicherer Tax Shield in der Unternehmensbewertung: Adjusted Present Value (APV) oder Discounted Cash-flow (DCF). In: Finanz Betrieb, 3. Jg. (2001), S. 18-30.

KRÜGER, W. (2002): Excellence in Change – Wege zur strategischen Erneuerung. 2. Auflage, Wiesbaden 2002.

KRULIS-RANDA, J. S. (1984): Reflexionen über die Unternehmungskultur. In: Die Unternehmung, 4. Jg. (1984), S. 358-372.

KRUSCHWITZ, L./LÖFFLER, A. (1997): Ross´ APT ist gescheitert! Was nun? In: Zeitschrift für betriebswirtschaftliche Forschung, 49. Jg. (1997), Nr. 7-8, S. 644-651.

KUBICEK, H. (1975): Empirische Organisationsforschung. Stuttgart 1975.

KUBICEK, H. (1977): Heuristische Bezugsrahmen und heuristisch angelegte Forschungsdesigns als Elemente einer Konstruktionsstrategie empirischer Forschung. In: Köhler, R. (Hrsg.), Empirische und handlungstheoretische Forschungskonzeptionen in der Betriebswirtschaftslehre. Stuttgart 1977, S. 3-36.

KUCKARTZ, U. (2005): Einführung in die computergestützte Analyse qualitativer Daten. Wiesbaden 2005.

KÜPPER, H.-U. (1997): Controlling: Konzeptionen, Aufgaben und Instrumente. 2. Auflage, Stuttgart 1997.

KÜPPER, H.-U. (2005): Controlling: Konzeption, Aufgaben und Instrumente. 4. Auflage, Stuttgart 2005.

KÜPPER, H.-U./BRONNER, T. (1995): Strategische Ausrichtung mittelständischer Unternehmungen. In: Internationales Gewerbearchiv, 43. Jg. (1995), S. 73-87.

KUPSCH, P. (1979): Unternehmensziele. Stuttgart 1979.

LAATZ, W. (1993): Empirische Methoden – Ein Lehrbuch für Sozialwissenschaftler. Frankfurt 1993.

LABHART, P. (1999): Value Reporting: Informationsbedürfnisse des Kapitalmarktes und Wertsteigerung durch Reporting. Zürich 1999. Zugl. Dissertation an der Universität Zürich.

LAGEMANN, B. et al. (1999): Kleine und mittlere Unternehmen im sektoralen Strukturwandel. 1. Auflage, Essen 1999.

LAMNEK, S. (2005): Qualitative Sozialforschung. 4. Auflage, Weinheim/Basel 2005.

LANGEMEYER, H. (1999): Das Cafeteria-Verfahren. München 1999. Zugl. Dissertation an der Universität Flensburg.

LAUX, C. (1993): Handlungsspielräume im Leistungsbereich des Unternehmens: Eine Anwendung der Optionspreistheorie. In: Zeitschrift für betriebswirtschaftliche Forschung, Jg. 45 (1993), Heft 11, S. 933-958.

LAUX, H. (2006): Unternehmensrechnung, Anreiz und Kontrolle. 2. Auflage, Berlin 2006.

LEGENHAUSEN, C. (1998): Controllinginstrumente im Mittelstand. 1. Auflage, Wiesbaden 1998.

LEHMANN, S. (1993): Der Zürcher Ansatz zur Führungslehre. In: Die Unternehmung, 1. Jg. (1993), S. 5-10.

LEHMANN, S. (1994): Neue Wege in der Bewertung börsennotierter Aktiengesellschaften – Ein cash-flow-orientiertes Ertragswertmodell. Wiesbaden 1994. Zugl. Dissertation an der Wissenschaftlichen Hochschule für Unternehmensführung.

LESLIE, K./MICHAELS, M. (1997): The real power of real options. In: McKinsey Quarterly, Nr.1 (1997), S. 4-22.

LEVEN, F.-J. (1998): Investor Relations und Shareholder Value. In: Müller, M./Leven, F.-J. (Hrsg.), Veränderte Anforderungen an die Berichterstattung börsennotierter Unternehmen. Wien 1998, S. 45-62.

LEWIS, T. G. (1995): Steigerung des Unternehmenswertes: Total Value Management. 2. Auflage, Landsberg am Lech 1995.

LIEBHOLD, R./TRINCZEK, R. (2002): Experteninterview. In: Kühl, S./Strodholz, P. (Hrsg.), Methoden der Organisationsforschung – Ein Handbuch. Reinbeck bei Hamburg 2002, S. 33-71.

LINDEMANN, B. et al. (1998): Investor Relations in KMU – Eine Einführung für Existenzgründer, Geschäftsführer junger Unternehmen und das Management kleiner und mittlerer Unternehmen als Frage-/Antwort-Katalog. Aachen 1998.

Lintner, J. (1965): The Valuation of Risk Assets and the Selection of Risky Investments in Stock Portfolios and Capital Budgets. In: Review of Economics and Statistics, Vol. 47 (1965), S. 13-37.

Lubritz, S. (2000): Internationale Strategische Allianzen mittelständischer Unternehmen – Eine theoretische und empirische Analyse. Frankfurt a. M. 2000. Zugl. Dissertation an der Universität Saarbrücken.

Lück, W./Jahns, C. (1997): Controlling zur Führungsunterstützung mittelständischer Unternehmen. In: Die Wirtschaftsprüfung, Heft 4 (1997), S. 126-131.

Macharzina, K. (1989): Rechnungswesen und Planung. In: Szyperski, N. (Hrsg.), Handwörterbuch der Planung. Stuttgart 1989, S. 1713-1730.

Macharzina, K./Neubürger, H. J. (2002): Wertorientierte Unternehmensführung: Strategien – Strukturen – Controlling. Stuttgart 2002.

Maier, D. A. (2001): Der Betafaktor in der Unternehmensbewertung. In: Finanz Betrieb, 3. Jg. (2001), S. 298-302.

Malmi, T./Ikäheimo, S. (2003): Value Based Management Practices – some evidence from the field. In: Management Accounting Research, Vol. 14 (2003), S. 235-254.

Manager-Magazin.de (2008): „Rufen Sie mich an!" Heruntergeladen von http://www.manager-magazin.de/unternehmen/artikel/0,2828,553853,00.html am 10.06.2008.

Mandl, G./Rabel, K. (1997): Unternehmensbewertung – Eine praxisorientierte Einführung. 1. Auflage, Wien 1997.

Männel, W. (2002): Aktuelle Anforderungen an das Controlling mittelständischer Unternehmen. In: Kostenrechnungspraxis, 46. Jg. (2002), Sonderheft 1, S. 5-12.

March, J. G./Simon, H. A. (1976): Organisation und Individuum. Wiesbaden 1976.

Markowitz, H. M. (1952): Portfolio Selection Theory. In: Journal of Finance, Vol. 7 (1952), S. 77-91.

Martin, J. D./Petty, J. W. (2000): Value based management – the corporate response to the shareholder revolution. Boston 2000.

Marwede, E. (1983): Die Abgrenzungsproblematik mittelständischer Unternehmen – Eine Literaturanalyse. Augsburg 1983.

Marx, M. (1993): Finanzmanagement und Finanzcontrolling im Mittelstand. Ludwigsburg/Berlin 1993. Zugl. Dissertation an der Technische Universität Berlin.

McGregor, D. (1960): The Human Side of Enterprise. New York 1960.

McTaggart, J. M. (1988): The Ultimate Takeover Defense: Closing the Value Gap. In: Planning Review, Vol. 16 (1988), No.1, S. 27-32.

Meier-Scherling, P. (1996): Shareholder Value Analyse vs. Stakeholder Management: Unternehmenspolitische Grundkonzeptionen als Ansätze zur Erweiterung der Theorie der Unternehmung. Darmstadt 1996. Zugl. Dissertation an der Universität Freiburg (Schweiz).

Meier, H. (2002): Unternehmensführung – Aufgaben und Techniken des betrieblichen Managements. Herne/Berlin 2002.

Meise, F. (1998): Realoptionen als Investitionskalkül – Bewertung von Investitionen unter Unsicherheit. 1. Auflage, München et al. 1998.

Mellwig, W. (1990): Betriebswirtschaftliche Beratung mittelständischer Unternehmen – eine Herausforderung für den Steuerberater. In: Der Betrieb, 43. Jg. (1990), Heft 2, S. 53-62.

Meuser, M./Nagel, U. (1991): ExpertInneninterviews – vielfach erprobt, wenig bedacht. In: Garz, D./Kraimer, K. (Hrsg.), Qualitativ-Empirische Sozialforschung: Konzepte, Methoden, Analysen. Opladen 1991, S. 441-471.

Meyer, J.-A. (2003): Unternehmensbewertung und Basel II in kleinen und mittleren Unternehmen. 1. Auflage, 2003.

Michel, U. (1996): Wertorientiertes Management strategischer Allianzen. München 1996. Zugl. Dissertation an der Universität Graz.

Milgrom, P./Roberts, J. (1992): Economics, Organization, and Management. 1992.

Mintzberg, H. (1987): The Strategy Concept I: Five Ps for Strategy. In: California Management Review, Vol. 30 (1987), S. 11-24.

MIROW, M. (1994): Shareholder Value als Instrument der internen Unternehmensführung. In: Bühner, R. (Hrsg.), Der Shareholder-Value-Report: Erfahrungen, Ergebnisse, Entwicklungen. Landsberg/Lech 1994, S. 91-105.

MORIN, R. A./JARRELL, S. L. (2001): Driving Shareholder Value: Value-Building Techniques for Creating Shareholder Wealth. New York 2001.

MOSSIN, J. (1966): The Equilibrium in a Capital Asset Market. In: Econometria, Vol. 34 (1966), S. 768-783.

MOXTER, A. (1983): Grundsätze ordnungsmäßiger Unternehmensbewertung. 2. Auflage, Wiesbaden 1983.

MUCHE, T. (2000): Unternehmensbewertung unter Einbezug von Steuer- und Handelsrecht. Lohmar 2000.

MUGLER, J. (1995): Betriebswirtschaftslehre der Klein- und Mittelbetriebe. 2. Auflage, Wien 1995.

MUGLER, J. (1998): Betriebswirtschaftslehre der Klein- und Mittelbetriebe. 3. Auflage, Wien 1998.

MUGLER, J./SCHMIDT, K.-H. (1995): Klein- und Mittelunternehmen in einer dynamischen Wirtschaft. Berlin et al. 1995.

MÜHLEBACH VON WÜRENLINGEN UND TEGERFELDEN, C. (2004): Familyness als Wettbewerbsvorteil – Ein integrierter Strategieansatz für Familienunternehmen. Bern et al. 2004.

MÜLLER-MERBACH, H. (1997): Stakeholder vs. Shareholder: Über die Vereinbarkeit von zwei Zielorientierungen. In: Technologie & Management, 46. Jg. (1997), Nr. 2, S. 8-10.

MÜLLER-STEWENS, G./LECHNER, C. (2003): Strategisches Management: Wie strategische Initiativen zum Wandel führen. St. Gallener General Management Navigator. Stuttgart 2003.

MÜLLER, M. (1998): Shareholder Value Reporting – ein Konzept wertorientierter Kapitalmarktkommunikation. In: Müller, M./Leven, F.-J. (Hrsg.), Veränderte Anforderungen an die Berichterstattung börsennotierter Unternehmen. Wien 1998, S. 123-144.

MULLINS, D. W. (1982): Does the Capital Asset Pricing Model work? In: Harvard Business Review, January-February (1982), S. 105-113.

Nelles, M. et al. (2001): Unternehmensbewertungsverfahren im Rahmen von Börsengängen am Neuen Markt. In: Finanz Betrieb, 3. Jg. (2001), Heft 5, S. 322-327.

Neubauer, H. (2004): Wertorientiertes Management von Innovationen in Klein- und Mittelbetrieben. Value Creation in Entrepreneurship and SMEs / Wertsteigerung durch Unternehmertum und KMU, Rencontres de St. Gall 2004. St. Gallen 2004.

Neubürger, H. J. (2000): Wertorientierte Unternehmensführung bei Siemens. In: Zeitschrift für betriebswirtschaftliche Forschung, 52. Jg. (2000), S. 188-196.

Noppeney, C. (1997): Management zwischen Stake- und Shareholder. In: Gablers Magazin, Heft 9 (1997), S. 14-17.

Nowak, K. (2000): Marktorientierte Unternehmensbewertung: Discounted Cash Flow, Realoption, Economic Value Added und der Direct Comparison Approach. 1. Auflage, Wiesbaden 2000.

O´Bannon, D. P./Preston, L. E. (1993): The Corporate Social-Financial Performance Relationship. Atlanta 1993.

Ochsenbauer, C./Klofat, B. (1997): Überlegungen zur paradigmatischen Dimension der Unternehmenskulturdiskussion. In: Heinen, E./Frank, M. (Hrsg.), Unternehmenskultur – Perpektiven für Wissenschaft und Praxis. 2. Auflage, München et al. 1997, S. 67-106.

Orser, B. J. et al. (2000): Performance, Firm Size, and Management Problem Solving. In: Journal of Small Business Management, Vol. 38 (2000), No. 4, S. 42-51.

Ossadnik, W. et al. (2004): Controlling im Mittelstand. In, Heft 11 (2004), S. 621-630.

Ossadnik, W./van Lengerich, E. (2003): Controlling mittelständischer Unternehmen in der Region Osnabrück-Emsland: Empirische Bestandsaufnahme, Evaluierung und Handlungsempfehlungen. Osnabrück 2003.

Palli, M. (2004): Wertorientierte Unternehmensführung – Konzeption und empirische Untersuchung zur Ausrichtung der Unternehmung auf den Kapitalmarkt. Wiesbaden 2004. Zugl. Dissertation an der Universität Graz.

Pape, U. (1997): Wertorientierte Unternehmensführung und Controlling. Sternenfels/Berlin 1997. Zugl. Dissertation an der TU Berlin.

PEEMÖLLER, V. H./FAUL, K. (2002): Wertorientierte Unternehmensführung für den Mittelstand. In: Datenverarbeitung, Nr. 10 (2002), S. 305-307.

PEEMÖLLER, V. H./MEYER-PRIES, L. (1995): Unternehmensbewertung in Deutschland – Ergebnisse einer Umfrage bei dem steuerberatenden Berufsstand. In: Deutsches Steuerrecht, 33. Jg. (1995), S. 1202-1208.

PELLENS, B. et al. (1998): Wertorientierte Entlohnungssysteme für Führungskräfte – Anforderungen und empirische Evidenz. In: Pellens, B. (Hrsg.), Unternehmenswertorientierte Entlohnungssysteme. Stuttgart 1998, S. 2-28.

PELLENS, B. et al. (2000): Value Reporting – Eine empirische Analyse der DAX-Unternehmen. In: Wagenhofer, A./Hrebicek, G. (Hrsg.), Konzepte und Umsetzungen zur Unternehmenswertsteigerung. Stuttgart 2000, S. 177-207.

PELLENS, B. et al. (2000): Wertorientierte Unternehmensführung in Deutschland – Eine empirische Untersuchung der DAX 100-Untenehmen. In: Der Betrieb, 53. Jg. (2000), Heft 37, S. 1825-1833.

PELZ, T. (2000): Weiterbildung in Klein- und Mittelunternehmen. Arbeitspapier Nr. 18 der Hans-Böckler Stiftung. Düsseldorf 2000.

PENA, I. (2002): Intellectual Capital – Does it Create or Destroy Value? In: Measuring Business Excellence, Vol. 8 (2002), No. 1, S. 62-68.

PERLITZ, M. et al. (1997): Wertorientierte Unternehmensführung – Einsatzbedingungen und Erfolgsfaktoren. Arbeitspapier Nr. 3 des Lehrstuhls für Allgemeine Betriebswirtschaft und Internationales Management der Universität Mannheim. Mannheim 1997.

PERRIDON, L./STEINER, M. (1991): Finanzwirtschaft der Unternehmung. 6. Auflage, München 1991.

PERRIDON, L./STEINER, M. (1997): Finanzwirtschaft der Unternehmung. 9. Auflage, München 1997.

PESCHKE, M. A. (1997): Wertorientierte Strategiebewertung. Wiesbaden 1997. Zugl. Dissertation an der Universität Dortmund.

PFOHL, H. C. (1988): Strategische Kontrolle. In: Henzler, H. (Hrsg.), Handbuch strategische Führung. Wiesbaden 1988, S. 801-823.

PFOHL, H. C. (1997): Abgrenzung der Klein- und Mittelbetriebe von Großbetrieben. In: Pfohl, H.-C. (Hrsg.), Betriebswirtschaftslehre der Mittel- und Kleinbetriebe – Größenspezifische Probleme und Möglichkeiten zu ihrer Lösung. 3. Auflage, Berlin 1997, S. 1-25.

PICHLER, H. et al. (1999): Management in KMU: Die Führung von Klein- und Mittelunternehmen. 3. Auflage, Bern et al. 1999.

PLASCHKE, F. J. (2003): Wertorientierte Management-Incentivesysteme auf Basis interner Wertkennzahlen. Wiesbaden 2003. Zugl. Dissertation an der TU Dresden.

POHL, H. R./REHKUGLER, H. (1989): Management-Instrumente als Erfolgsfaktoren in mittelständischen Unternehmen. In: Internationales Gewerbearchiv, 37. Jg. (1989), S. 1-13.

POPPER, K. R. (1978): Die Logik der Sozialwissenschaften. In: Adorno, T. W. et al. (Hrsg.), Der Positivismusstreit in der deutschen Soziologie. 6. Auflage, Darmstadt/Neuwied 1978, S. 103-123.

PORTER, L. W./LAWLER, E. D. I. (1968): Managerial Attitudes and Performance. Homewood 1968.

PORTER, M. E. (1995): Competitive Advantage: Creating and Sustaining Superior Performance. 1. Auflage, New York 1995.

PORTER, M. E. (1995): Wettbewerbsvorteile. 5. Auflage, Frankfurt 1995.

PORTER, M. E. (1999): Wettbewerbsstrategie. 10. Auflage, Frankfurt 1999.

PRICEWATERHOUSECOOPERS (2000): Value Reporting Forecast 2001. Best Practice Examples. o. O. 2000.

PÜMPIN, C./GEILINGER, K. W. (1988): Strategische Führung. In: Die Orientierung, Nr. 76, 2. Ausgabe. Bern 1988.

RAHN, H.-J. (2000): Unternehmensführung. 4. Auflage, Ludwigshafen 2000.

RAMTHUN, C. (2005): Unternehmen + Management: Mittelstand Spezial – Internationalisierung. Wirtschaftswoche, 17.11.2005, Berlin 2005.

RAPPAPORT, A. (1986): Creating Shareholder Value. The New Standard for Business Performance. New York 1986.

RAPPAPORT, A. (1994): Shareholder Value – Wertsteigerung als Maßstab für die Unternehmensführung. Stuttgart 1994.

RAPPAPORT, A. (1998): Creating shareholder value: a guide for managers and investors. 2. Auflage, New York 1998.

RASCHE, C. (1994): Wettbewerbsvorteile durch Kernkompetenzen – Ein ressourcenorientierter Ansatz. Wiesbaden 1994. Zugl. Dissertation an der Universität Bayreuth.

RASTER, M. (1995): Shareholder Value Management. Wiesbaden 1995. Zugl. Dissertation an der Universität d. Bundeswehr Hamburg.

RAUTENSTRAUCH, T. (2006): Balanced Scorecard in mittelständischen Unternehmen – Empirische Ergebnisse und Implikationen. In: Lingnau, V. (Hrsg.), Einsatz von Controllinginstrumenten im Mittelstand. Lohmar 2006, S. 1-18.

REHKUGLER, H. (1989): Erfolgsfaktoren mittelständischer Unternehmen. In: Das Wirtschaftsstudium, 18. Jg. (1989), Heft 11, S. 626-632.

REHN, J. (1998): Integrative Planungs- und Kontrollsysteme für mittlere Unternehmungen. München et al. 1998. Zugl. Dissertation an der Universität d. Bundeswehr Hamburg.

REICH-ROHRWIG, F. (2001): Kapitalmarktorientierte Bewertung strategischer Optionen beim Einstieg in neue Märkte am Beispiel des UK Internet Brokerage. Wallisellen 2001. Zugl. Dissertation der Universität St. Gallen.

REICHMANN, T. (2001): Controlling mit Kennzahlen und Managementberichten: Grundlagen einer systemgestützten Controlling-Konzeption. 6. Auflage, München 2001.

REICHMANN, T. (2006): Controlling mit Kennzahlen und Management-Tools: Die systemgestützte Controlling-Konzeption. 7. Auflage, München 2006.

REIMANN, B. C. (1986): Implementing Value-Based Strategic Management. In: Strategic Planning, July (1986), S. 6-9 and 45-46.

REIMANN, B. C. (1989): Managing for Value: A Guide to Value-Based-Strategic Management. Oxford 1989.

REIS, D. (1998): Finanzmanagement in internationalen mittelständischen Unternehmen. Wiesbaden 1998. Zugl. Dissertation an der Universität Saarbrücken.

REIß, M. (1997): Instrumente der Implementierung. In: Reiß, M. et al. (Hrsg.), Change Management – Programme, Projekte und Prozesse. Stuttgart 1997, S. 91-108.

REMER, A. (2000): Managementsysteme. Bayreuth 2000.

RHYNE, L. C. (1986): The Relationship of Strategic Planning to Financial Performance. In: Strategic Management Journal, Vol. 7 (1986), S. 423-431.

RICHTER, F. (1996): Konzeption eines marktwertorientierten Steuerungs- und Monitoringsystems. Frankfurt 1996.

RICHTER, F. (1997): DCF – Methoden und Unternehmensbewertung: Analyse der systematischen Abweichungen der Bewertungsergebnisse. In: Zeitschrift für Bankrecht und Bankwirtschaft, 9. Jg. (1997), S. 226-237.

RIEDL, J. B. (2000): Unternehmungswertorientiertes Performance Measurement. Wiesbaden 2000. Zugl. Dissertation der European Business School.

RIEG, S. (2002): Wertorientierte Steuerung von Tochtergesellschaften im mittelständischen Konzern. In: Controller Magazin, 27. Jg. (2002), Heft 2, S. 158-163.

RISSEEUW, P./MASUREL, E. (1994): The Role of Planning in Small Firms: Empirical Evidence from a Service Industry. In: Small Business Economics, Vol. 6 (1994), S. 313-322.

RÖDER, K./MÜLLER, S. (2001): Mehrperiodige Anwendung des CAPM im Rahmen von DCF-Verfahren. In: Finanz Betrieb, 3. Jg. (2001), Heft 4, S. 225-233.

ROOS, A./STELTER, D. (1999): Die Komponenten eines integrierten Wertmanagementsystems. In: Controlling, 11. Jg. (1999), Heft 7, S. 301-308.

ROOS, R./REBIEN, A. (2001): Unternehmensbewertung: Sachgerechte Bestimmung der Eigenkapitalkosten nach der Steuerreform. In: Finanz Betrieb, 3. Jg. (2001), S. 176-182.

ROSS, S. A. (1976): The Arbitrage Theory of Capital Asset Pricing. In: American Economic Review, Vol. 13 (1976), S. 341-360.

RÖSSL, D./KESSLER, A. (2004): Value creation by Innovation: How do SMEs Translate Potential Ideas into New Processes or Products. Value Creation in Entrepreneurship and SMEs / Wertsteigerung durch Unternehmertum und KMU, Rencontres de St. Gall 2004. St. Gallen 2004.

ROTH, E. (1995): Sozialwissenschaftliche Methoden. 4. Auflage, München 1995.

RUESS, A. (2005): Sinnvolle Lösungen: Der Umbau der Deutschland AG. Wirtschaftswoche, 4.2.2005, Düsseldorf 2005.

RÜHLI, E. (1977): Grundsätzliche Betrachtungen zu einem integrierten Führungsmodell. In: Zeitschrift für betriebswirtschaftliche Forschung, 11. Jg. (1977), Heft 29, S. 729-357.

RÜHLI, E. (1984): Der Zürcher Ansatz zu einer Führungslehre. In: Die Unternehmung, 4. Jg. (1984), S. 347-357.

RÜHLI, E. (1991): Das Zürcher Management-Modell – Grundkonzept und zeitgemäße Weiterentwicklungen. In: Wissenschaftliche Zeitschrift der Handelshochschule Leipzig, 18. Jg. (1991), Heft 2, S. 99-108.

RÜHLI, E. (1992): Gestaltungsmöglichkeiten der Unternehmensführung. Bern et al. 1992.

RUHWEDEL, F./SCHULTZE, W. (2002): Value Reporting: Theoretische Konzeption und Umsetzung bei den DAX 100-Unternehmen. In: Zeitschrift für betriebswirtschaftliche Forschung, 54. Jg. (2002), S. 602-630.

RUMPF, H. (1991): Personalführung. München 1991.

SATTLER, A. et al. (1995): Unternehmensführung in schwierigen Zeiten – Handlungsalternativen für den mittelständischen Unternehmer. Renningen-Malmsheim 1995.

SAUERMANN, P. (1997): Mitarbeiter erfolgreich machen – die besonderen Chancen der Menschführung im Mittelstand. In: Bührens, J. (Hrsg.), Management im Mittelstand. Berlin 1997, S. 65-77.

SCAPENS, R./ROBERTS, J. (1993): Accounting and Control: A Case Study of Resistance to Accounting Change. In: Management Accounting Research, Vol. 4 (1993), S. 1-32.

SCHACHNER, M. et al. (2006): Steuerung mittelständischer Unternehmen: Größeneffekte und Einfluss der Eigentums- und Führungsstruktur. In: Zeitschrift für Betriebswirtschaft, 76. Jg. (2006), Heft 6, S. 589-614.

SCHÄFER, H./SCHÄSSBURGER, B. (2001): Bewertung eines Biotech-Start-ups mit dem Realoptionsansatz. In: Hommel, U. et al. (Hrsg.), Realoptionen in der Unternehmenspraxis – Wert schaffen durch Flexibilität. Berlin 2001.

Schäffer, U. (2001): Strategische Steuerung mit der Balanced Scorecard. In: Freidank, C./Mayer, E. (Hrsg.), Controlling Konzepte – Neue Strategien und Werkzeuge für die Unternehmenspraxis. Wiesbaden 2001, S. 461-493.

Scharpe, J. (1992): Strategisches Management im Mittelstand. Bergisch Gladbach/Köln 1992.

Schauf, M. (2006): Strategisches Management im Mittelstand – Von der Konkurrenzanalyse zur Strategie. In: Schauf, M. (Hrsg.), Unternehmensführung im Mittelstand – Rollenwandel kleiner und mittlerer Unternehmen in der Globalisierung. München/Mering 2006, S. 67-117.

Schauf, M. (2006): Unternehmensführung im Mittelstand. 1. Auflage, München/Mering 2006.

Schein, E. H. (2003): Organisationskultur. Bergisch Gladbach 2003.

Schildbach, T. (2000): Ein fast problemloses DCF – Verfahren zur Unternehmensbewertung. In: Zeitschrift für betriebswirtschaftliche Forschung, 52. Jg. (2000), S. 707-723.

Schilt, J. H. (1982): A Rational Approach to Capitalization Rates for Discounting the Future Income Stream of Closely Held Companies. In: The Financial Planner, January (1982), S. 115-125.

Schlüchtermann, J. et al. (1999): Balanced Scorecard. Ein neues Konzept zur kennzahlengestützten Strategieumsetzung – Einsatzmöglichkeiten im Mittelstand. In: Meiler, R. (Hrsg.), Mittelstand und Betriebswirtschaft: Beiträge aus Wissenschaft und Praxis. Wiesbaden 1999, S. 102-121.

Schlüchtermann, J./Pointer, M. A. (2004): Unternehmensplanung und Mittelstand – Strategieumsetzung mit Hilfe der Balanced Scorecard. In: Schlüchtermann, J./Tebroke, H.-J. (Hrsg.), Mittelstand im Fokus. 1. Auflage, Wiesbaden 2004, S. 19-44.

Schmidt, A. (1986): Das Controlling als Instrument zur Koordination der Unternehmensführung: Eine Analyse der Koordinationsfunktion des Controlling unter entscheidungsorientierten Gesichtspunkten. Frankfurt a. M. 1986.

Schmidt, G. (2000): Einführung in die Organisation: Modelle – Verfahren – Techniken. Wiesbaden 2000.

Schmidt, K.-H. (2000): Vergangenheit und Zukunft der wissenschaftlichen KMU-Forschung. In: Brauchlin, E./Pichler, J. H. (Hrsg.), Unternehmer und Unternehmerperspektiven für Klein- und Mittelunternehmen – Festschrift für Hans Jobst Pleitner. Berlin 2000, S. 689-700.

Schmidt, K.-H. (2004): „Value Creation" by Allocation of Resources in SMEs under Different Conditions of Economic Development. Value Creation in Entrepreneurship and SMEs / Wertsteigerung durch Unternehmertum und KMU, Rencontres de St. Gall 2004. St. Gallen 2004.

Schmidt, R. H. (1992): Grundzüge der Investitions- und Finanzierungstheorie. Wiesbaden 1992.

Schmidt, R. H. (1995): Die Discounted Cash-flow-Methode – nur eine kleine Abwandlung der Ertragswertmethode? In: Zeitschrift für betriebswirtschaftliche Forschung, 47 Jg. (1995), Heft 12, S. 1088-1117.

Schneider, D. (1992): Investition, Finanzierung und Besteuerung. 7. Auflage, Wiesbaden 1992.

Schnell, R. et al. (1992): Methoden der empirischen Sozialforschung. 3. Auflage, München 1992.

Schomaker, M./Günther, T. (2003): Wertorientiertes Management für den Mittelstand. In: Schweickart, N./Töpfer, A. (Hrsg.), Wertorientiertes Management: Werterhaltung, Wertsteuerung, Wertsteigerung ganzheitlich gestalten. Berlin et al. 2003, S. 215-237.

Schomaker, M./Kuch, M. (2003): Wertorientierte Führung im Mittelstand – Umsetzung bei der R. STAHL Technologiegruppe. In: Horváth, P. (Hrsg.), Performancesteigerung und Kostenoptimierung. Stuttgart 2003, S. 379-402.

Schreyögg, G. (1984): Unternehmensstrategie – Grundfragen einer Theorie strategischer Unternehmensführung. Berlin 1984.

Schreyögg, G./Steinmann, H. (1985): Strategische Kontrolle. In: Zeitschrift für betriebswirtschaftliche Forschung, 37. Jg. (1985), Heft 5, S. 391-410.

Schulte, A. (2002): Das Phänomen der Rückverlagerung – Internationale Standortentscheidungen kleiner und mittlerer Unternehmen. Wiesbaden 2002. Zugl. Dissertation an der Universität Dortmund.

Schwenk, C. R./Shrader, C. B. (1993): Effects of Formal Planning on Financial Performance in Small Firms: A Meta-Analysis. In: Entrepreneurship Theory and Practice, Vol. 17 (1993), No. 3, S. 53-64.

SCHWETZLER, B. (1998): Die Kapitalkosten von Rückstellungen – zur Anwendung des Shareholder Value-Konzeptes in Deutschland. In: Zeitschrift für betriebswirtschaftliche Forschung, 50. Jg. (1998), S. 678-702.

SCHWIERING, D./FISCHER, H. (1999): Mittelstand und Mittelstandbezug in Wissenschaft und Praxis. In: Internationales Gewerbearchiv IGA – Zeitschrift für kleine und mittlere Unternehmen, Heft 3 (1999), S. 182-199.

SEEBERG, T. (1999): Wertorientierte Unternehmensführung bei Siemens. In: Bühler, W./Siegert, T. (Hrsg.), Unternehmenssteuerung und Anreizsysteme. Stuttgart 1999, S. 269-278.

SEPPELFRICKE, P. (1999): Moderne Multiplikatorverfahren bei der Aktien- und Unternehmensbewertung. In: Finanz Betrieb, 1.Jg. (1999), Heft 10, S. 300-307.

SERFLING, K./MARX, M. (1990): Capital Asset Pricing-Modell, Kapitalkosten und Investitionsentscheidungen (I). In: Das Wirtschaftsstudium, 19. Jg. (1990), Nr. 6, S. 364-369.

SERFLING, K./MARX, M. (1990): Capital Asset Pricing-Modell, Kapitalkosten und Investitionsentscheidungen (II). In: Das Wirtschaftsstudium, 19. Jg. (1990), Heft 7, S. 519-526.

SHARPE, W. (1964): Capital Asset Prices: A Theory of Market Equilibrium under Conditions of Risk. In: Journal of Finance, Vol. 19 (1964), No. 3, S. 425-442.

SIEBEN, G. (1993): Unternehmensbewertung. In: Wittmann, W. et al. (Hrsg.), Handwörterbuch der Betriebswirtschaft. 5. Auflage, Stuttgart 1993, S. 4315-4331.

SIEGERT, T. (1995): Shareholder-Value als Lenkungsinstrument. In: Zeitschrift für betriebswirtschaftliche Forschung, 47. Jg. (1995), Heft 6, S. 17-46.

SIEGWART, H. (1994): Shareholder Value „contra" Sicherung der langfristigen Überlebensfähigkeit der Unternehmung? In: Seicht, G. (Hrsg.), Jahrbuch für Controlling und Rechnungswesen. Wien 1994, S. 397-412.

SIMON, H. (1990): Hidden Champions. In: Zeitschrift für Betriebswirtschaft, 60 Jg. (1990), S. 875-890.

SPECKBACHER, G. (1997): Shareholder Value und Stakeholder Ansatz. In: Die Betriebswirtschaft, 57. Jg. (1997), Heft 5, S. 630-639.

Spiegel-Online (2008): US-Milliardär auf Einkaufstour in Deutschland. Heruntergeladen von http://www.spiegel.de/wirtschaft/0,1518,druck-554048,00. html am 10.06.2008.

Spill, J. (1999): Behandlung von Steuern. In: Bühner, R./Sulzbach, K. (Hrsg.), Wertorientierte Steuerungs- und Führungssysteme – Shareholder Value in der Praxis. Stuttgart 1999, S. 201-210.

Spremann, K. (1996): Wirtschaft, Investition und Finanzierung. 5. Auflage, München 1996.

Spremann, K. (2002): Finanzanalyse und Unternehmensbewertung. Oldenbourg et al. 2002.

Staehle, W. H. (1991): Management – Eine verhaltenswissenschaftliche Perspektive. 6. Auflage, München 1991.

Stark, J. (2002): Neue Trends in der Unternehmensfinanzierung. In: Kolbeck, C./Wimmer, R. (Hrsg.), Finanzierung für den Mittelstand. 1. Auflage, Wiesbaden 2002, S. 35-45.

Statistisches Bundesamt (2006): Statistisches Jahrbuch 2006. Wiesbaden 2006.

Staudt, E. et al. (1985): Kennzahlen und Kennzahlensysteme – Grundlagen zur Entwicklung und Anwendung. Berlin 1985.

Steiner, M./Bauer, C. (1992): Die fundamentale Analyse und Prognose des Marktrisikos deuscher Aktien. In: Zeitschrift für betriebswirtschaftliche Forschung, 44. Jg. (1992), Heft 4, S. 347-368.

Steinhübel, V. (2006): Strategisches Controlling in mittelständischen Unternehmen. In: Controlling, 18. Jg. (2006), Heft 4/5, S. 205-213.

Steinmann, H./Schreyögg, G. (1993): Management: Grundlagen der Unternehmensführung: Konzepte – Funktionen – Fallstudien. 3. Auflage, Wiesbaden 1993.

Steinmann, H./Schreyögg, G. (1997): Management: Grundlagen der Unternehmensführung: Konzepte – Funktionen – Fallstudien. 4. Auflage, Wiesbaden 1997.

Stelter, D. (1997): Bewertung im Kontext von Wertmanagement. In: Achleitner, A. K./Thoma, G. F. (Hrsg.), Handbuch Corporate Finance – Loseblattsammlung Kapitel 2.2.1.5. Köln 1997.

STELTER, D. (1999): Wertorientierte Anreizsysteme. In: Bühler, W./Siegert, T. (Hrsg.), Unternehmenssteuerung und Anreizsysteme. Stuttgart 1999, S. 207-241.

STELTER, D./PLASCHKE, F. J. (2001): Rentabilität und Wachstum als Werthebel. In: Achleitner, A. K./Thoma, G. F. (Hrsg.), Handbuch Corporate Finance – Loseblattsammlung Kapitel 1.4.2. 2. Auflage, Köln 2001.

STELTER, D. et al. (2001): Wertschaffungskennzahlen und Bewertungsverfahren. In: Achleitner, A. K./Thoma, G. F. (Hrsg.), Handbuch Corporate Finance – Loseblattsammlung Kapitel 1.4.3. 2. Auflage, Köln 2001.

STELTER, D. et al. (2000): Bewertung und wertorientierte Steuerung von E-Business-Unternehmen. In: Controlling, 12. Jg. (2000), Heft 8, S. 409-415.

STELTER, D. et al. (2001): Wertmanagement in nicht-kapitalintensiven Geschäften. In: Achleitner, A. K./Thoma, G. F. (Hrsg.), Handbuch Corporate Finance – Loseblattsammlung Kapitel 1.4.4. 2. Auflage, Köln 2001.

STELTER, D. et al. (2001): Grundzüge und Ziele wertorientierter Unternehmensführung. In: Achleitner, A. K./Thoma, G. F. (Hrsg.), Handbuch Corporate Finance – Loseblattsammlung Kapitel 1.4.1. 2. Auflage, Köln 2001.

STELTER, D. E. A. (2001): Implementierung von Wertmanagement. In: Achleitner, A. K./Thoma, G. F. (Hrsg.), Handbuch Corporate Finance – Loseblattsammlung Kapitel 1.4.5. 2. Auflage, Köln 2001.

STEWART III, G. B. (1990): The Quest for Value. New York 1990.

STIEFEL, R. (2004): Personalentwicklung KMU – Innovationen durch praxiserprobte Konzepte. 5. Auflage, Leonberg 2004.

STOREY, D. J. (1994): Understanding the Small Business Sector. London et al. 1994.

STRACK, R. et al. (2000): Workonomics: Der Faktor Mensch im Wertmanagement. In: Zeitschrift Führung + Organisation, 69. Jg. (2000), S. 283-288.

STRACK, R. et al. (2001): Wertmanagement: Implementierung und Erweiterung um das Human und Customer Capital. In: Kostenrechnungspraxis, Sonderheft 1/2001, S. 63-72.

STRACK, R./VILLIS, U. (2001): RAVE: Die nächste Generation im Shareholder Value Management. In: Zeitschrift für Betriebswirtschaft, 71. Jg. (2001), S. 67-84.

SÜCHTING, J. (1995): Finanzmanagement: Theorie und Politik der Unternehmensfinanzierung. 6. Auflage, Wiesbaden 1995.

SUEDDEUTSCHE.DE (2008): „Suche Firma, die ein Idiot führen kann". Heruntergeladen von http://www.sueddeutsche.de/finanzen/artikel/44/175516/ am 10.06.2008.

TEGEL, T. (2005): Multidimensionale Konzepte zur Controllingunterstützung in kleinen und mittleren Unternehmen. Wiesbaden 2005. Zugl. Dissertation an der Hamburger Universität für Wirtschaft und Politik.

THEN BERGH, W. (1985): Sonderheiten der Preisfindung für Kleinunternehmen und freiberufliche Praxen – Konzeption zur praktischen Durchführung. In: Die Wirtschaftsprüfung, 38. Jg. (1985), S. 171-174.

THIELE, D. et al. (2000): Beta als Risikomaß – Eine Untersuchung am europäischen Aktienmarkt. Frankfurt 2000.

TOMASZEWSKI, C. (2000): Bewertung strategischer Flexibilität beim Unternehmenserwerb. 1. Auflage, Frankfurt et al. 2000.

TÖPFER, A. (1976): Planungs- und Kontrollsysteme industrieller Unternehmungen. Berlin 1976.

TREICHLER, C. (1995): Kulturbewusste Unternehmungsführung – Entwicklung eines Problemlösungskonzeptes unter besonderer Berücksichtigung der Instrumente der Erfassung, Beurteilung und Gestaltung der Unternehmungskultur. Bern et al. 1995. Zugl. Dissertation an der Universität Zürich.

TRINCZEK, R. (2005): Wie befrage ich Manager? Methodische und methodologische Aspekte des Experteninterviews als qualitativer Methode empirischer Sozialforschung. In: Bogner, A. et al. (Hrsg.), Das Experteninterview – Theorie, Methode, Anwendung. 2. Auflage, Wiesbaden 2005, S. 209-222.

TULLER, L. W. (1994): The Small Business Valuation Book, Easy-to-Use Techniques for Determining Fair Price, Resolving Disputes, and Minimizing Taxes. Holbrook 1994.

ULRICH, H. (1981): Die Betriebswirtschaftslehre als anwendungsorientierte Sozialwissenschaft. In: Geist, M./Köhler, R. (Hrsg.), Die Führung des Betriebes. Stuttgart 1981, S. 1-25.

ULRICH, P./FLURI, E. (1992): Management: Eine konzentrierte Einführung. 6. Auflage, Bern 1992.

Ulrich, P./Hill, W. (1979): Wissenschaftstheoretische Aspekte ausgewählter betriebswirtschaftlicher Konzeptionen. In: Raffee, H./Abel, B. (Hrsg.), Wissenschaftstheoretische Grundfragen der Wirtschaftswissenschaften. München 1979, S. 161-190.

Viermetz, K. F. (2003): Wertorientierte Unternehmensführung und -steuerung als Grundlage für das Rating: Die Perspektive der Bank. Vortrag zum Jubiläumssymposium der Universität Augsburg am 23.10.2003. Augsburg 2003.

Viessmann, M. (1995): Unternehmenskultur – ein strategischer Erfolgsfaktor. In: Hinterhuber, H. (Hrsg.), Die Herausforderungen der Zukunft meistern, Globalisierung, Potentialorientierung und Fokussierung. Festschrift für Lothar G. Witer zum 70. Geburtstag. Frankfurt a. M. 1995, S. 367-370.

Vogelsang, T. (2008): Wertorientierte Unternehmensführung im Mittelstand - Eine vergleichende Analyse bestehender Ansätze. Hamburg 2008. Diplomarbeit an der Universität Münster 2006.

Voigt, K.-I. (1996): Unternehmenskultur und Strategie – Grundlagen des kulkturbewußten Managements. Wiesbaden 1996.

Volery, T. (2004): Bridging the Supply and Demand Side: Toward a General Model of Value Creation in Entrepreneuship. Value Creation in Entrepreneurship and SMEs / Wertsteigerung durch Unternehmertum und KMU, Rencontres de St. Gall 2004. St. Gallen 2004.

Volkart, R. (1998): Shareholder Value & Corporate Valuation: Finanzielle Wertorientierung im Wandel. Zürich 1998.

von Eckardstein, D. (2001): Variable Vergütung für Führungskräfte als Instrument der Unternehmensführung. In: von Eckardstein, D. (Hrsg.), Handbuch Variable Vergütung für Führungskräfte. München 2001, S. 1-26.

von Werder, A. (1998): Shareholder Value-Ansatz als (einzige) Richtschnur des Vorstandshandelns? In: Zeitschrift für Unternehmens- und Gesellschaftsrecht, 27. Jg. (1998), S. 69-91.

Wagner, F. W. (1997): Shareholder Value: Eine neue Runde im Konflikt zwischen Kapitalmarkt und Unternehmensinteresse. In: Betriebswirtschaftliche Forschung und Praxis, Heft 5 (1997), S. 473-498.

WALDMANN, R./WAGNER, M. (2004): Change Management im Mittelstand – Was kann systemische Beratung leisten? In: Schlüchtermann, J./Tebroke, H.-J. (Hrsg.), Mittelstand im Fokus. 1. Auflage, Wiesbaden 2004, S. 103-124.

WALLAU, F. (2006): Mittelständische Unternehmen in Deutschland – Das Rückgrat der Wirtschaft. In: Schauf, M. (Hrsg.), Unternehmensführung im Mittelstand – Rollenwandel kleiner und mittlerer Unternehmen in der Globalisierung. München/Mering 2006, S. 9-33.

WALTHER, S. (2004): Erfolgsfaktoren von Innovationen in mittelständischen Unternehmen – Eine empirische Untersuchung. Frankfurt a. M. 2004. Zugl. Dissertation an der Universität Kiel.

WAMBACH, M./WUNDERLICH, D. (2002): Die Bedeutung des Controlling für das Rating mittelständischer Unternehmen. In: Kostenrechnungspraxis, 46. Jg. (2002), Sonderheft 1, S. 37-43.

WARD, J. L. (1996): The Special Role of Strategic Planning for Family Business. In: Family Business Review, Vol. 1 (1996), No. 2, S.

WEBER-HENSCHEL, N. (2002): Wertvorteile durch Finanzkommunikation und ihr Einfluss auf die Unternehmenswertentwicklung. Bamberg 2002. Zugl. Dissertation an der Universität St. Gallen.

WEBER, J. (1997): Einführung in das Controlling. 6. Auflage, Stuttgart 1997.

WEBER, J. (1998): Einführung in das Controlling. 7. Auflage, Stuttgart 1998.

WEBER, J. (2004): Einführung in das Controlling. 10. Auflage, Stuttgart 2004.

WEBER, J. et al. (2002): Erfahrungen mit Value Based Management – Praxislösungen auf dem Prüfstand. Vallendar 2002.

WEBER, J. et al. (2002): Value Based Management erfolgreich umsetzen. Vallendar 2002.

WEBER, J./SCHÄFFER, U. (2000): Balanced Scorecard und Controlling: Implementierung – Nutzen für Manager und Controller – Erfahrungen deutscher Unternehmen. 3. Auflage, Wiesbaden 2000.

WEGNER, U. (2003): IT-Management und Investments in mittelständischen Unternehmen. In: Bouncken, R. B. (Hrsg.), Management von KMU und Gründungsunternehmen: Festschrift für Egbert Kahle zum 60. Geburtstag. Wiesbaden 2003, S. 159-169.

WEITZMAN, M. L. (1976): The New Soviet Incentive Model. In: Bell Journal of Economics, Vol. 7 (1976), S. 251-257.

WELGE, M. K. (1988): Unternehmensführung. Stuttgart 1988.

WELGE, M. K./AL-LAHAM, A. (2008): Strategisches Management: Grundlagen, Prozess, Implementierung. 5. Auflage, Wiesbaden 2008.

WELTER, F. (2003): Strategie, KMU und Umfeld – Handlungsmuster und Strategiegenese in kleinen und mittleren Unternehmen. 1. Auflage, Berlin 2003.

WELTER, F. (2003): Strategien und strategisches Verhalten von KMU. In: Bouncken, R. B. (Hrsg.), Management von KMU und Gründungsunternehmen: Festschrift für Egbert Kahle zum 60. Geburtstag. Wiesbaden 2003, S. 27-48.

WENGER, E. (1989): Allgemeine Betriebswirtschaftslehre und ökonomische Theorie. In: Kirsch, W. (Hrsg.), Die Betriebswirtschaftslehre im Spannungsfeld zwischen Generalisierung und Spezialisierung: Edmund Heinen zum 70. Geburtstag. Wiesbaden 1989, S. 155-181.

WENGER, E. (1992): Universalbankensystem und Depotstimmrecht. In: Gröner, H. (Hrsg.), Der Markt für Unternehmenskontrollen. Berlin 1992, S. 73-103.

WETZKER, K. et al. (1998): Gebt uns das Risiko zurück. München 1998.

WGZ-BANK (2000): Basel II – Hintergünde, Fakten, Chancen. Frankfurt a. M. 2000.

WHITTINGTON, M. (2000): Does Accounting Practice Undermine Value-based Measurement? In: Arnold, G./Davies, M. (Hrsg.), Value-based Management: Context and Application. Chichester 2000, S. 343-367.

WILD, J. (1982): Grundlagen der Unternehmensplanung. Opladen 1982. Zugl. Dissertation an der Freie Universität Berlin.

WILHELM, J. (1983): Marktwertmaximierung – Ein didaktischer einfacher Zugang zu einem Grundlagenproblem der Investitions- und Finanzierungstheorie. In: Zeitschrift für Betriebswirtschaft, 53. Jg. (1983), Heft 6, S. 516-534.

WILHELM, J. (1991): Spurensuche: Neoklassische Elemente in der „neuen“ Finanzierungstheorie. In: Ordelheide, D. et al. (Hrsg.), Betriebswirtschaftslehre und ökonomische Theorie. Stuttgart 1991, S. 173-196.

WINKELMANN, T. (1997): Internationalisierung mittelständischer Zulieferunternehmen: Entscheidungen im Strukturwandel. Wiesbaden 1997.

WINTER, S. (1996): Prinzipien der Gestaltung von Managementanreizsystemen. Wiesbaden 1996.

WIRTSCHAFTSPRÜFER, I. D. (1983): Grundsätze zur Durchführung von Unternehmensbewertungen. In: Die Wirtschaftsprüfung, 36. Jg. (1983), Heft 15/16, S. 468-480.

WITT, F. J./WITT, K. (1996): Controlling für Mittel und Kleinbetriebe. 2. Auflage, München 1996.

WITTE, T. (1979): Heuristisches Planen. Vorgehensweisen zur Strukturierung betrieblicher Planungsprobleme. Wiesbaden 1979.

WITZEMANN, T./CURRLE, M. (2004): Bonusbanken. In: Controlling, 16. Jg. (2004), Heft 11, S. 631-638.

WOLLNIK, M. (1977): Die explorative Verwendung systematischen Erfahrungswissens – Plädoyer für einen aufgeklärten Empirismus in der Betriebswirtschaftslehre. In: Köhler, R. (Hrsg.), Empirische und handlungstheoretische Forschungskonzeptionen in der Betriebswirtschaftslehre. Stuttgart 1977, S. 37-64.

WORTMANN, A. (2001): Shareholder Value in mittelständischen Wachstumsunternehmen. Wiesbaden 2001. Zugl. Dissertation an der Universität Oldenburg.

WOSSIDLO, P. R. (1997): Finanzierung. In: Pfohl, H.-C. (Hrsg.), Betriebswirtschaftslehre der Mittel- und Kleinbetriebe – Größenspezifische Probleme und Möglichkeiten zu ihrer Lösung. 3. Auflage, Berlin 1997, S. 287-333.

WULLENKORD, A. (2000): New Economy Valuation – Moderne Bewertungsverfahren für High-Tech Unternehmen. In: FINANZ BETRIEB, 2. Jg. (2000), Heft 7/8, S. 522-527.

ZAHN, E./RÜTTLER, M. (1991): Informationsmanagement auch in mittelständischen Unternehmen. In: Droege & Comp. (Hrsg.), Zukunftssicherung durch Strategische Unternehmensführung. Düsseldorf 1991, S. 362-373.

ZAUNMÜLLER, H. (2005): Anreizsysteme für das Wissensmanagement in KMU – Gestaltung von Anreizsystemen für die Wissensbereitung der Mitarbeiter. Wiesbaden 2005. Zugl. Dissertation an der RWTH Aachen.

ZEMELKA, C. (2002): Value Reporting als normatives Modell zur Integration nicht-finanzieller Kennzahlen in die strategische Kapitalmarktkommunikation. Dortmund 2002. Dissertation an der Universität Dortmund.

ZYDROWOMYSLAW, N./DÜRIG, W. (1999): Managementwissen für Klein- und Mittelunternehmen. 1. Auflage, München et al. 1999.

SCHRIFTEN ZUM CONTROLLING

Herausgegeben von Prof. Dr. Thomas Reichmann

Band 1 Wilfried Geiß: Betriebswirtschaftliche Kennzahlen: Theoretische Grundlagen einer problemorientierten Kennzahlenanwendung. 1986.

Band 2 Roland Rick-Lenze: Controllingsystem in der Elektroindustrie. Struktur und Aufbau eines DV-gestützten Informationssystems. 1987.

Band 3 Hugo Fiege: Informationssysteme in Gütertransportketten. System-, Kosten- und Leistungsanalyse auf der Grundlage eines unternehmensübergreifenden Informationssystems. 1987.

Band 4 Hermann J. Richter: Theoretische Grundlagen des Controlling. Strukturkriterien für die Entwicklung von Controlling-Konzeptionen. 1987.

Band 5 Detlef Hesse: Vertriebs-Controlling in Versicherungsunternehmen. 1988. 2., unveränderte Auflage 1991.

Band 6 Helmut Ammann: PC-gestützte Systeme der Erfolgslenkung. Anwendungsmöglichkeiten und Ausgestaltung in Klein- und Mittelbetrieben. 1989.

Band 7 Roland Keller: Deckungsbeitragsrechnung in der mittelständischen Bauindustrie. Integrierte Grundrechnungen als Ausgangsbasis für ein effizientes Controlling. 1989.

Band 8 Michael Kohler: Mehrjährig schwebende Geschäfte des Industrieanlagenbaus. Bilanzielle Behandlung in Deutschland, Frankreich, Großbritannien, Japan und den USA unter Berücksichtigung steuerlicher Auswirkungen. 1989.

Band 9 Ulrike Hesse: Technologie-Controlling. Eine Konzeption zur Steuerung technologischer Innovationen. 1990.

Band 10 Rainer Lochthowe: Logistik-Controlling. Entwicklung flexibilitätsorientierter Strukturen und Methoden zur ganzheitlichen Planung, Steuerung und Kontrolle der Unternehmenslogistik. 1990.

Band 11 Monika Palloks: Marketing-Controlling. Konzeption zur entscheidungsbezogenen Informationsversorgung des operativen und strategischen Marketing-Management. 1991.

Band 12 Bernhard Becker: Ausgestaltung einer integrierten Erfolgs- und Finanzlenkung mit Hilfe von Expertensystem-Komponenten. 1993.

Band 13 Herbert Krause: Konzeptionelle Grundlagen eines Logistikinformationssystems. Logistikverfahrens- und -kapazitätsoptimierung, dargestellt am Beispiel Flüssiggas und artverwandte Güter. 1994.

Band 14 Martin Georg Nonnenmacher: Informationsmodellierung unter Nutzung von Referenzmodellen. Die Nutzung von Referenzmodellen zur Implementierung industriebetrieblicher Informationssysteme. 1994.

Band 15 Lutz Krüger: Fixkostenmanagement als Controllingaufgabe. Betriebswirtschaftliche Grundlagen und DV-orientiertes Informationsmodell. 1996.

Band 16 Anette von Ahsen: Total Quality Management. Komponenten und organisatorische Umsetzung einer unternehmensweiten Qualitätskonzeption. 1996.

Band 17 Achim Schröder: Investition und Finanzierung bei Umweltschutzprojekten. Entwicklung eines fünfstufigen erweiterten Wirtschaftlichkeitsanalysemodells (FEWA) zur Bewertung von Umweltschutzinvestitionen. 1996.

Band 18 Thomas Reichmann / Monika Palloks (Hrsg.): Kostenmanagement und Controlling. 1998.

Band 19 Kai Spieker: Operatives Produktions-Controlling. Unter besonderer Berücksichtigung des Mittelstandes. 1998.

Band 20 Burkhard Fritz: DV-gestützte Führungsinformationssysteme. Konzeptionelle Anforderungen und Gestaltungsmöglichkeiten. 1999.

CONTROLLING SCHRIFTEN

Herausgegeben von Prof. Dr. Thomas Reichmann

Band 21 Ralph Neukirchen: Controlling-Konzeption zur wertorientierten Ressourcenallokation innerhalb strategischer Geschäftseinheiten. Am Beispiel der Industriegüterbranche. 2000.

Band 22 Dietmar Schön: Neue Entwicklungen in der DV-gestützten Kosten- und Leistungsplanung. Methoden, Instrumente und branchenbezogene Weiterentwicklungen. 1999.

Band 23 Uwe Stremme: Internationales Strategisches Produktionsmanagement. 2000.

Band 24 Dirk Nölken: Controlling mit Intranet- und Business Intelligence Lösungen. 2002.

Band 25 Herbert Daldrup: Externes Umweltschutz-Reporting im Rahmen eines stakeholderorientierten Controlling. 2002.

CONTROLLING UND MANAGEMENT

Herausgegeben von Prof. Dr. Thomas Reichmann und
Prof. Dr. Martin K. Welge

Die Reihe "Controlling und Management" ist auf das Spannungsfeld zwischen Theorie und Praxis gerichtet. Es sollen Entwicklungen aus den Bereichen Rechnungswesen und Controlling aufgegriffen und kritisch diskutiert werden.

Band 26 Mathias Baer: Kooperationen und Konvergenz. 2004.

Band 27 Klaus Wienhold: Prozess- und controllingorientiertes Projektmanagement für komplexe Projektfertigung. 2004.

Band 28 Mark Jehle: Wertorientiertes Supply Chain Management und Supply Chain Controlling. Modelle, Konzeption und Umsetzung. 2005.

Band 29 Olaf Sonnenschein: Einsatzmöglichkeiten moderner Informations- und Kommunikationstechnologien im Rahmen der strategischen Früherkennung. 2005.

Band 30 Stephan Form: Chancen- und Risiko-Controlling. Erklärungsansatz zur Wirkungsweise von Chancen und Risiken im Controlling sowie dem unternehmensspezifischen Aufbau seiner Instrumente. 2005.

Band 31 Silke Bellwon: Strategische Wissensportale im Geschäftskundenvertrieb. 2005.

Band 32 Boris Wernig: Inhaltliche Ausrichtung und organisatorische Institutionalisierung von Corporate Universities. Ein wissenstheoretischer Ansatz. 2005.

Band 33 Philip Grothe: Unternehmensüberwachung durch den Aufsichtsrat. Ein Beitrag zur Corporate Governance-Diskussion in Deutschland. 2006.

Band 34 Thomas Burgartz: Kennzahlengestütztes Kundenbeziehungs-Controlling. Ein konzeptioneller Ansatz zur entscheidungsorientierten Planung und Kontrolle von Kundenbeziehungen. 2008.

Band 35 Andreas Hoffjan / Annehild Bramann / Stefan Kentrup: Folgekosten von Gesetzen. Beispiel AGG. 2008.

Band 36 Christian Funk: Gestaltung effizienter interner Kapitalmärkte in Konglomeraten. 2008.

Band 37 Wolfgang Berens / Andreas Hoffjan / Thomas Burgartz (Hrsg.): Controlling in einem globalen Markt. Beiträge im Rahmen der Akademischen Feier an der Technischen Universität Dortmund zur Ernennung von Professor Dr. h.c. Karlheinz Hornung und Professor Dr. Andreas Hoffjan sowie zur Emeritierung von Professor Dr. Thomas Reichmann. 2009.

Band 38 Rolf Tappe: Wertorientierte Unternehmensführung im Mittelstand. Eine Überprüfung der Anwendbarkeit. 2009.

www.peterlang.de

Printed by
CPI books GmbH, Leck